JAPANESE DESIGN MOTIFS

JAPANESE DESIGN MOTIFS

4260 ILLUSTRATIONS OF HERALDIC CRESTS

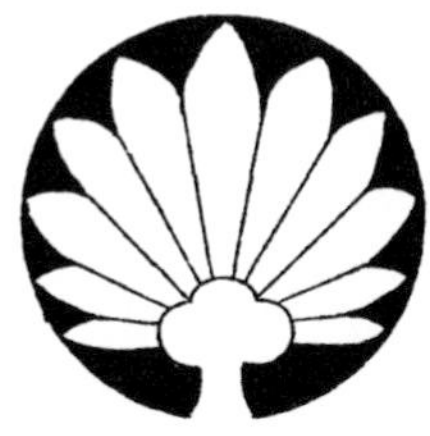

Compiled by the

Matsuya Piece-Goods Store

Translated, and with a new Introduction, by

FUMIE ADACHI

DOVER PUBLICATIONS, INC., NEW YORK

Japanese Design Motifs: 4,260 Illustrations of Heraldic Crests contains all the illustrations from the Matsuya Piece-Goods Store compilation of traditional Japanese heraldic crests, originally published in Japan *c.* 1913.

The Japanese Foreword and Table of Contents have been translated specially for the present edition by Fumie Adachi, who has also contributed a new Introduction. An English Index of Motifs has been added.

DOVER *Pictorial Archive* SERIES

International Standard Book Number: 0-486-22874-6
Library of Congress Catalog Card Number: 72-86225

Manufactured in the United States of America
Dover Publications, Inc.
31 East 2nd Street
Mineola, N.Y. 11501

INTRODUCTION TO THE DOVER EDITION

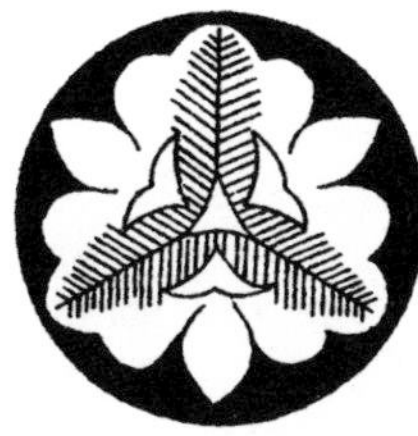

The origin of the Japanese family crest goes back to the eleventh century. Each of the high-ranking courtiers in those days began using a specific textile design for his most formal costume worn at the Imperial court. The powerful ruling Fujiwara family stimulated the practice of using a symbol for each family name. The courtiers, therefore, crystallized the costume designs as their family emblems and placed them on their carriages as well. These emblems later became the family crests used on costumes for formal occasions—one crest in the center of the back, one on the back of each sleeve, and, as the height of formality, one each on the left and right front. The emblems used by the courtiers were refined and elegant. They included wisteria, peony, iris, autumn bellflower and crane.

When the Heian Period came to an end and the warrior class took over the government at the end of the twelfth century, the warriors used their own emblems on their banners, flags, weapons and hanging screens to identify their camps and headquarters in time of war. The warriors, who recognized that they were less cultured, copied with admiration what the courtiers did.

The courtier and his household used the same crest among them. The warrior let his family use his crest as it was but had his retainers use variations of his crest.

During the Muromachi Period in the fifteenth century, the warriors' family crests underwent extensive development. With wars occurring more frequently and battles en masse replacing single combat, the family crests proved useful for identifying the opposing factions. Since identification on the battlefield became the main purpose of the crests, the warriors designed emblems that were simple, conspicuous and easy to recognize.

When the Edo Period began at the beginning of the seventeenth century, the family crests were more widely used. There were no more wars, and therefore the family crests once more became ornaments on formal costumes. Conspicuous, odd emblems were no longer in favor; symmetrical designs were liked, and a circle around the emblem became popular. Embroidered family crests were often used for other decorative purposes. In this period the common people began to use family crests to add to the beauty of their kimonos.

In the Meiji Period (1868–1912) which followed the Edo Period, the use of a crest representing any form of chrysanthemum was prohibited because it was the symbol of the Imperial family.

There are between 300 and 500 basic designs of family crests. If their variations are added, there are several thousands. They include animals, plants, natural phenomena, manufactured objects and geometric forms. Circles, angular forms, geometric designs and diamond shapes are based on the primitive designs.

The refined floral and bird designs preferred by the courtiers have already been mentioned. The designs which the warriors used were the folding fan, dragon, arrow, arrowhead, hoe, dragonfly and other objects familiar to them. The shell, dragon and cloud, bat, Chinese hat, *shippō* ("seven treasures"), balance weight and others were taken from designs used under the Ming Dynasty.

In the Edo Period people began using objects familiar to them, such as the stylized snowflake, wild goose, rabbit, mountain and mist, sailboat, oar, spool, sickle, *tsuzumi* (a type of hand drum), spinning top, rice-pounder and ladder.

Currently all kinds of badges for corporations and organizations, trademarks and city symbols are fast developing. The family crests are still being used on formal kimonos and *haori* (short coats) for men, women and even for children. However, the family crests seem to be losing their significance as symbols of the family names.

FUMIE ADACHI

NOTE: The information contained in this Introduction is based closely on the Japanese-language article on crests in the *Japanese Encyclopedia* published by Heibon Sha.

FOREWORD TO THE ORIGINAL EDITION

The family crest is an ornamental emblem used by each Japanese family on the costumes worn on formal occasions. It may be difficult for foreigners to understand the true significance of this custom. Their clothes and ours are entirely different, and the family crest is a natural product of the elegant way of Japanese living.

Over the centuries many new crests have been added while many variations have developed from the old ones. Consequently, the existing books on this subject seem to be unsatisfactory. The compiler of this book has spent many years in trying to collect all of the existing family crests and in doing research in order to avoid errors. He will be happy if those who are engaged in this fascinating business will find this book interesting and helpful.

October 1913 THE COMPILER

Published by Matsuya Piece-Goods Store

CONTENTS

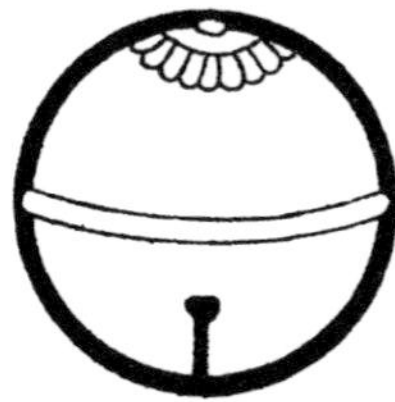

The crests are arranged in the order of their Japanese names, in sections that correspond to the Japanese *kana* syllabary (*i, ro, ha,* etc.). Although in this edition the pages run in regular Occidental order, please note that the order on each page is from right to left, reading down each column. Thus the twenty boxes on each page should be imagined as numbered in this way:

17	13	9	5	1
18	14	10	6	2
19	15	11	7	3
20	16	12	8	4

Section	Japanese Name	English Translation	Begins on: Page	Box
i	Ine	Rice plant	1	1
	Ichō	Gingko	2	6
	Izutsu	Well-curb	4	16
	Igeta	Well-crib	7	3
	Inazuma	Lightning	8	16
	Itaragai	A type of scallop	11	10
	Ishi	Stone	12	6
	Ikari	Anchor	13	12
	Itomaki	Spool	14	10
	Iori	Hermitage	15	3
	Ikada	Raft	15	8
ro	Rōsoku	Candle	15	10
	Robuchi	Hearth-rim	15	18
	Roku-no-ji	The figure six (六)	16	2
ha	Hagoita	Battledore	16	6
	Hamaguri	Clam	16	16
	Habōki	Feather brush	17	11
	Hane	Plume	17	19
	Hata	Flag	18	9
	Bashō	Plantain	18	14
	Hato	Pigeon	19	9
	Hanshō	Alarm bell	19	20
	Hanabishi	Diamond-shaped flower	20	4
	Hasami	Scissors	24	1
	Hagi	Japan clover (lespedeza)	24	5
	Hasu	Lotus	24	10
ho	Botan	Peony	24	15
	Hoshi	Star	28	17
	Hoya	Mistletoe	31	11
	Hōō	Phoenix	31	20
	Koma (hoinoshi)	Spinning top	32	7
	Honaga	Fern	32	9
	Ho	Sail	32	18
he	Heishi	Sake bottle	34	8
	Hei	Sacred staff adorned with cut paper	35	6
to	Torikabuto	Japanese monkshood	35	14
	Tomoe	Large commas	35	16
	Torii	Shinto shrine gateway	39	2
chi	Chikiri	Bobbin (for weaving)	39	6
	Chōban	Board (used like a gong)	40	2
	Chōji	Cloves	40	14
	Cha-no-mi	Tea-plant fruit	43	19
ri	Rindō	Autumn bellflower (gentian)	45	16
	Rimbō	Buddhist prayer wheel	47	11
	Ryūgo	Object used by a juggler (the same shape as the bobbin used for weaving)	48	9
	Ryō	Dragon	49	11
(w)o	Omodaka	Water plantain	50	5

Section	Japanese Name	English Translation	Begins on: Page	Box
wa	Wachigai	Joined rings	53	17
	Warabi	Fernbrake	55	7
	Wata	Tufts of raw silk fibers	56	6
	Wa	Circle	56	13
ka	Katabami	Wood sorrel	58	11
	Kakuji	Square-shaped Chinese characters	63	11
	Kai	Shell	64	3
	Kaji/Kai	Rudder/Oar	64	7
	Kase	Reel	64	20
	Kasa	Hat of bamboo or sedge	65	2
	Kanawa	Iron rings	66	7
	Kashiwa	Oak leaf	67	8
	Kagi	Key	72	8
	Kakitsubata	Iris	72	14
	Kabura	Turnip	73	14
	Kaji	Paper mulberry	73	17
	Kari	Wild goose	75	17
	Karahana	Chinese flower	77	9
	Kamashiki	Kettle trivet	79	4
	Kama	Sickle	80	1
	Kani	Crab	80	13
	Kaku	Squares; angular figures	80	17
	Gaku	Tablet; plaque	83	12
	Kaki	Fence	83	14
	Kame	Tortoise; turtle	84	1
	Kabuto	Helmet	85	1
yo	Yotsume	Four-eye pattern	86	5
ta	Tachibana	Mandarin-orange flower	88	17
	Daikon	Radish	91	12
	Takaha	Hawk feathers	91	19
	Takara-musubi	"Treasure knot"	95	1
	Tama	Jewel	95	11
	Tōgarashi	Cayenne pepper	96	5
re	Renkon	Lotus root	96	13
so	Soroban	Abacus beads	97	2
tsu	Tsuru	Crane	97	4
	Tsuzumi	Hand drum	99	7
	Tsuchi	Mallet	99	19
	Tsuki	Moon	100	11
	Tsuno	Horns and antlers	100	19
	Zukin	Hood	101	19
	Tsuta	Ivy	102	6
na	Nami	Wave	105	3
	Nanten	Nandin (an evergreen shrub)	106	4
	Nashi	Pear blossom	107	1
	Nadeshiko	Wild pink	107	12
	Nasu	Eggplant	108	3
ra	Ran	Orchid	108	11

Section	Japanese Name	English Translation	Begins on: Page	Box
mu	Mukade	Centipede	109	2
u	Umebachi	Plum blossom	109	6
	Usagi	Rabbit	113	7
	(Kara-) uchiwa	Chinese fan	113	13
	(Hane-) uchiwa	Plume-fan	114	10
	Uma	Horse	115	8
	Uroko	Scale (of fish)	115	10
no	Noshi	Thin strip of dried sea-ear	116	17
ku	Kutsuwa	Bit (for horse)	118	5
	Kugi-nuki	Nail-extractor	119	3
	Kan-nuki	Bolt; bar (of gate)	119	6
	Kuruma	Wheel	120	2
	Kumo	Cloud	120	13
	Kan	Metal drawer-handle	121	4
	Kurumi	Walnut	122	11
	Kuchinashi	Cape jasmine	122	15
	Kuwa-gata	Plow-shape	123	1
	Kurusu	Cross	123	10
	Kuzu	Arrowroot	123	14
	(Moku)-ka	Papaya or gourd (cross section)	123	18
ya	Yamagata	Mountain-shape	125	16
	Yama	Mountain	126	20
	Yamabuki	Yellow rose	127	18
	Yahazu	Arrow notch; arrowhead	128	5
	Ya	Arrow	129	5
ma	Manji	Buddhist cross; fylfot	131	2
	Mari-basami	Ball-clasp	132	12
	Mari	Ball	132	19
	Mato	Target	133	2
	Masakari	Broad axe	133	4
	Mamezō	Clown; juggler (a man called Mamezō who performed stunts in front of a temple or a shrine)	133	15
	Matsu	Pine	133	20
	Masu	Measure (box)	137	12
	Mamori	Talisman; charm	138	13
ke	Ken	Sword	139	9
fu	Fuji	Wisteria	139	13
	Budō	Grapes	144	3
	Fukuro	Pouch	144	10
	Fumi	Letter (folded)	144	20
	Fune	Ship; boat	145	7
	Fūsen-ryō	Balloon-dragon	145	15
	Fundō	Balance weight	145	19
ko	Kōhone	Candock (plant)	147	4

Section	Japanese Name	English Translation	Begins on: Page	Box
	Koto-no-tsume/ Koto-ji	Plectra and bridges for the koto (string instrument)	148	3
	Gotoku	Trivet; kettle-holder	148	18
	Koma	Board game piece	149	6
	Koma	Spinning top	149	15
	Kōgai	Ornamental hairpin	149	20
	Shami-koma	Bridge of shamisen (string instrument)	150	4
	Kō-no-zu (Genji-ko)	52 different designs drawn on 52 cards, used for incense (*kō*) smelling game	150	15
te	Chō	Butterfly	153	12
	Tessen	Clematis	156	7
a	Asa	Flax leaf	157	1
	Awa	Millet	157	16
	Ami	Fish net	158	1
	(Aogi) Ōgi	Folding fan	158	9
	Ashi	Reed	162	17
	Aoi	Hollyhock	163	1
	Asagao	Morning glory	166	1
sa	Sakura	Cherry blossom	166	4
	Sasa	Bamboo leaf	168	12
ki	Kiri	Paulownia	172	7
	Kiku	Chrysanthemum	176	16
	Kikyō	Balloonflower	181	11
	Kikkō	Tortoise shell; hexagons	185	12
	Ki	Character meaning "tree"	188	3
	Kine	Wooden pestle	189	2
	Gyō-yō (OR Daki-myōga)	Herb in the ginger family	189	8
yu	Yuki	Snow(flake)	190	1
	Yumi	Bow	190	19
	Yuiwata	Tied tufts of silk	191	1
me	Myōga	Herb in the ginger family	191	5
shi	Janome	Bull's-eye ("serpent's eye")	193	5
	Ji	Chinese characters	194	3
	Shuro	Hemp palm	196	1
	Shichihō, shippō	Chinese Ming design ("seven-treasure shape")	196	7
e	Eboshi	Headgear worn by nobles in court dress	197	10
	Ebi	Prawn; shrimp	197	16

Section	Japanese Name	English Translation	Begins on: Page	Box
hi	Hishi	Water chestnut; lozenges	198	1
	Hiki-mono	Drawn lines	201	11
	Hiiragi	Holly	202	16
	Hisago	Gourd	204	3
	Hiyoko	Chick	205	7
	Hi	Sun; rising sun	205	9
mo	Mokko, mokka	Papaya (cross section)	205	16
	Momiji	Maple leaf	207	18
	Momo	Peach	208	20
se	Zeni	Coin	209	6
	Sekichiku	China pink	209	20

Section	Japanese Name	English Translation	Begins on: Page	Box
su	Sugi	Japan cedar	210	10
	Suzume	Sparrow	211	3
	Susuki	Japanese pampas grass	211	15
	Suzu	Bell	211	17
	Sumire	Violet	212	1
	Suisen	Narcissus; daffodil	212	5
	Sumi	Charcoal	212	10
	Suhama	Japanese cake (literally, "sand beach"; the cake represents the curved surface of a sandy beach)	212	12
	Sumikiri	Cut-off corners; octagons	213	17

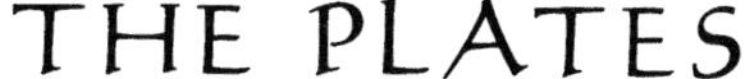

THE PLATES

稲 い

い一 条巳来いね

い二 違いね

い三 丸に抱いね

い四 替り抱いね

い五 中に違いね

い六 包抱いね

い七 丸に一ッいね

い八 抱いね

い九 結付抱いね

い十 変り抱いね

い十一 違い穂抱いね

い十二 二ッいね

い十三 抱いね苗

い十四 いね鶴

い十五 一本いね

い十六 左り廻一ッいね

い十七 向いね菱

い十八 いね蝝

い十九 抱いね向雀

い二十 いね穂丸

い 稲 銀杏

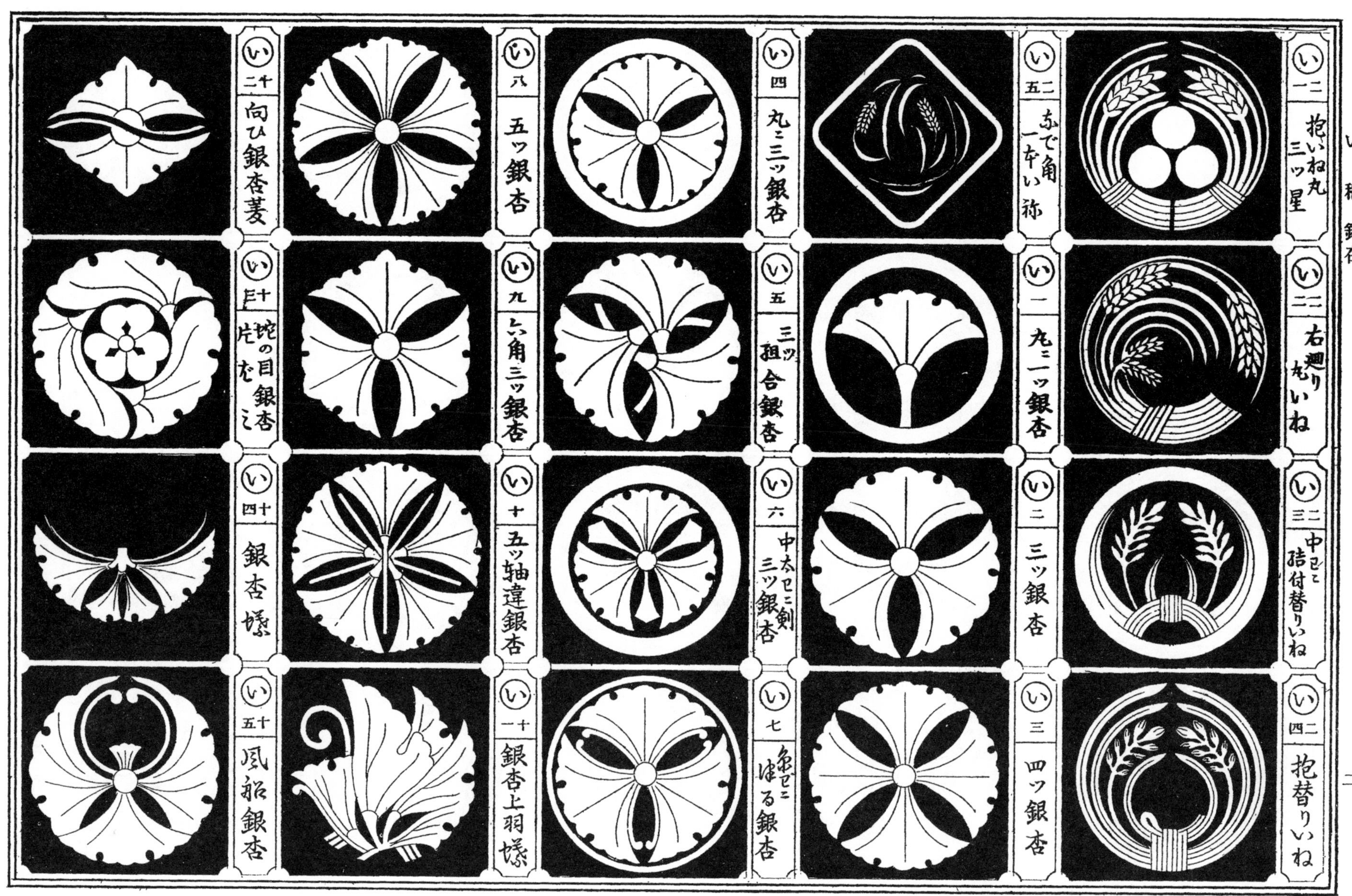

い 二一 抱いね丸三ッ星
い 五二 なで角一本いね
い 四 丸ニ三ッ銀杏
い 八 五ッ銀杏
い 二十 向ひ銀杏菱
い 二二 右廻り丸いね
い 一 丸ニ一ッ銀杏
い 五 三ッ組合銀杏
い 九 六角三ッ銀杏
い 三十 蛇の目銀杏
い 三二 中ヒ三結付替りいね
い 二 三ッ銀杏
い 六 中太ヒ三剣三ッ銀杏
い 十 五ッ軸違銀杏
い 四十 銀杏蝶
い 四二 抱替りいね
い 三 四ッ銀杏
い 七 糸ヒ三ゆる銀杏
い 一十 銀杏上羽蝶
い 五十 風船銀杏

二

い 銀杏

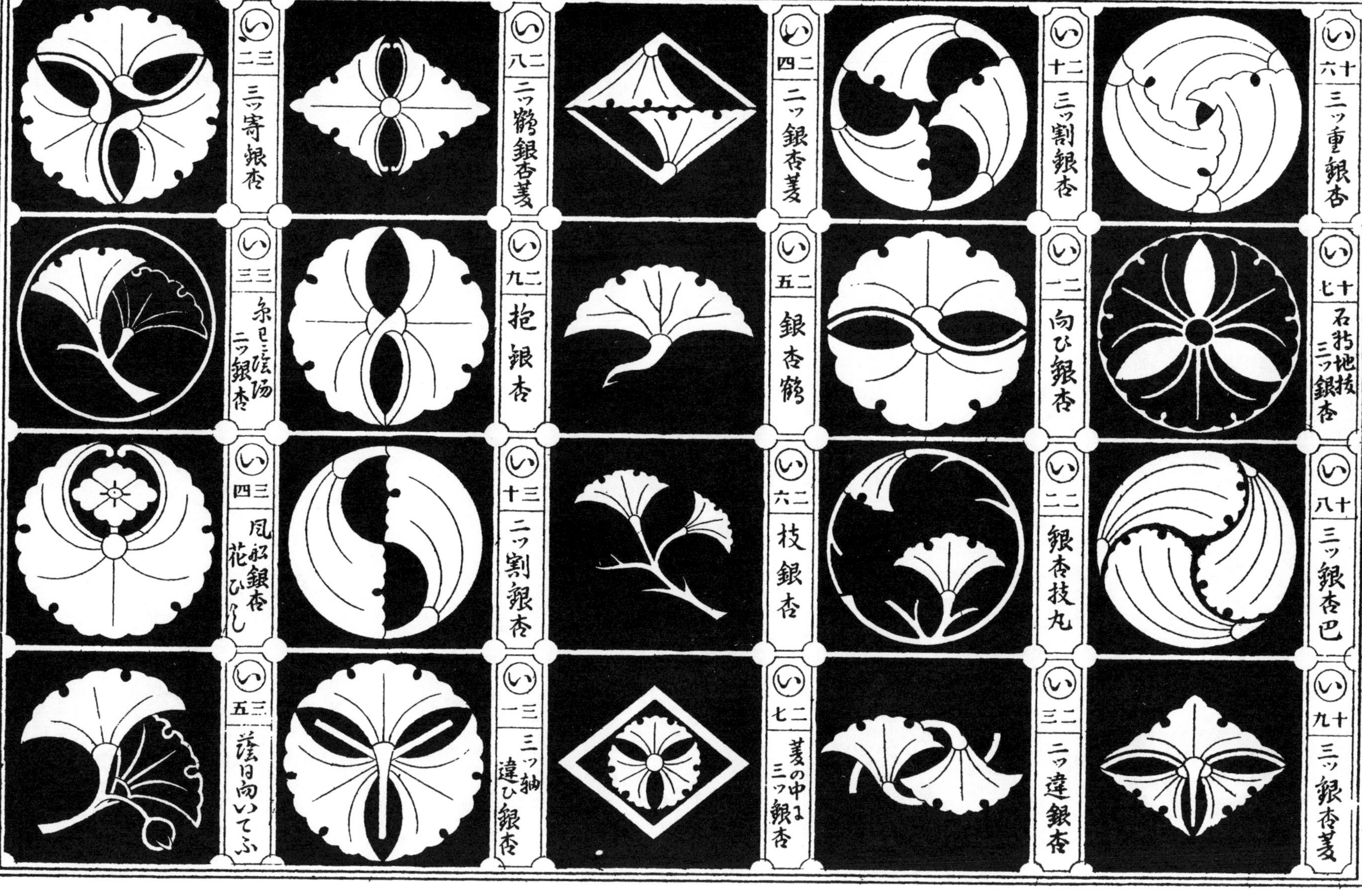

い 十六
三ッ重銀杏
い 十七
石持地抜三ッ銀杏
い 十八
三ッ銀杏巴
い 十九
三ッ銀杏菱
い 二十
三ッ割銀杏
い 二一
向ひ銀杏
い 二二
銀杏枝丸
い 二三
二ッ違銀杏
い 二四
二ッ銀杏菱
い 二五
銀杏鶴
い 二六
枝銀杏
い 二七
菱の中ニ三ッ銀杏
い 二八
二ッ鶴銀杏菱
い 二九
抱銀杏
い 三十
二ッ割銀杏
い 三一
三ッ軸違ひ銀杏
い 三二
三ッ寄銀杏
い 三三
糸巴陰陽二ッ銀杏
い 三四
鳳凰銀杏花ひし
い 三五
陰日向いてふ

三

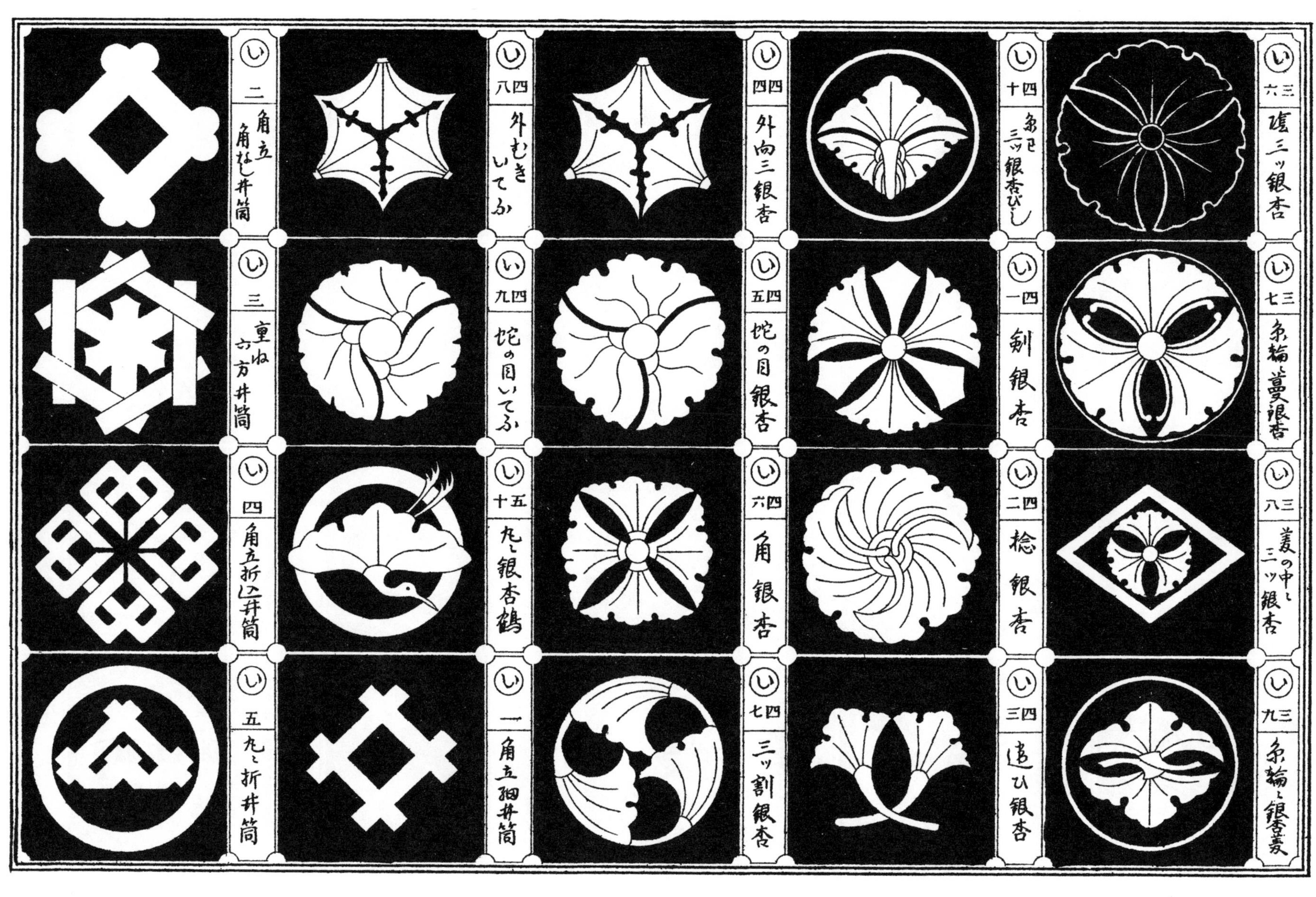

い 三六 違三ツ銀杏
い 四十 糸巴三ツ銀杏びし
い 四四 外向三銀杏
い 四八 外むきいてふ
い 二 角立角なし井筒
い 三七 糸輪に蔓銀杏
い 四一 剣銀杏
い 四五 蛇の目銀杏
い 四九 蛇の目いてふ
い 三 重ね六方井筒
い 三八 菱の中に三ツ銀杏
い 四二 捻銀杏
い 四六 角銀杏
い 五十 丸に銀杏鶴
い 四 角立折込井筒
い 三九 糸輪に銀杏菱
い 四三 追ひ銀杏
い 四七 三ツ割銀杏
い 一 角立細井筒
い 五 丸に折井筒

い 銀杏 井筒

四

い 井筒

五

(い) 六 丸ニ二ツ 拈合井筒角立

(い) 十 輪違ひ いづゝ

(い) 十四 六角井筒 蛇の目

(い) 十八 角立井筒 三ツ巴

(い) 二二 角立 井づゝ

(い) 七 丸ニ四ツ いづゝ

(い) 十一 中ニ 角立井づゝ

(い) 十五 七宝井筒

(い) 十九 六組井筒 一ツ巴

(い) 二三 花形 井づゝ

(い) 八 三ツ盛 井づゝ

(い) 十二 石持形 井づゝ

(い) 十六 平井筒

(い) 二十 組合 いづゝ

(い) 二四 平井筒 折抜

(い) 九 丸ニ 井の字

(い) 十三 彦根 井づゝ

(い) 十七 折込 井づゝ

(い) 二一 角立組合 井づゝ

(い) 二五 組合井筒ニ 四ツ目

い
井筒

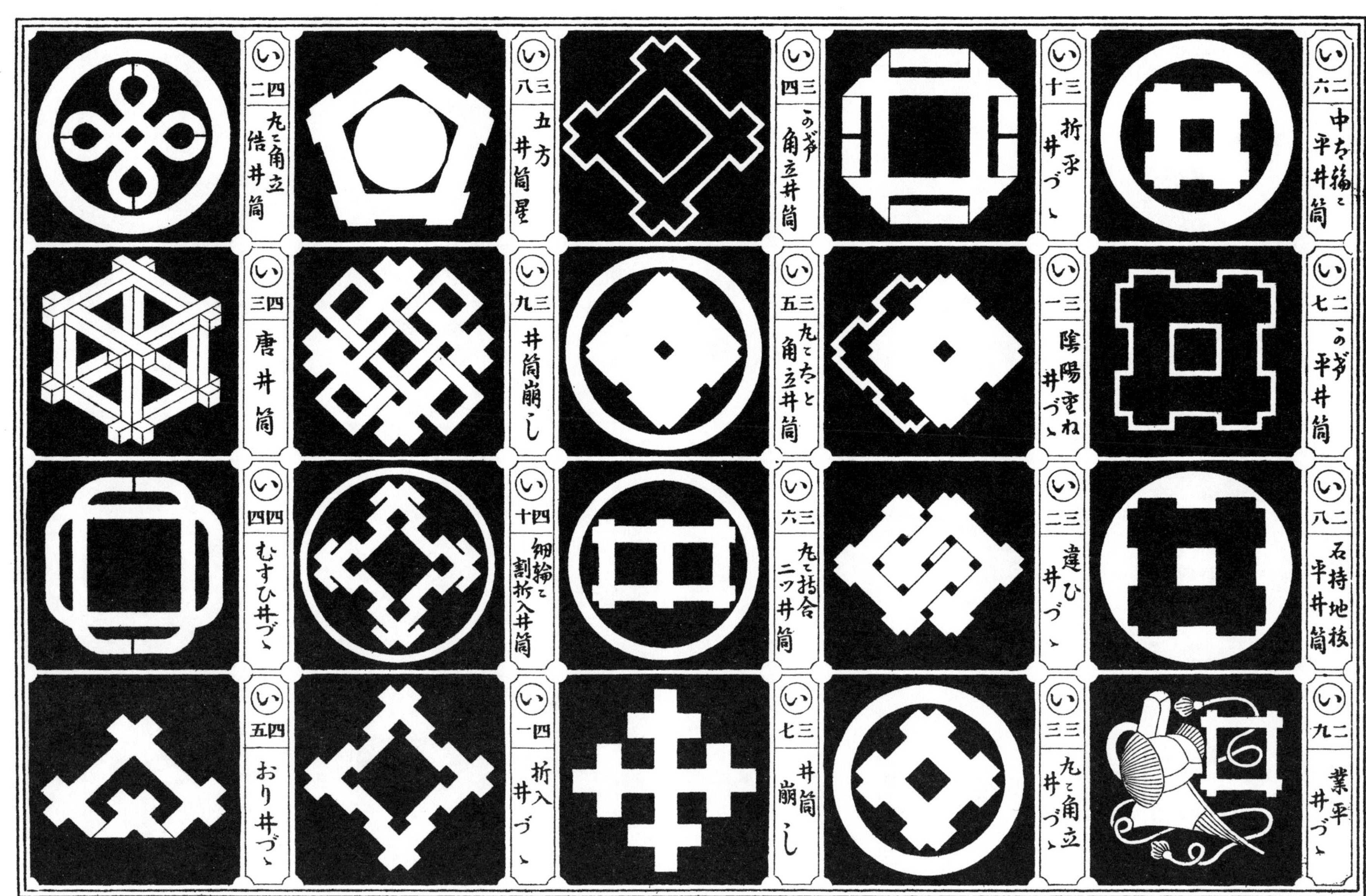

い 二六 中ち輪こ平井筒
い 二八 石持地抜平井筒
い 二九 業平井づゝ
い 三一 陰陽重ね井づゝ
い 三二 違ひ井づゝ
い 三三 丸こ角立井づゝ
い 三七 井筒崩し
い 三八 五方井筒星
い 三九 井筒崩し
い 四一 折入井づゝ
い 四三 唐井筒
い 四四 むすひ井づゝ
い 四五 おり井づゝ

六

い 井筒 い 井桁

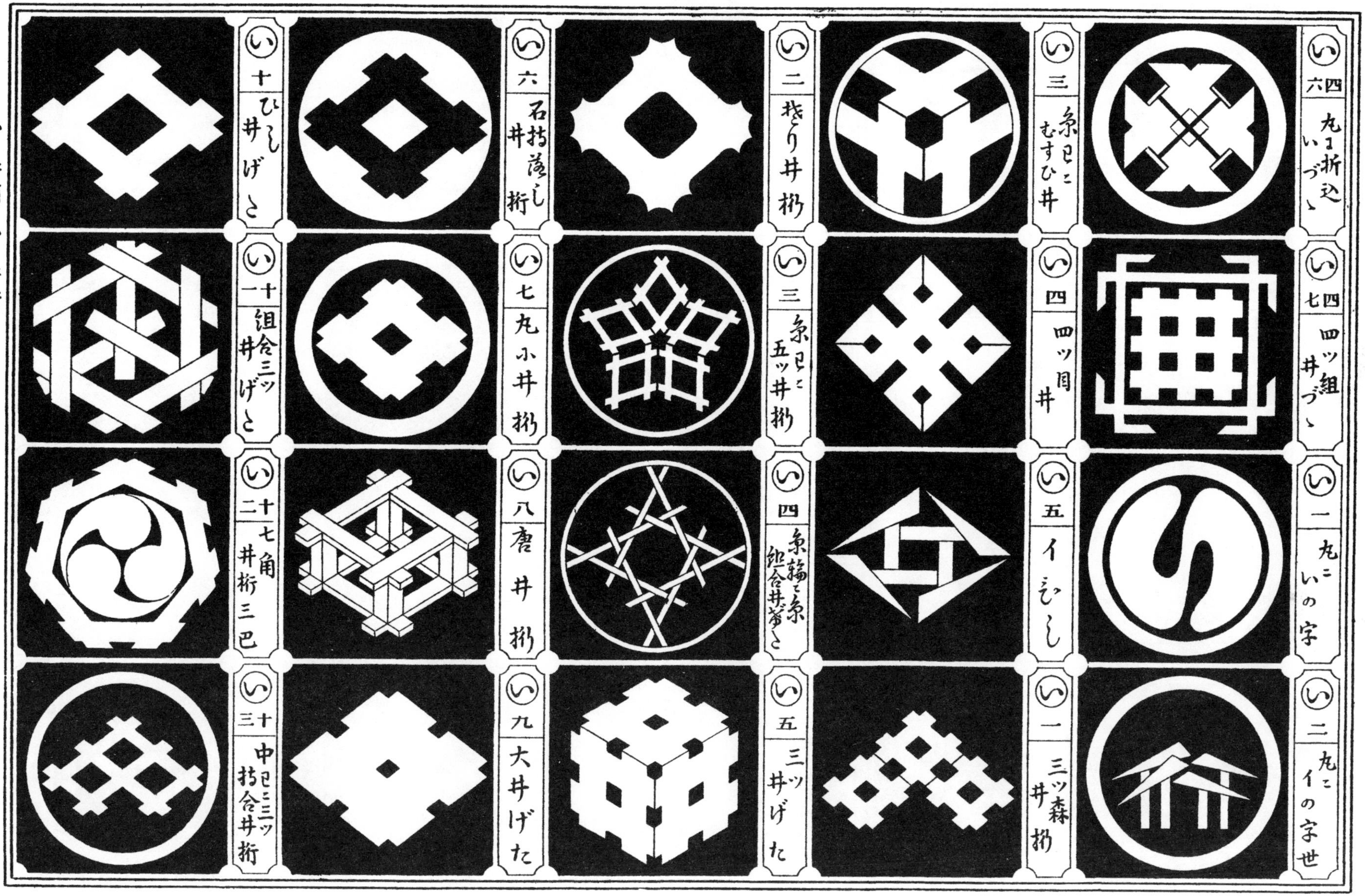

七

い 四六 丸に折込いづゝ	い 三 糸巻にむすび井	い 二 捻り井桁	い 六 石持落し井桁	い 十 ひし井げた
い 四七 四ツ組井づゝ	い 四 四ツ目井	い 三 糸巻に五ツ井桁	い 七 丸に小井桁	い 十一 組合三ツ井げた
い 一 丸にいの字	い 五 イびし	い 四 糸輪に糸組合井づゝ	い 八 唐井桁	い 十二 七角井桁三巴
い 二 丸にイの字世	い 一 三ツ森井桁	い 五 三ツ井げた	い 九 大井げた	い 十三 中に三ツ持合井桁

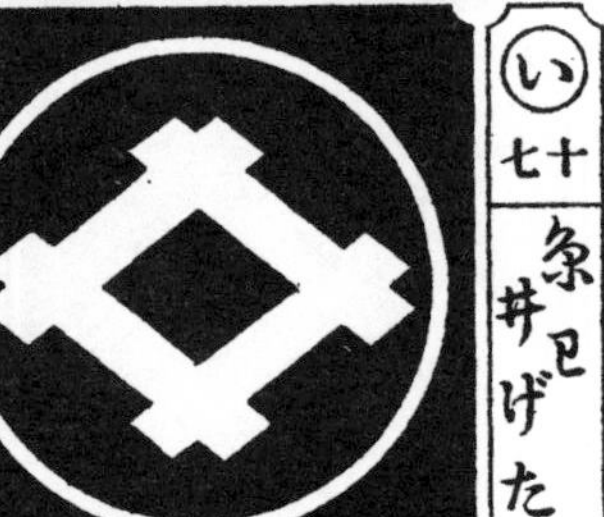
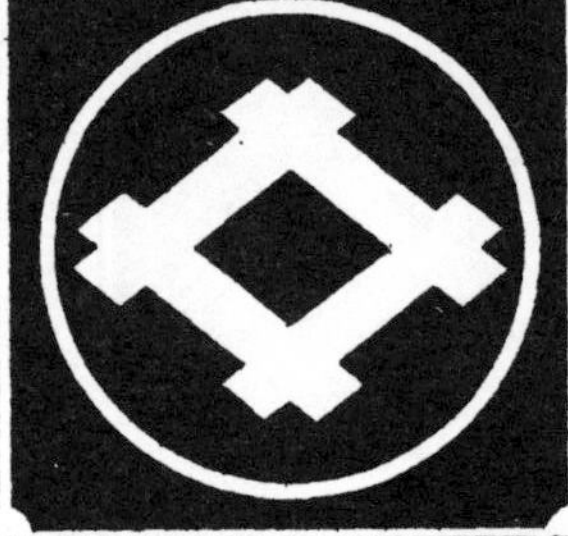
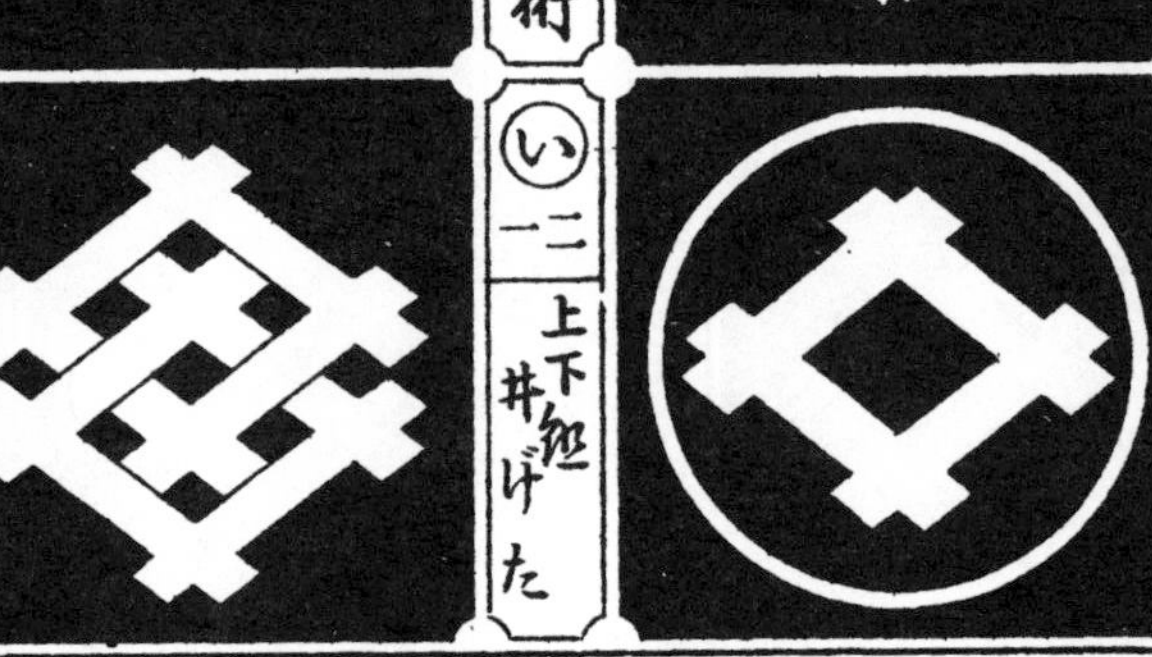
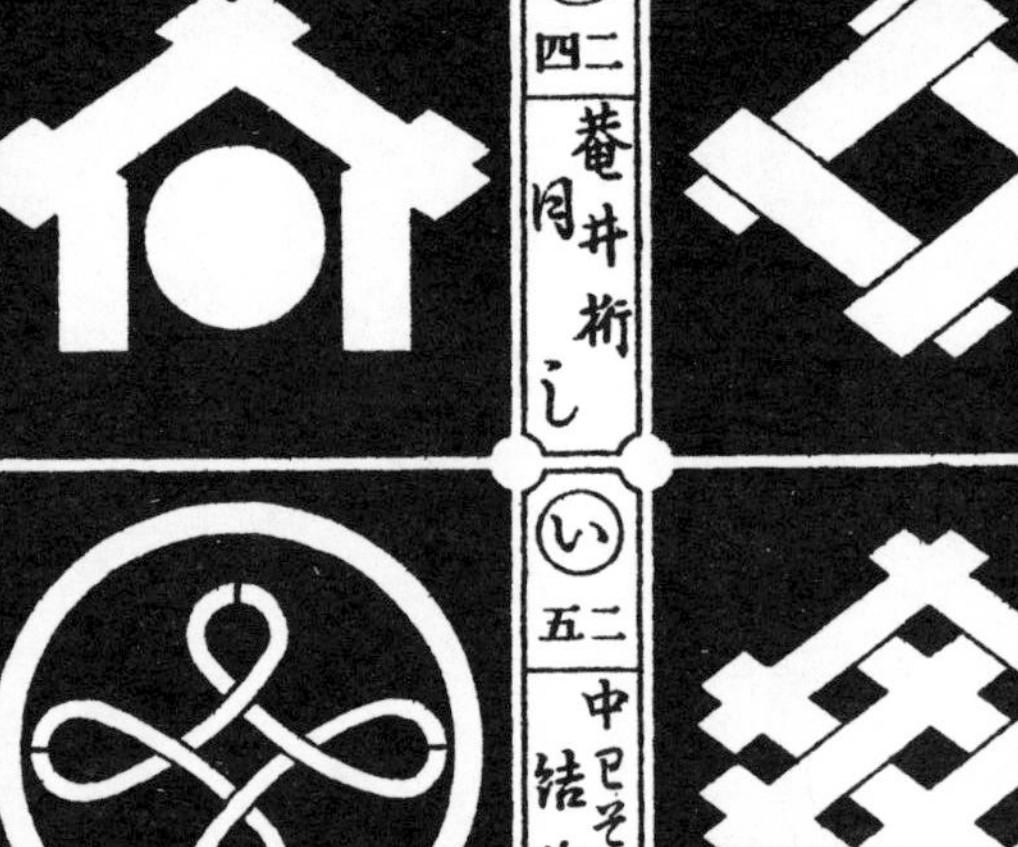
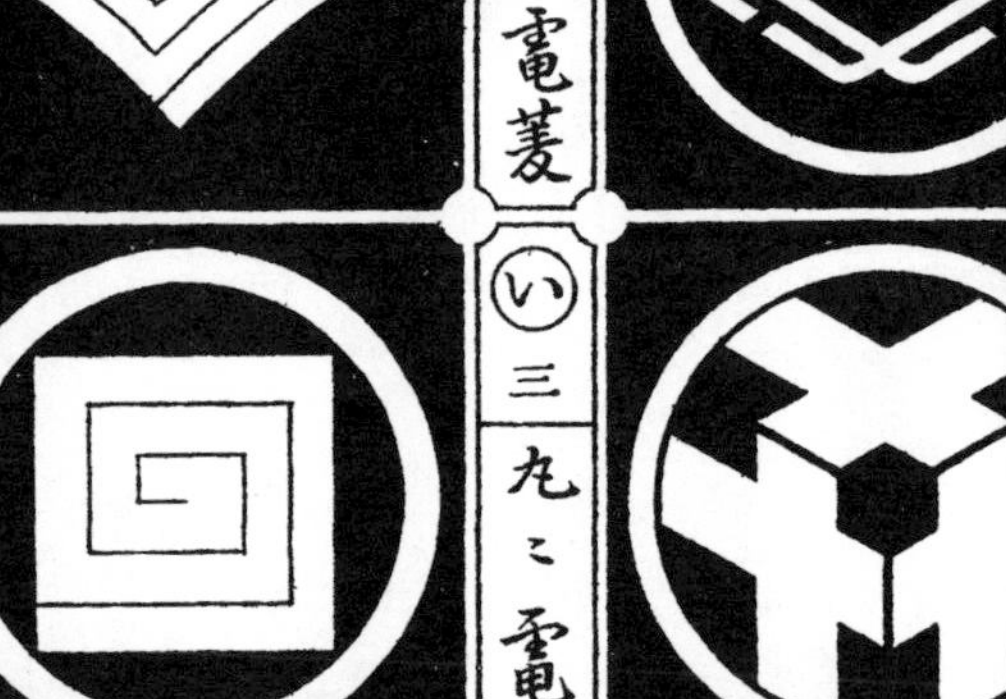
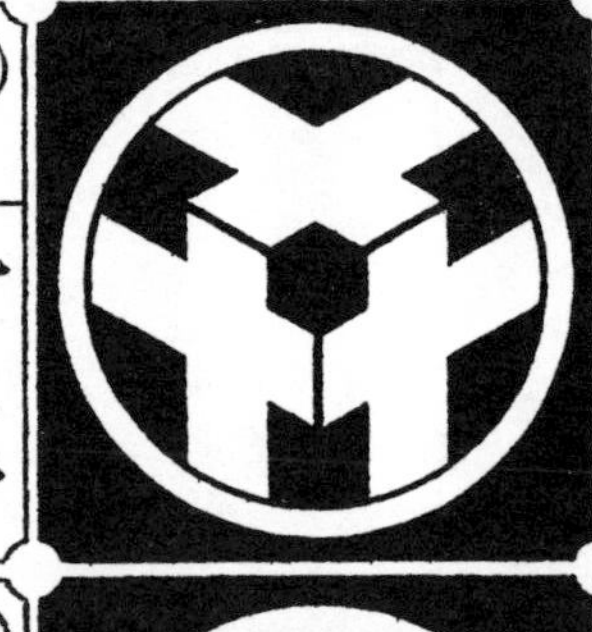
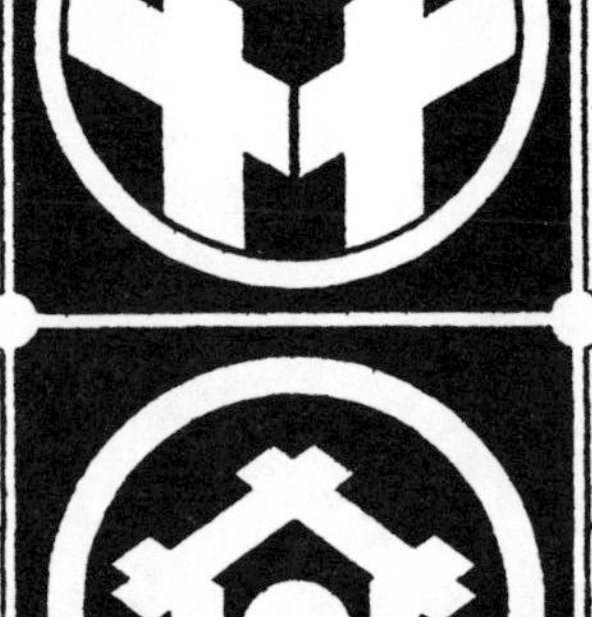

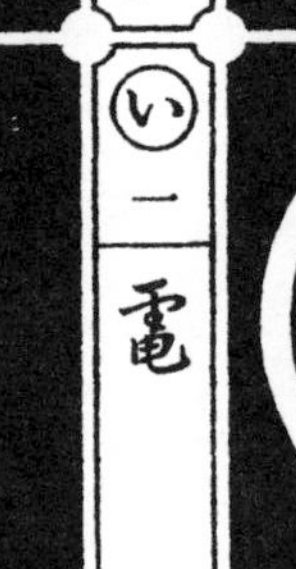
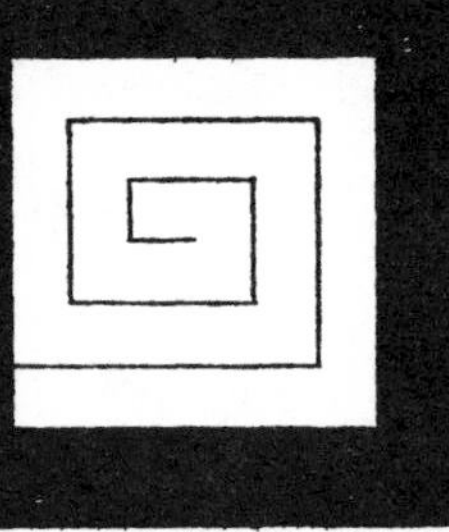
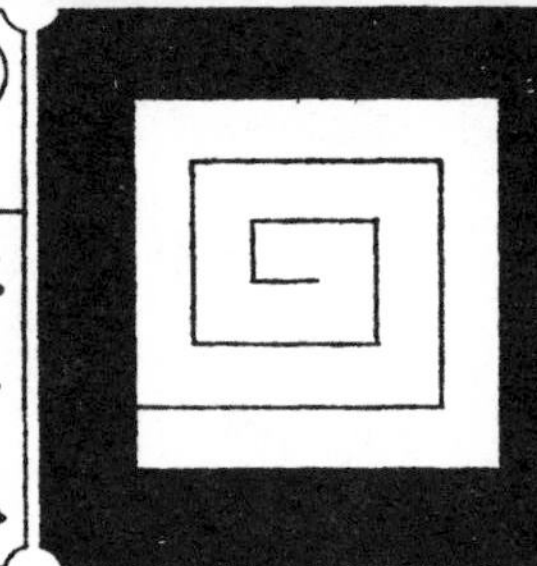

(い) 十四 八角井筒井げた

(い) 十五 三角井げた

(い) 十六 井げたきり

(い) 十七 糸巴井げた

(い) 十八 組遠井げた

(い) 十九 陰井げた

(い) 二十 組合セ井桁

(い) 二一 上下組井げた

(い) 二二 太井げた花びし

(い) 二三 井桁に木瓜

(い) 二四 菴井桁目し

(い) 二五 中巴そり結井桁

(い) 二六 結井げた

(い) 二七 細輪に三ツ割井桁

(い) 二八 丸に菴井桁目し

(い) 一 電

(い) 二 釘に電菱

(い) 三 丸に電

(い) 四 立合電菱

(い) 五 麻形電

い 稲電

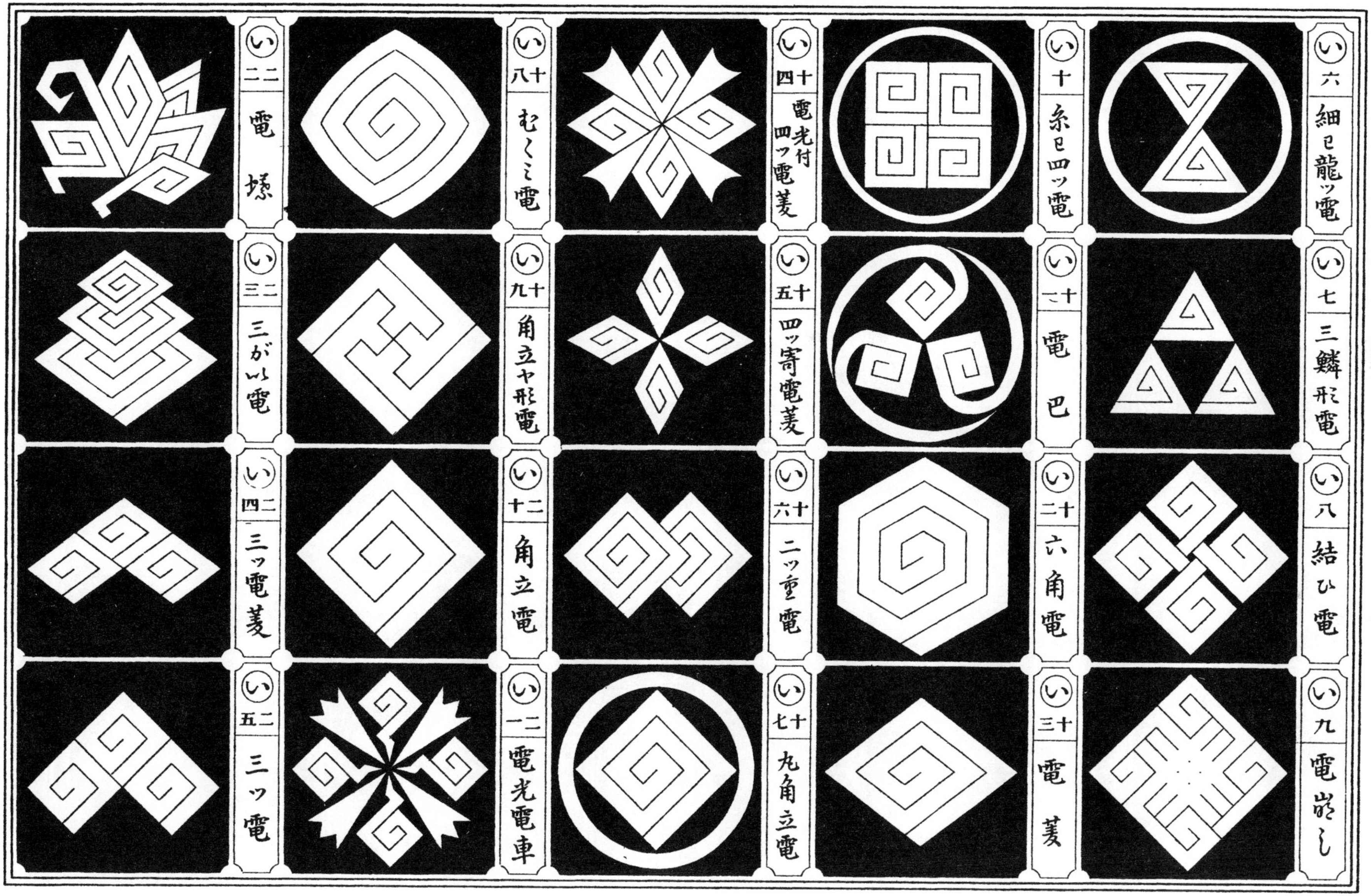

い 六	細巳龍ッ電
い 七	三鱗形電
い 八	結び電
い 九	電崩し
い 十	糸巳四ッ電
い 十一	電巴
い 十二	六角電
い 十三	電菱
い 十四	電光付四ッ電菱
い 十五	四ッ寄電菱
い 十六	二ッ重電
い 十七	丸角立電
い 十八	むくこ電
い 十九	角立ヤ形電
い 二十	角立電
い 二一	電光電車
い 二二	電嫖
い 二三	三がい電
い 二四	三ッ電菱
い 二五	三ッ電

九

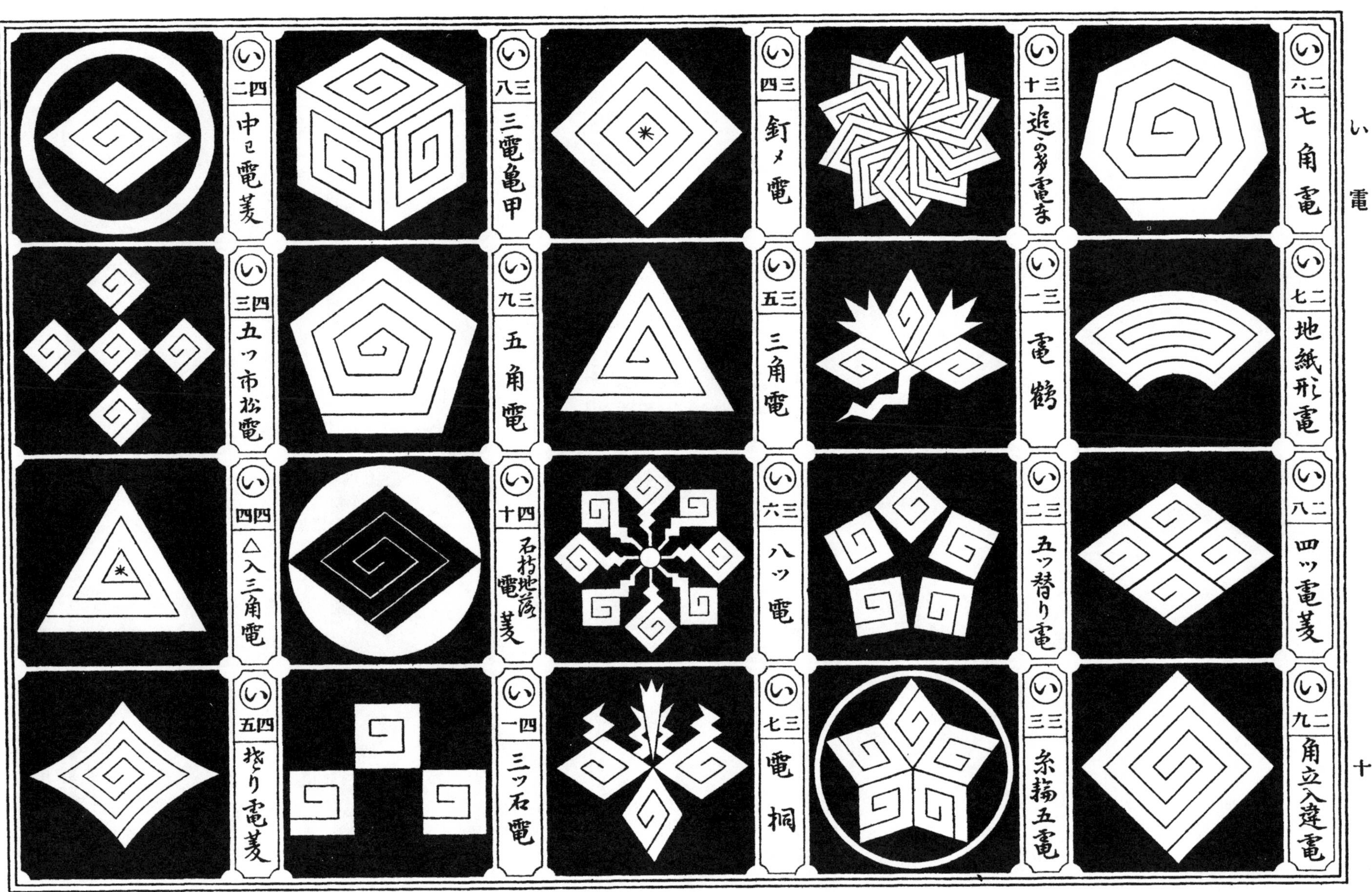
い
電
十
い 六二 七角電
い 七二 地紙形電
い 八二 四ツ電菱
い 九二 角立入違電
い 十三
い 一三 電鶴
い 二三 五ツ替り電
い 三三 糸輪五電
い 四三 釘メ電
い 五三 三角電
い 六三 八ツ電
い 七三 電桐
い 八三 三電亀甲
い 九三 五角電
い 十四 石持地落電菱
い 一四 三ツ石電
い 二四 中ノ電菱
い 三四 五ツ市松電
い 四四 △入三角電
い 五四 り電菱

い　雷　いたら貝

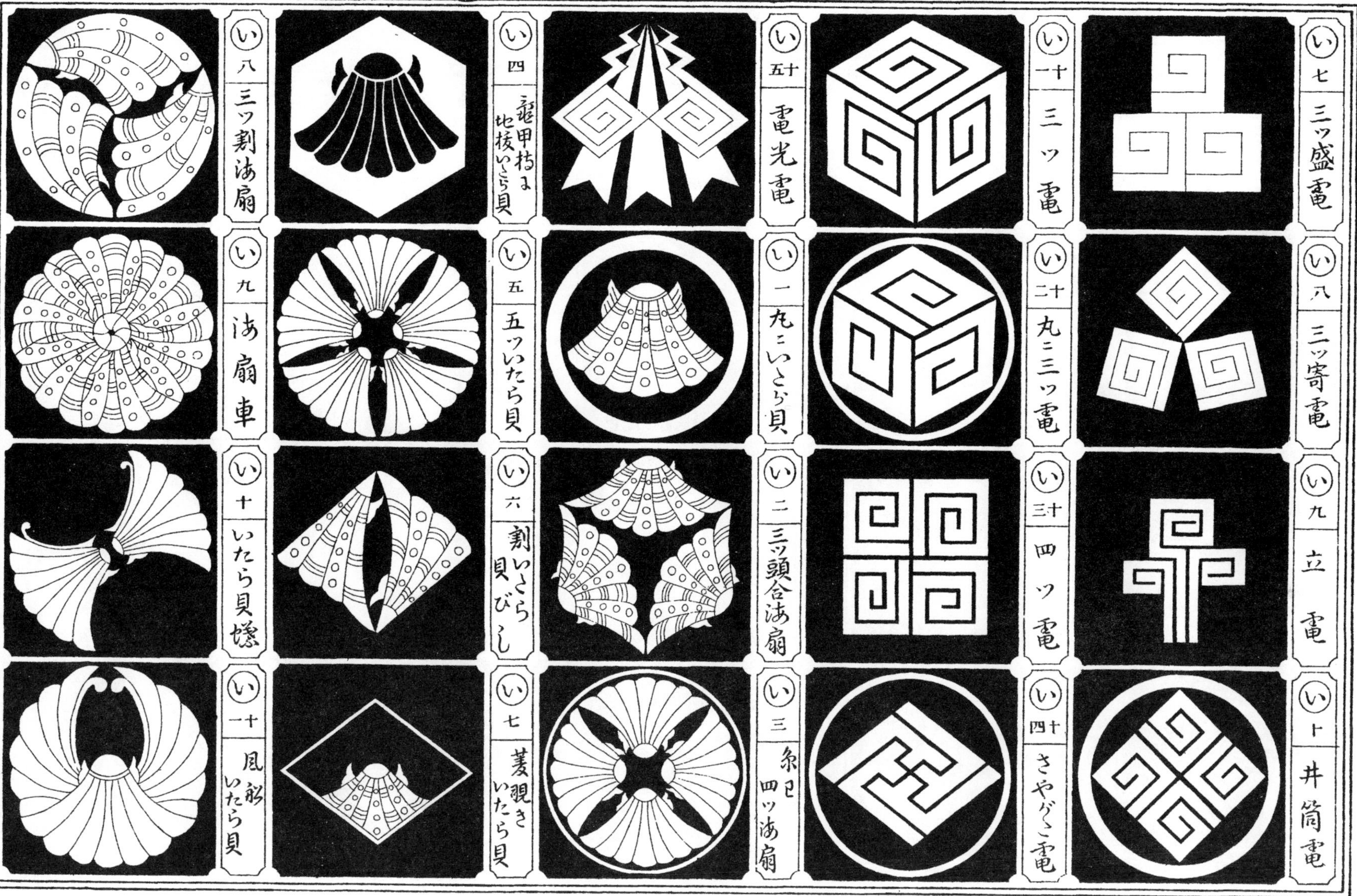

い 七 三ツ盛雷
い 八 三ツ寄雷
い 九 立雷
い 十 井筒雷
い 十一 三ツ雷
い 十二 丸ニ三ツ雷
い 十三 四ツ雷
い 十四 さやがた雷
い 十五 雷光雷
い 一 丸ニいたら貝
い 二 三ツ頭合海扇
い 三 糸巴四ツ海扇
い 四 龜甲桔ニ地抜いたら貝
い 五 五ツいたら貝
い 六 割いたら貝びし
い 七 菱覗きいたら貝
い 八 三ツ割海扇
い 九 海扇車
い 十 いたら貝燧
い 十一 凤舩いたら貝

十一

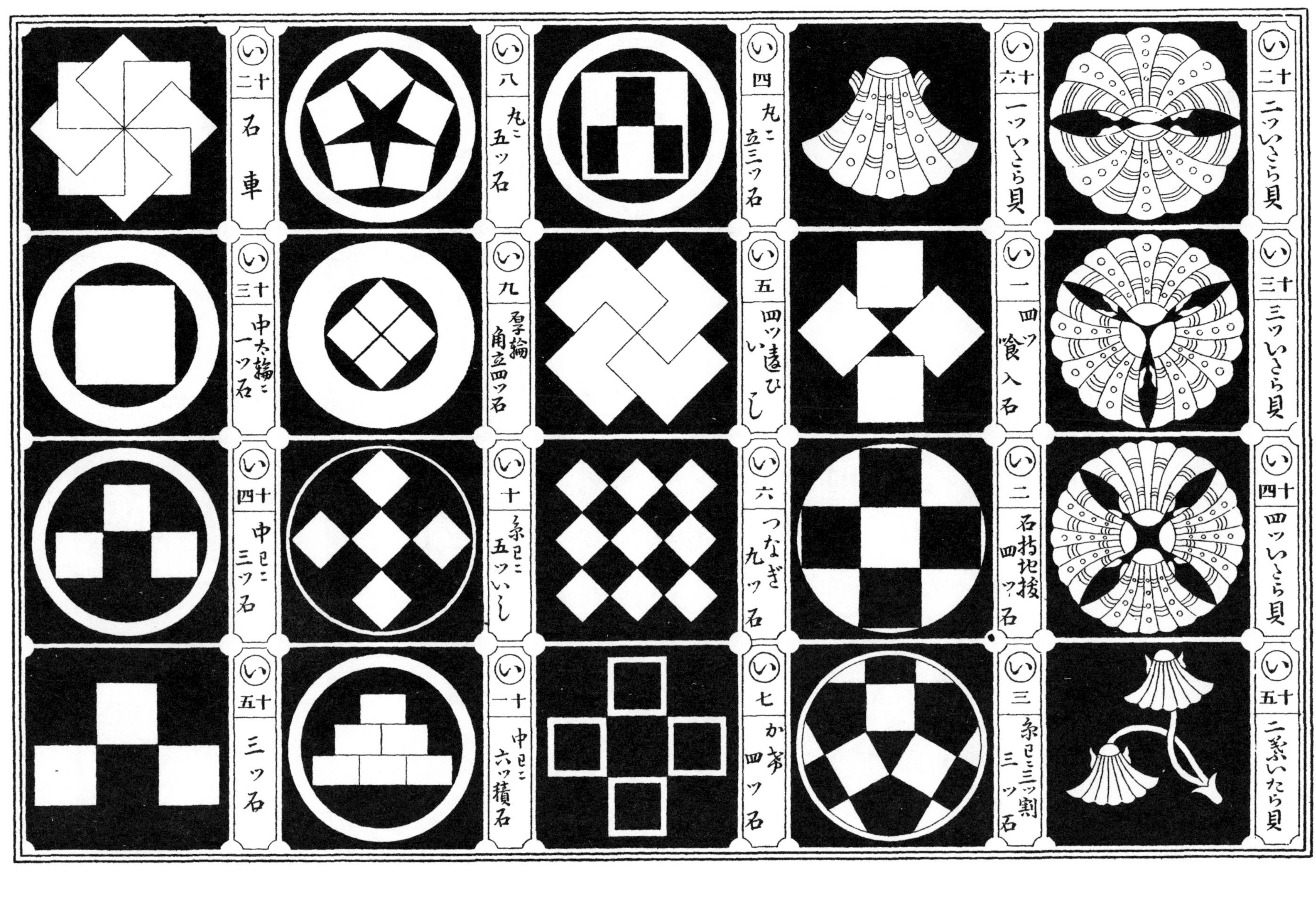

い　いさら貝、石
十二
い 十二 二ツいさら貝
い 十三 三ツいさら貝
い 十四 四ツいさら貝
い 十五 二ぶいたら貝
い 十六 一ツいさら貝
い 一 四ツ喰入石
い 二 石持地抜四ツ石
い 三 糸巳ニ三ツ割三ツ石
い 四 丸ニ立三ツ石
い 五 四ツ遠いびし
い 六 つなぎ九ツ石
い 七 かね四ツ石
い 八 丸ニ五ツ石
い 九 孚輪角立四ツ石
い 十 糸巳ニ五ツいし
い 十一 中巳ニ六ツ積石
い 十二 石車
い 十三 中太輪ニ一ツ石
い 十四 中巳ニ三ツ石
い 十五 三ツ石

い　石、錨、

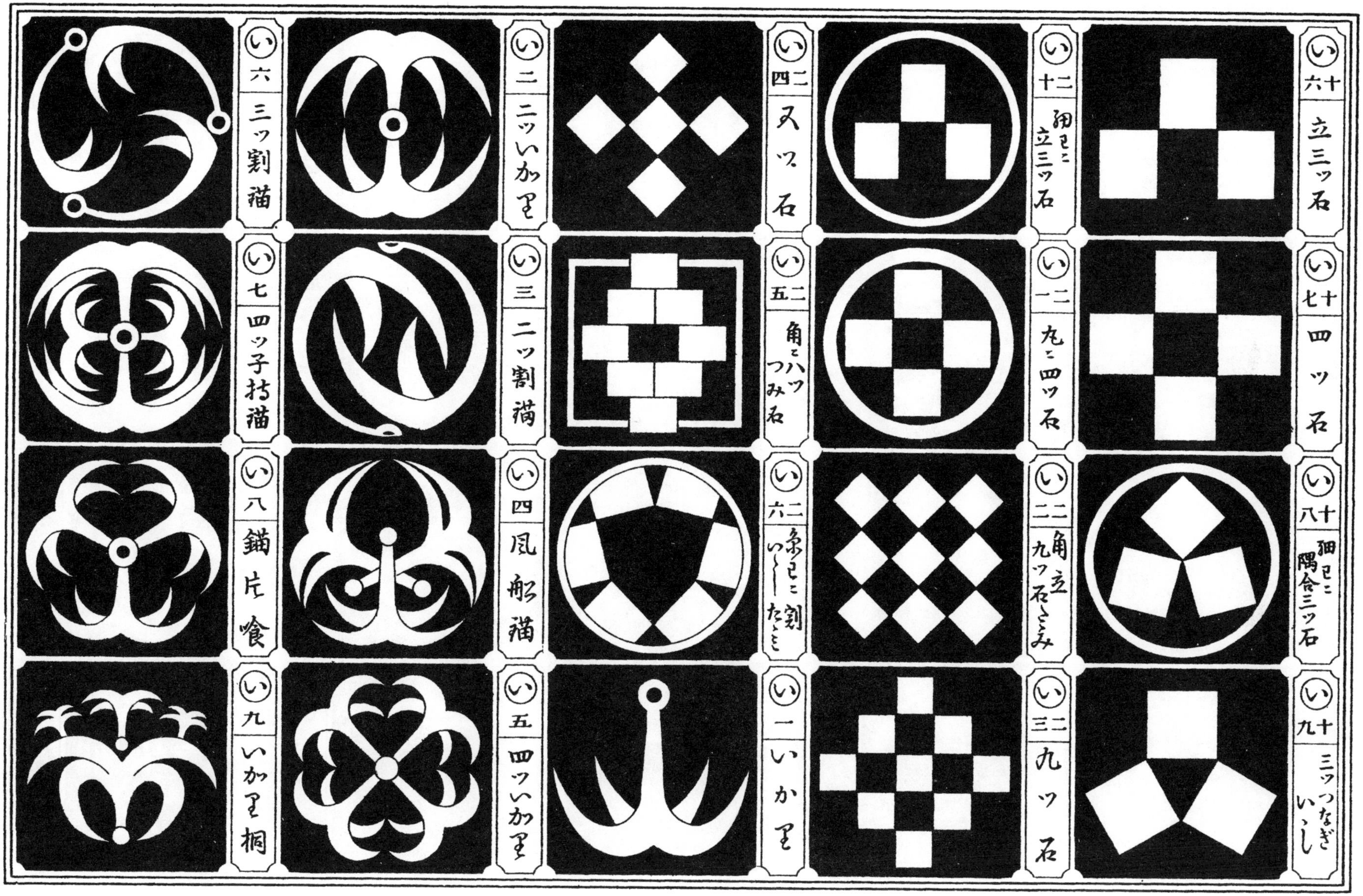

い 十六 立三ッ石
い 十七 四ッ石
い 十八 細輪に隅合三ッ石
い 十九 三ッつなぎいゝし
い 二十 細輪に立三ッ石
い 二一 丸に四ッ石
い 二二 角立九ッ石たゝみ
い 二三 九ッ石
い 二四 五ッ石
い 二五 角に八ツつみ石
い 二六 糸輪に割いしたゝみ
い 一 いかり
い 二 二ッいかり
い 三 二ッ割錨
い 四 風船錨
い 五 四ッいかり
い 六 三ッ割錨
い 七 四ッ子持錨
い 八 錨片喰
い 九 いかり桐

十三

い 錨、糸巻、

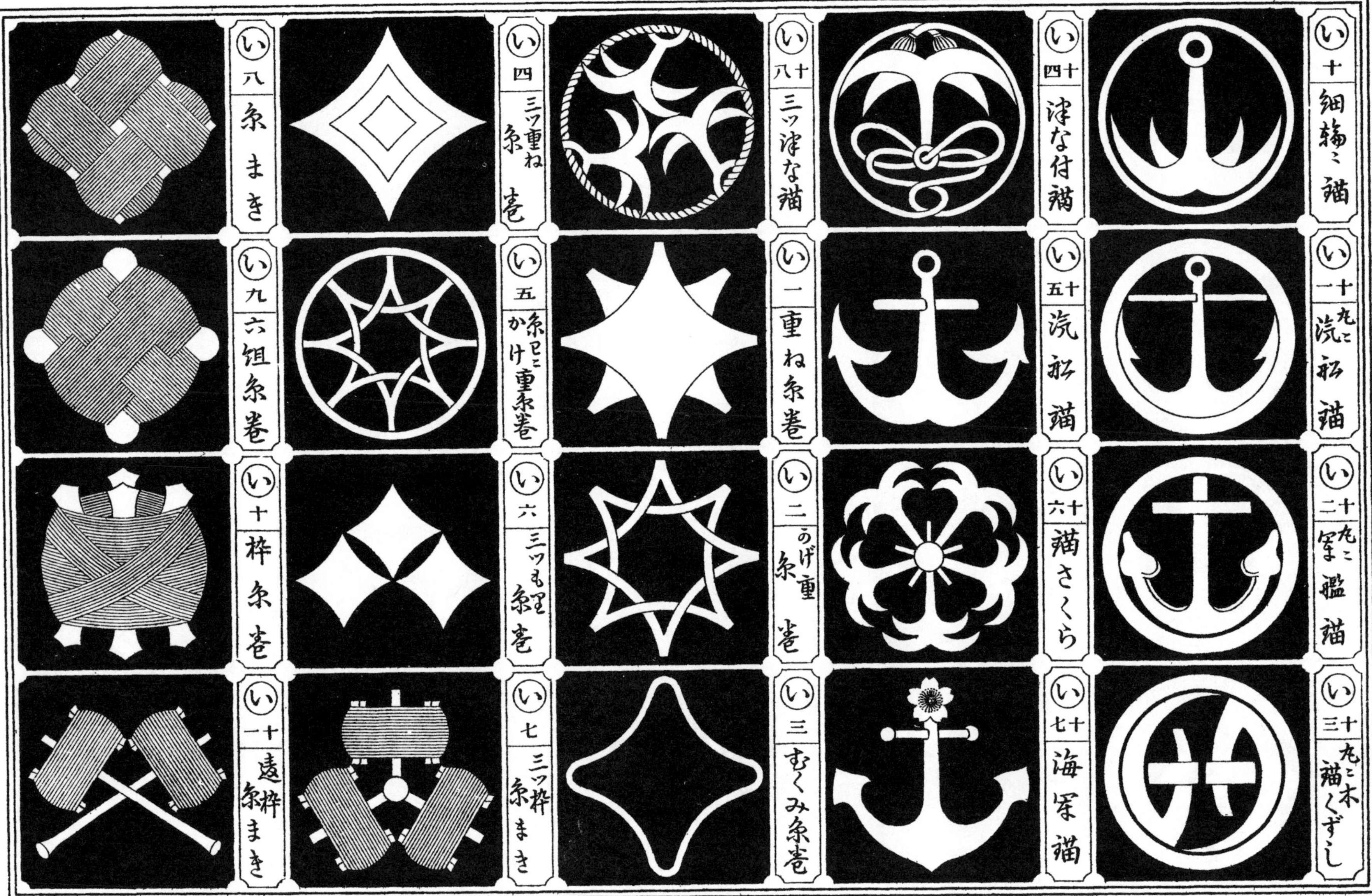

い 十 細輪に錨
い 十一 丸に流れ錨
い 十二 丸に軍艦錨
い 十三 丸に木錨くずし
い 十四 津な付錨
い 十五 流れ錨
い 十六 錨さくら
い 十七 海軍錨
い 十八 三ツ津な錨
い 一 重ね糸巻
い 二 のげ重糸巻
い 三 むくみ糸巻
い 四 三ツ重ね糸巻
い 五 糸巴にかけ重糸巻
い 六 三ツもみ糸巻
い 七 三ツ枠糸まき
い 八 糸まき
い 九 六組糸巻
い 十 枠糸巻
い 十一 違枠糸まき

十四

い　糸巻、庵、桴、ろ 蝋燭、ロウブチ、

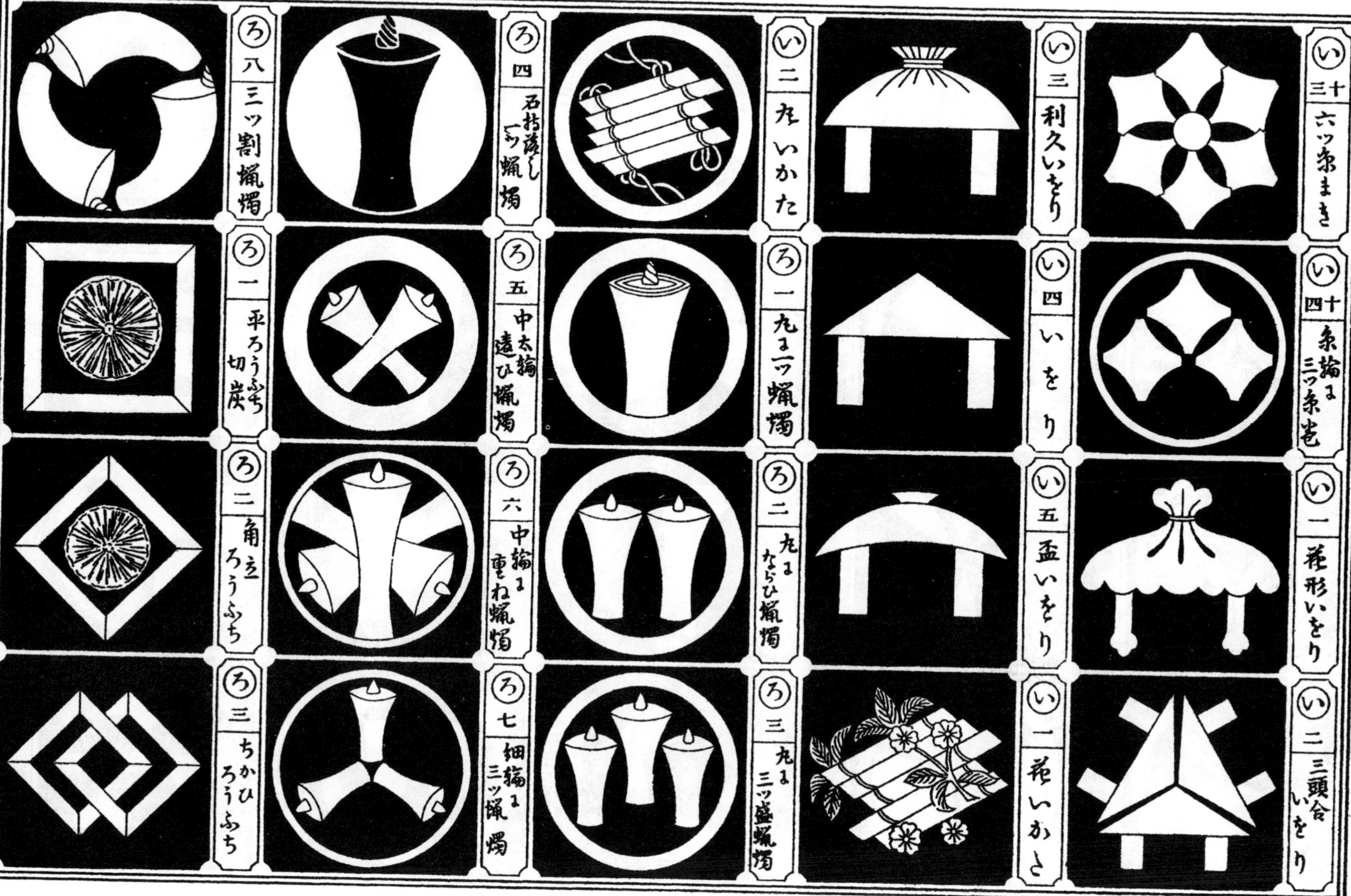

ろ 六ノ字は 羽根板、蛤

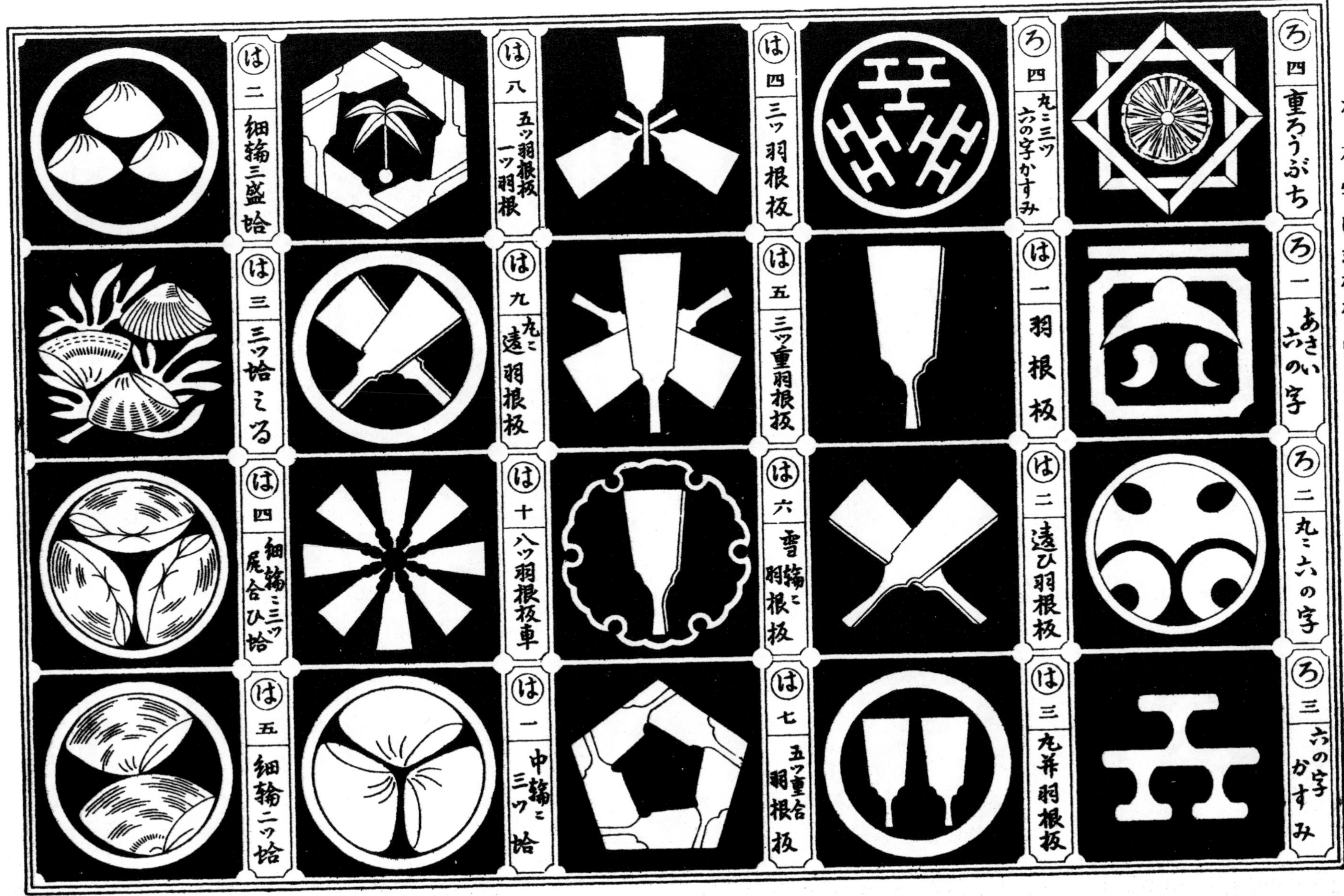

十六

は 蛤 羽箒 羽根

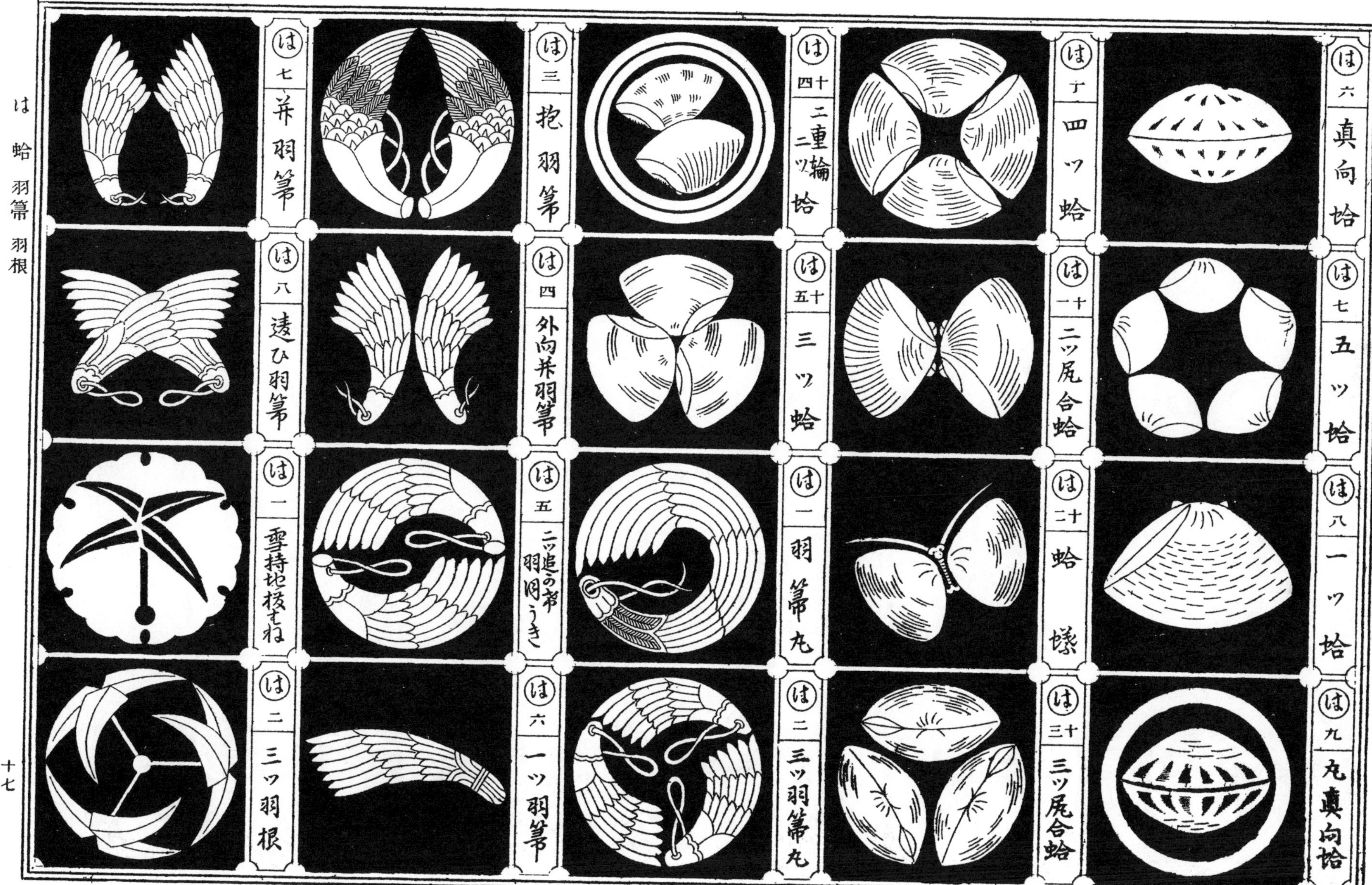

は 六 真向蛤
は 十 四ツ蛤
は 四十 二重輪二ツ蛤
は 三 抱羽箒
は 七 并羽箒
は 七 五ツ蛤
は 一十 二ツ尻合蛤
は 五十 三ツ蛤
は 四 外向并羽箒
は 八 違ひ羽箒
は 八 一ツ蛤
は 二十 蛤蝶
は 一 羽箒丸
は 五
は 一
は 九 丸真向蛤
は 三十 三ツ尻合蛤
は 二 三ツ羽箒丸
は 六 一ツ羽箒
は 二 三ツ羽根

十七

は　羽根、旗、芭蕉

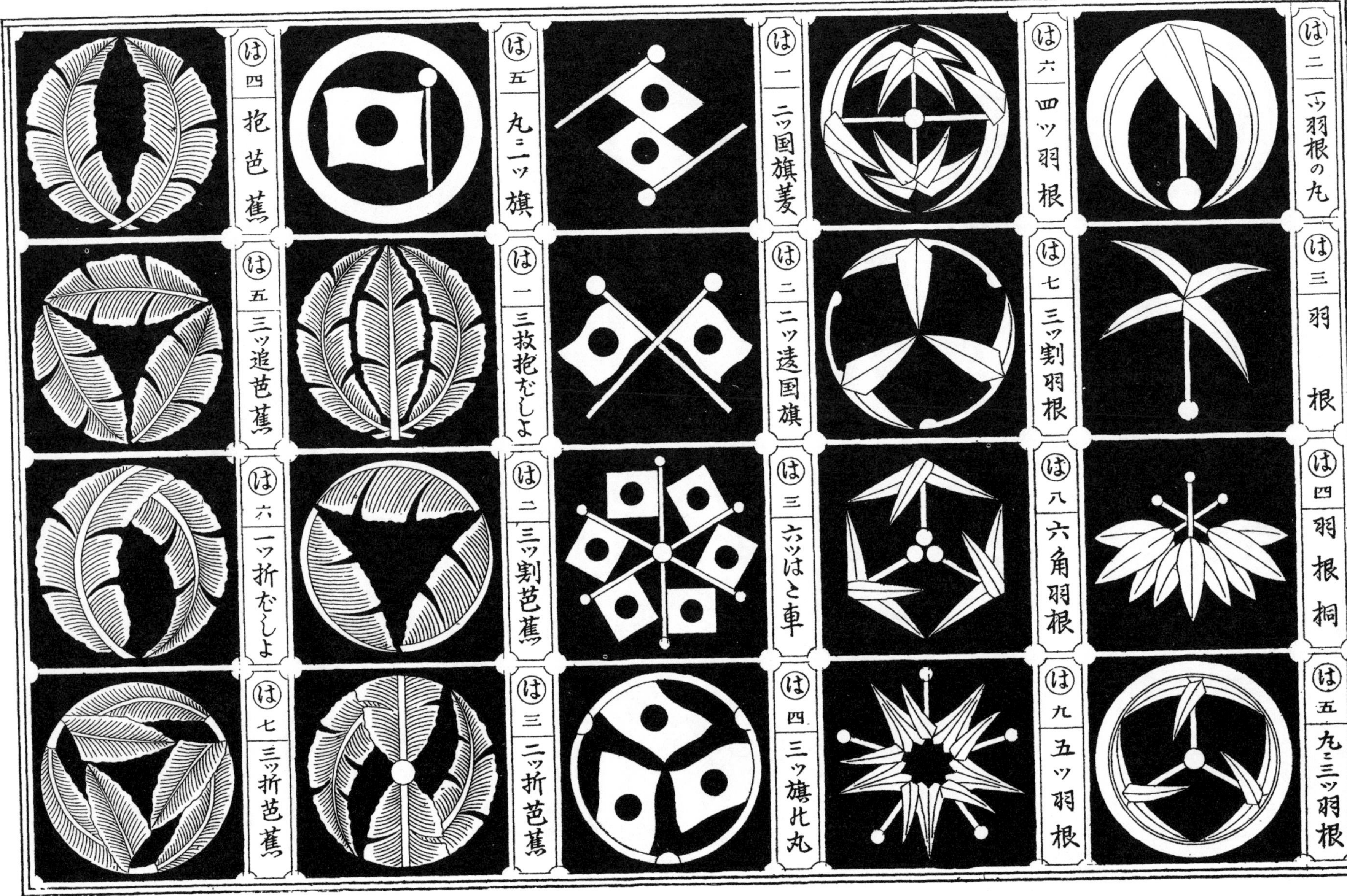

は二 一ツ羽根の丸
は三 三羽根
は四 羽根桐
は五 丸ニ三ツ羽根
は六 四ツ羽根
は七 三ツ割羽根
は八 六角羽根
は九 五ツ羽根
は一 二ツ国旗菱
は二 二ツ違国旗
は三 六ツはた車
は四 三ツ旗ル丸
は五 丸ニ一ツ旗
は一 三枚抱ばしよ
は二 三ツ割芭蕉
は三 二ツ折芭蕉
は四 抱芭蕉
は五 三ツ追芭蕉
は六 一ツ折ばしよ
は七 三ツ折芭蕉

十八

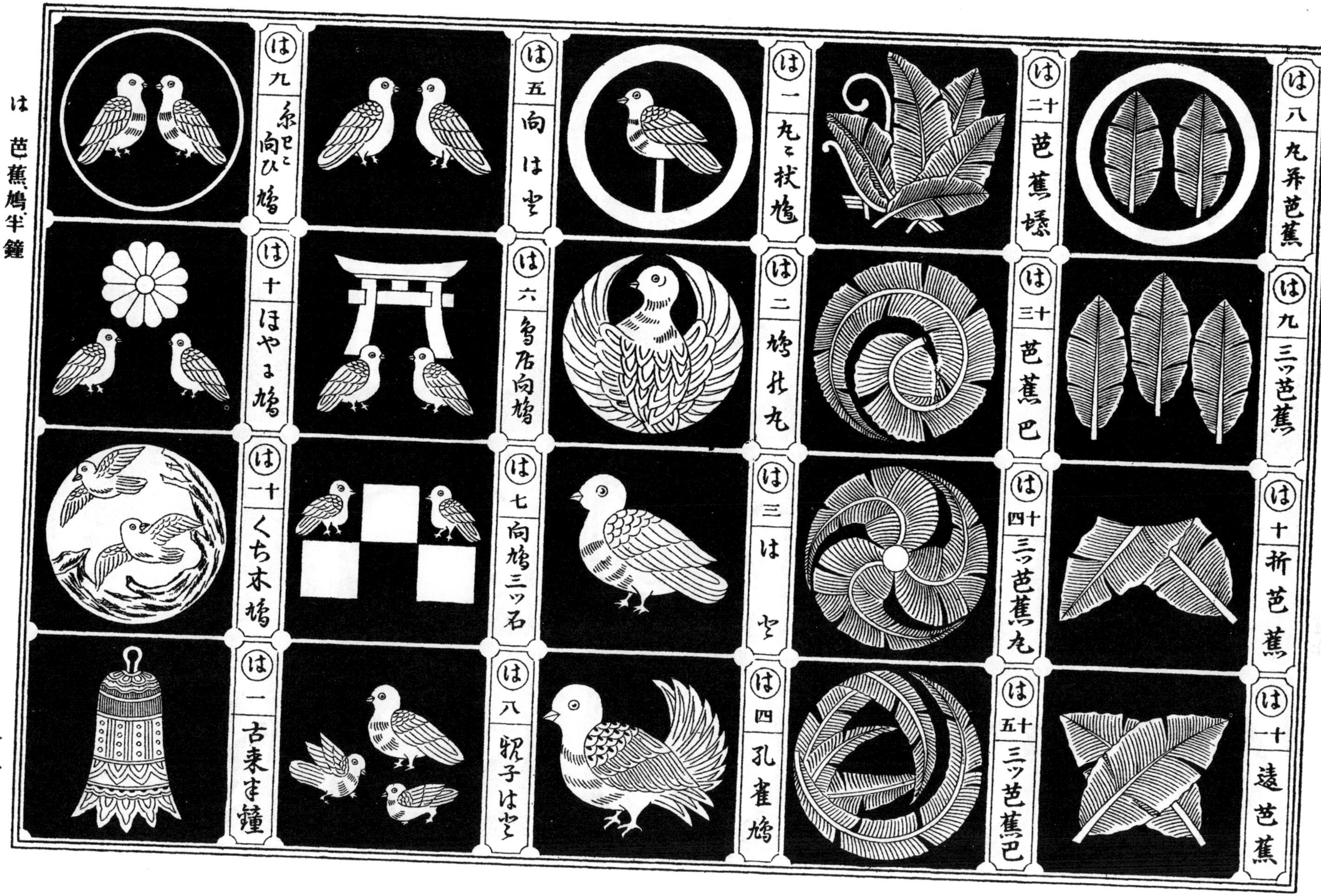

は　芭蕉、鳩、半鐘

は八　丸并芭蕉

は九　三ツ芭蕉

は十　折芭蕉

は十一　遠芭蕉

は十二　芭蕉蟠

は十三　芭蕉巴

は十四　三ツ芭蕉丸

は十五　三ツ芭蕉巴

は一　丸ニ杖鳩

は二　鳩の丸

は三　はと

は四　孔雀鳩

は五　向はと

は六　鳥居向鳩

は七　向鳩三ツ石

は八　親子はと

は九　糸巴に向ひ鳩

は十　ほやる鳩

は十一　くち木鳩

は一　古来半鐘

は　半鐘、花菱

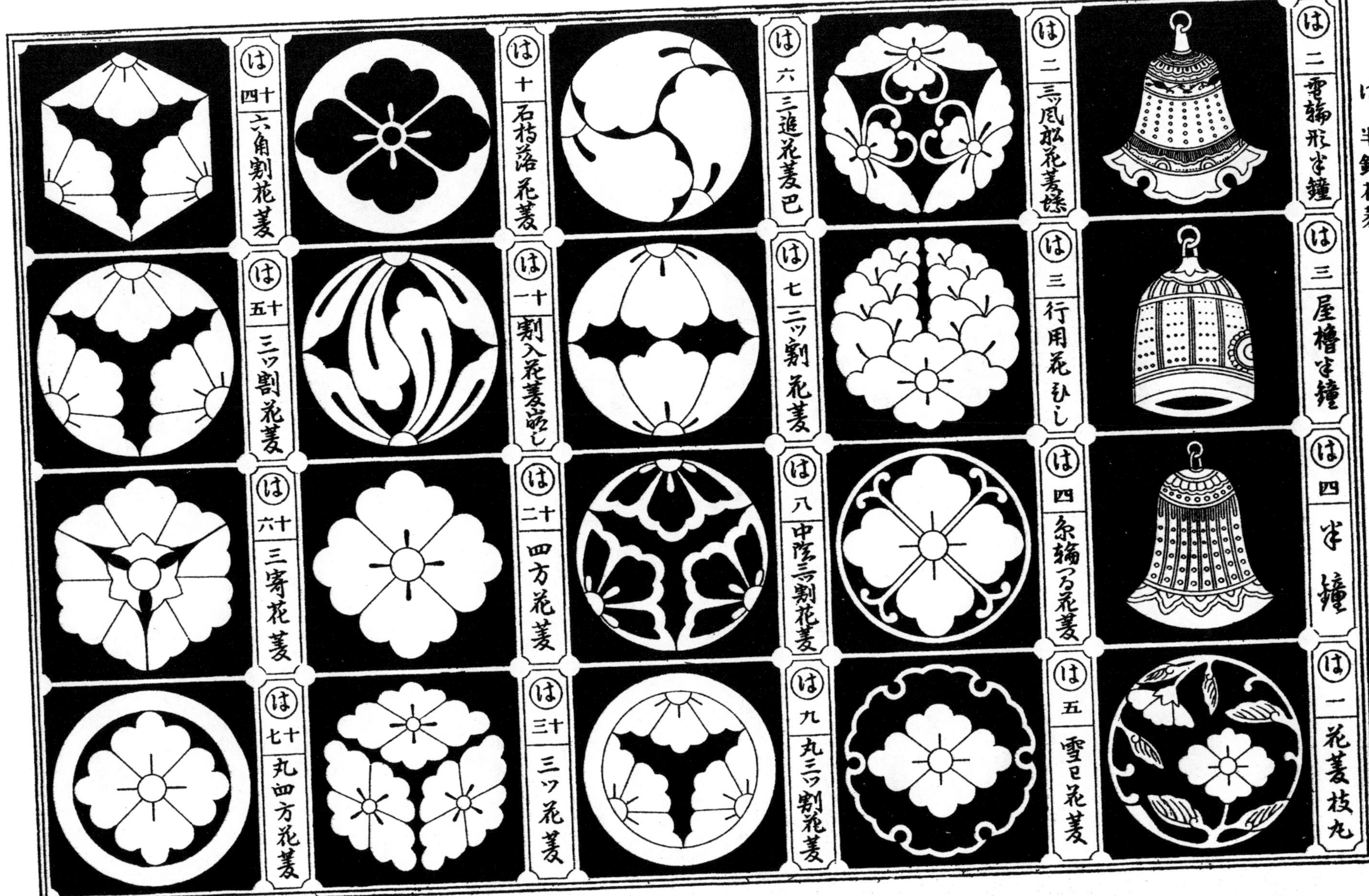

は 二 雲輪形半鐘
は 三 屋櫓半鐘
は 四 半鐘
は 一 花菱枝丸
は 二 三ツ鳳凰花菱蝶
は 三 行用花びし
は 四 糸輪つる花菱
は 五 雪已花菱
は 六 三進花菱巴
は 七 二ツ割花菱
は 八 中陰三ツ割花菱
は 九 丸三ツ割花菱
は 十 石持落花菱
は 十一 割入花菱崩し
は 十二 四方花菱
は 十三 三ツ花菱
は 十四 六角割花菱
は 十五 三ツ割花菱
は 十六 三寄花菱
は 十七 丸四方花菱

二十

は 花菱

廿一

は 十八 剣花ひし

は 十九 四方剣花菱

は 二十 蔭花ひし

は 二一 菱のぞき花菱

は 二二 雲形花菱

は 二三 利久花ひし

は 二四 つる替り花菱

は 二五 まり狭ミ花ひし

は 二六 角立四割花ひし

は 二七 角立四ツ割花ひし角

は 二八 鬼花菱つる

は 二九 三ツ形花菱

は 三十 横刃花菱

は 三一 三寄横見花菱

は 三二 菱地落花菱

は 三三 三ツ捻り花菱

は 三四 中蔭けん花菱

は 三五 四ツ花ひし

は 三六 三ツ盛花菱

は 三七 三よせ盛り花ひし

は　花菱

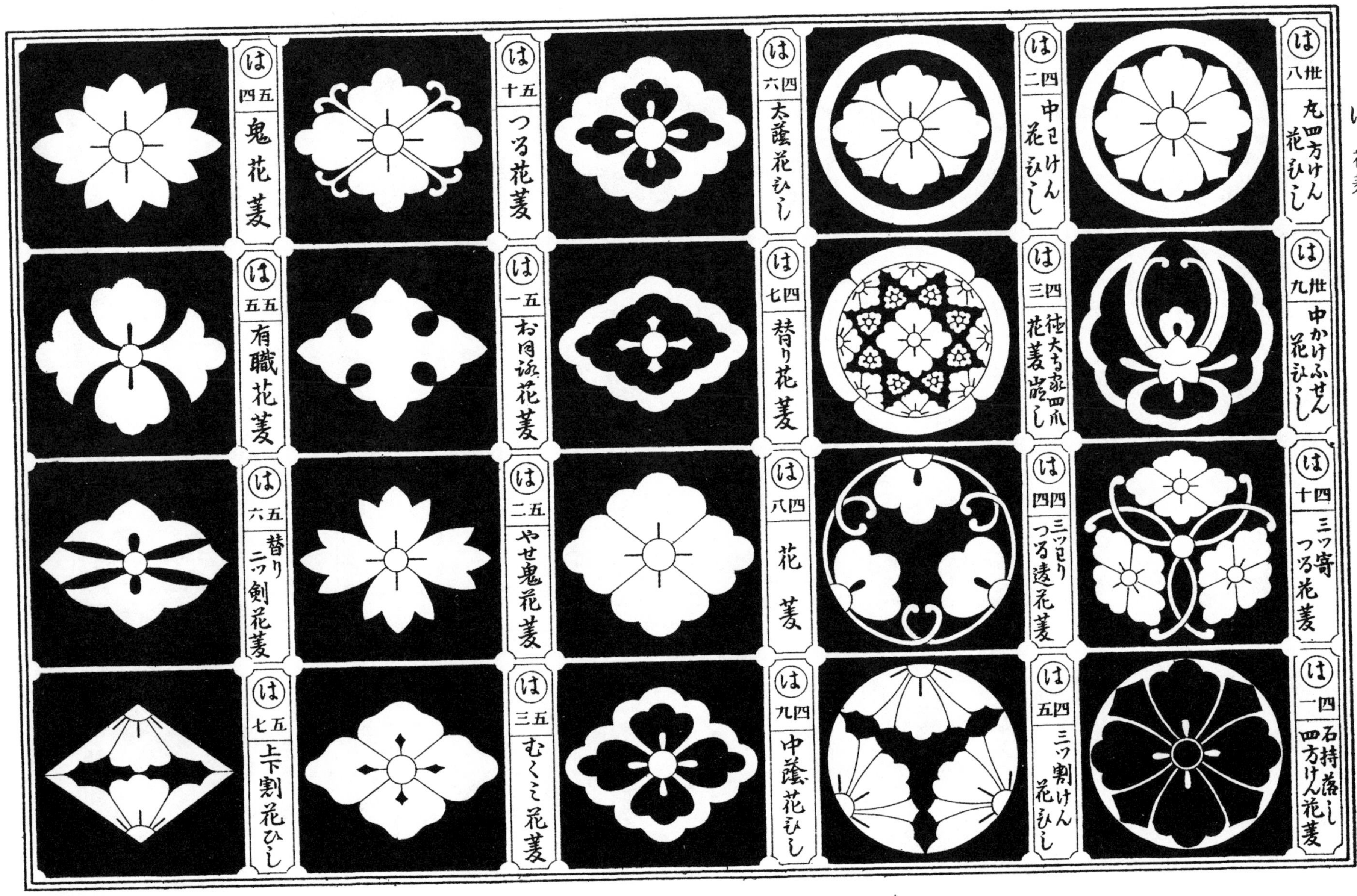

は 八卅 丸四方けん花ひし
は 九卅 中かけふせん花ひし
は 十四 三ツ寄つる花菱
は 一四 石持落し四方けん花菱
は 二四 中ヒけん花ひし
は 三四 徳大寺家四爪花菱崩し
は 四四 三ツ巴りつる違花菱
は 五四 三ツ割けん花ひし
は 六四 太蔭花ひし
は 七四 替り花菱
は 八四 花菱
は 九四 中蔭花ひし
は 十五 つる花菱
は 一五 お目詠花菱
は 二五 やせ鬼花菱
は 三五 むくミ花菱
は 四五 鬼花菱
は 五五 有職花菱
は 六五 替り二ツ剣花菱
は 七五 上下割花ひし

廿二

は 花菱

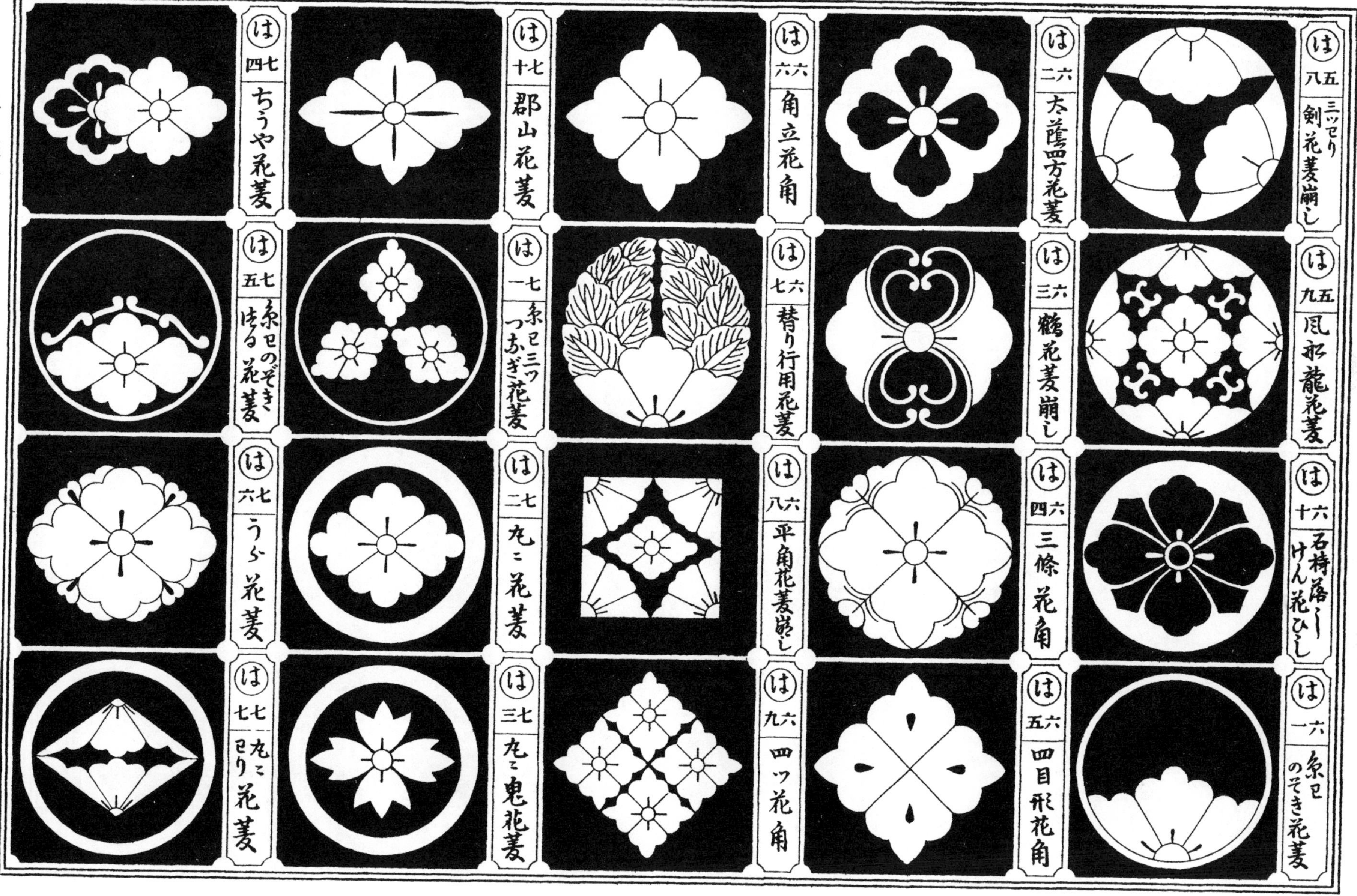

は 八五 三ツ也り剣花菱崩し
は 二六 太蔭四方花菱
は 六六 角立花角
は 十七 郡山花菱
は 四七 ちうや花菱
は 九五 凤形龍花菱
は 三六 鶴花菱崩し
は 七六 替り行用花菱
は 一七 糸巴三ツつあぎ花菱
は 五七 糸巴のぞきはる花菱
は 十六 石持落し けん花ひし
は 四六 三條花角
は 八六 平角花菱崩し
は 二七 丸に花菱
は 六七 うら花菱
は 一六 糸巴のぞき花菱
は 五六 四目形花角
は 九六 四ツ花角
は 三七 丸に鬼花菱
は 七七 丸にとり花菱

廿三

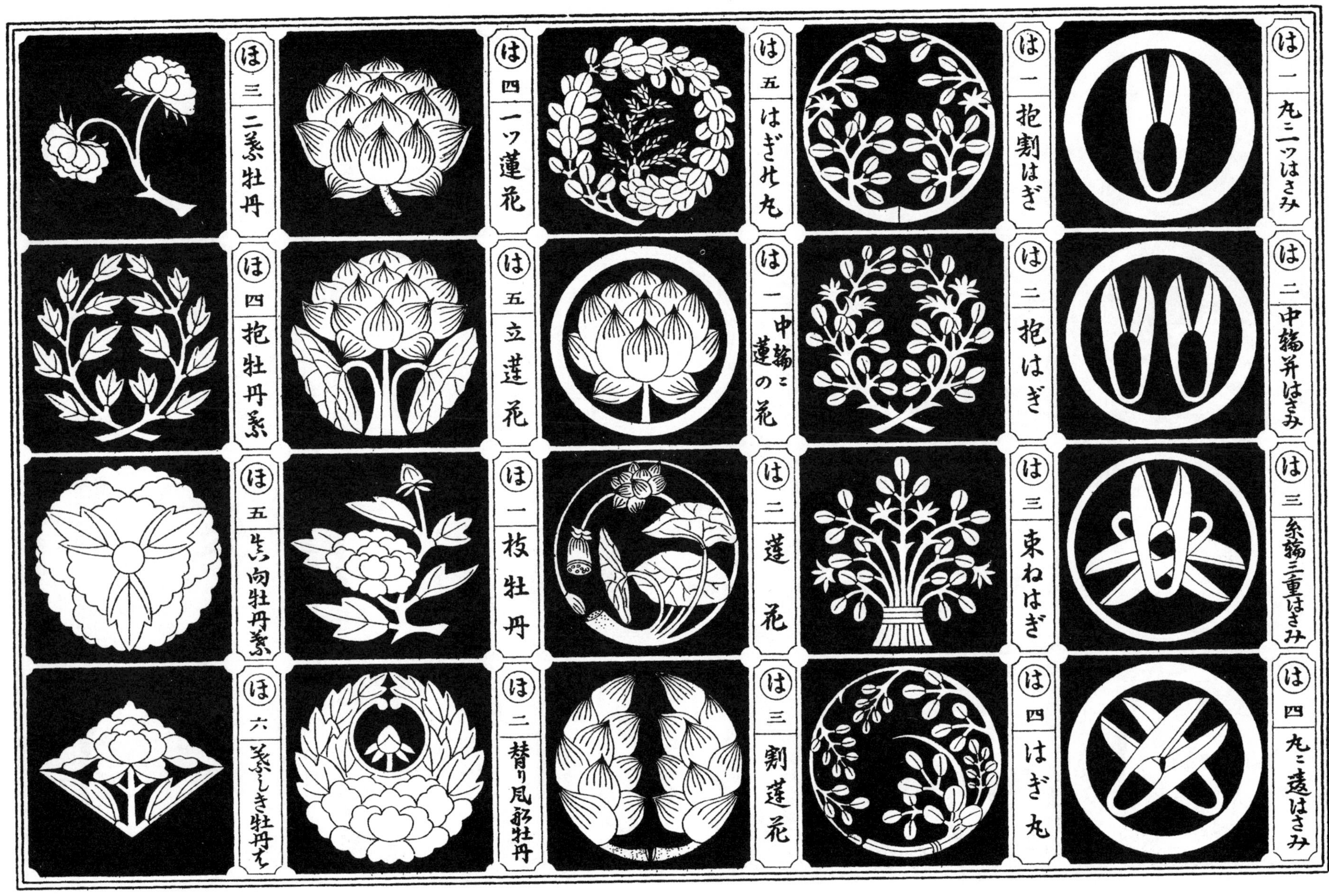
は 一 丸に一ツはさみ
は 二 中輪并はさみ
は 三 糸輪三重はさみ
は 四 丸に違はさみ
は 一 抱割はぎ
は 二 抱はぎ
は 三 束ねはぎ
は 四 はぎ丸
は 一 中輪に蓮の花
は 二 蓮花
は 三 割蓮花
は 四 一ツ蓮花
は 五 立蓮花
ほ 一 枝牡丹
ほ 三 二葉牡丹
ほ 四 抱牡丹

ほ 牡丹

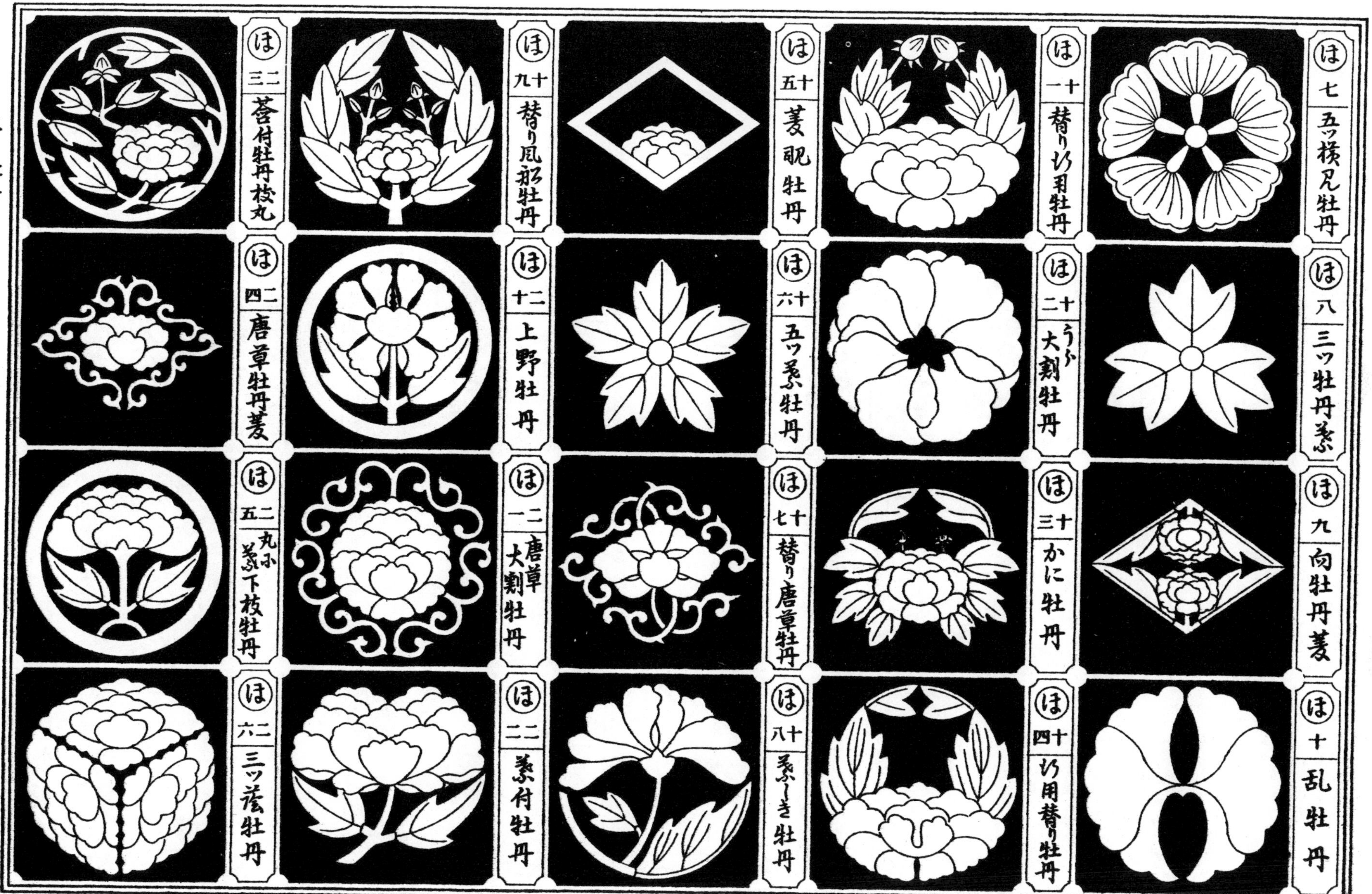

ほ 七 五ツ横見牡丹

ほ 八 三ツ牡丹葉

ほ 九 向牡丹菱

ほ 十 乱牡丹

ほ 十一 替り杏葉牡丹

ほ 十二 大割牡丹

ほ 十三 かに牡丹

ほ 十四 杏葉替り牡丹

ほ 十五 菱覗牡丹

ほ 十六 五ツ葉牡丹

ほ 十七 替り唐草牡丹

ほ 十八 葉ふき牡丹

ほ 十九 替り鳳形牡丹

ほ 二十 上野牡丹

ほ 二一 唐草大割牡丹

ほ 二二 葉付牡丹

ほ 二三 莟付牡丹枝丸

ほ 二四 唐草牡丹菱

ほ 二五 丸ニ葉下枝牡丹

ほ 二六 三ツ蔭牡丹

廿五

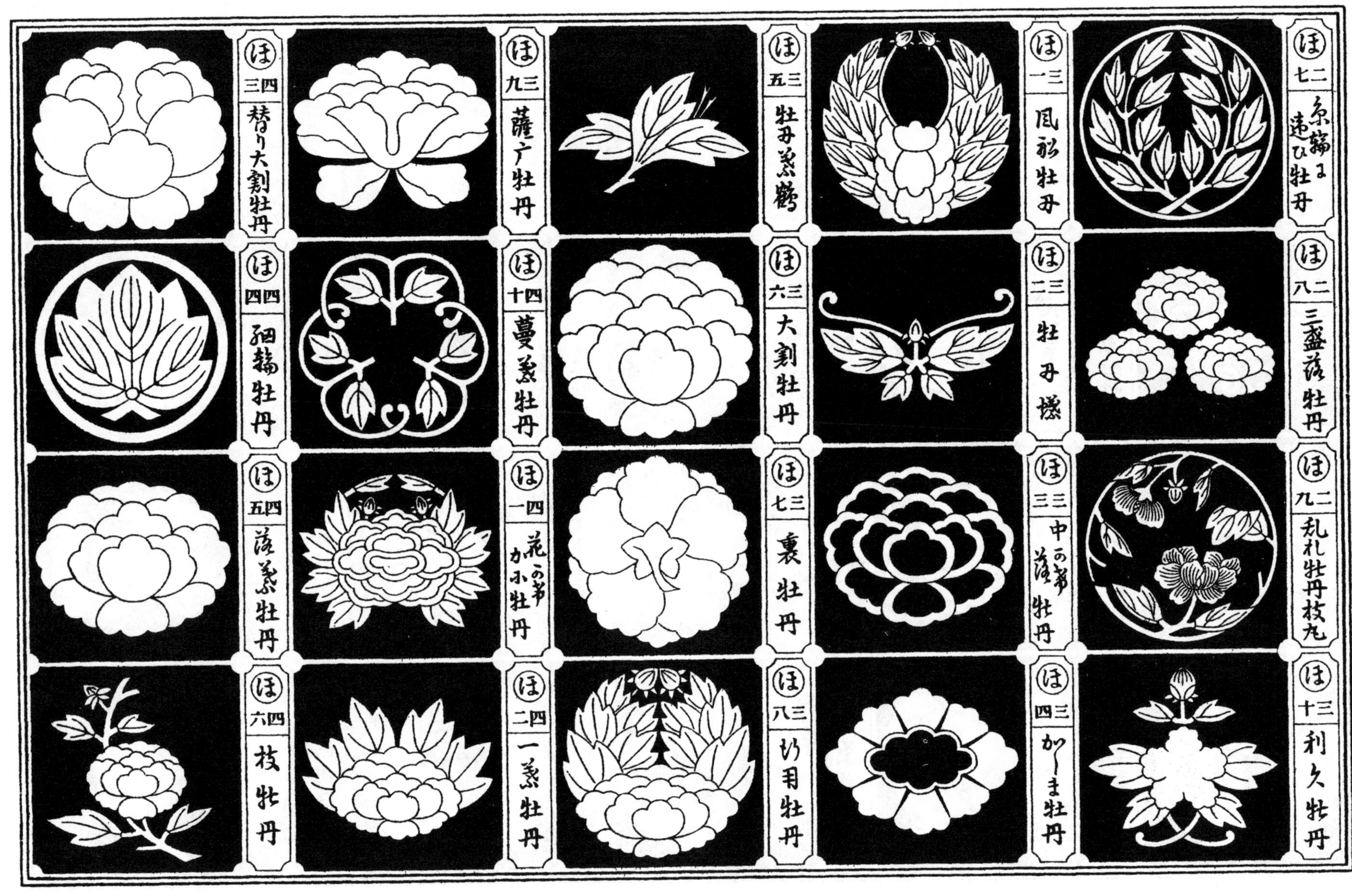

ほ 牡丹

廿六

ほ 牡丹

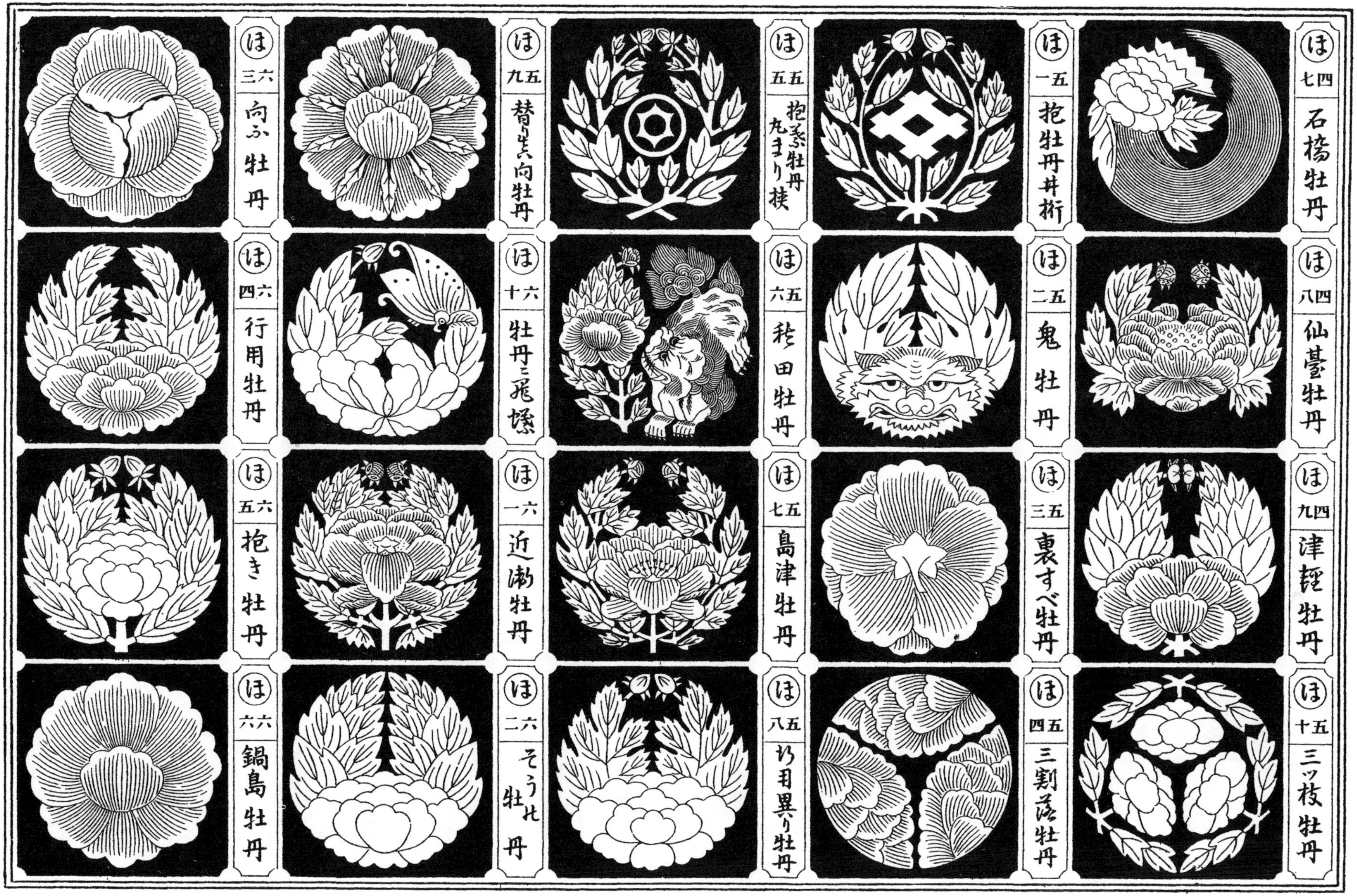

ほ 七四 石橋牡丹

ほ 一五 抱牡丹井桁

ほ 五五 抱葉牡丹丸まり挟

ほ 九五 替り先六向牡丹

ほ 三六 向ふ牡丹

ほ 八四 仙臺牡丹

ほ 二五 鬼牡丹

ほ 六五 秋田牡丹

ほ 十六 牡丹ニ飛蝶

ほ 四六 行用牡丹

ほ 九四 津軽牡丹

ほ 三五 裏すべ牡丹

ほ 七五 島津牡丹

ほ 一六 近衛牡丹

ほ 五六 抱き牡丹

ほ 十五 三ツ枝牡丹

ほ 四五 三割落牡丹

ほ 八五 杉田異り牡丹

ほ 二六 そうれ牡丹

ほ 六六 鍋島牡丹

ほ 牡丹 星

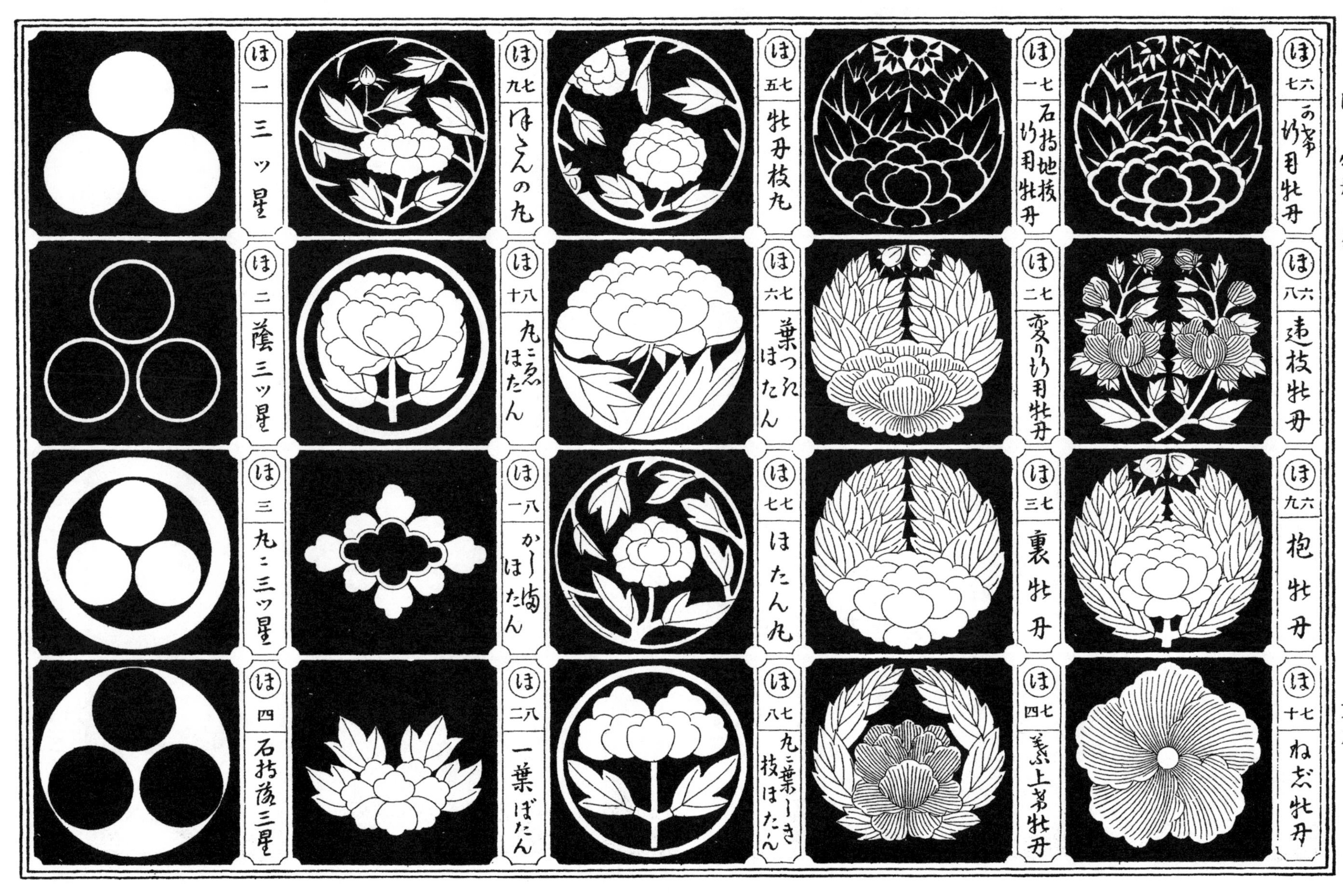

ほ 一 三ツ星
ほ 二 蔭三ツ星
ほ 三 丸ニ三ツ星
ほ 四 石持蔭三星
ほ 牡丹枝丸
ほ ほたん丸
ほ 裏牡丹
ほ 違枝牡丹
ほ 抱牡丹
ほ 一葉ぼたん

二十八

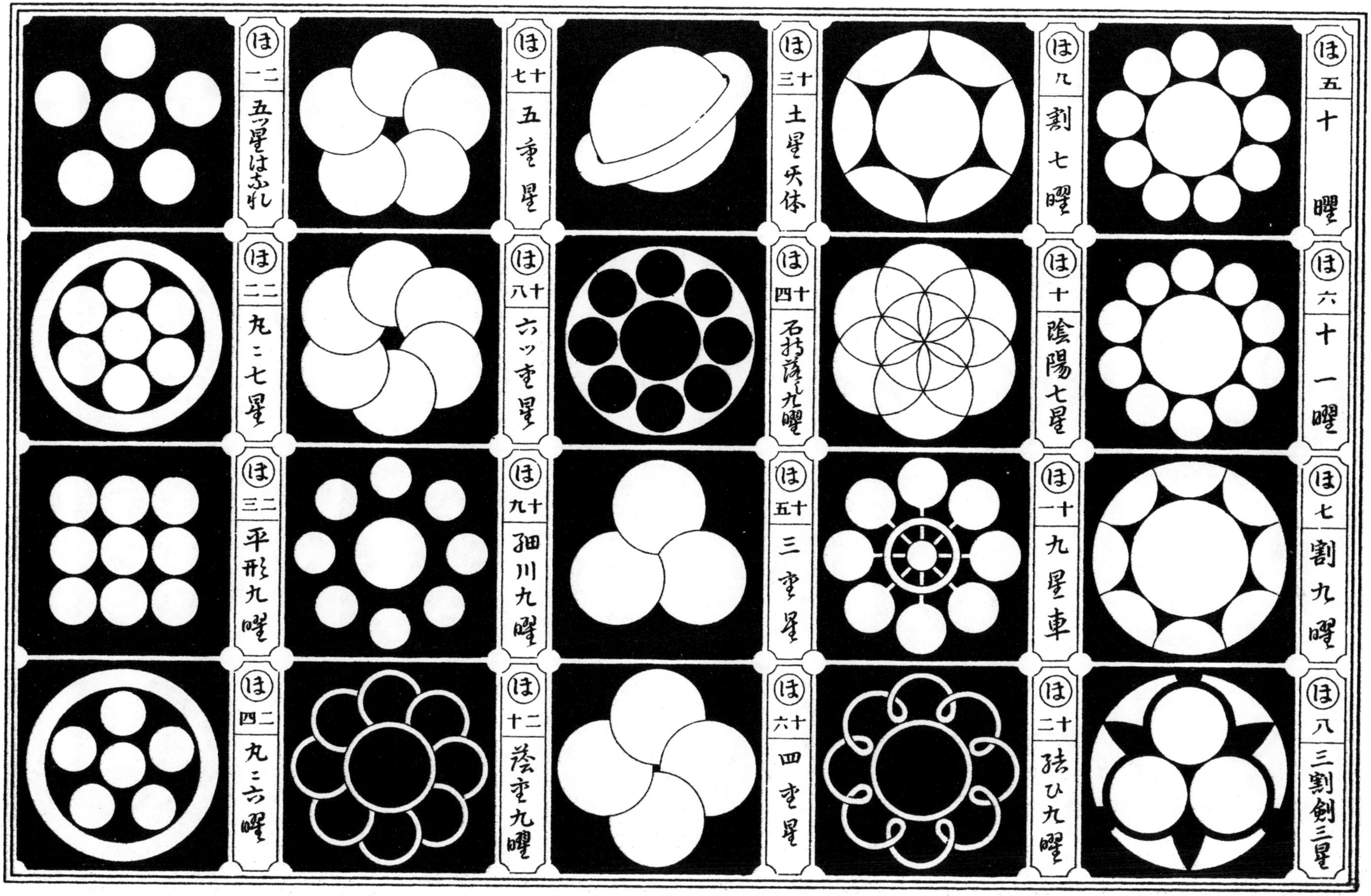

ほ 五 十曜

ほ 六 十一曜

ほ 七 割九曜

ほ 八 三割剣三星

ほ 九 割七曜

ほ 十 陰陽七星

ほ 十一 九星車

ほ 十二 結ひ九曜

ほ 十三 土星天体

ほ 十四 石持落し九曜

ほ 十五 三重星

ほ 十六 四重星

ほ 十七 五重星

ほ 十八 六ツ重星

ほ 十九 細川九曜

ほ 二十 蔭重九曜

ほ 二一 五ツ星はなれ

ほ 二二 丸に七星

ほ 二三 平形九曜

ほ 二四 丸に六曜

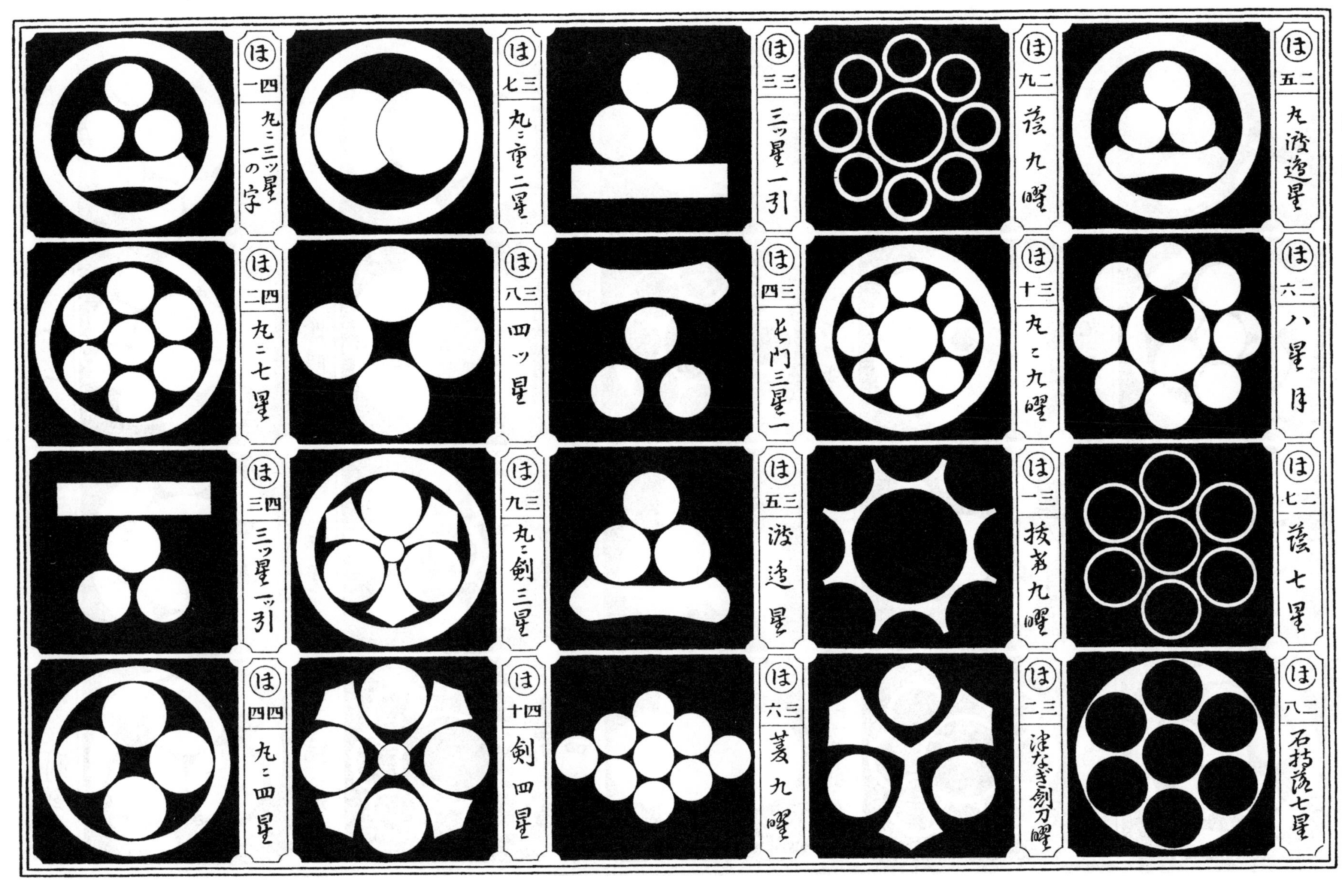
ほ 星
三十
ほ 二五 丸波遶星
ほ 二六 八星月
ほ 二七 蔭七星
ほ 二八 石持抜七星
ほ 二九 蔭九曜
ほ 三十 丸ニ九曜
ほ 三一 拔菊九曜
ほ 三二 津なぎ剣刀曜
ほ 三三 三ツ星一引
ほ 三四 長門三星一
ほ 三五 波遶星
ほ 三六 菱九曜
ほ 三七 丸ニ重二星
ほ 三八 四ツ星
ほ 三九 丸ニ剣三星
ほ 四十 剣四星
ほ 四一 丸ニ三ツ星一の字
ほ 四二 丸ニ七星
ほ 四三 三ツ星一ツ引
ほ 四四 丸ニ四星

ほ 星、寄生、

ほ 五四 五曜

ほ 六四 六曜

ほ 七四 七曜

ほ 八四 八曜

ほ 九四 九曜

ほ 十五 丸ニ五ツほし

ほ 一五 角四ツほし

ほ 二五 三ツかしくずし

ほ 三五 積上九曜

ほ 四五 丸ニ一ツほし

ほ 一 抱替りほや鳩

ほ 二 抱ほや向鳩

ほ 三 三ツ外よりほや花

ほ 四 三ツ割ほや花

ほ 五 ほや枝丸

ほ 六 八ツ割ほや花

ほ 七 十六よりほや花

ほ 八 抱ほや丸向鳩

ほ 九 ふせん龍ほや

ほ 一 翁鳳凰

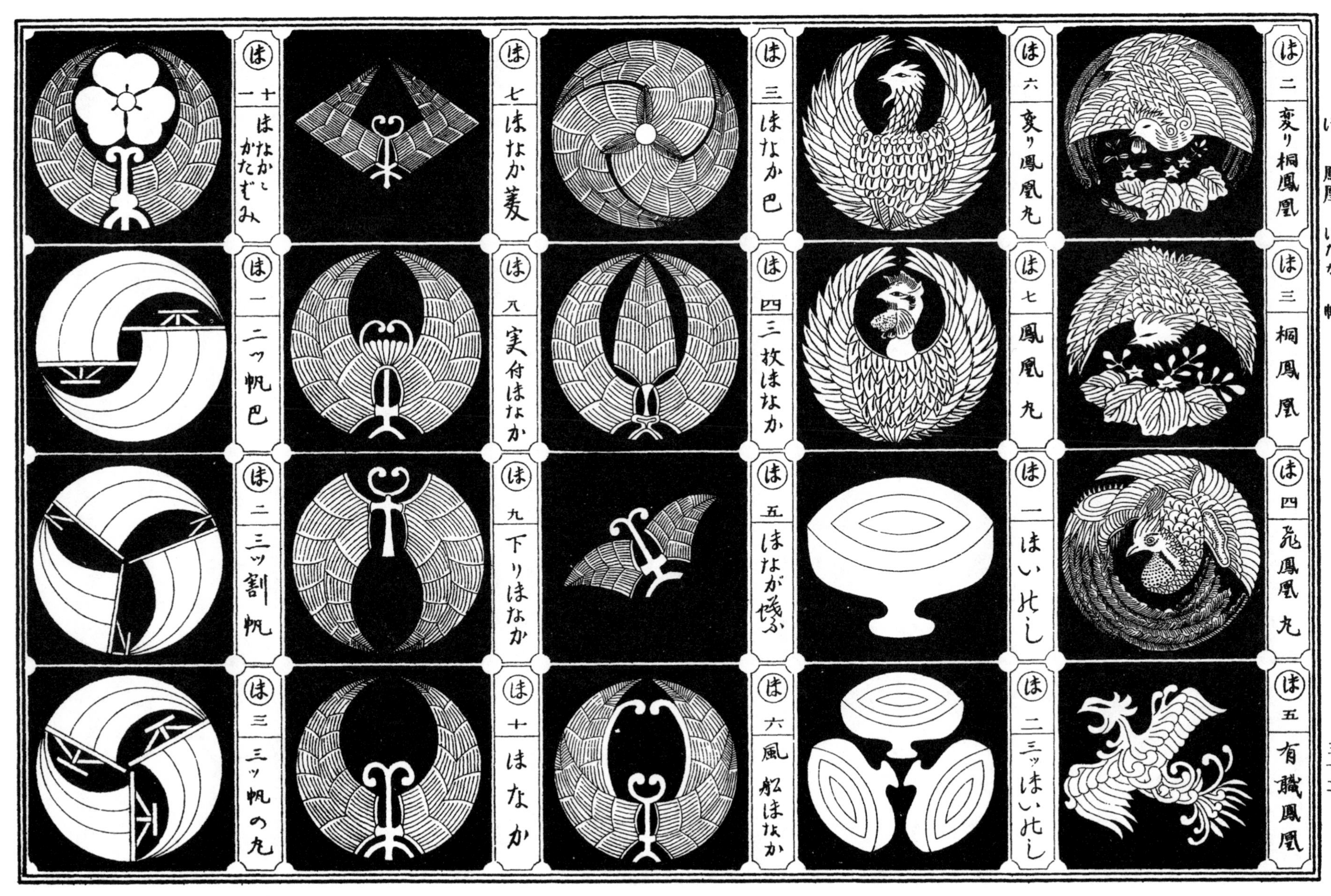

ほ 鳳凰 ほなか 帆
ほ二 変り桐鳳凰
ほ三 桐鳳凰
ほ四 飛鳳凰丸
ほ五 有職鳳凰
ほ六 変り鳳凰丸
ほ七 鳳凰丸
ほ一 はいれし
ほ二 三ツはいれし
ほ三 はなか巴
ほ四 三枚はなか
ほ五 はなが残ふ
ほ六 風船はなか
ほ七 はなか菱
ほ八 実付はなか
ほ九 下りはなか
ほ十 はなか
ほ十一 はなかとかたばみ
ほ一 二ツ帆巴
ほ二 三ツ割帆
ほ三 三ツ帆の丸
三十二

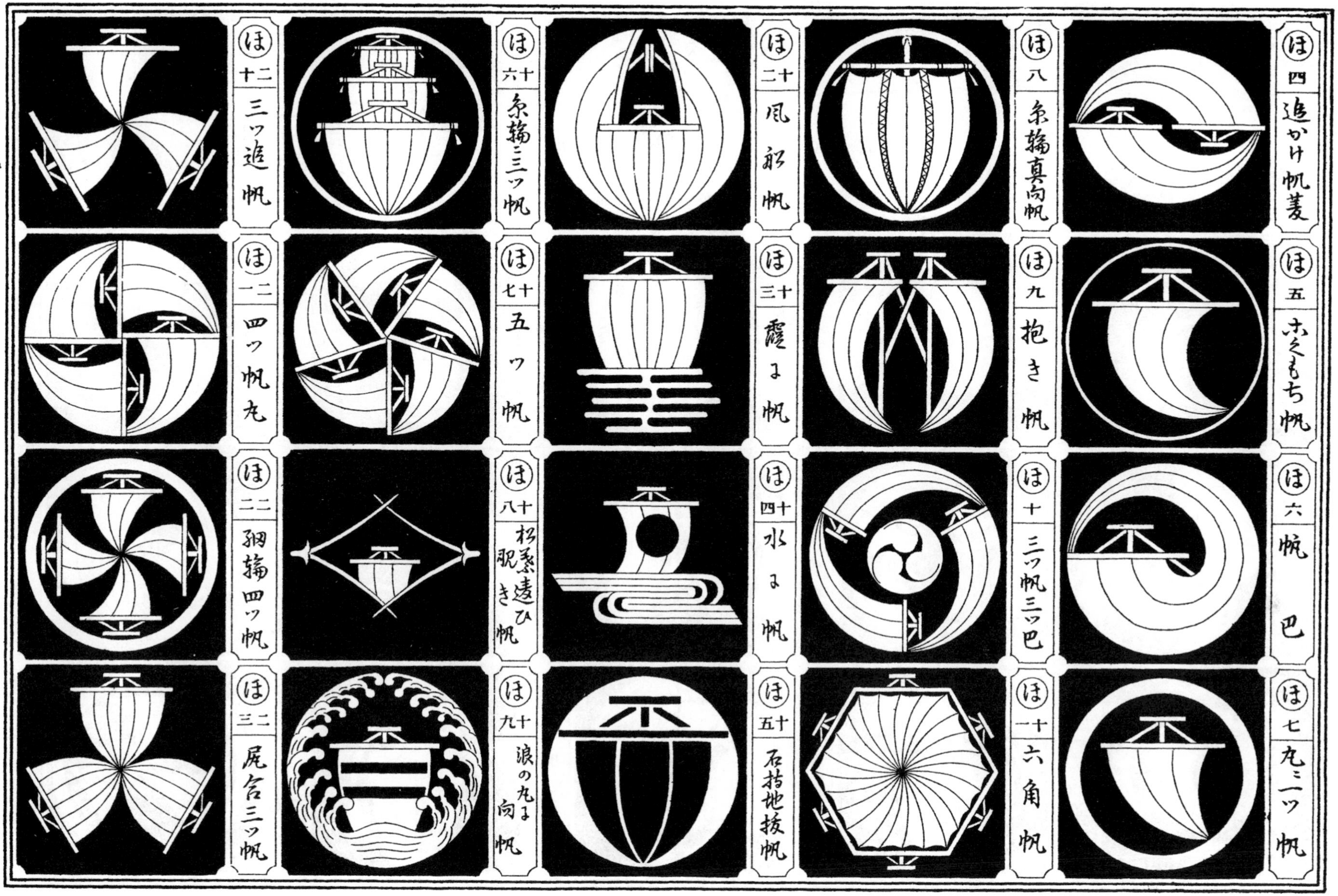

ほ四 追かけ帆菱

ほ五 ふくもち帆

ほ六 帆巴

ほ七 丸に一ツ帆

ほ八 糸輪真向帆

ほ九 抱き帆

ほ十 三ツ帆三ツ巴

ほ十一 六角帆

ほ十二 風船帆

ほ十三 霞に帆

ほ十四 水に帆

ほ十五 石持地抜帆

ほ十六 糸輪三ツ帆

ほ十七 五ツ帆

ほ十八 杉系違ひ向き帆

ほ十九 浪の丸に向帆

ほ二十 三ツ追帆

ほ二一 四ツ帆丸

ほ二二 細輪四ツ帆

ほ二三 尻合三ツ帆

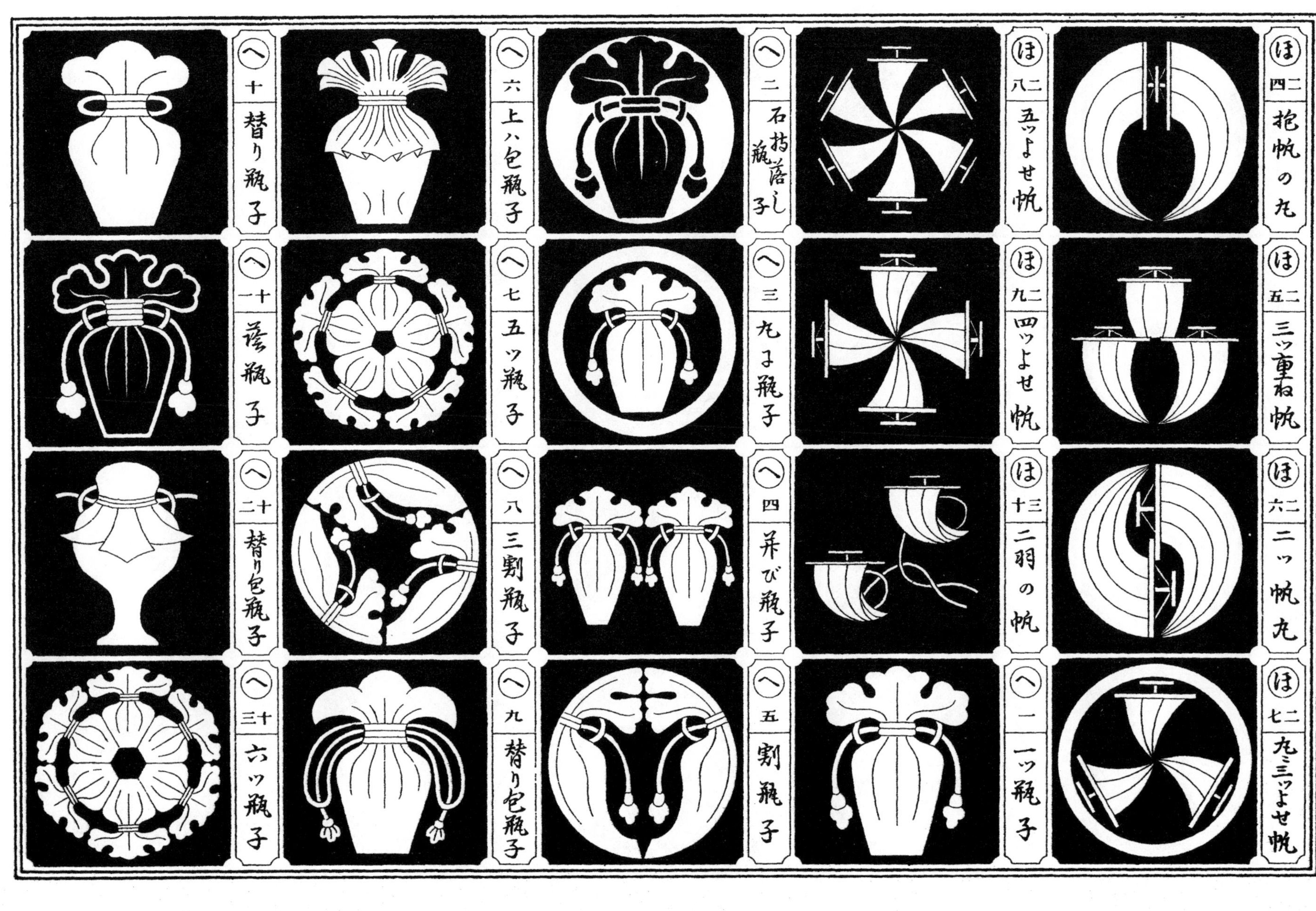

ほ 二四 抱帆の丸
ほ 二五 三ッ重ね帆
ほ 二六 二ッ帆丸
ほ 二七 丸に三ッよせ帆
ほ 二八 五ッよせ帆
ほ 二九 四ッよせ帆
ほ 三十 二羽の帆
へ 一 一ッ瓶子
へ 二 石持落し瓶子
へ 三 丸に瓶子
へ 四 並び瓶子
へ 五 割瓶子
へ 六 上ハ包瓶子
へ 七 五ッ瓶子
へ 八 三割瓶子
へ 九 替り包瓶子
へ 十 替り瓶子
へ 十一 蔭瓶子
へ 十二 替り包瓶子
へ 十三 六ッ瓶子

へ 瓶子 と 鳥甲 巴

へ 十四 角入一ツ瓶子

へ 十五 太輪ニ瓶子

へ 十六 角の角ニツ瓶子

へ 十七 三ツ瓶子

へ 十八 三ツ尻合瓶子

へ 一 九幣

へ 二 三ツ幣

へ 三 鈴遠幣

へ 四 佐拔幣

へ 五 神宝幣

へ 六 替り遠幣

へ 七 加ふ祇幣帛

へ 八 替り一本幣

と 一 鳥かぶと

と 二 替り鳥かぶと

と 一 左三巴

と 二 右一ツ巴

と 三 左一ツ巴

と 四 右三巴

と 五 丸ニ右一ツ巴

こ 巴

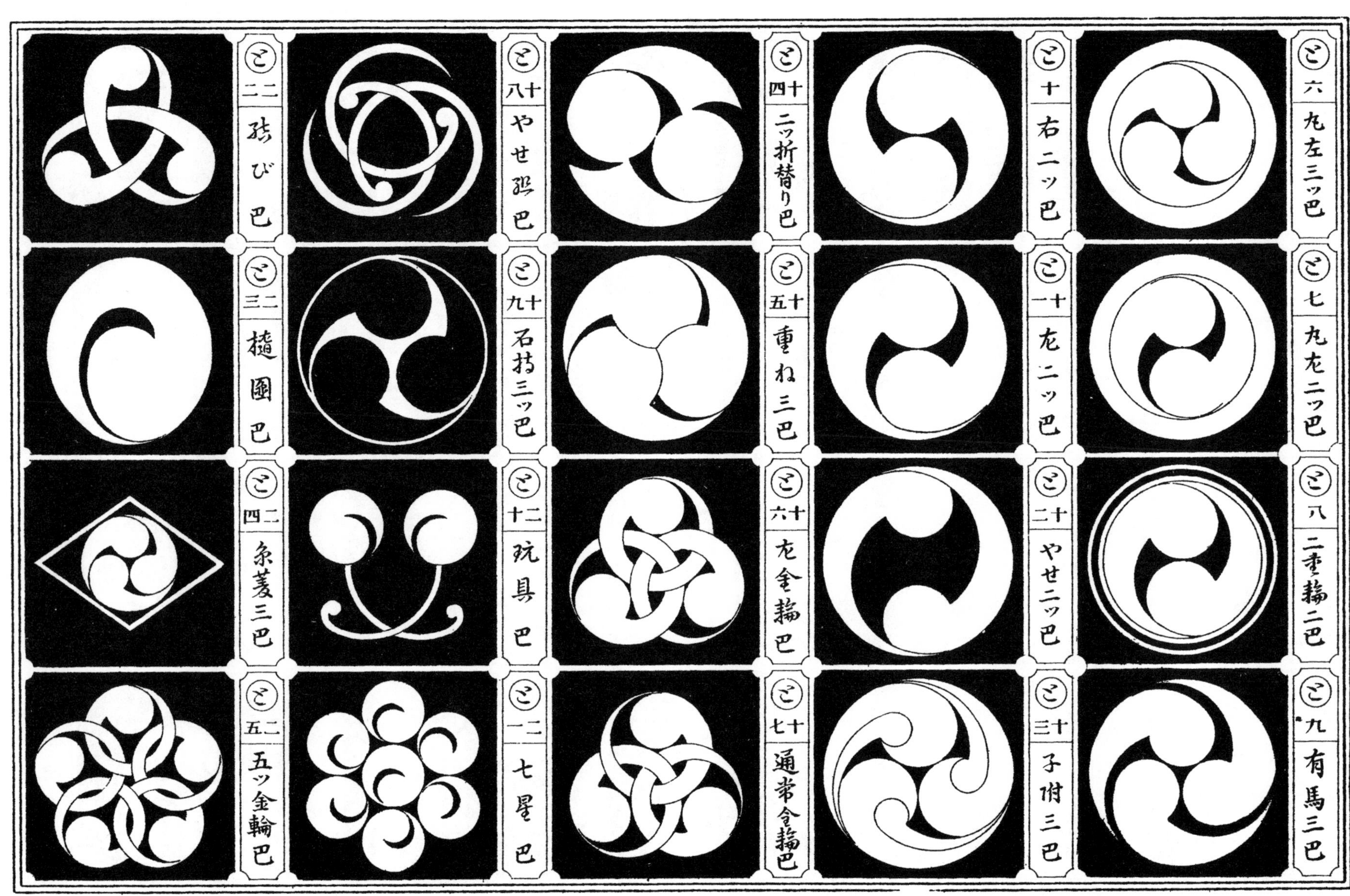

こ 六 丸左三ッ巴
こ 七 丸左二ッ巴
こ 八 二重輪二巴
こ 九 有馬三巴
こ 十 右二ッ巴
こ 十一 左二ッ巴
こ 十二 やせ二ッ巴
こ 十三 子付三巴
こ 十四 二ッ折替り巴
こ 十五 重ね三巴
こ 十六 左金輪巴
こ 十七 通常金輪巴
こ 十八 やせ弧巴
こ 十九 石持三ッ巴
こ 二十 玩具巴
こ 二一 七星巴
こ 二二 結び巴
こ 二三 槌園巴
こ 二四 糸菱三巴
こ 二五 五ッ金輪巴

三十六

と巴

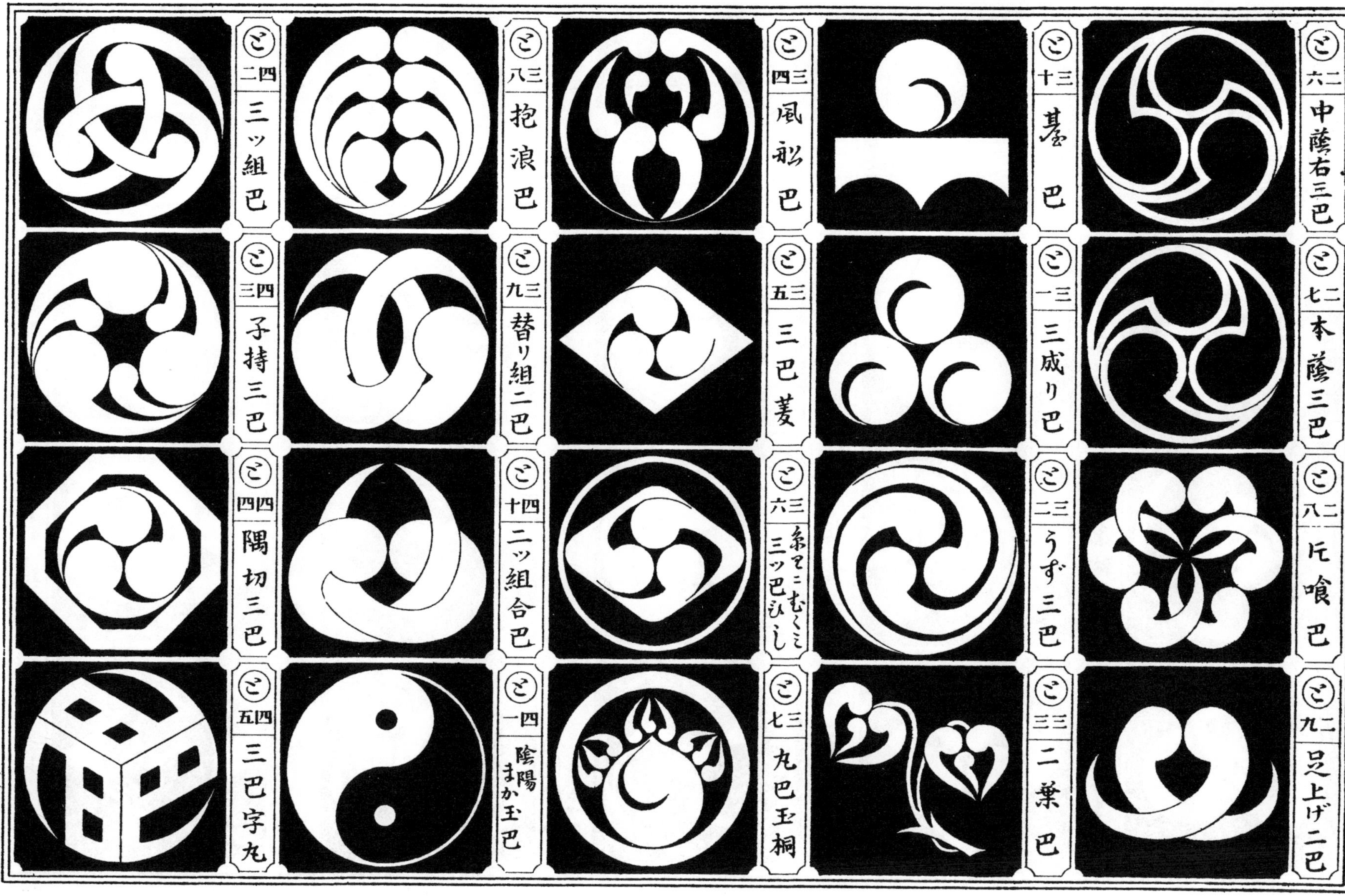

ご 二六 中藤右三巴

ご 二七 本藤三巴

ご 二八 斤喰巴

ご 二九 足上げ二巴

ご 三十 碁巴

ご 三一 三成り巴

ご 三二 うず三巴

ご 三三 二葉巴

ご 三四 風船巴

ご 三五 三巴菱

ご 三六 糸てこむくこ三ツ巴ひし

ご 三七 丸巴玉桐

ご 三八 抱浪巴

ご 三九 替り組二巴

ご 四十 二ツ組合巴

ご 四一 陰陽まか玉巴

ご 四二 三ツ組巴

ご 四三 子持三巴

ご 四四 隅切三巴

ご 四五 三巴字丸

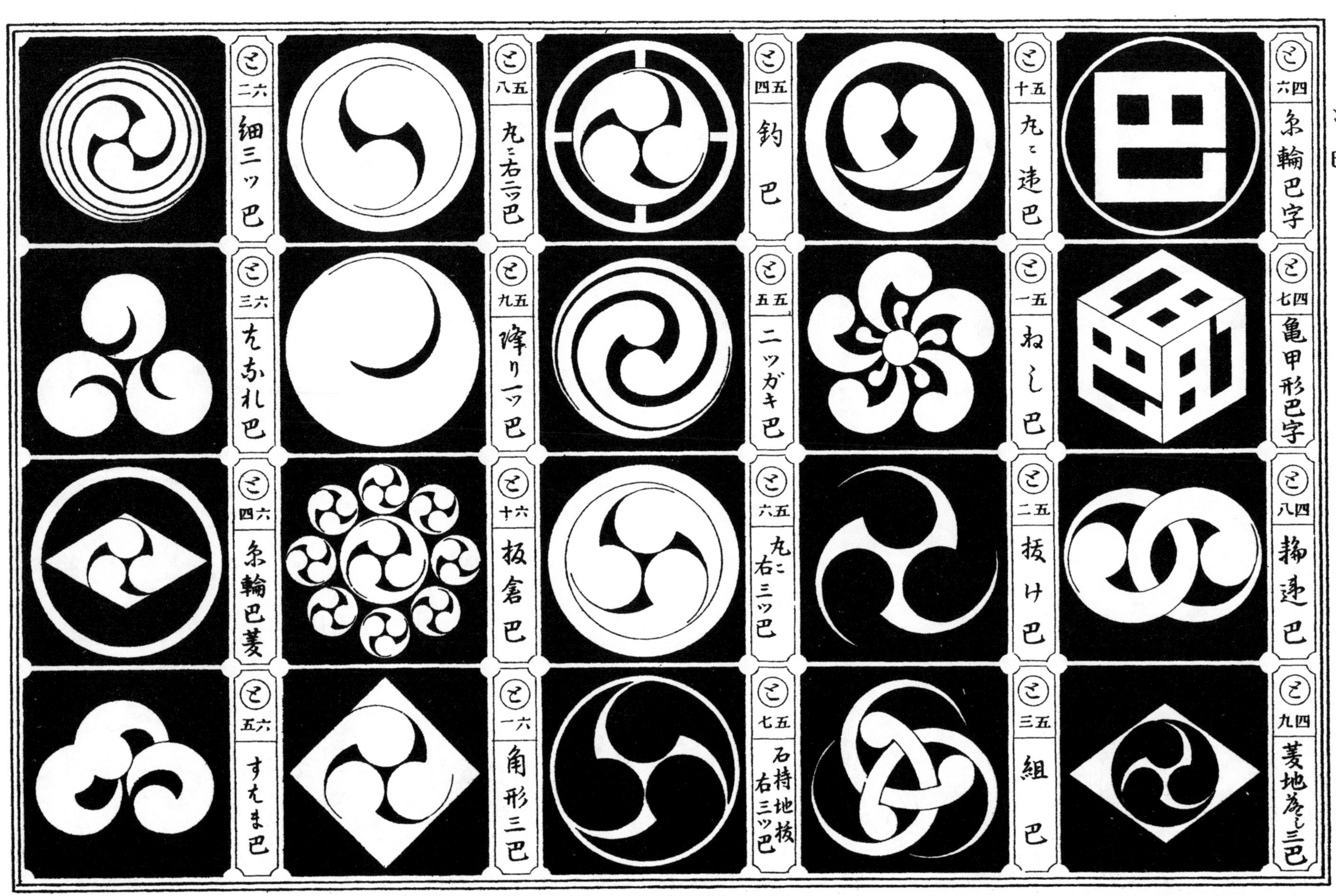
こ
六四
糸輪巴字
こ
十五
丸に違巴
こ
四五
釣巴
こ
八五
丸に右二ツ巴
こ
二六
細三ツ巴
こ
七四
亀甲形巴字
こ
一五
ねじ巴
こ
五五
二ツガキ巴
こ
九五
降り一ツ巴
こ
三六
左ぶれ巴
こ
八四
輪違巴
こ
二五
抜け巴
こ
六五
丸に右三ツ巴
こ
十六
扱倉巴
こ
四六
糸輪巴菱
こ
九四
菱地落し三巴
こ
三五
組巴
こ
七五
石持地抜右三ツ巴
こ
一六
角形三巴
こ
五六
すたま巴

三十八

とち 巴、鳥居、千切、

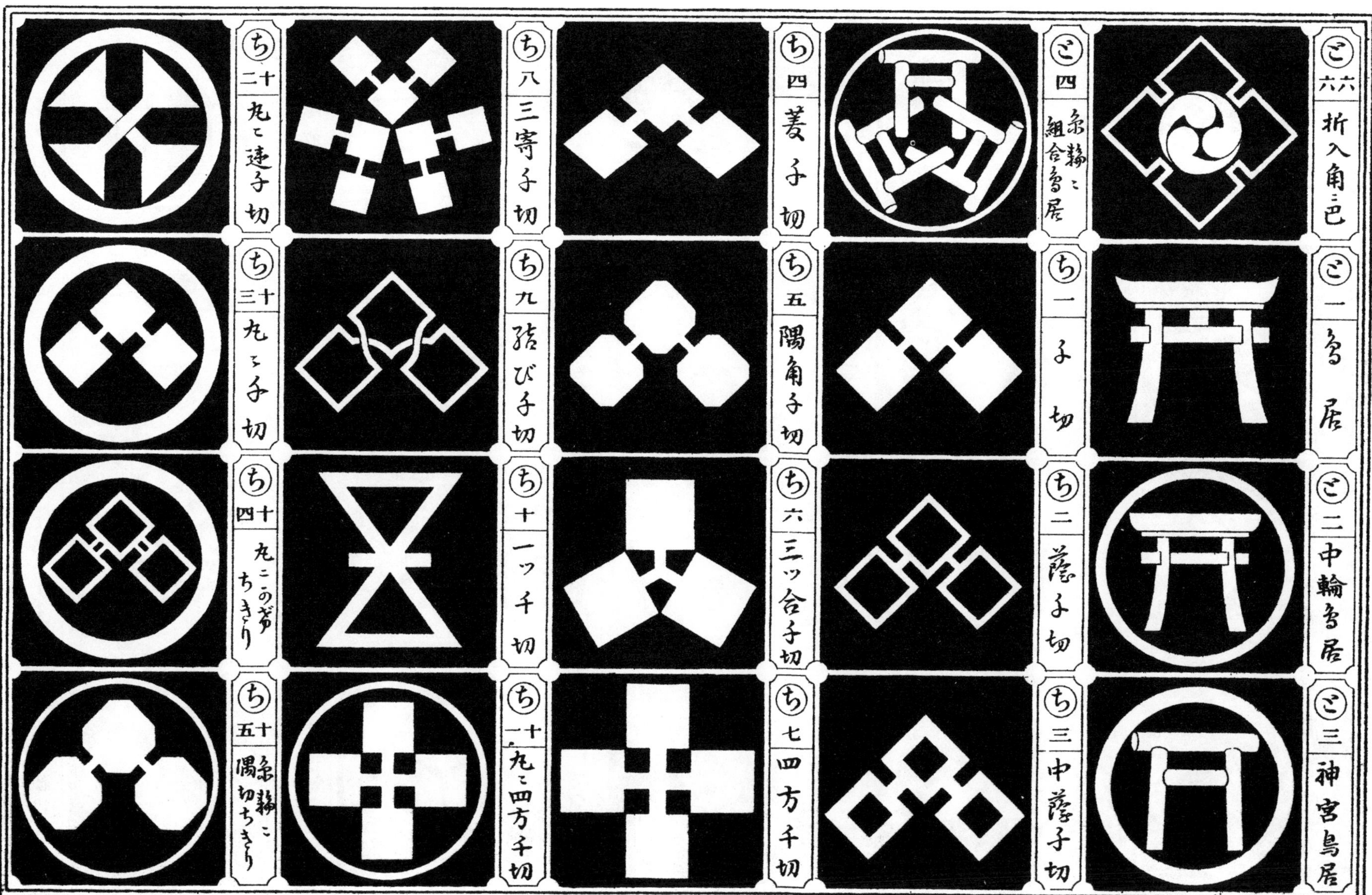

ご 六六
折入角に巴
ご 一
鳥居
ご 二
中輪に鳥居
ご 三
神宮鳥居
ご 四
糸輪に組合鳥居
ち 一
千切
ち 二
蔭千切
ち 三
中蔭千切
ち 四
菱千切
ち 五
隅角千切
ち 六
三ッ合千切
ち 七
四方千切
ち 八
三寄千切
ち 九
結び千切
ち 十
一ッ千切
ち 十一
丸に四方千切
ち 十二
丸に違千切
ち 十三
丸に千切
ち 十四
丸に一の字ちぎり
ち 十五
糸輪に隅切ちぎり

三十九

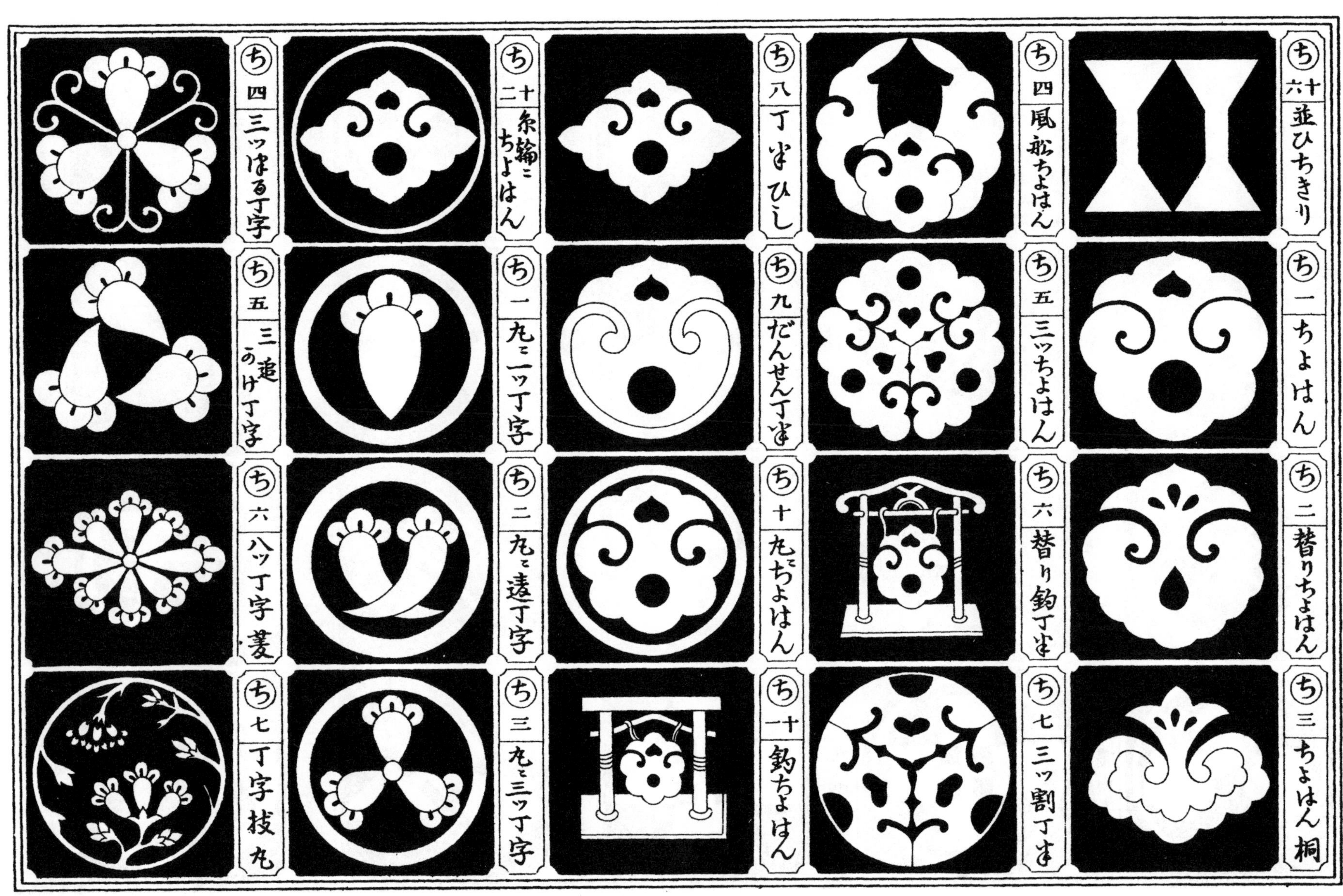

ち 十六 並ひちきり
ち 一 ちょはん
ち 二 替りちょはん
ち 三 ちょはん桐
ち 四 風舩ちょはん
ち 五 三ッちょはん
ち 六 替り釣丁字
ち 七 三ッ割丁字
ち 八 丁字ひし
ち 九 だんせん丁字
ち 十 丸にちょはん
ち 十一 釣ちょはん
ち 十二 糸輪にちょはん
ち 一 丸に一ッ丁字
ち 二 丸に違丁字
ち 三 丸に三ッ丁字
ち 四 三ッはる丁字
ち 五 三追かけ丁字
ち 六 八ッ丁字菱
ち 七 丁字枝丸

ち 八 丸ニ双丁字

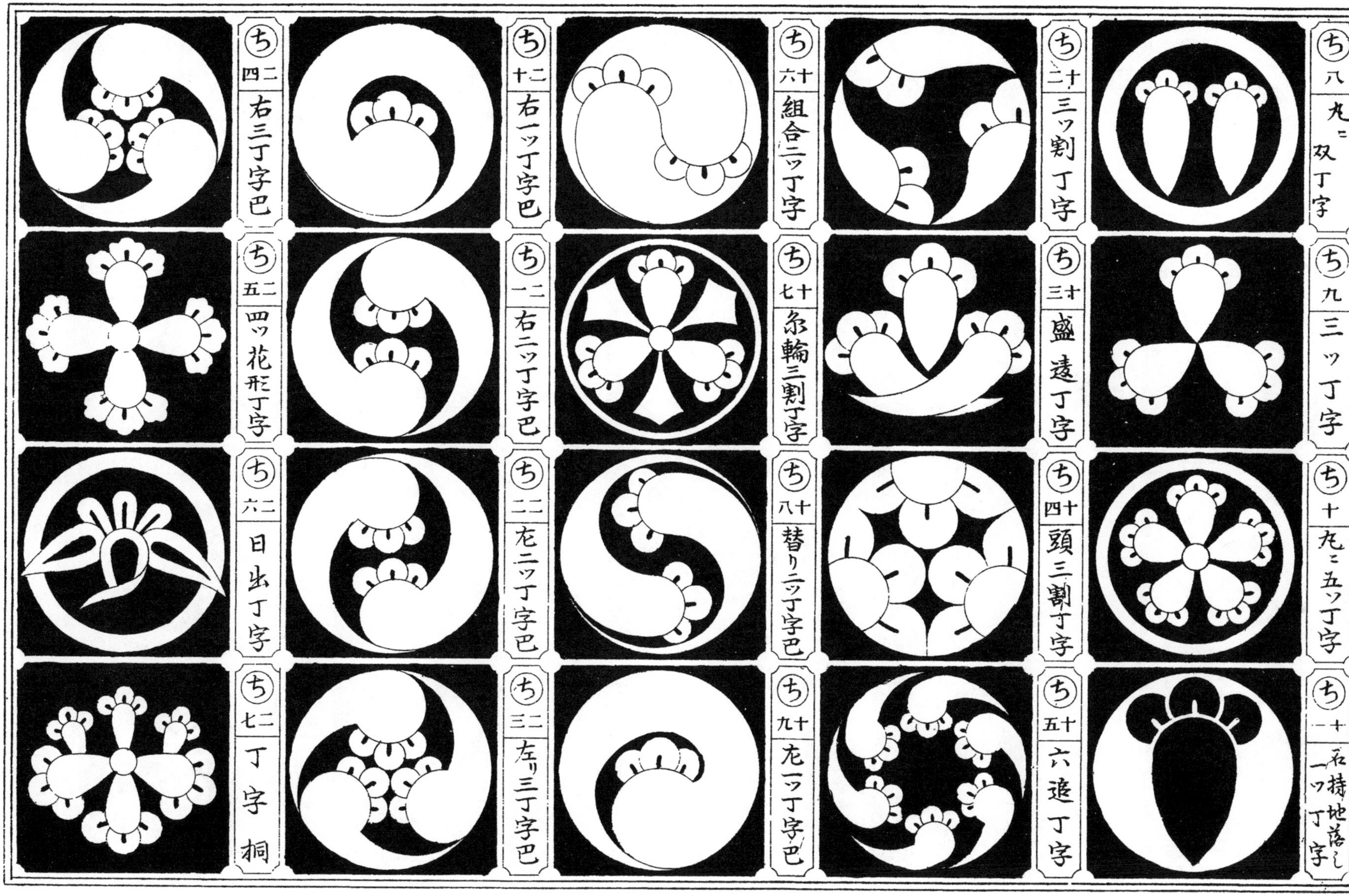

ち 九 三ッ丁字

ち 十 丸ニ五ッ丁字

ち 十一 石持地落し一ッ丁字

ち 十二 三ッ割丁字

ち 十三 盛遠丁字

ち 十四 頭三割丁字

ち 十五 六追丁字

ち 十六 組合ニッ丁字

ち 十七 糸輪三割丁字

ち 十八 替りニッ丁字巴

ち 十九 左一ッ丁字巴

ち 二十 右一ッ丁字巴

ち 二一 右ニッ丁字巴

ち 二二 左ニッ丁字巴

ち 二三 左リ三丁字巴

ち 二四 右三丁字巴

ち 二五 四ッ花形丁字

ち 二六 日出丁字

ち 二七 丁字桐

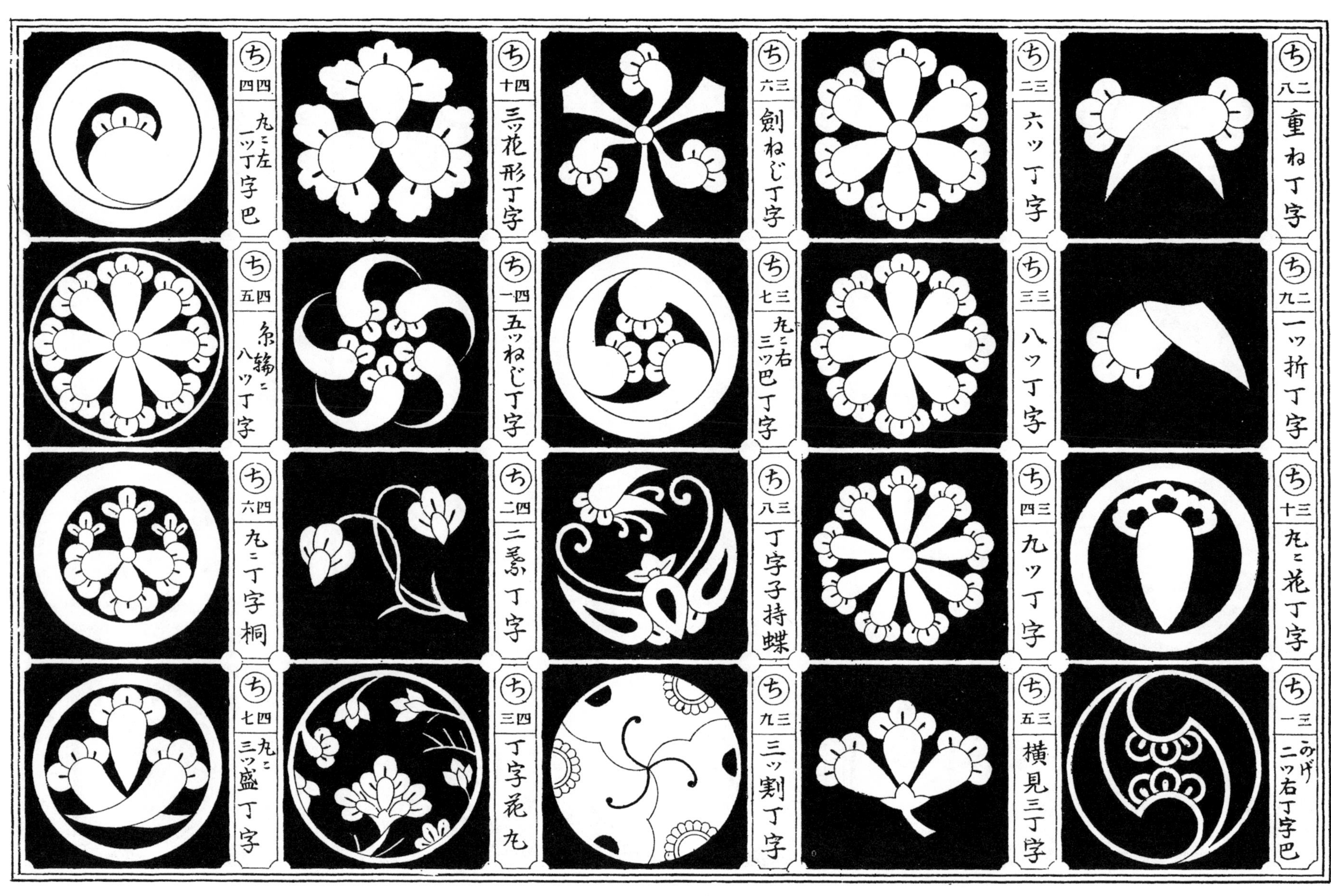
ち 二八 重ね丁字
ち 二九 一ッ折丁字
ち 三十 丸に花丁字
ち 三一 こみげ 二ッ右丁字巴
ち 三二 六ッ丁字
ち 三三 八ッ丁字
ち 三四 九ッ丁字
ち 三五 横見三丁字
ち 三六 剣ねじ丁字
ち 三七 丸に右三ッ巴丁字
ち 三八 丁字子持蝶
ち 三九 三ッ割丁字
ち 四十 三ッ花形丁字
ち 四一 五ッねじ丁字
ち 四二 二蔕丁字
ち 四三 丁字花丸
ち 四四 丸に左一ッ丁字巴
ち 四五 糸輪に八ッ丁字
ち 四六 丸に丁字桐
ち 四七 丸に三ッ盛丁字

ち 丁子 茶実

ち 八四 中輪に六ツ丁子

ち 二五 丸に六ツ丁字

ち 六五 花丁字

ち 十六 ちがい丁字

ち 四六 細輪に横見丁字

ち 九四 横見丁子

ち 三五 太丸に丁字桐

ち 七五 丸にかさなり丁字

ち 一六 ひし入丁字

ち 五六 二重輪につる丁字

ち 十五 太輪にほる丁字

ち 四五 七宝丁子

ち 八五 左り三ツ丁字 惣のげ

ち 二六 六ツねじ丁字

ち 一 丸に茶の実

ち 一五 五ツ丁字

ち 五五 丸に杓丁字

ち 九五 風船丁字

ち 三六 けん三ツ丁字

ち 二 二ツ割茶の実

ち 茶實

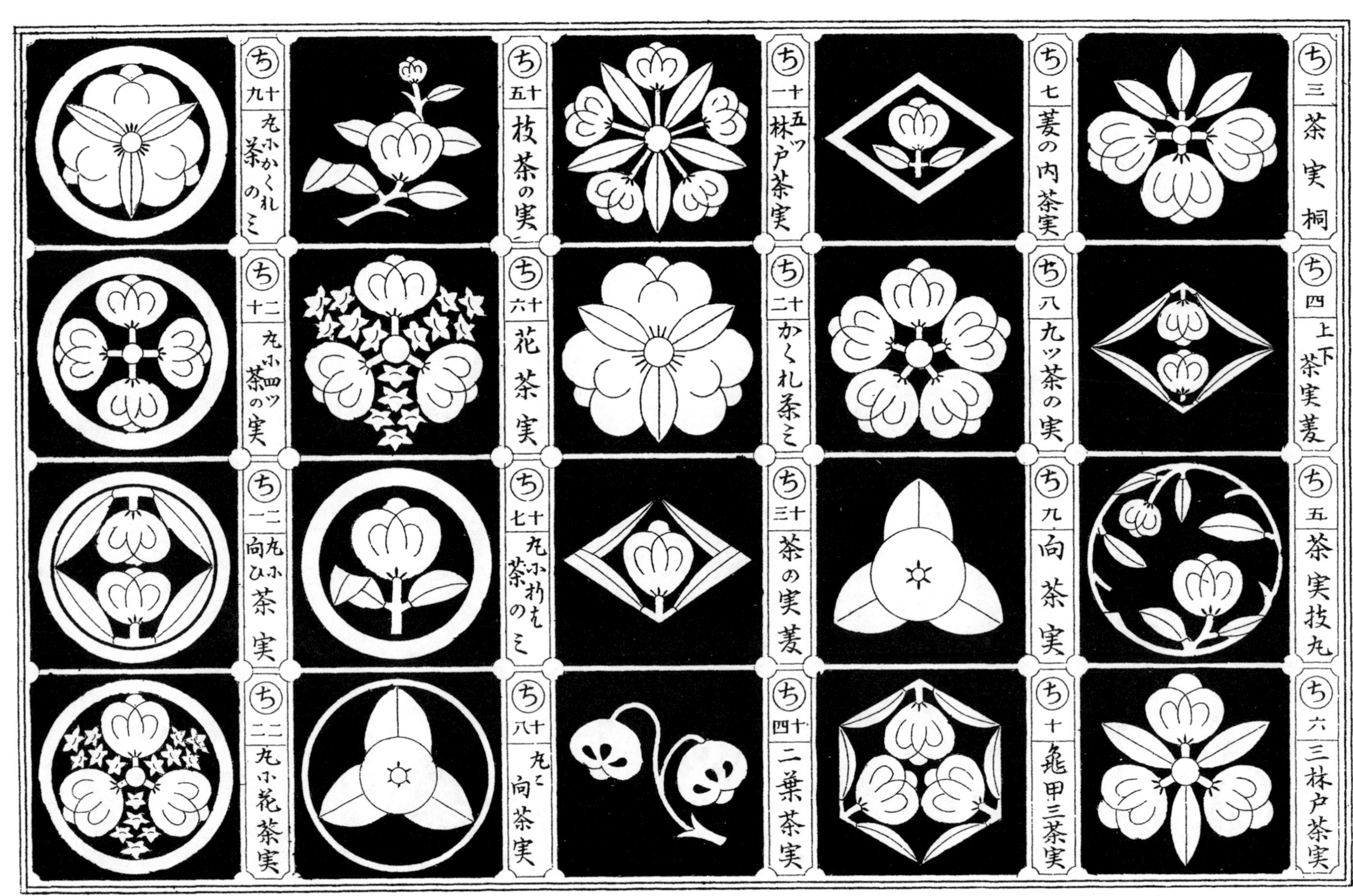

ち三 茶実桐
ち七 菱の内茶実
ち十一 五ツ林戸茶実
ち十五 枝茶の実
ち十九 丸ニ小かくれ茶のミ
ち四 上下茶実菱
ち八 九ツ茶の実
ち十二 かくれ茶ミ
ち十六 花茶実
ち二十 丸ニ小四ツ茶の実
ち五 茶実抜丸
ち九 向茶実
ち十三 茶の実菱
ち十七 丸ニ小抱え茶のミ
ち二十一 丸ニ小向ひ茶実
ち六 三林戸茶実
ち十 亀甲三茶実
ち十四 二葉茶実
ち十八 丸ニ向茶実
ち二十二 丸ニ小花茶実

四十四

ち 茶實り 林戸

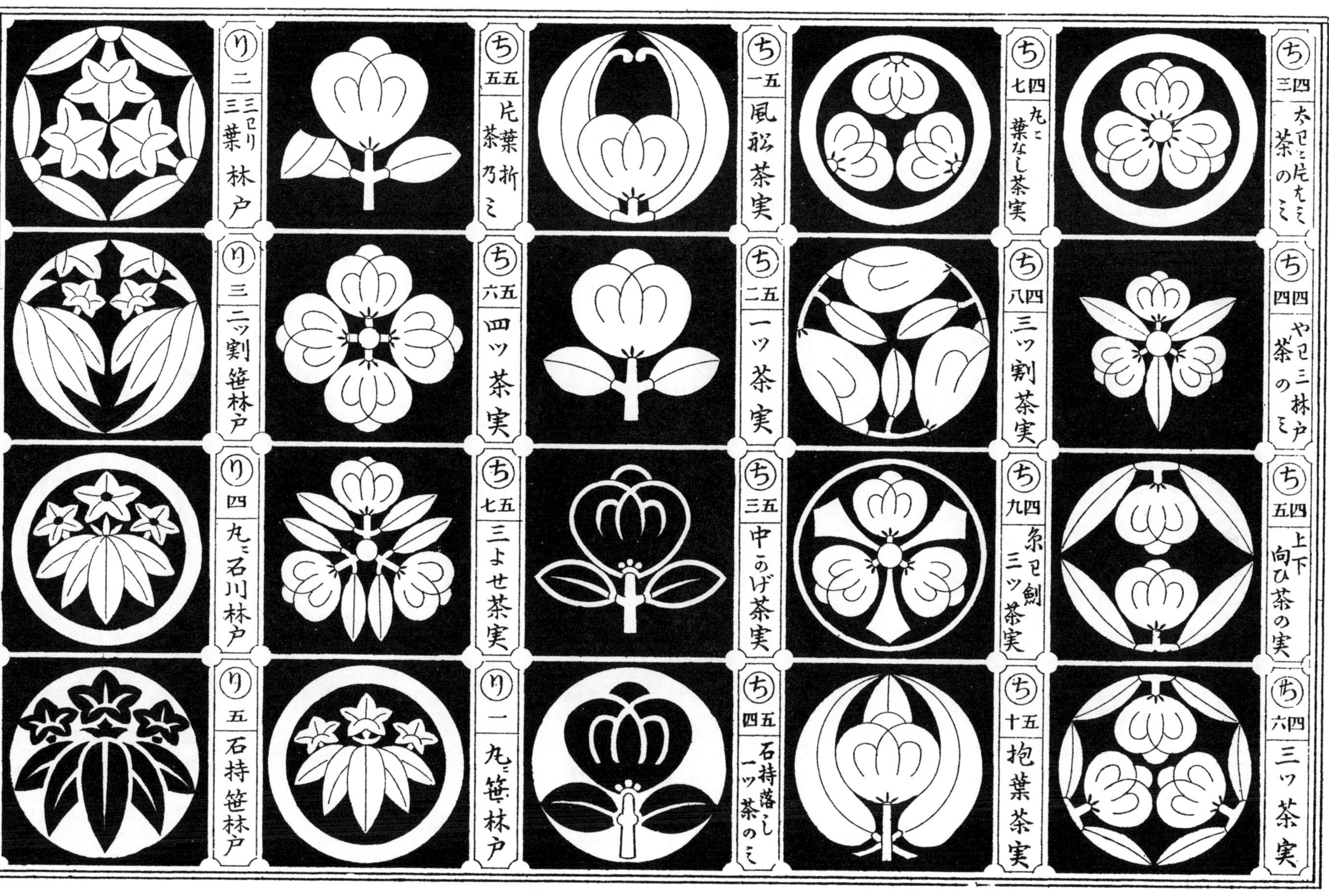

ち 三四 太己に片丸ミ茶のミ
ち 四四 や己三林戸茶のミ
ち 五四 上下向ひ茶の実
ち 六四 三ツ茶実
ち 七四 丸に葉なし茶実
ち 八四 三ツ割茶実
ち 九四 糸己剣三ツ茶実
ち 十五 抱葉茶実
ち 一五 風舩茶実
ち 二五 一ツ茶実
ち 三五 中のげ茶実
ち 四五 石持落し一ツ茶のミ
ち 五五 片葉折茶乃ミ
ち 六五 四ツ茶実
ち 七五 三よせ茶実
り 一 丸に笹林戸
り 二 三巴り三葉林戸
り 三 二ツ割笹林戸
り 四 丸に石川林戸
り 五 石持笹林戸

四十五

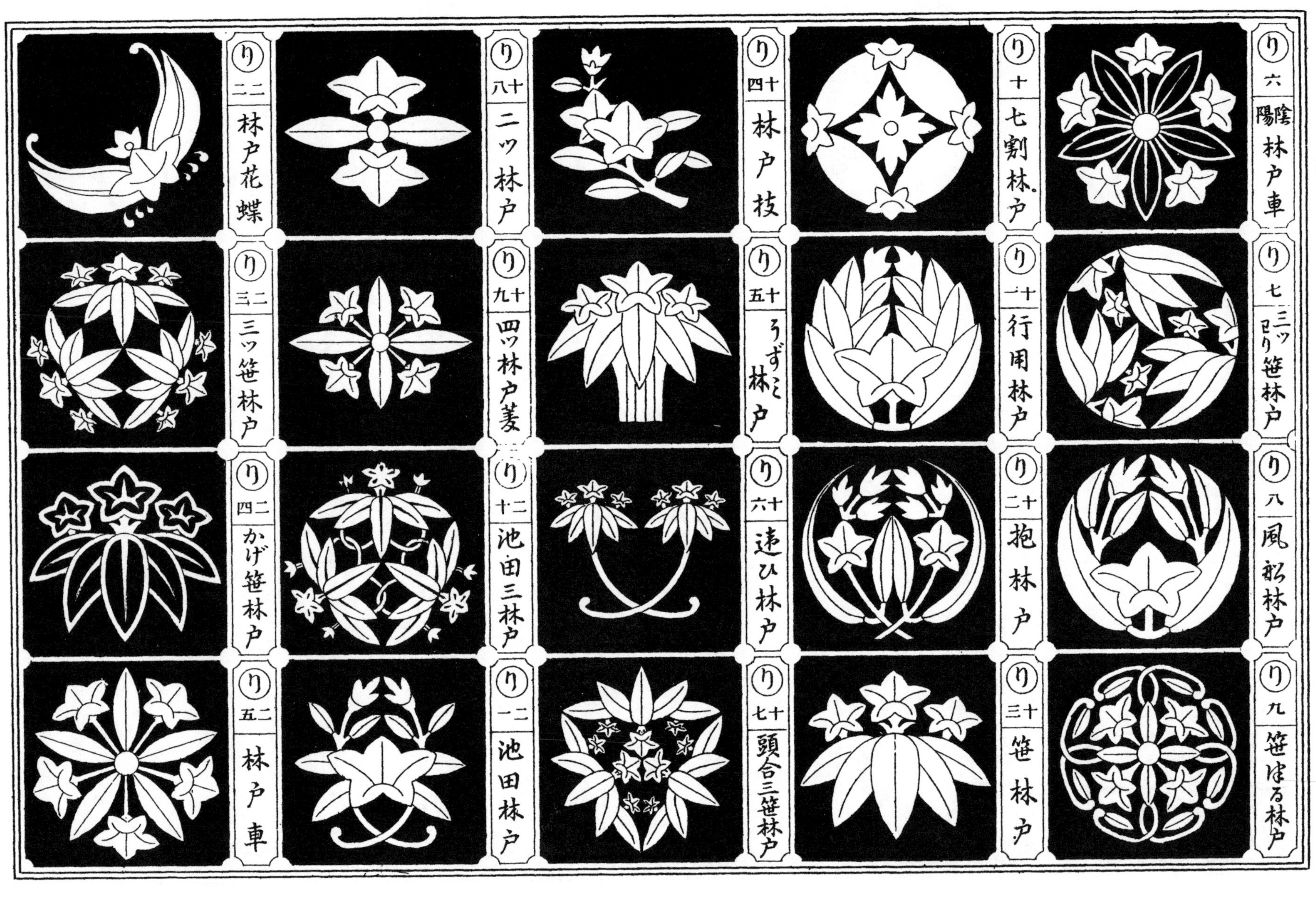
り
六
陰陽林戸車
り
七
三ッ巴り笹林戸
り
八
風舩林戸
り
九
笹ぼる林戸
り
十
七割林戸
り
十一
行用林戸
り
十二
抱林戸
り
十三
笹林戸
り
十四
林戸枝
り
十五
うずゝ林戸
り
十六
違ひ林戸
り
十七
頭合三笹林戸
り
十八
二ッ林戸
り
十九
四ッ林戸菱
り
二十
池田三林戸
り
二一
池田林戸
り
二二
林戸花蝶
り
二三
三ッ笹林戸
り
二四
かげ笹林戸
り
二五
林戸車

り 林戸 輪宝

り 五二 三ツ葉林戸

り 六二 久我林戸車

り 七二 林戸ひし

り 八二 糸輪ニ林戸菱

り 九二 丸ニ三割林戸

り 十三 半月林戸蝶

り 一三 丸ニ二ツ林戸

り 二三 四ツ林戸

り 三三 利久林戸

り 四三 三ツ割林戸

り 一 行者里んぼう

り 二 三ツまた里んぼう

り 三 加納里んぼう

り 四 三割里んぼう

り 五 六ツ里んぼう

り 六 菊形里んぼう

り 七 里んぼう

り 八 替り里んぼう

り 九 五ツ里んぼう

り 十 菱里んぼう

四十七

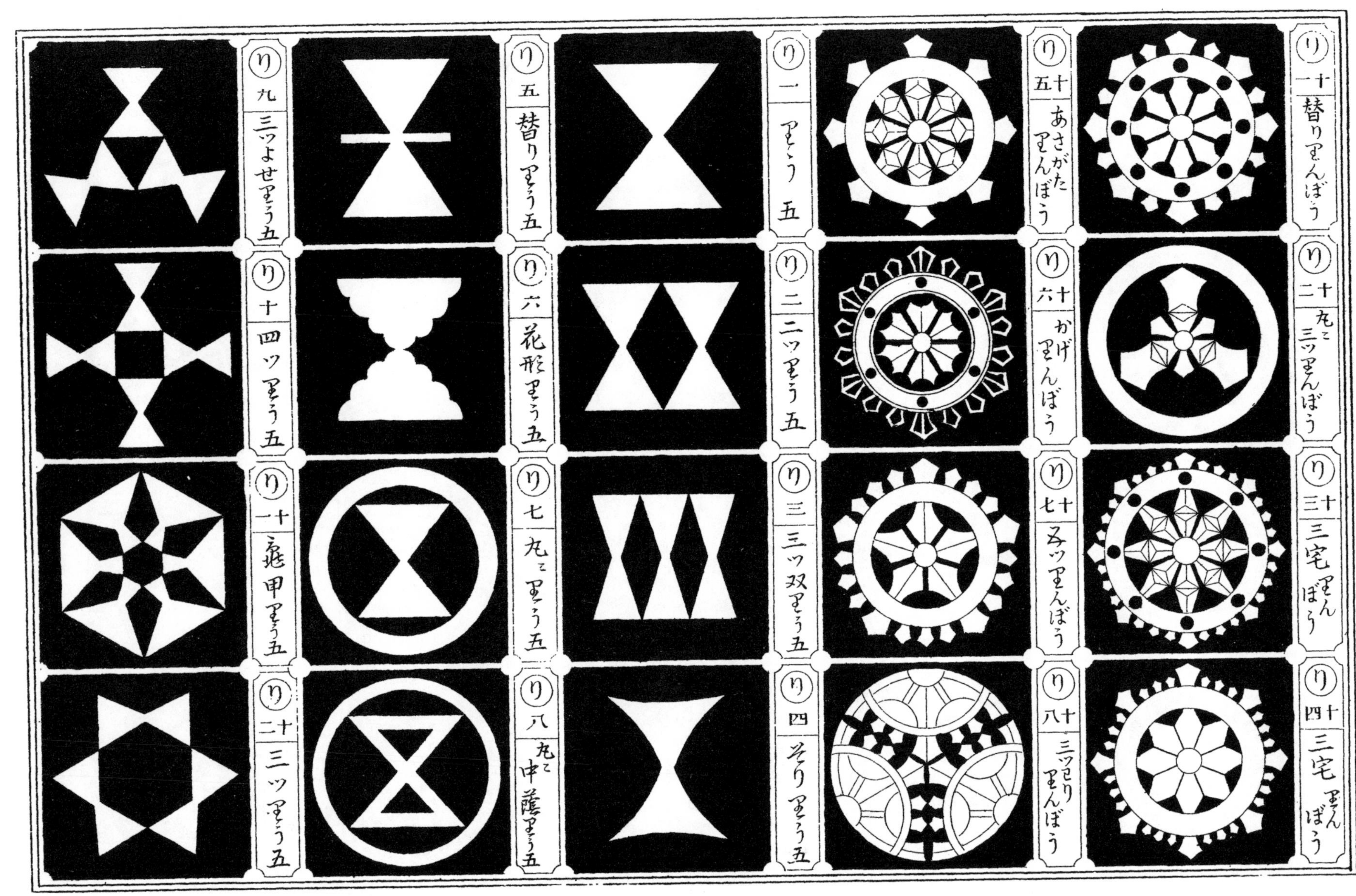

り 十一 替りりんぼう
り 十五 あさがたりんぼう
り 一 りう五
り 五 替りりう五
り 九 三ツよせりう五
り 十二 丸ニ三ツりんぼう
り 十六 かげりんぼう
り 二 二ツりう五
り 六 花形りう五
り 十 四ツりう五
り 十三 三宅りんぼう
り 十七 五ツりんぼう
り 三 三ツ双りう五
り 七 丸ニりう五
り 十一 亀甲りう五
り 十四 三宅りんぼう
り 十八 三ツ巴りんぼう
り 四 そりりう五
り 八 丸ニ中蔭りう五
り 十二 三ツりう五

四十八

り 立鼓

四十九

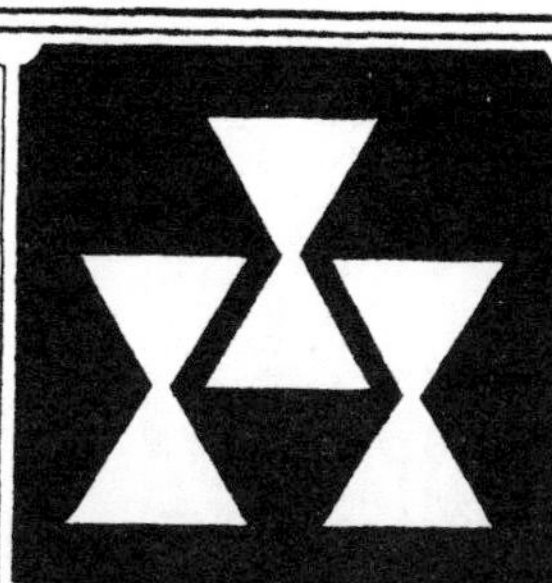

り 三十 三ッ盛里う五

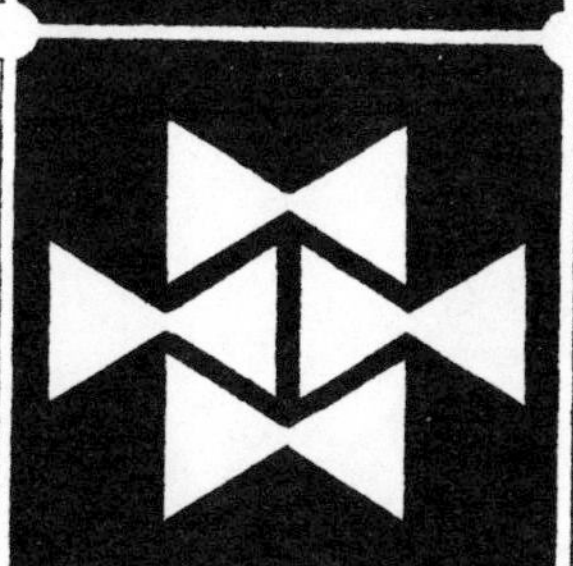

り 四十 四ッ入子里う五

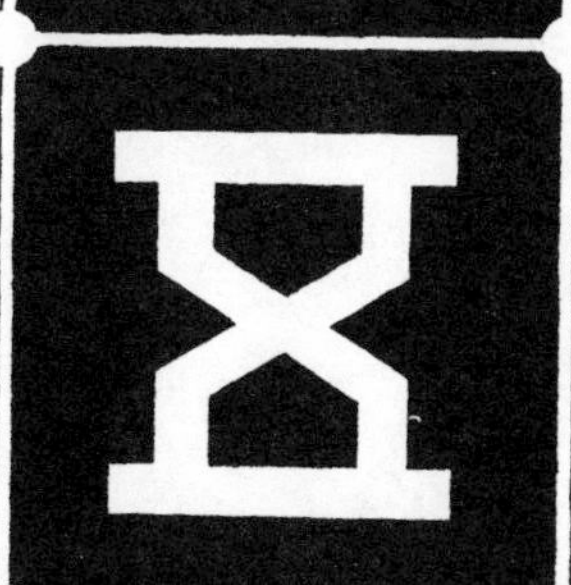

り 五十 立字里う五

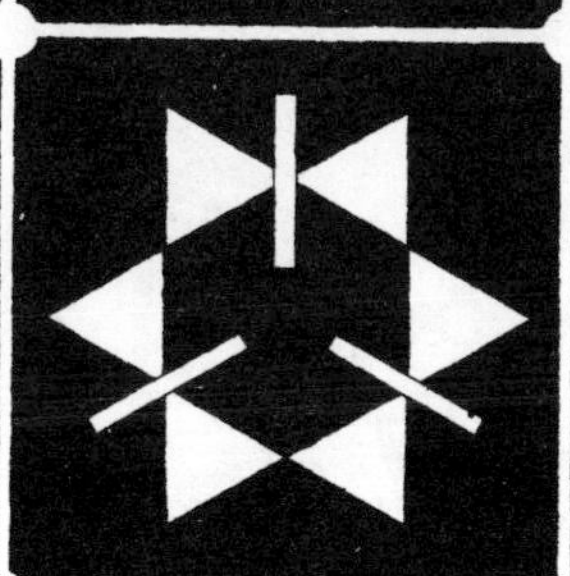

り 六十 三ツ里う五

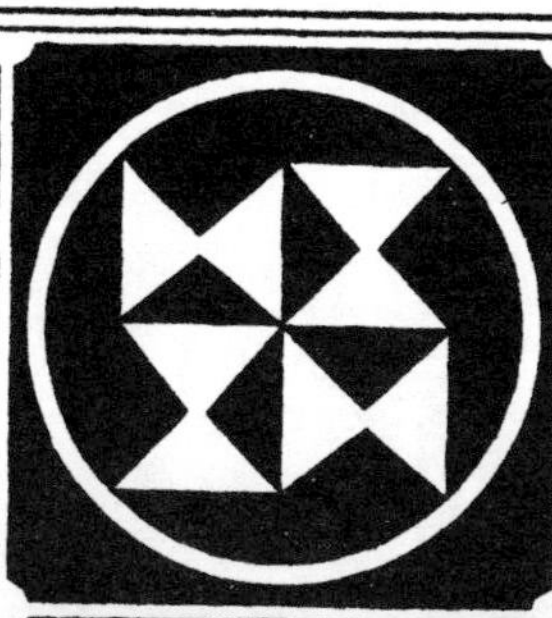

り 七十 四ッ寄里う五

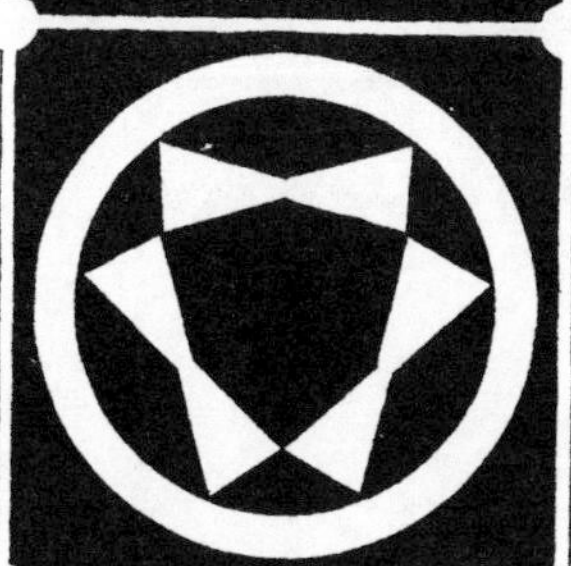

り 八十 丸に三ッりう五

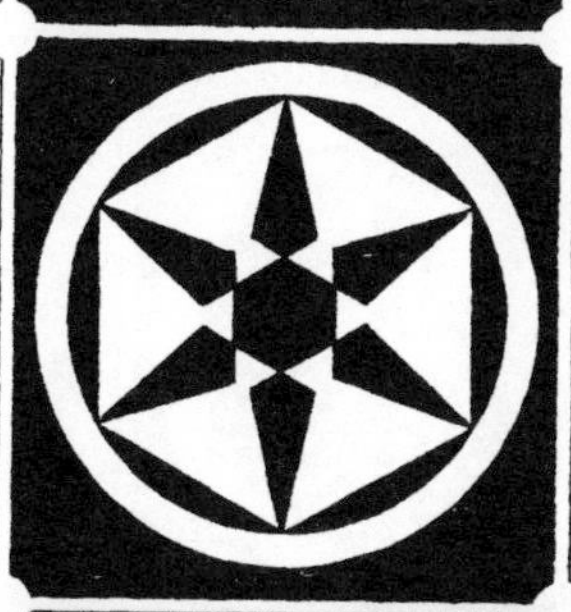

り 九十 六ッ重ね里う五

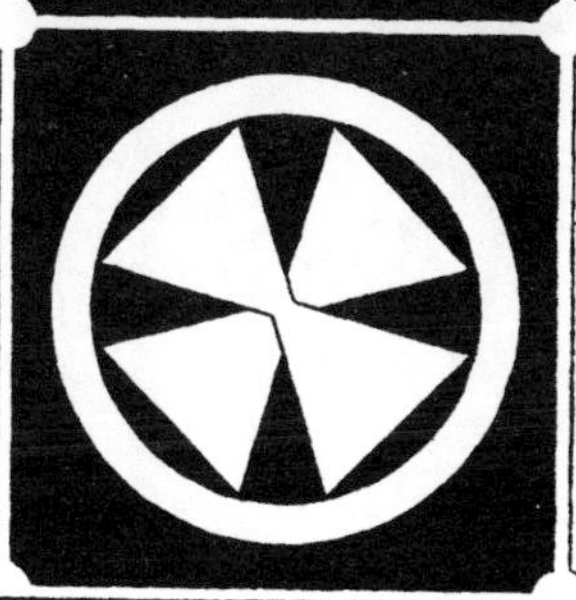

り 十二 ちかい りう五

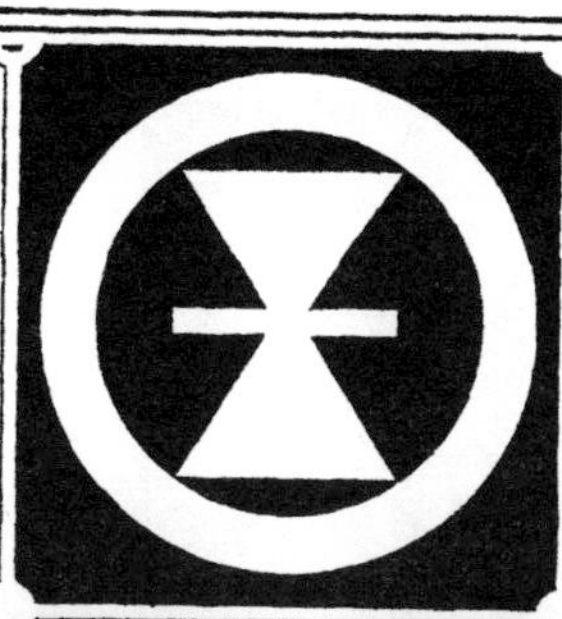

り 一二 太輪里う五

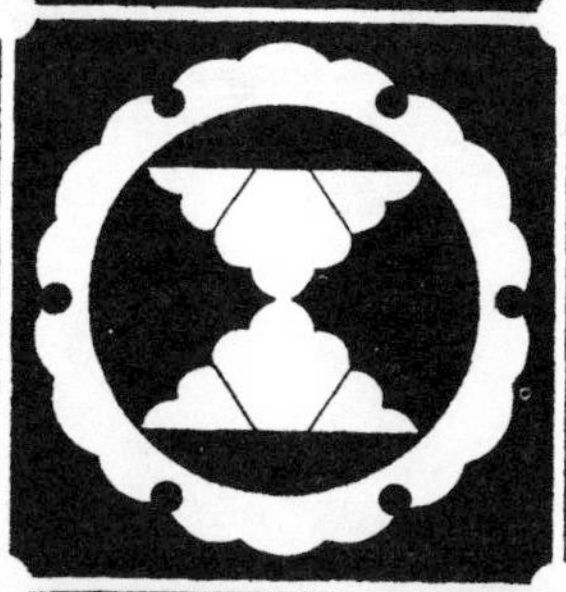

り 二二 雪里花折 りう五

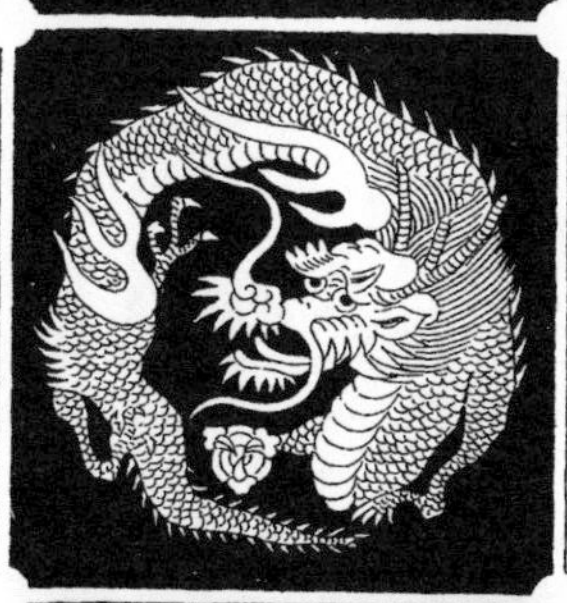

り 一 龍の丸

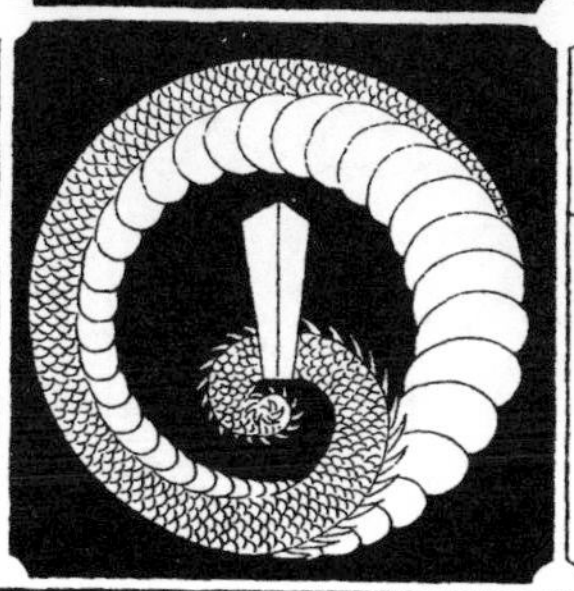

り 二 龍の剣丸

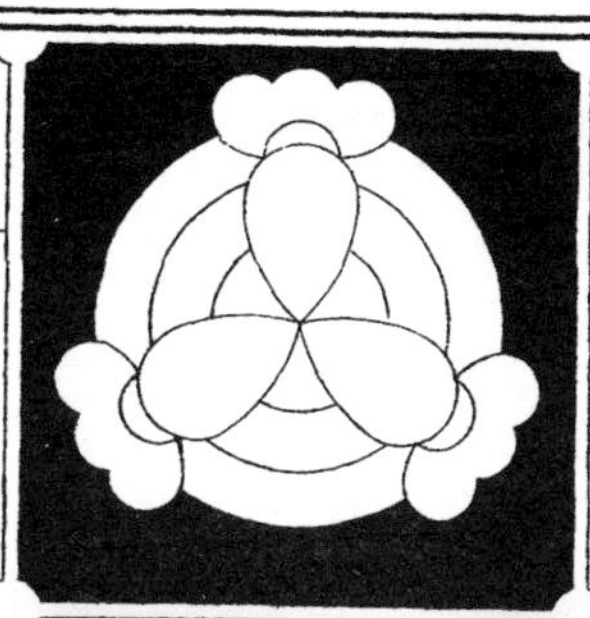

り 三 龍の持玉

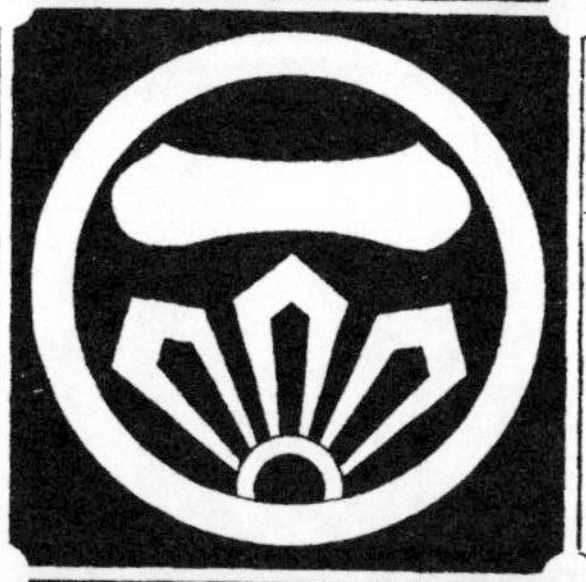

り 四 丸に龍剣一字

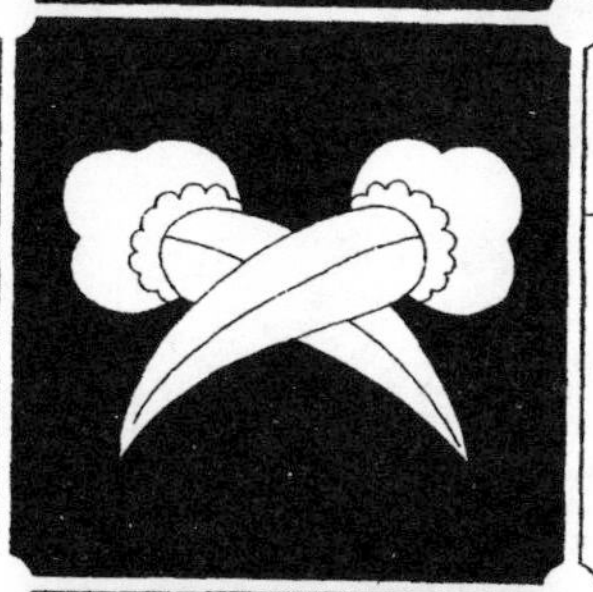

り 五 違ひ龍のつゑ

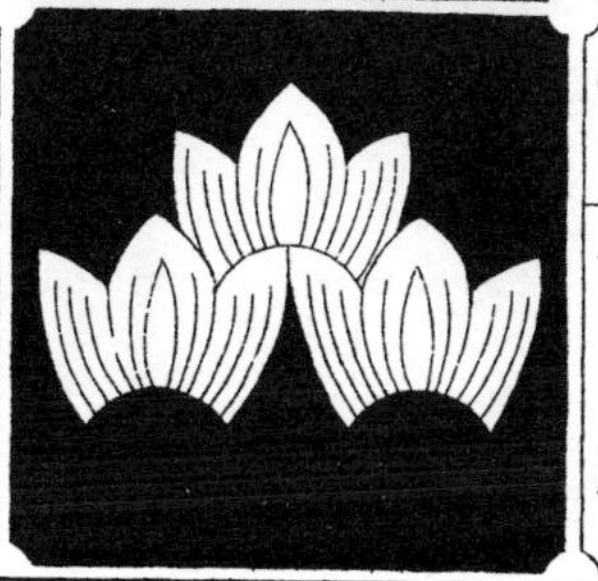

り 六 龍の鱗

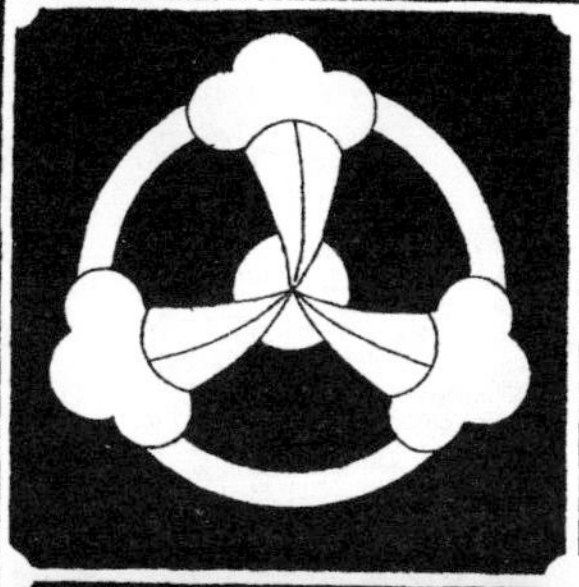

り 七 龍の爪

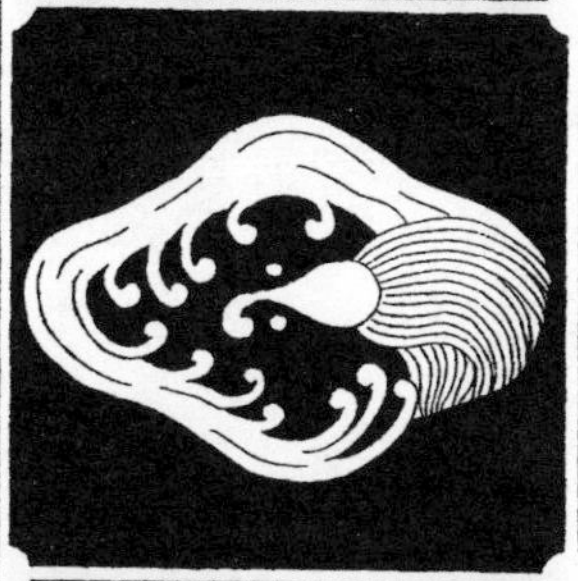

り 八 雨龍ひし

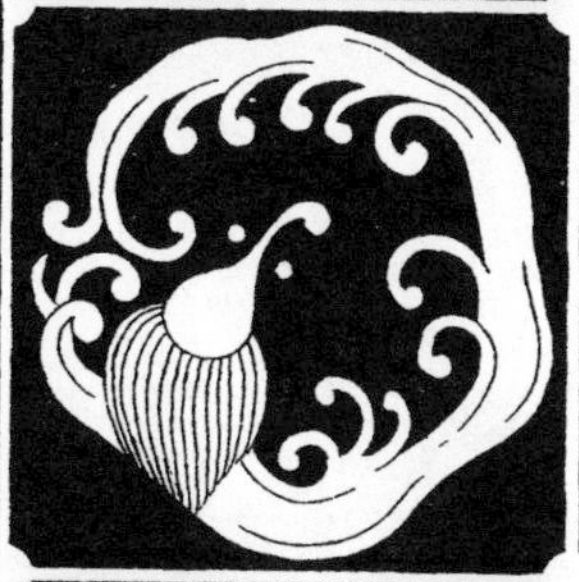

り 九 阿まりやう

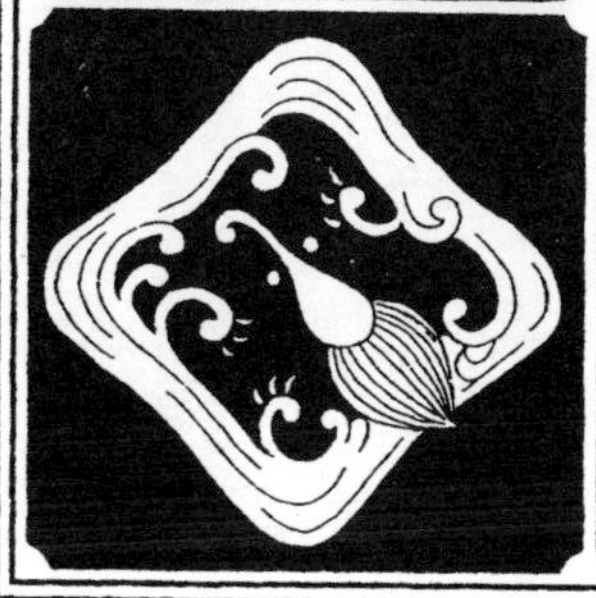

り 十 角立雨龍

りを 龍 をもだか

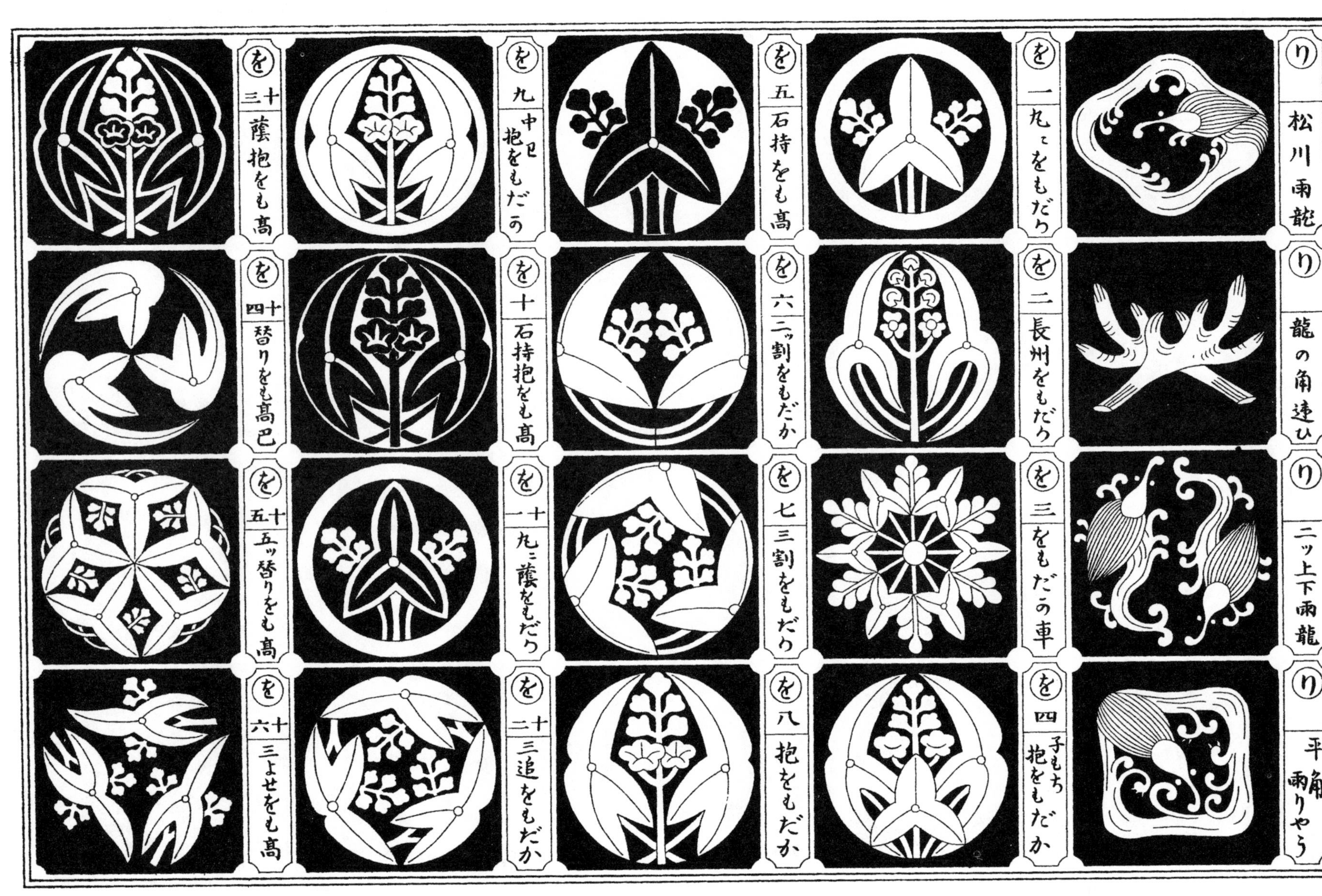

り 松川雨龍
り 龍の角違ひ
り 二ッ上下雨龍
り 平角雨りやう
を 一 丸ニをもだか
を 二 長州をもだか
を 三 をもだの車
を 四 子もち抱をもだか
を 五 石持をも高
を 六 二ッ割をもだか
を 七 三割をもだか
を 八 抱をもだか
を 九 中巳抱をもだか
を 十 石持抱をも高
を 十一 丸ニ蔭をもだか
を 十二 三追をもだか
を 十三 蔭抱をも高
を 十四 替りをも高巳
を 十五 五ッ替りをも高
を 十六 三よせをも高

十五

を をもだか

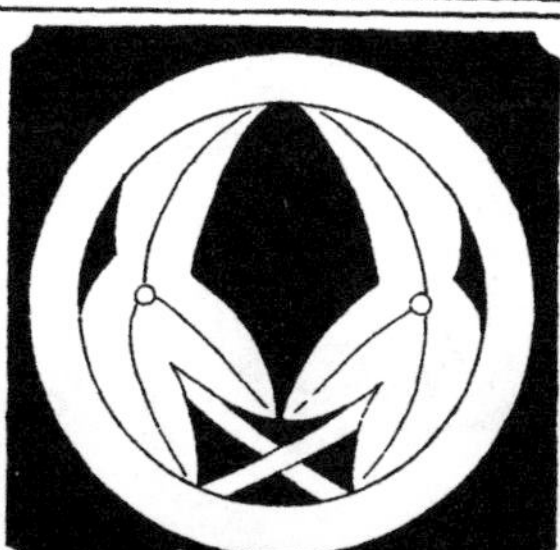

を 一七 丸にだき をもだか葉

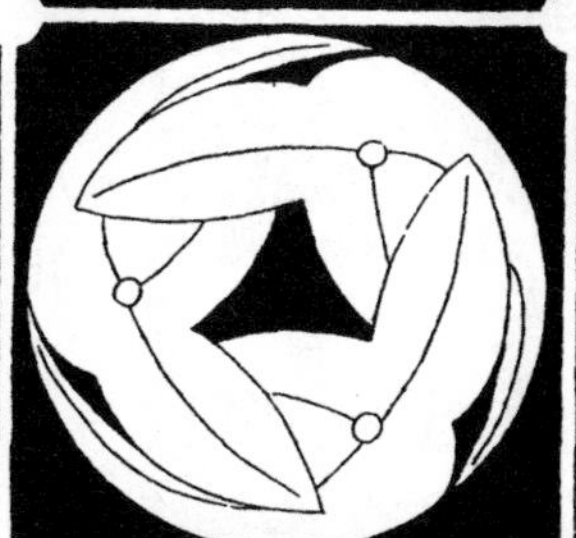

を 一八 三ッ追ひ重をもだか

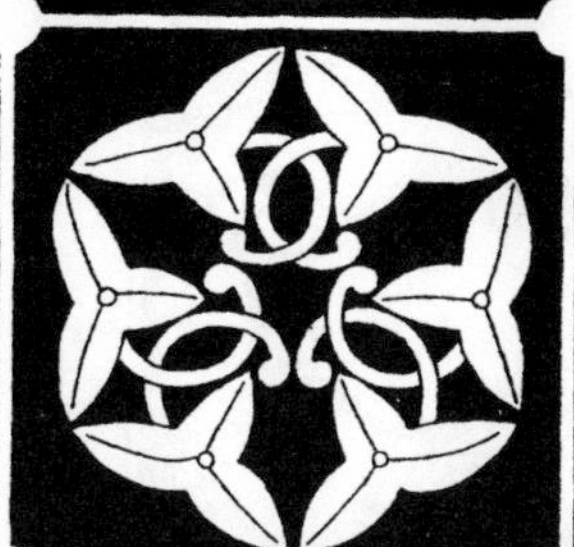

を 一九 六ッつるをもだか

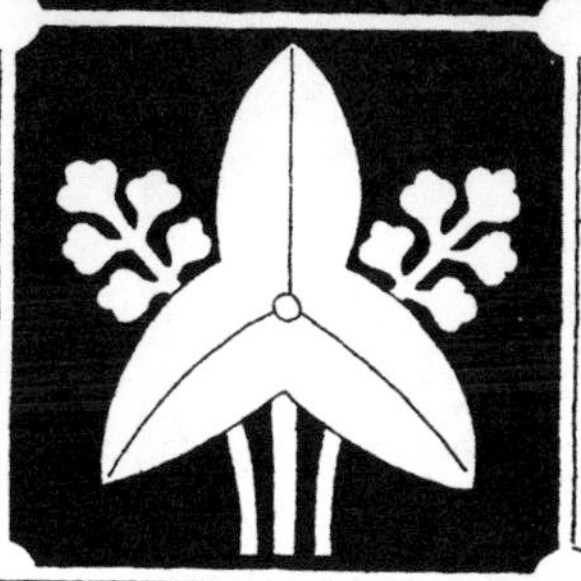

を 二〇 をもだか

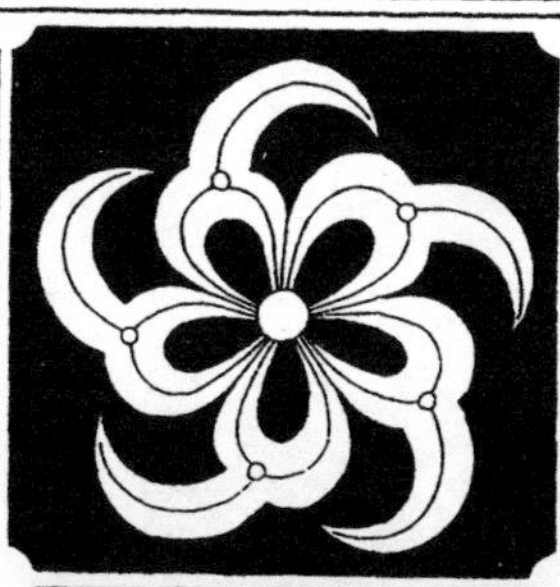

を 二一 五ッねじをもだか

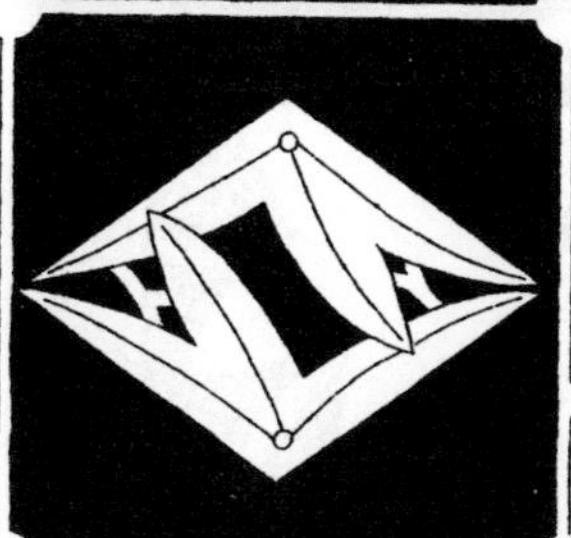

を 二二 をもだか菱びし

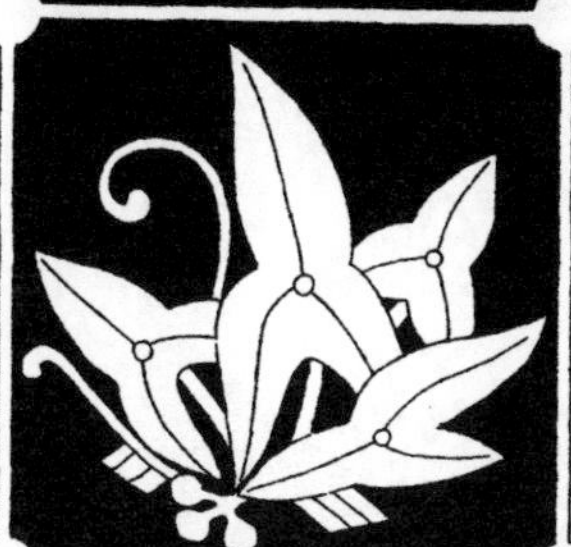

を 二三 をもだか蝶

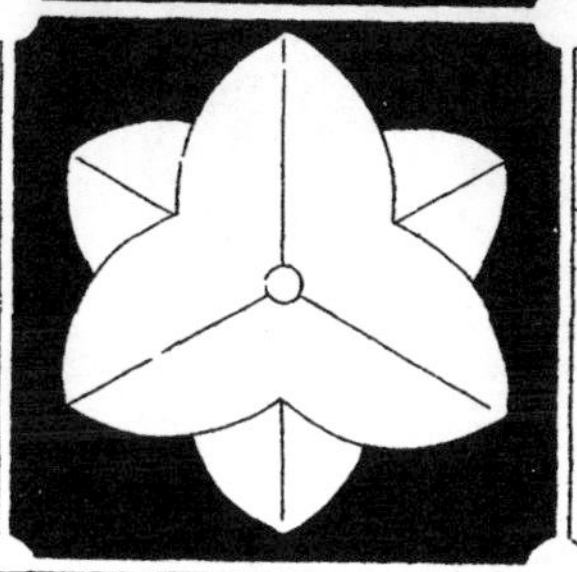

を 二四 向をも高

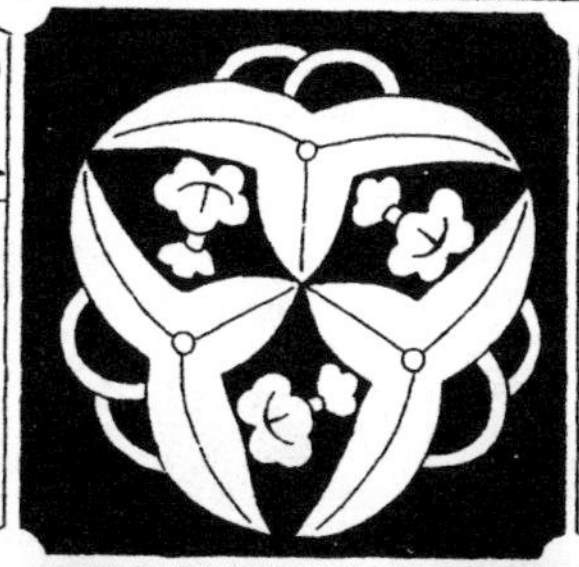

を 二五 三ッ寄かゝりをもだか

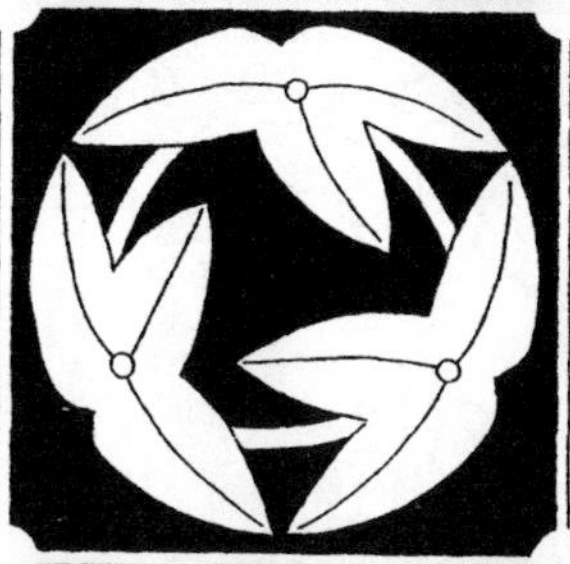

を 二六 三追菱をもだか

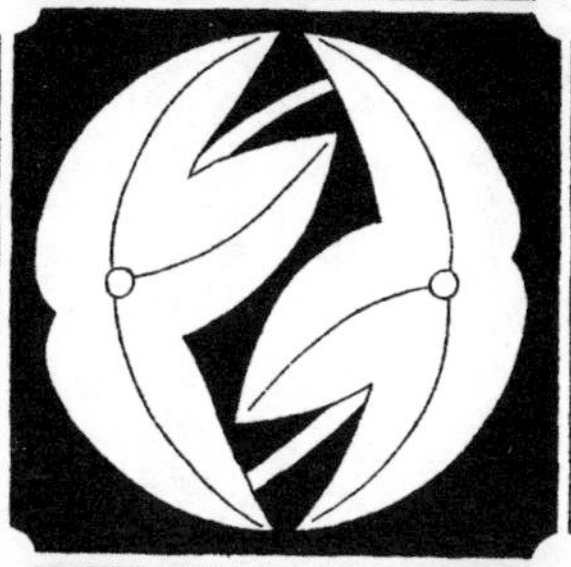

を 二七 二ッねひ菱をもだか

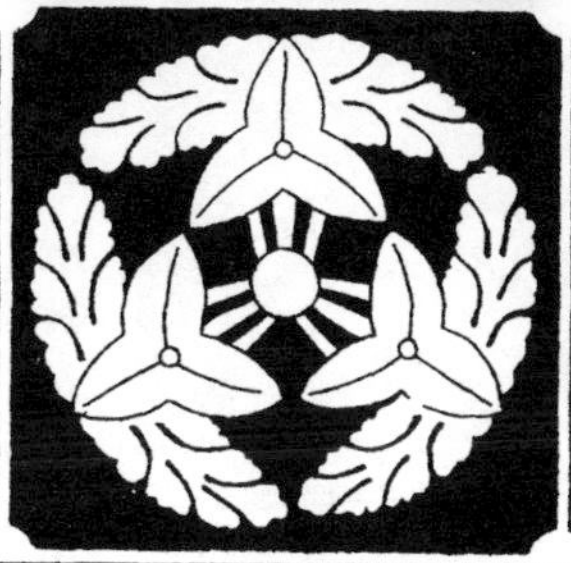

を 二八 三ッ花をもだか丸

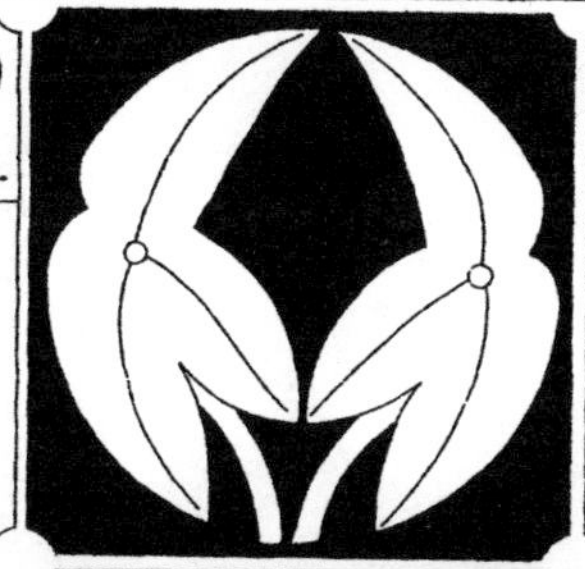

を 二九 抱かゝりをもだか

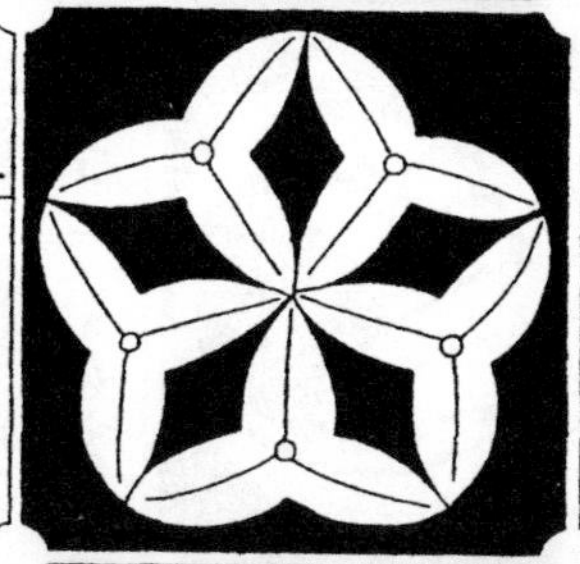

を 三〇 五ッ葉をもだか

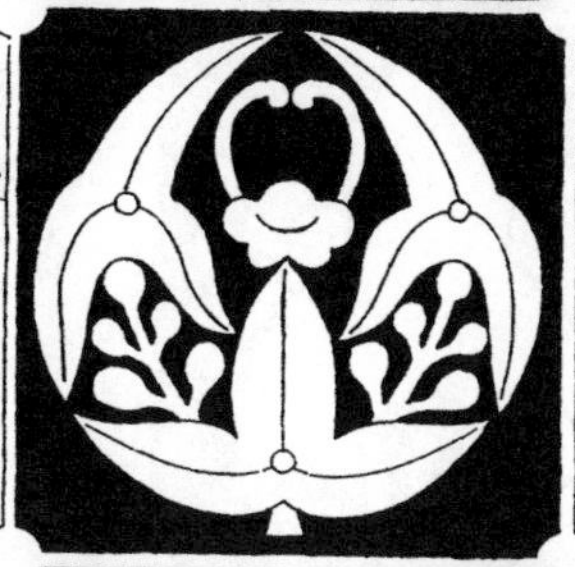

を 三一 風せんをも高

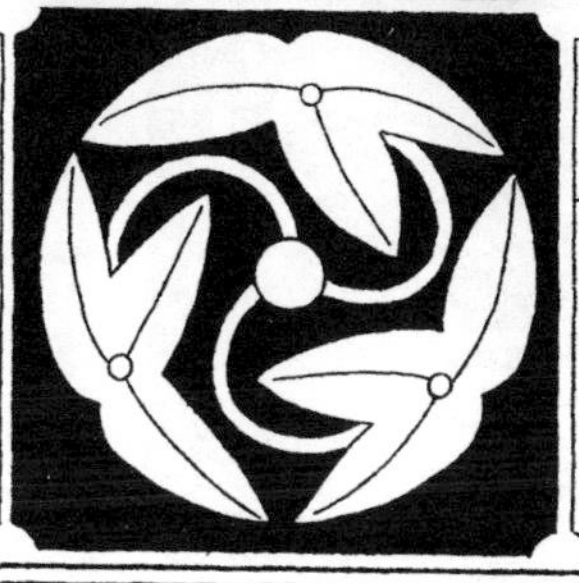

を 三二 枝をもだか巴

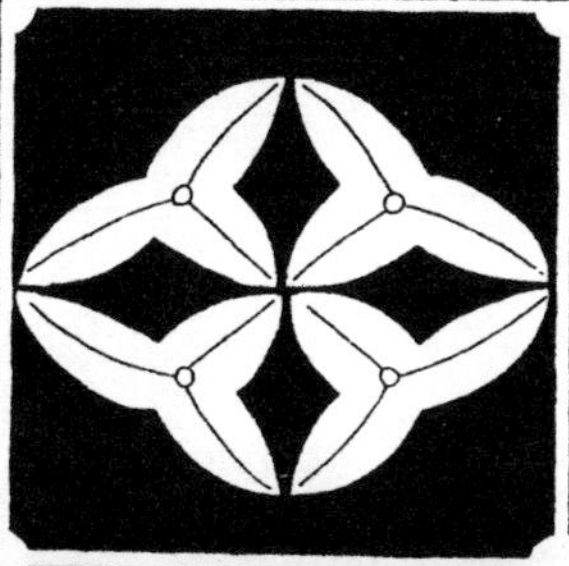

を 三三 四方をも高

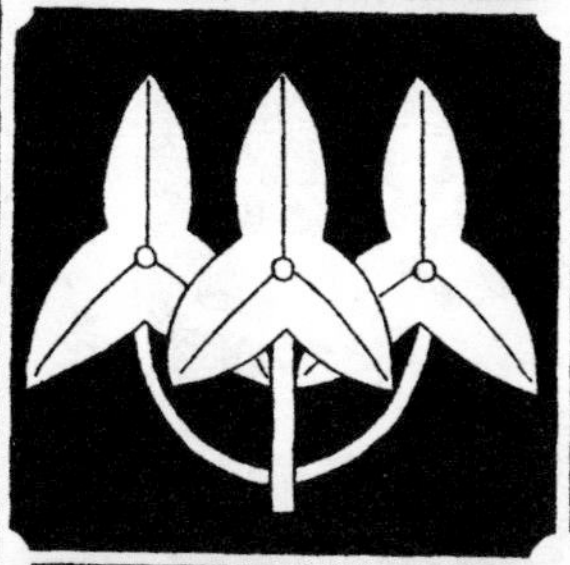

を 三四 三本をも高

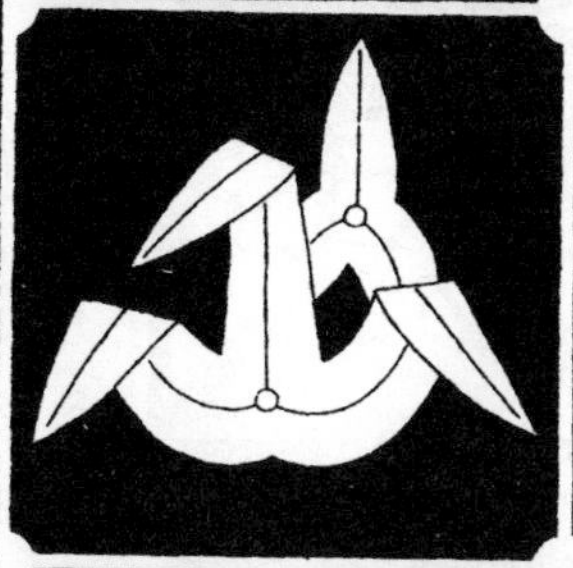

を 三五 折雀をも高

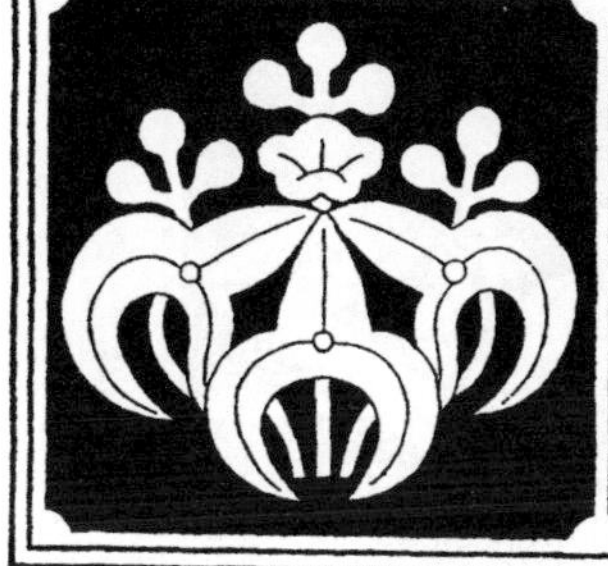

を 三六 かゝりをもだか桐

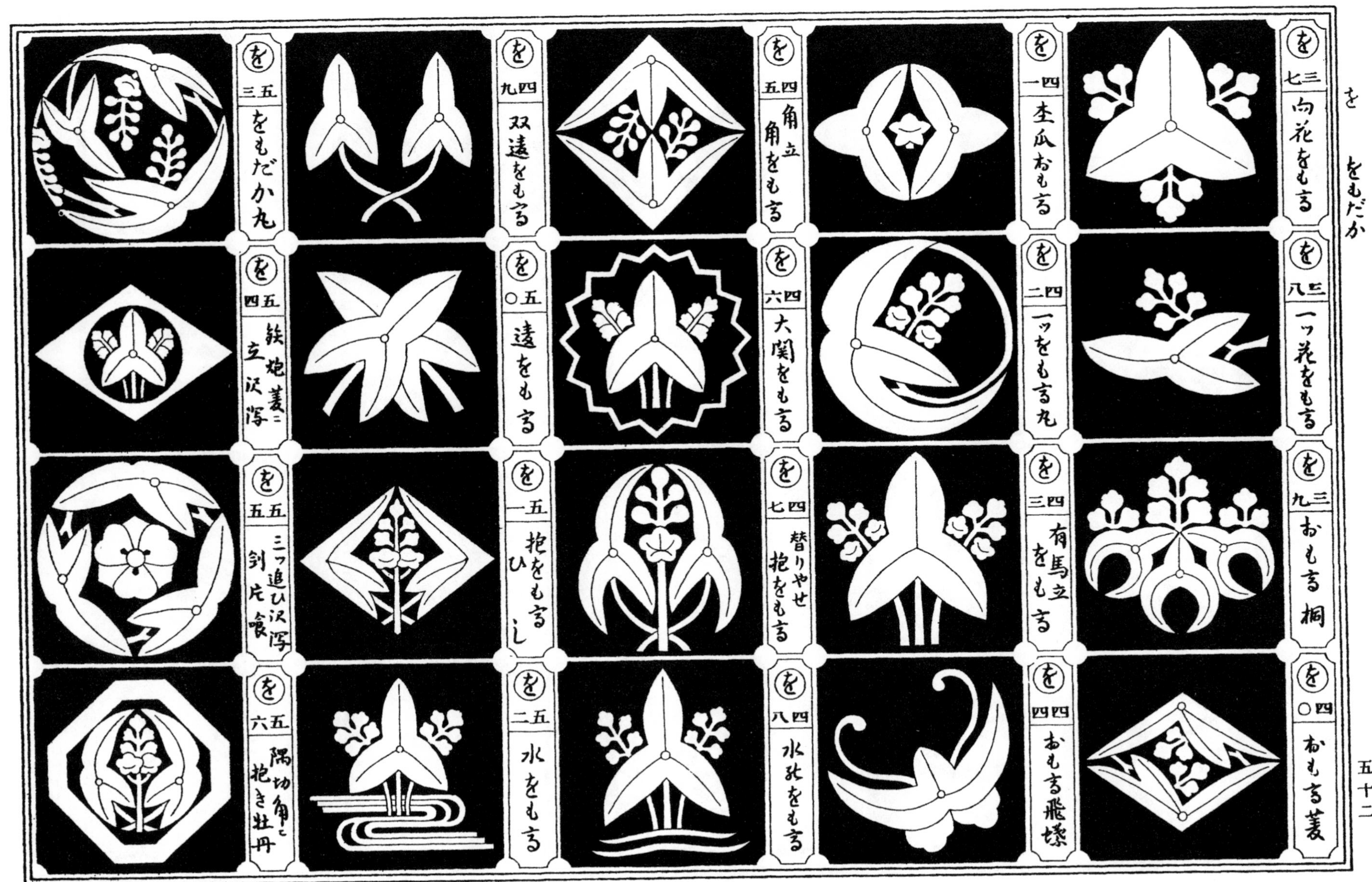
を
七三
向花をも言
を
一四
杢瓜おも言
を
五四
角立
角をも言
を
九四
双遠をも言
を
三五
をもだか丸
を
八三
一ッ花をも言
を
二四
一ッをも言丸
を
六四
大関をも言
を
○五
遠をも言
を
四五
鉄炮菱に
立沢瀉
を
九三
おも言桐
を
三四
有馬立
をも言
を
七四
替りやせ
抱をも言
を
一五
抱をも言
ひし
を
五五
三ッ追ひ沢瀉
剣片喰
を
○四
おも言菱
を
四四
おも言飛蝶
を
八四
水玖をも言
を
二五
水をも言
を
六五
隅切角に
抱き牡丹

を

をもだか

五十二

をわ おもだか 輪違ひ

を 五七 おもだかの巴	を 六一 二重輪ニ陰 抱き沢瀉	を 六五 を本 おもだかひし	を 六九 くづし舟 おもだか	わ 一 丸ニ輪違
を 五八 入り違ひ おもだか	を 六二 丸ニ二ッ をもだか	を 六六 丸ニむかひ をもだか	を 七〇 三ッ おもだか丸	わ 二 石持地落 輪違ひ
を 五九 細輪ニ三ッ追ひ 葉沢瀉	を 六三 三ッもり おもだか	を 六七 三ッ丸ち をもだか	を 七一 三ッ車 おもだか	わ 三 輪違ひ
を 六〇 一の字丸ニ 陰沢瀉	を 六四 ゆき巴ニむかひ おもだかくずし	を 六八 二ッ をもだか	を 七二 三ッ立 おもだか	わ 四 剣三ッ輪違

五十三

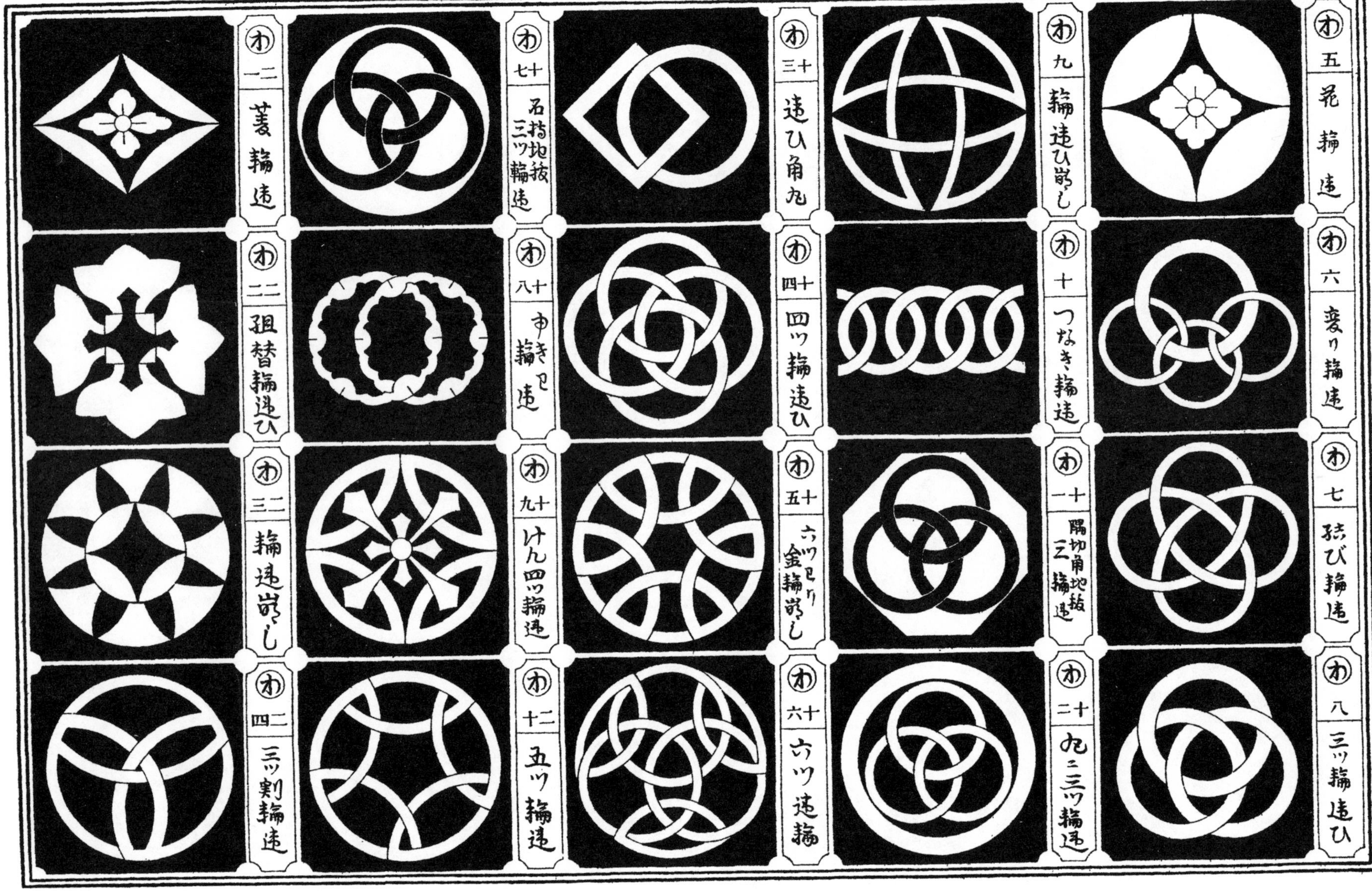
わ 五 花輪違
わ 六 変り輪違
わ 七 結び輪違
わ 八 三ツ輪違ひ
わ 九 輪違ひ崩し
わ 十 つなぎ輪違
わ 十一 隅切角地抜三ツ輪違
わ 十二 丸に三ツ輪違
わ 十三 違ひ角丸
わ 十四 四ツ輪違ひ
わ 十五 六ツ巴り金輪崩し
わ 十六 六ツ違輪
わ 十七 石持地抜三ツ輪違
わ 十八 中き巴輪違
わ 十九 けん四ツ輪違
わ 二十 五ツ輪違
わ 二一 菱輪違
わ 二二 組替輪違ひ
わ 二三 輪違崩し
わ 二四 三ツ割輪違

わ 輪違

五十四

わ　輪違・をりゐへ・わらび

わ 二五 三ツ七宝つなぎ輪違

わ 二六 風船りやう輪違

わ 二七 三ツ花輪違

わ 二八 花抱輪違

わ 二九 組替輪違

わ 三十 輪違崩し

わ 一 七宝

わ 二 七宝花菱

わ 三 おりゐへ

わ 一 花わらび

わ 二 丸に花わらび

わ 三 蔓わらび

わ 四 五ツわらび

わ 五 抱束ねわらび

わ 六 わらび巴

わ 七 わらび丸

わ 八 わらび桐

わ 九 わらび杢瓜

わ 十 蔓わらび櫻

わ 十一 わらび燧

わ 蕨、綿、輪、

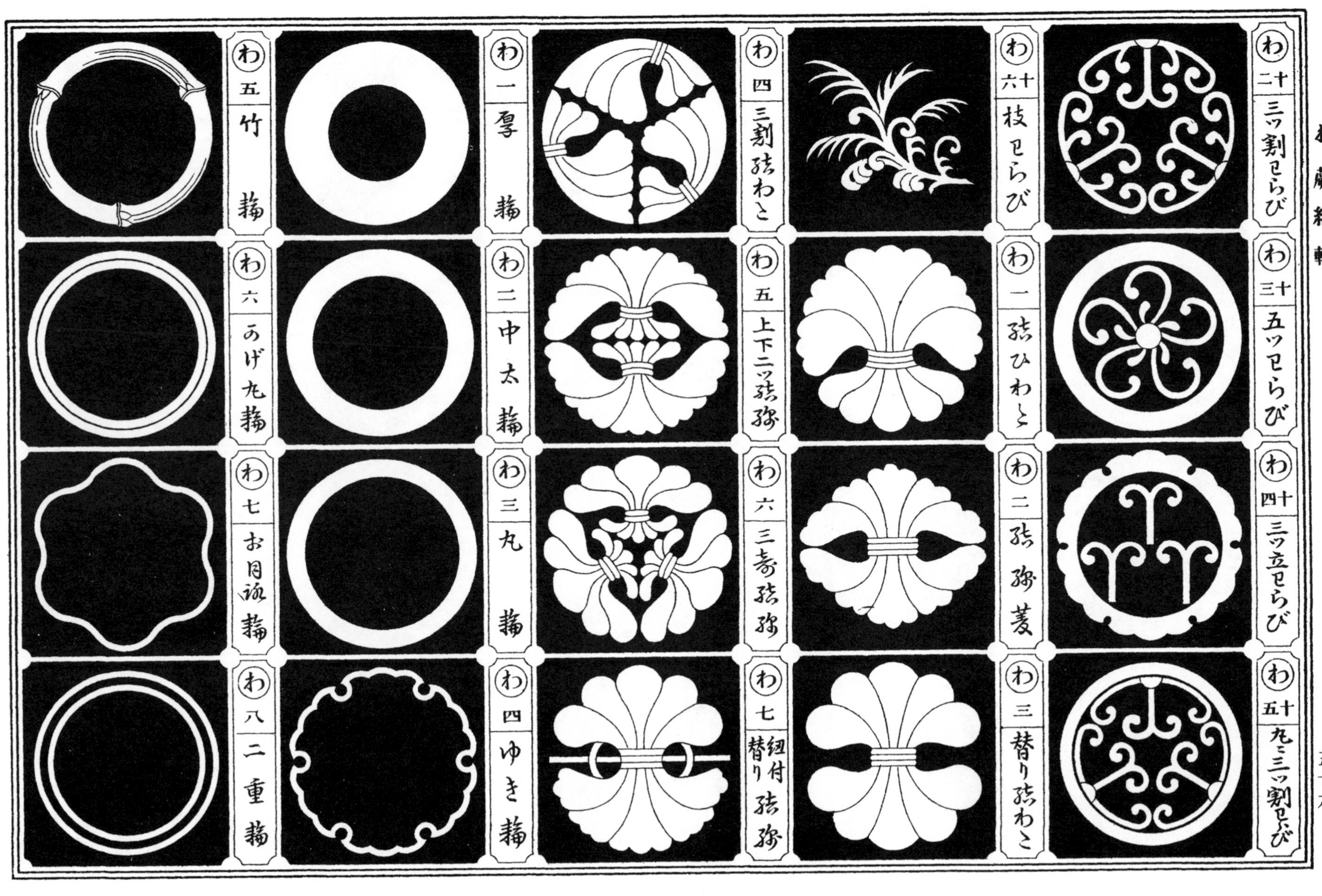

わ 十二 三ツ割わらび
わ 十三 五ツわらび
わ 十四 三ツ立わらび
わ 十五 丸ニ三ツ割わらび
わ 十六 枝わらび
わ 一 結ひわた
わ 二 結綿菱
わ 三 替り結わた
わ 四 三割結わた
わ 五 上下二ツ結綿
わ 六 三寄結綿
わ 七 紐付替り結綿
わ 一 厚輪
わ 二 中太輪
わ 三 丸輪
わ 四 ゆき輪
わ 五 竹輪
わ 六 あげ丸輪
わ 七 お日様輪
わ 八 二重輪

五十六

わ輪

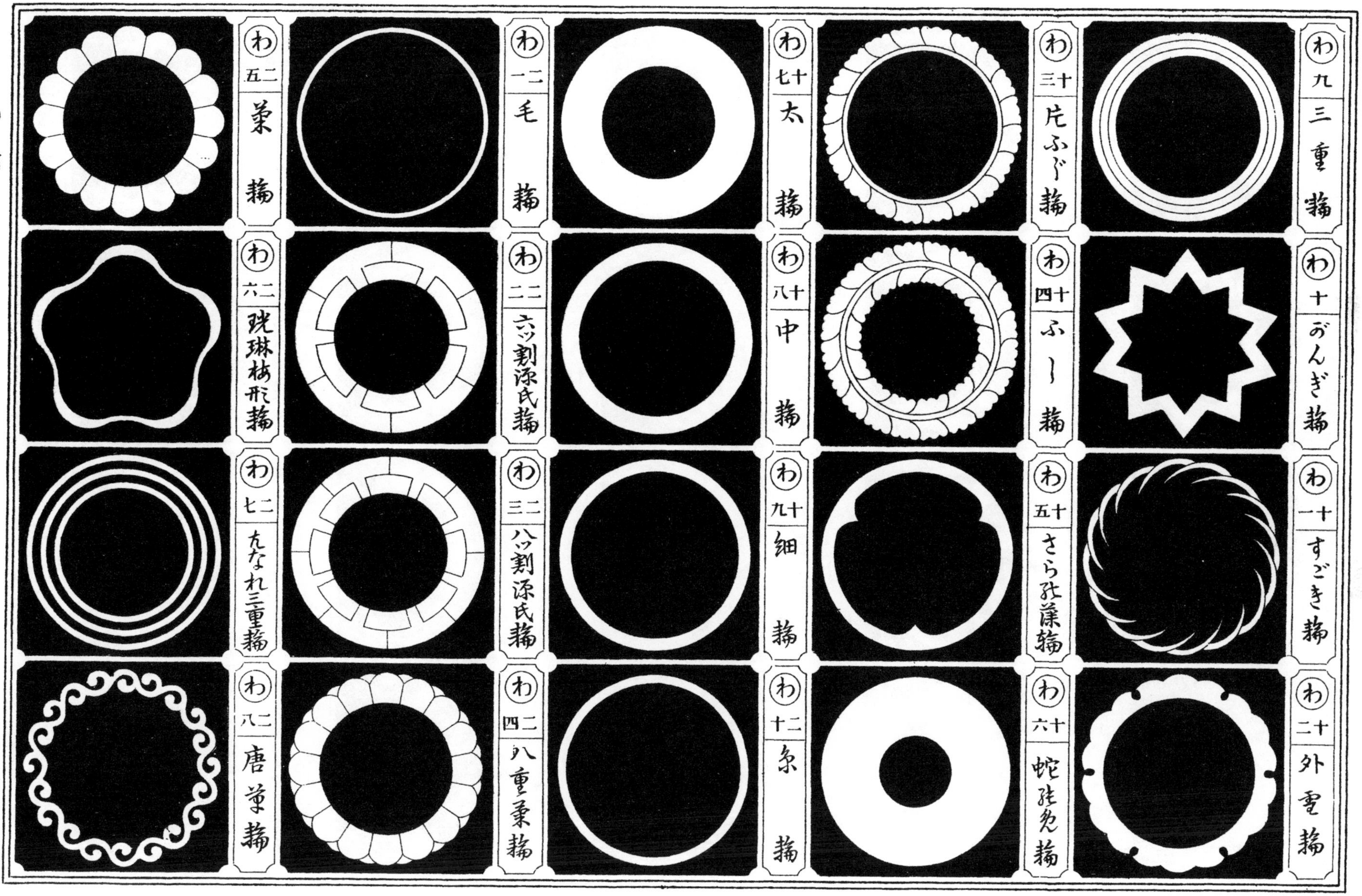

わ 九
三重輪

わ 十
ごんぎ輪

わ 十一
すごき輪

わ 十二
外雪輪

わ 十三
片ふぢ輪

わ 十四
ふし輪

わ 十五
さら孔藻輪

わ 十六
蛇の目輪

わ 十七
太輪

わ 十八
中輪

わ 十九
細輪

わ 二十
糸輪

わ 二十一
毛輪

わ 二十二
六ッ割源氏輪

わ 二十三
八ッ割源氏輪

わ 二十四
八重菊輪

わ 二十五
菊輪

わ 二十六
光琳梅形輪

わ 二十七
丸なれ三重輪

わ 二十八
唐草輪

五十七

わ輪か片喰

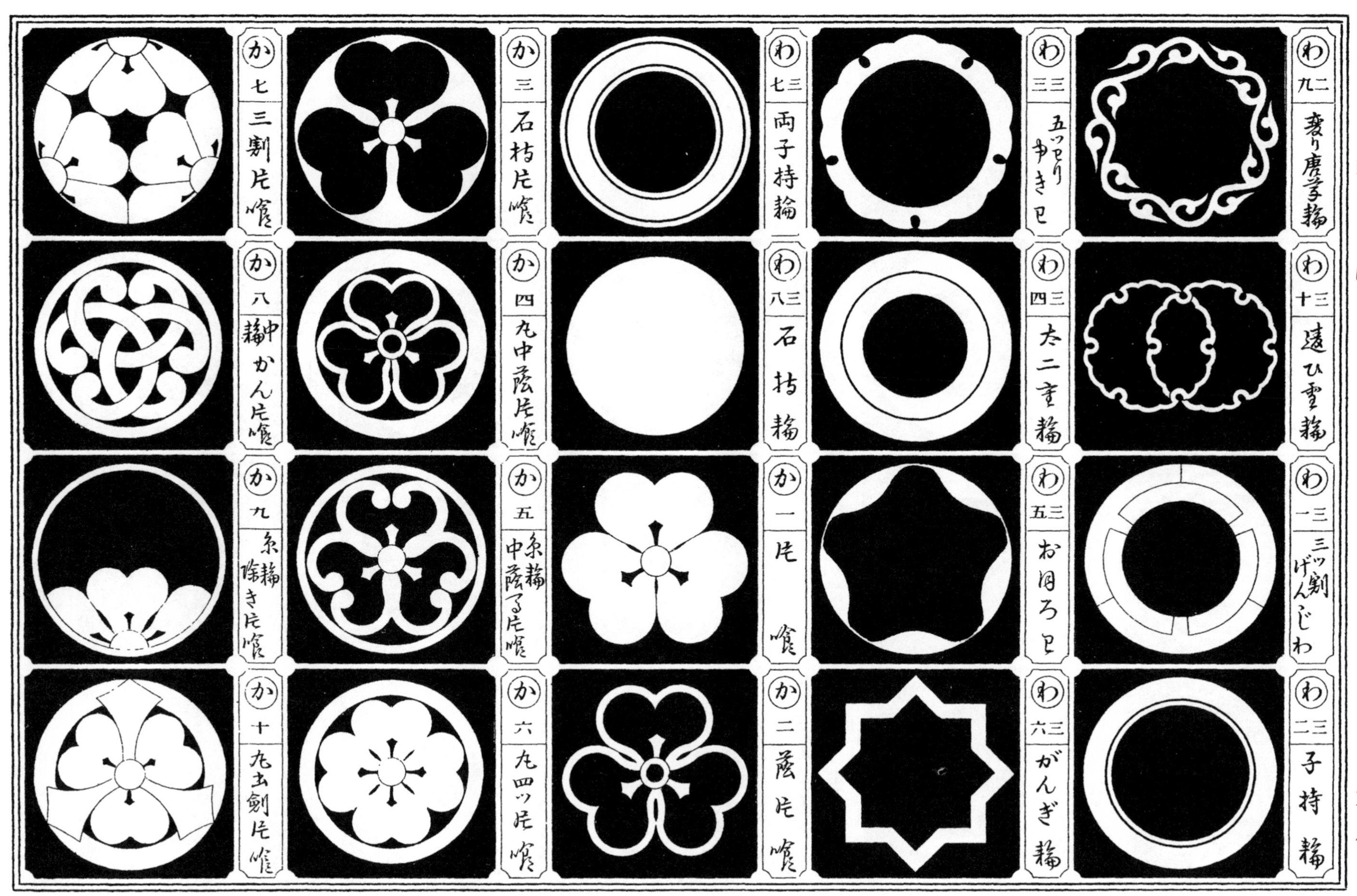

わ 二九 褒り唐草輪
わ 三十 遠ひ雪輪
わ 三一 三ッ割げんじわ
わ 三二 子持輪
わ 三三 五ッヒり手き巳
わ 三四 太二重輪
わ 三五 おほろ巳
わ 三六 がんぎ輪
わ 三七 両子持輪
わ 三八 石持輪
か 一 片喰
か 二 蔭片喰
か 三 石持片喰
か 四 丸中蔭片喰
か 五 糸輪中蔭る片喰
か 六 丸四ッ片喰
か 七 三割片喰
か 八 中輪かん片喰
か 九 糸輪陰き片喰
か 十 丸出剣片喰

五十八

か 片喰

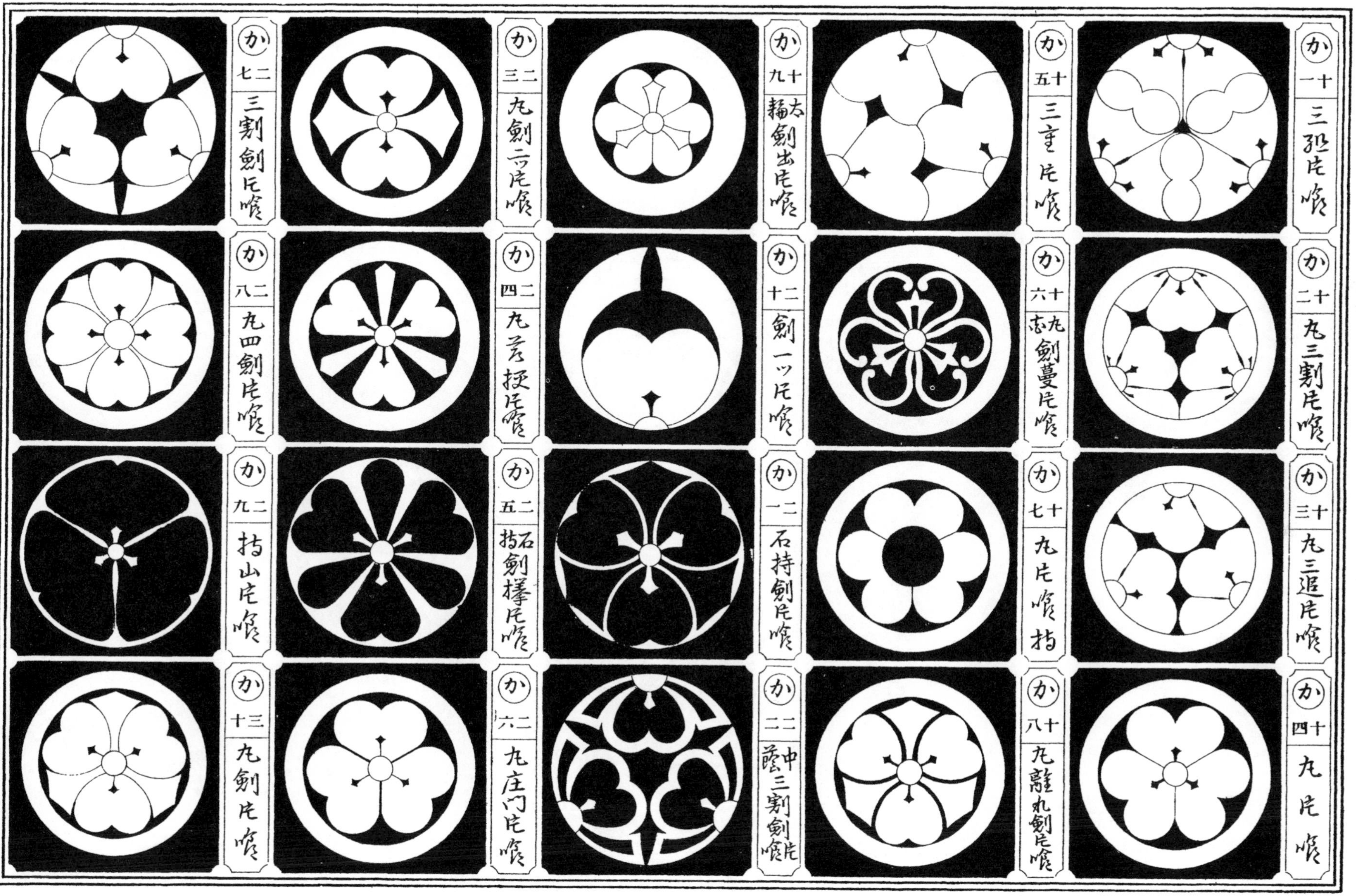

か 十一 三孖片喰

か 二十 丸三割片喰

か 三十 丸三追片喰

か 四十 丸片喰

か 十五 三重片喰

か 十六 丸に剣蔓片喰

か 十七 丸片喰抱

か 十八 丸離れ剣片喰

か 十九 太輪剣出片喰

か 二十 剣一ツ片喰

か 二一 石持剣片喰

か 二二 中陰三割剣片喰

か 二三 丸剣二ツ片喰

か 二四 丸[illegible]抜片喰

か 二五 石抱剣撥片喰

か 二六 丸庄門片喰

か 二七 三割剣片喰

か 二八 丸四剣片喰

か 二九 抱山片喰

か 三十 丸剣片喰

五十九

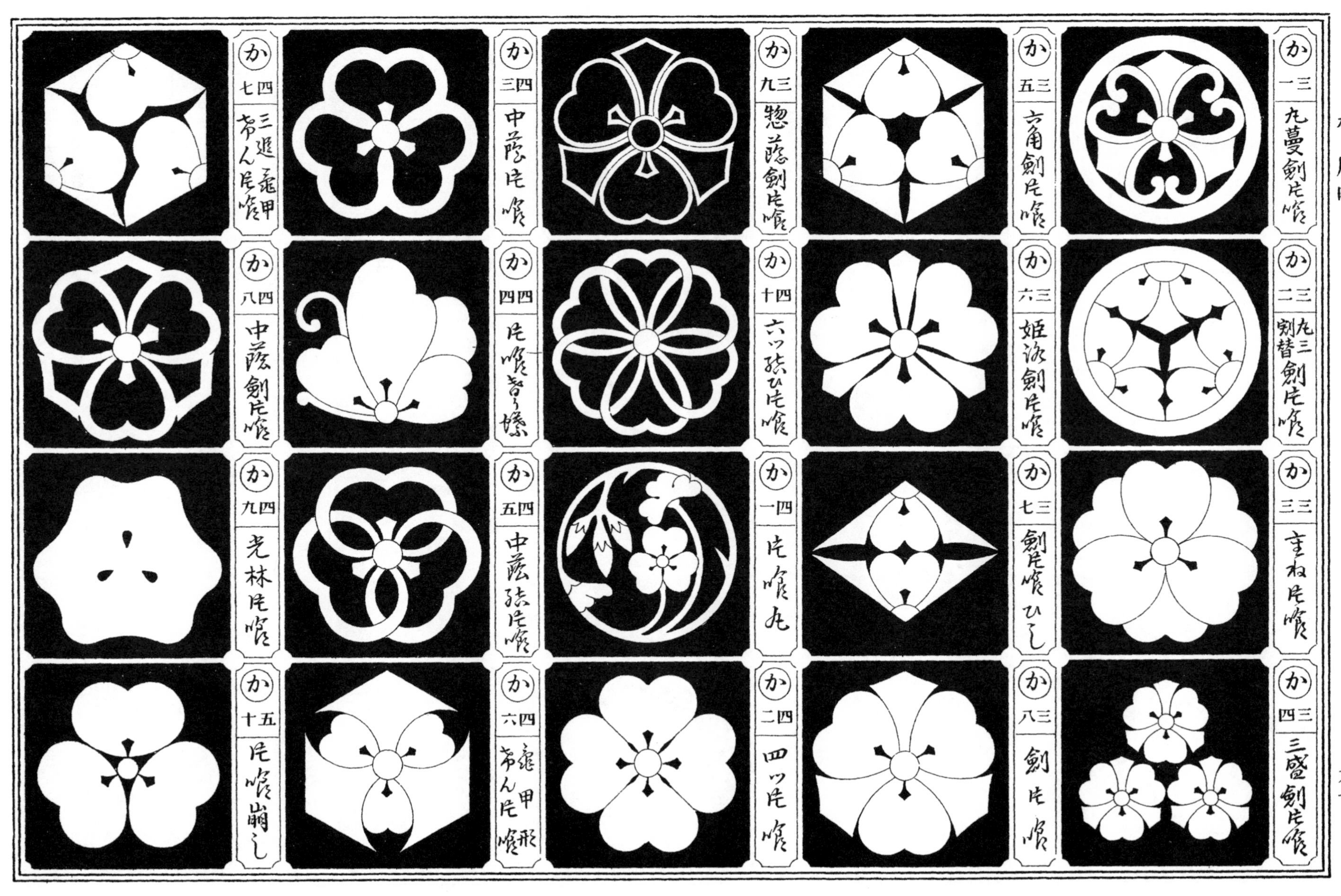
か 一三 丸蔓剣片喰
か 二三 丸三 剣替剣片喰
か 三三 重ね片喰
か 四三 三盛剣片喰
か 五三 六角剣片喰
か 六三 姫路剣片喰
か 七三 剣片喰ひし
か 八三 剣片喰
か 九三 惣蔭剣片喰
か 十四 六ツ結び片喰
か 一四 片喰丸
か 二四 四ツ片喰
か 三四 中蔭片喰
か 四四 片喰
か 五四 中蔭結片喰
か 六四 亀甲形 片喰
か 七四
か 八四 中蔭剣片喰
か 九四 光林片喰
か 十五 片喰崩し

か 六七 風船剣片喰

か 六三 三斎片喰

か 五九 三盛片喰

か 五五 中陰二ツ片喰

か 五一 太陰片喰

か 六八 風船片喰

か 六四 枝実片喰

か 六十 実片喰

か 五六 枝片喰

か 五二 捻じ片喰

か 六九 外三割片喰

か 六五 片喰上羽蝶

か 六一 二蔓片喰

か 五七 二双つる片喰

か 五三 蔓結び片喰

か 七十 かたばみ 姫路片喰

か 六六 三剣片喰

か 六二 片喰桐

か 五八 中陰片喰桐

か 五四 三つ盛り 亀甲片喰

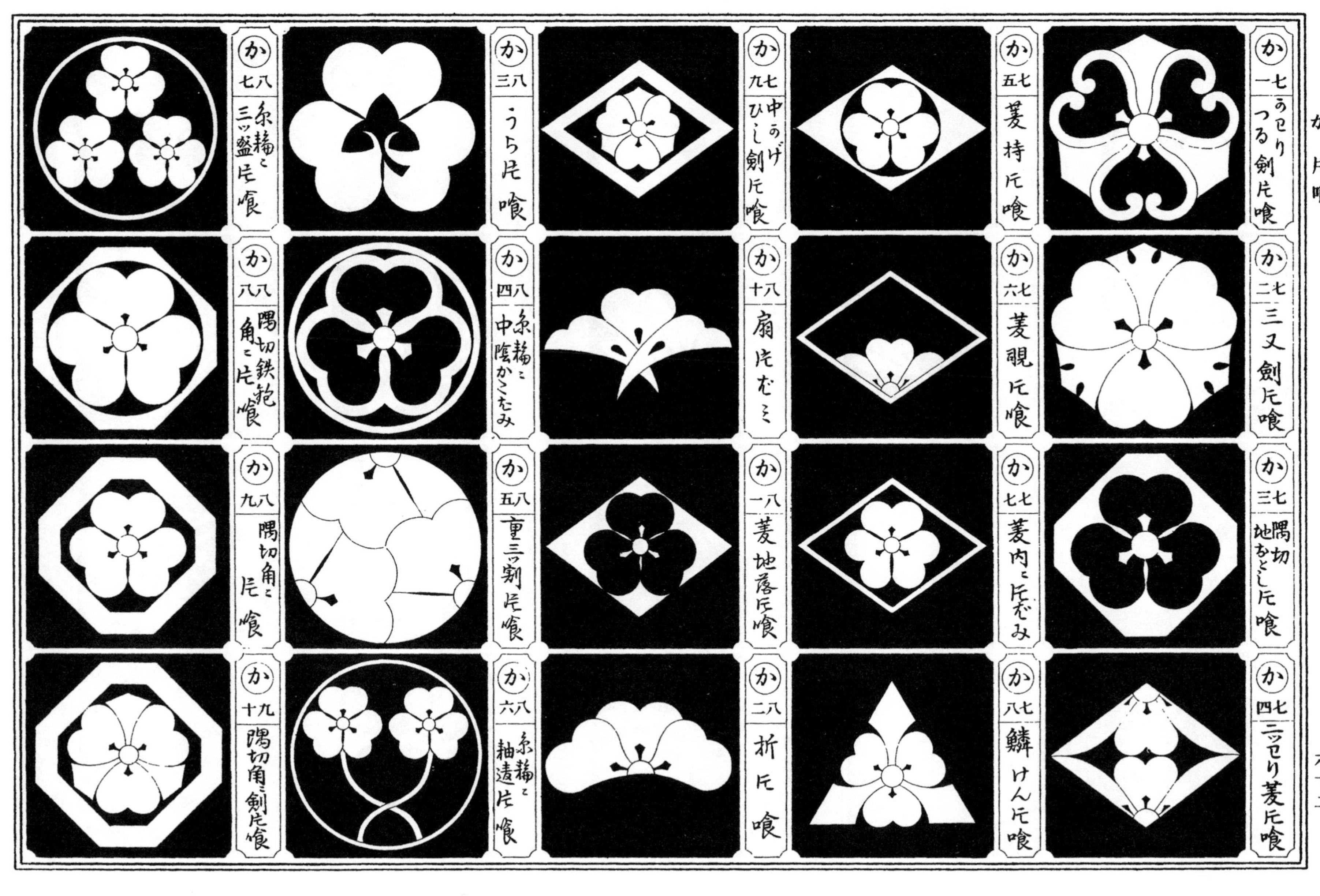

か 片喰 角

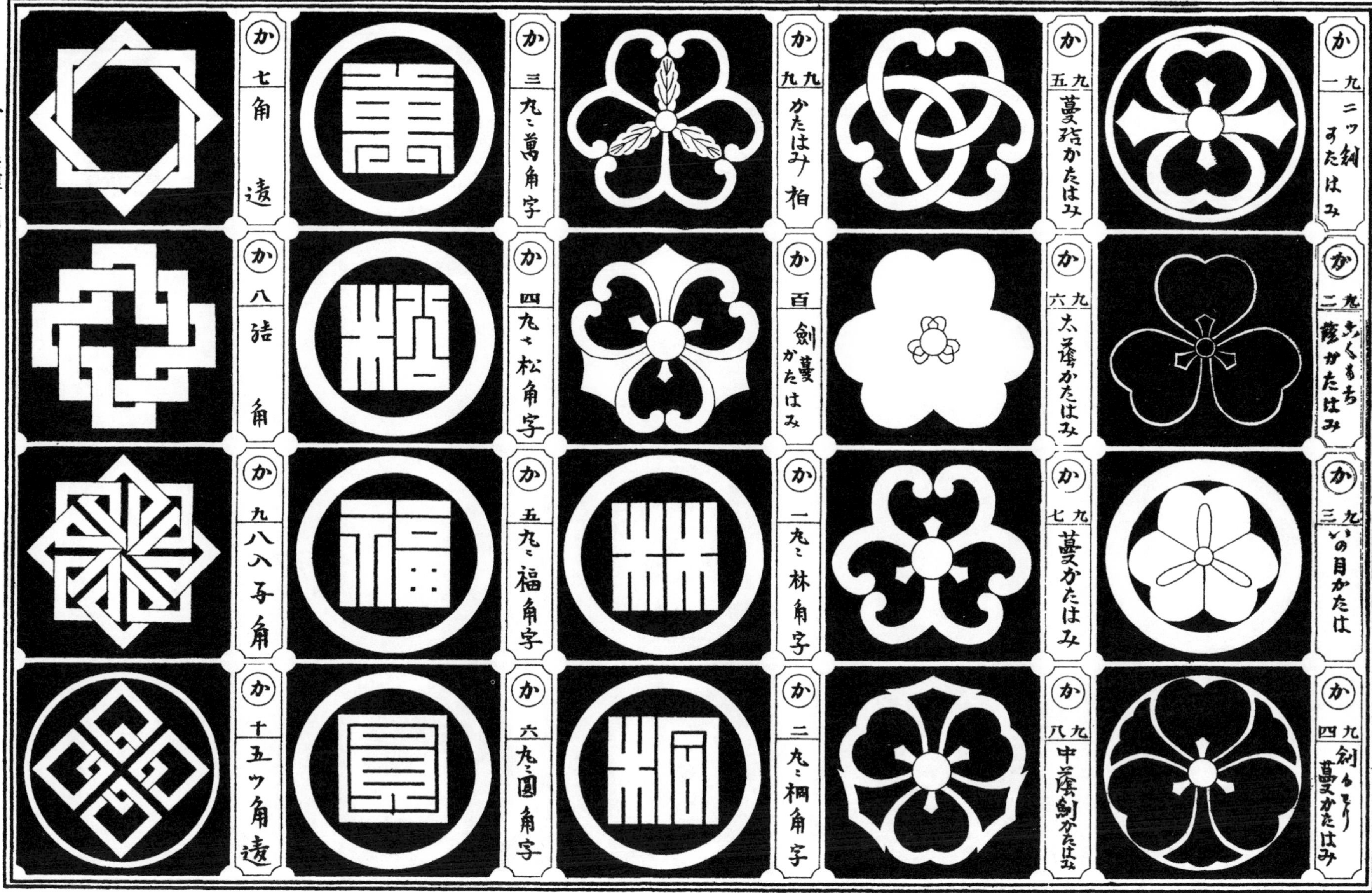

か
九五 蔓結かたはみ
か
九七 蔓かたはみ
か
九九 かたはみ柏
か
百 剣蔓かたはみ
か
一 九こ林角字
か
二 九こ桐角字
か
三 九こ萬角字
か
四 九七松角字
か
五 九こ福角字
か
六 九こ圓角字
か
七 角遠
か
八 結角
か
十 五ツ角遠

六十三

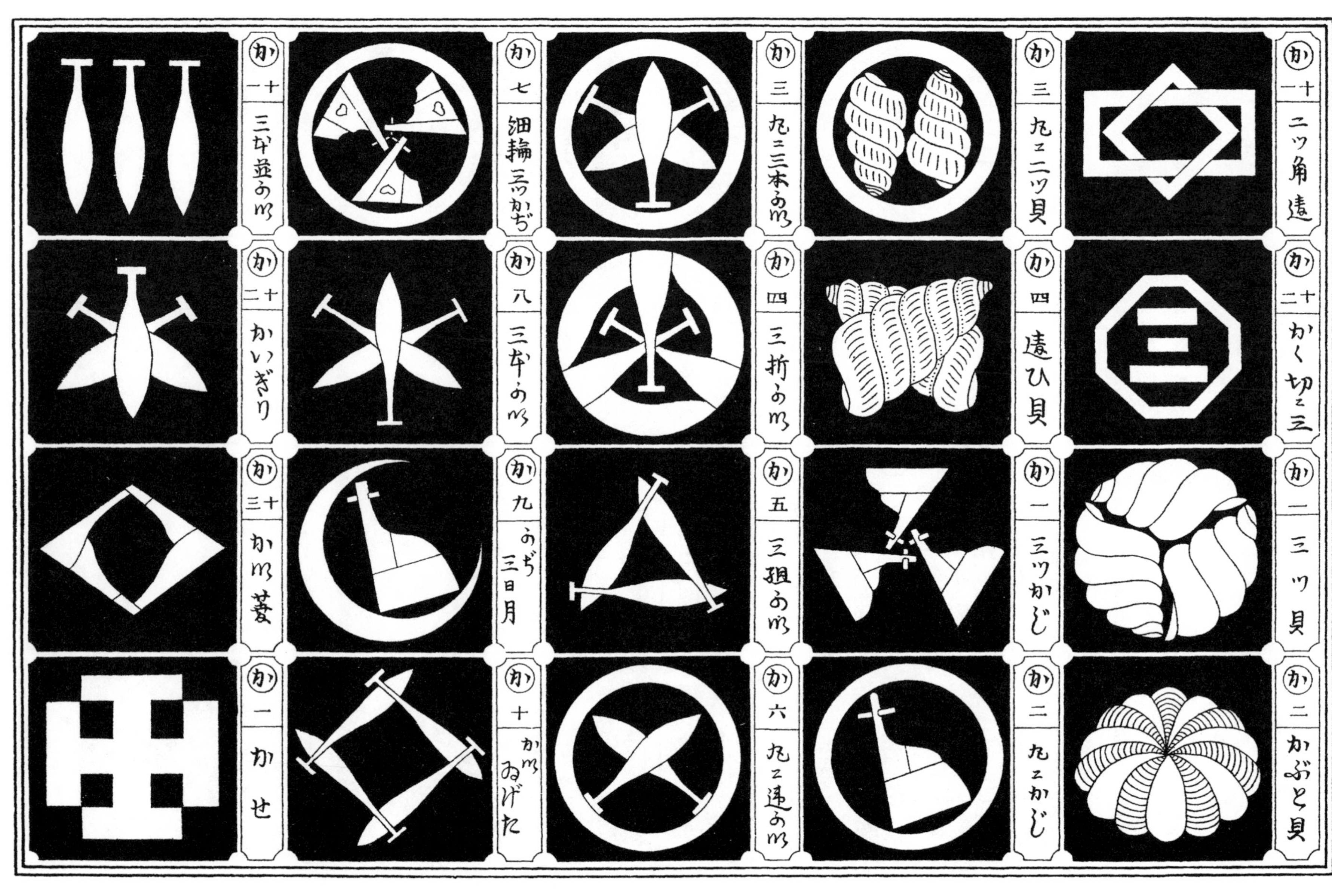

か 十一 二ツ角違
か 三 丸ニ二ツ貝
か 三 丸ニ三本かい
か 七 細輪三ツかぢ
か 十一 三本並かい
か 十二 かく切ニ三
か 四 違ひ貝
か 四 三折かい
か 八 三本かい
か 十二 かいぎり
か 一 三ツ貝
か 一 三ツかじ
か 五 三組かい
か 九 かぢ三日月
か 十三 かい菱
か 二 かぶと貝
か 二 丸ニかじ
か 六 丸ニ違かい
か 十 かいねげた
か 一 かせ

かゝ角り笠

(か) 二 角り笠

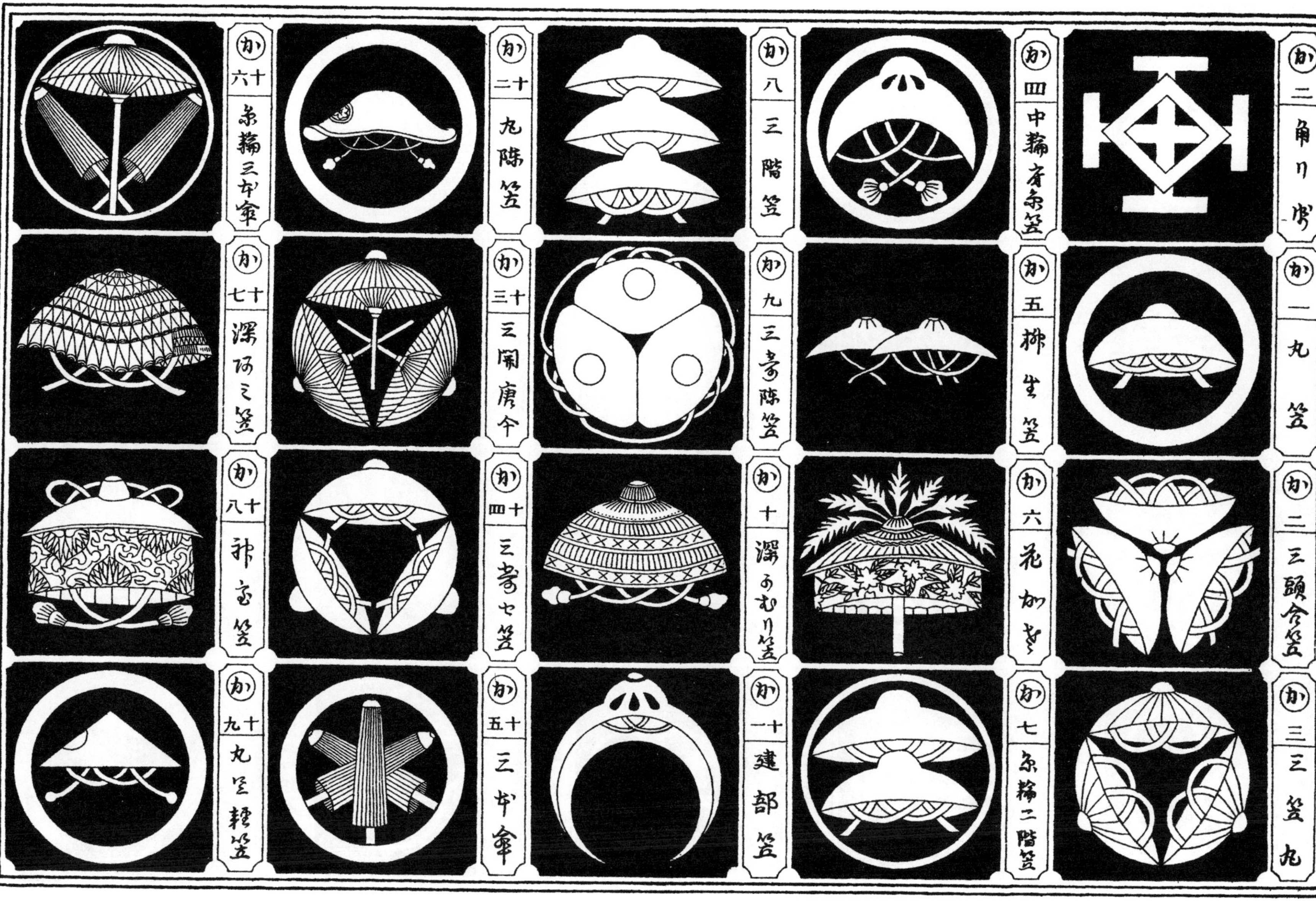

(か) 四 中輪に糸笠

(か) 八 三階笠

(か) 十二 丸陣笠

(か) 十六 糸輪三本傘

(か) 一 丸笠

(か) 五 柳生笠

(か) 九 三寄陣笠

(か) 十三 三開唐傘

(か) 十七 深あみ笠

(か) 二 三頭合笠

(か) 六 花かさ

(か) 十 深かむり笠

(か) 十四 三寄七笠

(か) 十八 神宮笠

(か) 三 三笠丸

(か) 七 糸輪二階笠

(か) 十一 建部笠

(か) 十五 三本傘

(か) 十九 丸に輕笠

六十五

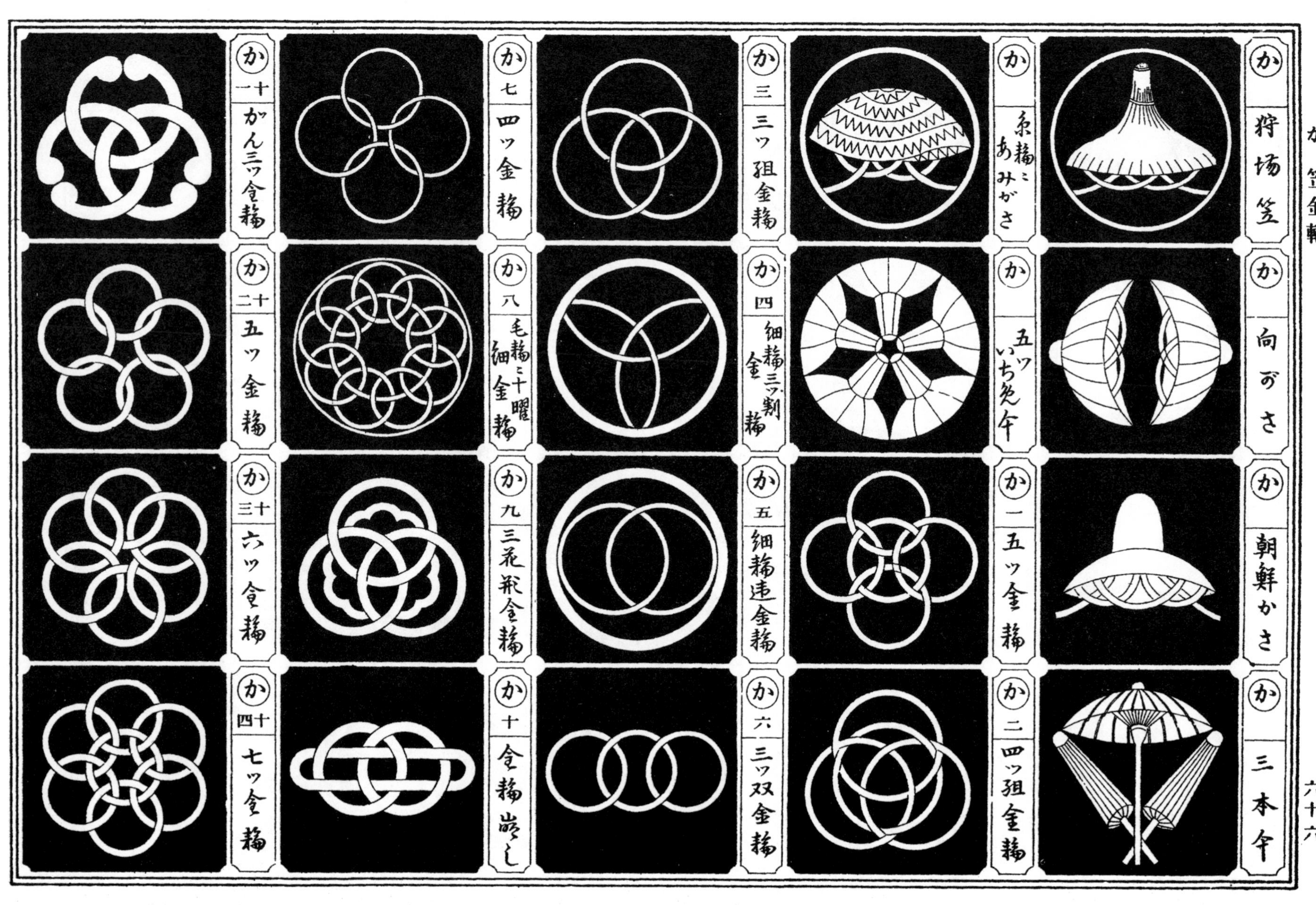
か 狩場笠
か 向がさ
か 朝鮮かさ
か 三本仐
か 糸輪にあみがさ
か 五ツいち免仐
か 一 五ツ金輪
か 二 四ツ組金輪
か 三 三ツ組金輪
か 四 細輪三ツ割金輪
か 五 細輪違金輪
か 六 三ツ双金輪
か 七 四ツ金輪
か 八 毛輪に十曜細金輪
か 九 三花形金輪
か 十 金輪崩し
か 十一 がん三ツ金輪
か 十二 五ツ金輪
か 十三 六ツ金輪
か 十四 七ツ金輪

か 金輪 柏

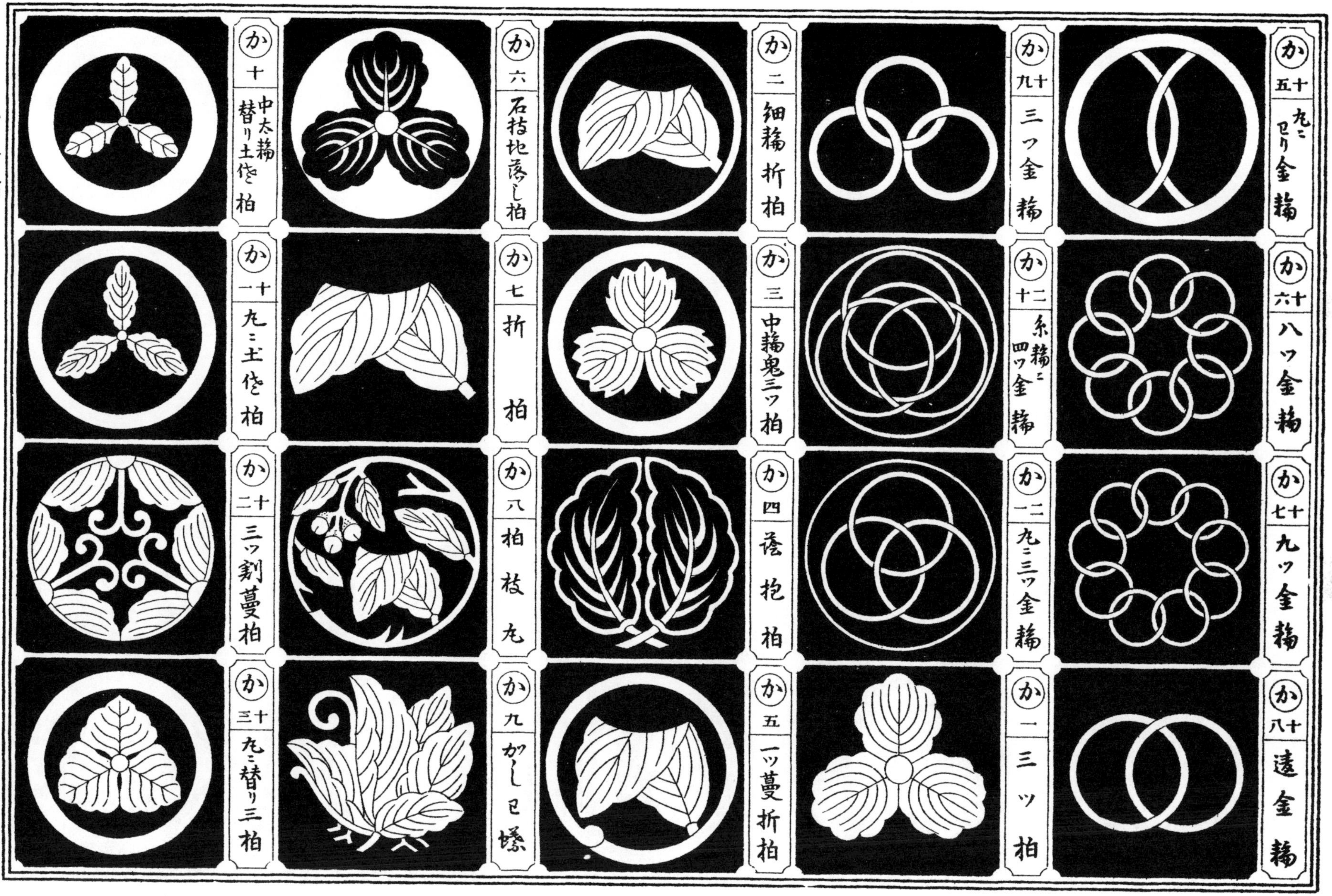
か 十五 丸に巳り金輪
か 十六 八ツ金輪
か 十七 九ツ金輪
か 十八 遠金輪
か 十九 三ツ金輪
か 二十 糸輪に四ツ金輪
か 二十一 丸に三ツ金輪
か 一 三ツ柏
か 二 細輪折柏
か 三 中輪鬼三ツ柏
か 四 陰抱柏
か 五 一ツ蔓折柏
か 六 石持地落し柏
か 七 折柏
か 八 柏枝丸
か 九 がし巳蟋
か 十 中太輪替り土佐柏
か 十一 丸に土佐柏
か 十二 三ツ剣蔓柏
か 十三 丸に替り三柏

六十七

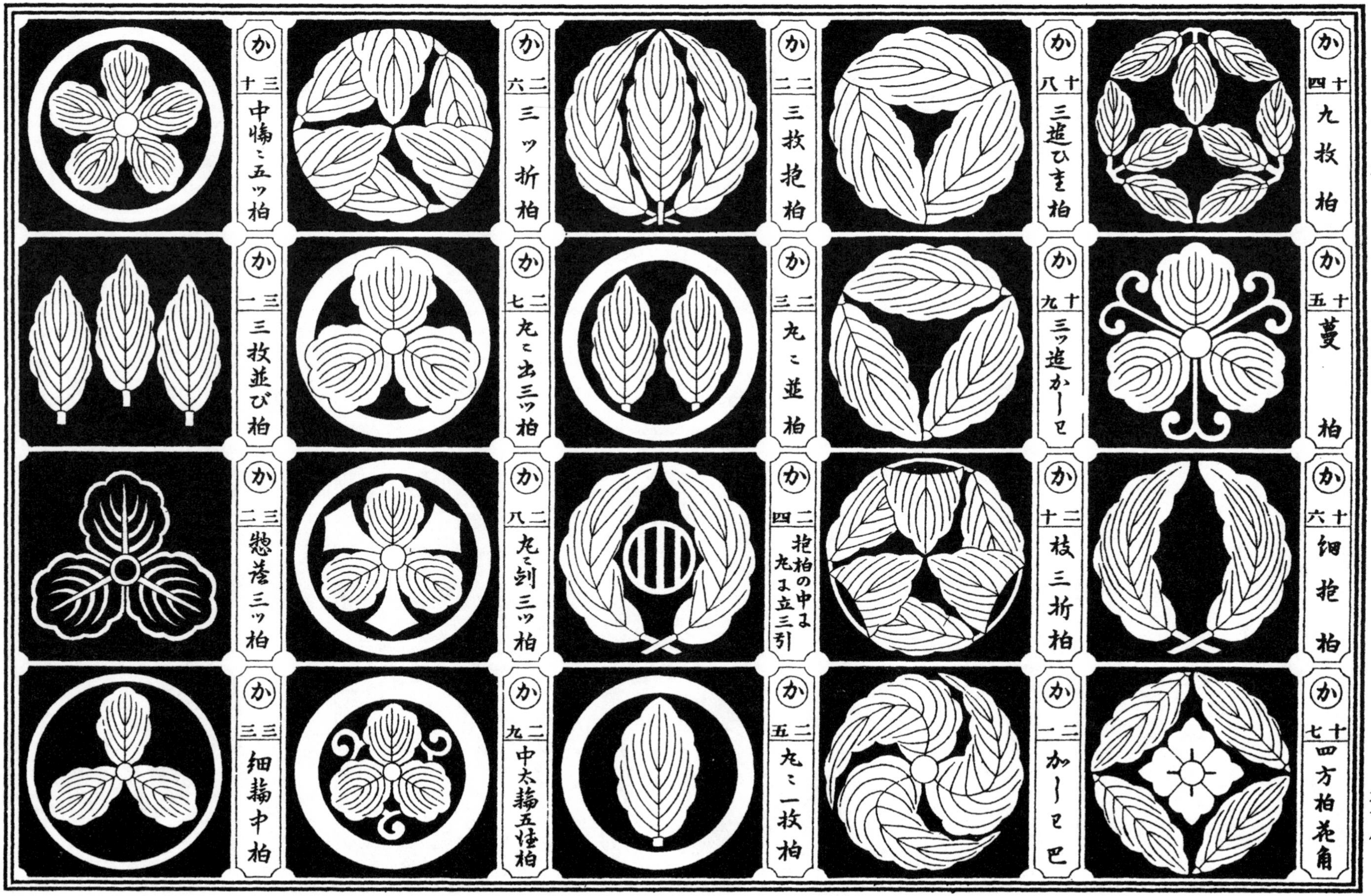

か 十四 九枚柏

か 十五 蔓柏

か 十六 細抱柏

か 十七 四方柏花角

か 十八 三追ひ重柏

か 十九 三ツ追かしは

か 二十 枝三折柏

か 二一 かしは巴

か 二二 三枚抱柏

か 二三 丸に並柏

か 二四 抱柏の中に丸に立三引

か 二五 丸に一枚柏

か 二六 三ツ折柏

か 二七 丸に出三ツ柏

か 二八 丸に剣三ツ柏

か 二九 中太輪五性柏

か 三十 中輪に五ツ柏

か 三一 三枚並び柏

か 三二 惣落三ツ柏

か 三三 細輪中柏

か
柏

か 四三 九ニ蔓柏

か 五三 片手蔓柏

か 六三 丙弟日向重ね中柏

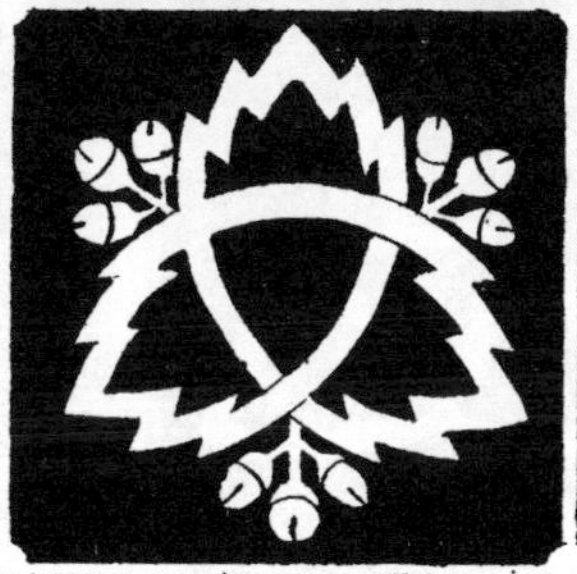
か 七三 実付鬼𢌞柏

か 八三 替り三巴ニ細柏

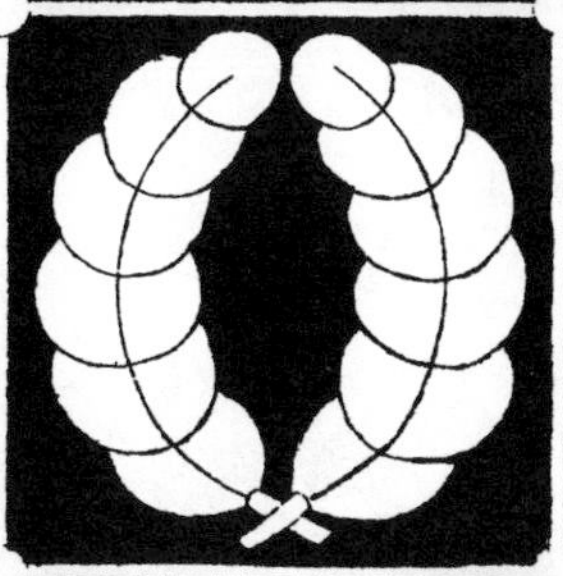
か 九三 中川柏

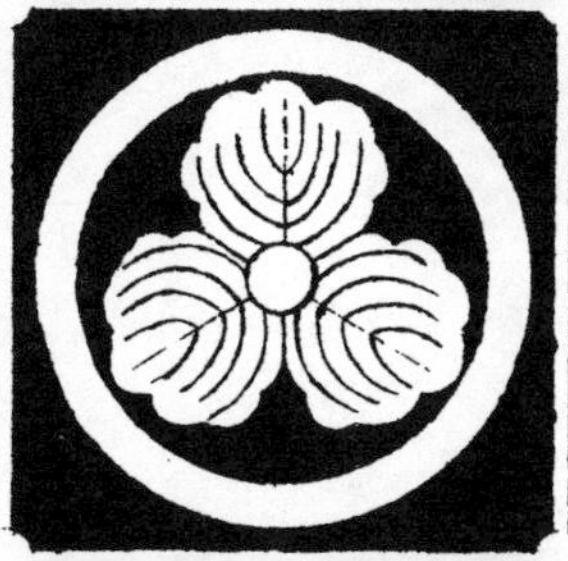
か 十四 牧野柏

か 一四 やせ蔓柏

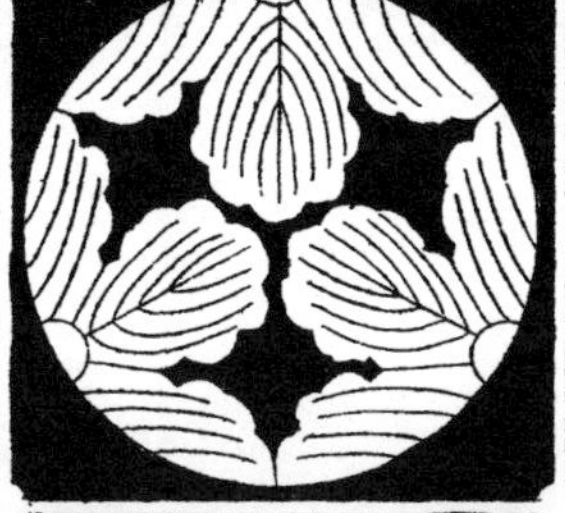
か 二四 三ツ割柏

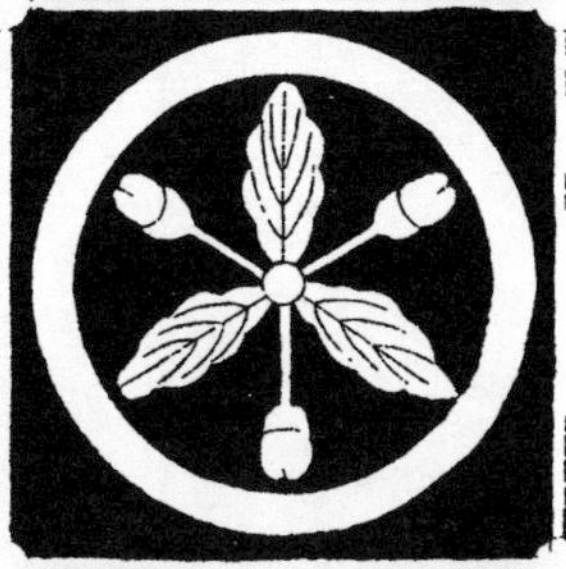
か 三四 丸実付土佐柏

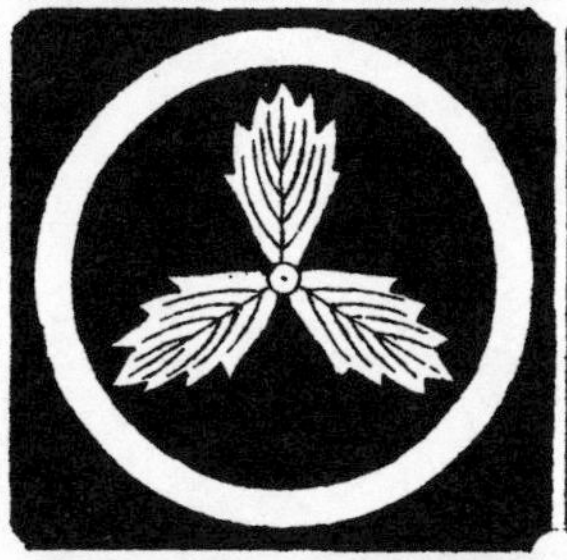
か 四四 丸替り細柏

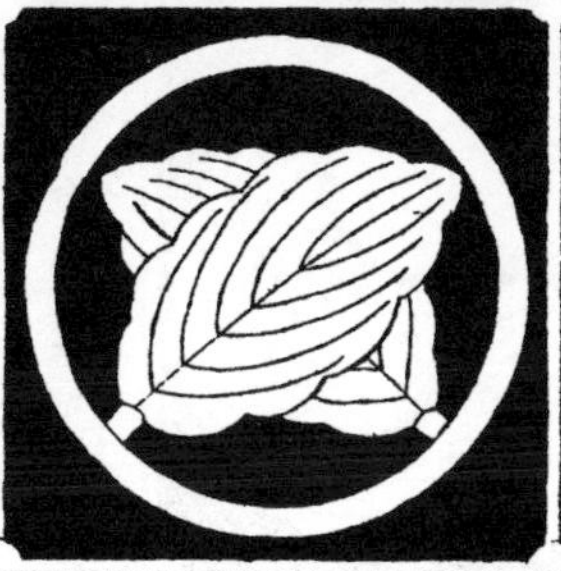
か 五四 中輪違柏

か 六四 丸ニ土佐のし巴

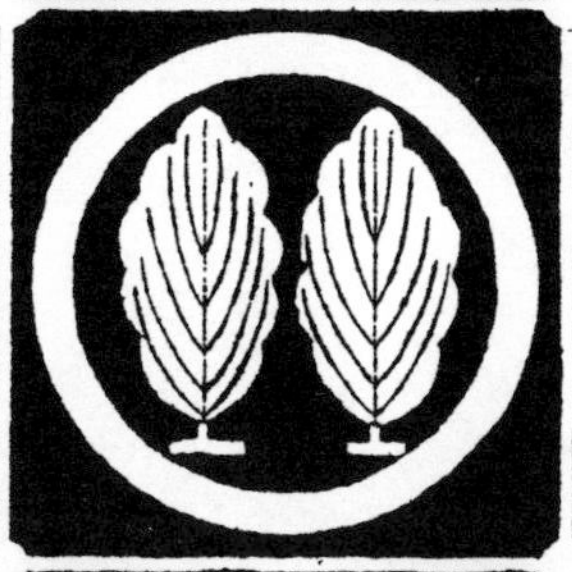
か 七四 替り丸ニ双柏

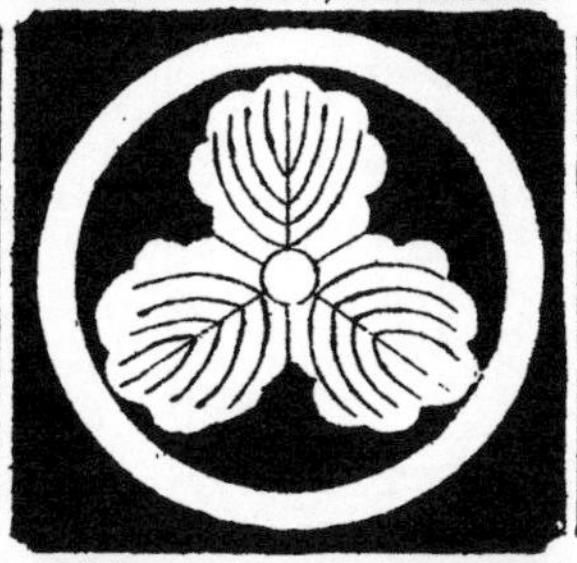
か 八四 丸ニ三ツ柏

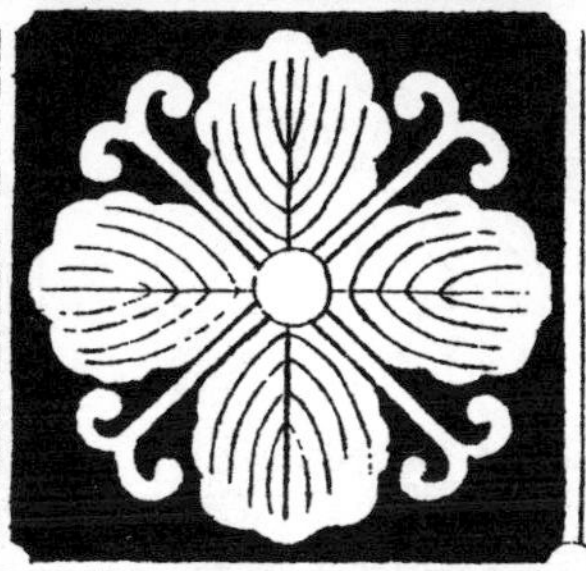
か 九四 四方蔓柏

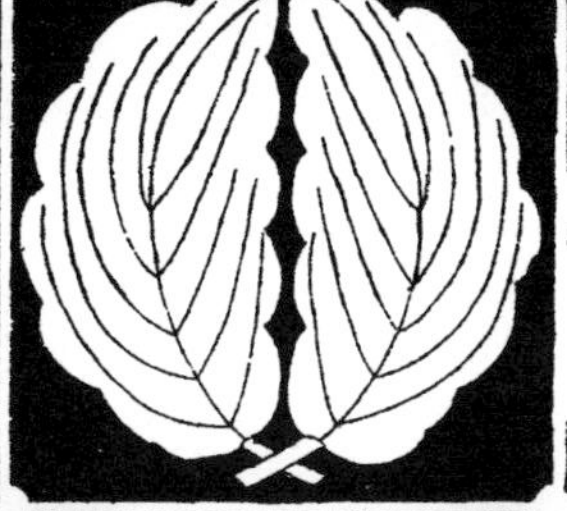
か 十五 抱柏

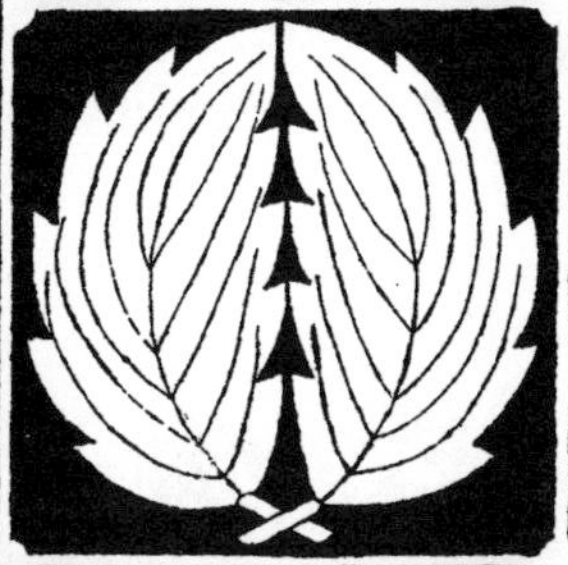
か 一五 抱鬼柏

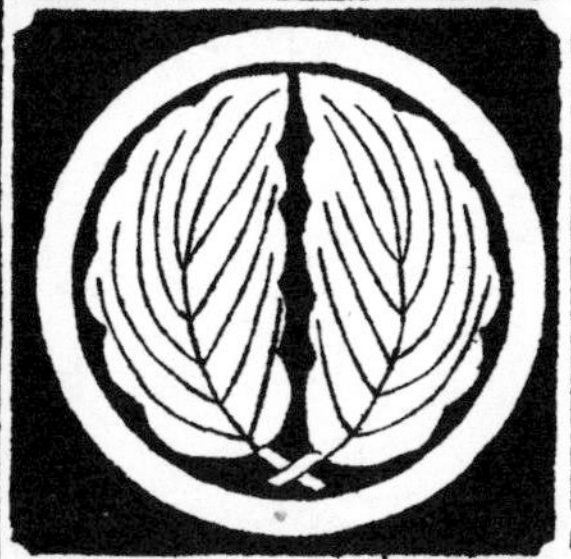
か 二五 丸ニ抱かし巴

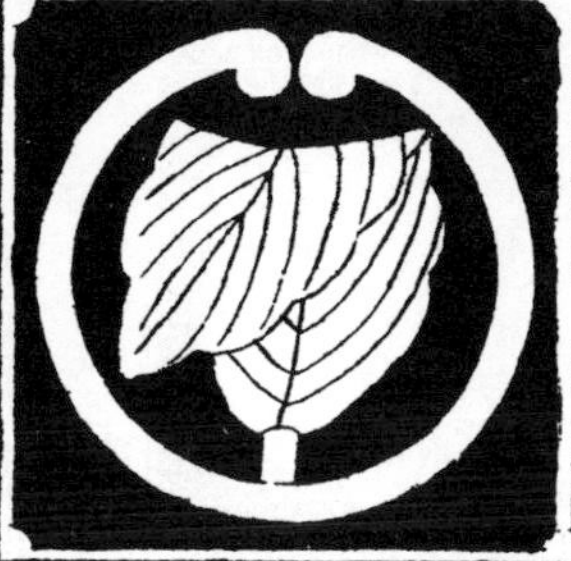
か 三五 蔓一ツ折柏

六十九

か 柏

凤船かしは
鬼柏上ゝ違ひたか羽
蔓柏菱
かし巴桐
細いも柏
割違柏
柏鶴
三ッ持合結ひかし巴
横見三ッ柏
鬼柏巴
ねぢり違鬼柏
中巴ゝ四ッ中かしは
中かげ蔓鬼柏
折枝柏
重ね柏
菱抱柏
軸違三ッ柏巴
結び柏
ゆり結ひ柏

七十

か
柏

か 七十四 二葉ふ蔓 鬼かしは

か 七十五 違ひ柏

か 七十六 上下 二枚折柏菱

か 七十七 石持 地蔭抱柏

か 七十八 三ツ葉ふ柏

か 七十九 違片折柏

か 八十 替り蔓柏

か 八十一 光林中蔭抱柏

か 八十二 抱き柏と 四ッ目

か 八十三 細抱柏と 丸に二引

か 八十四 糸輪と 九枚柏

か 八十五 隅切角 抱き柏

か 八十六 糸輪枝柏

か 八十七 中菱内に 三ツ柏

か 八十八 菱持地抜 三ツかしは

か 八十九 二枚 つるかしは

か 九十 細巴 いもかしは

か 九十一 糸巴 いもかしは

か 九十二 葉むすび 細かしは

か 九十三 ごやく柏

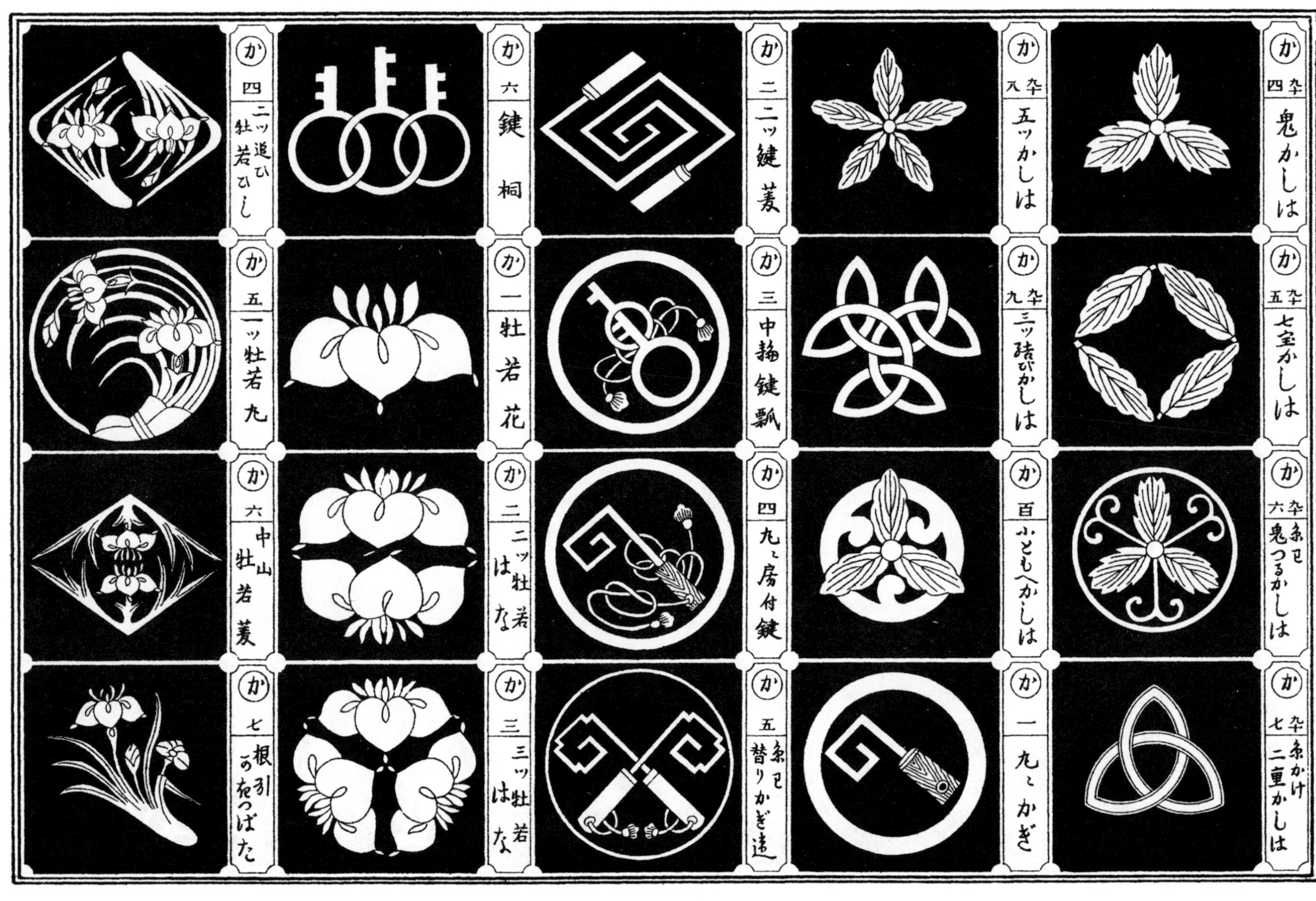
か 四 鬼かしは
か 八 五ッかしは
か 二 二ッ鍵菱
か 六 鍵桐
か 四 二ッ追ひ牡若ひし
か 五 七宝かしは
か 九 三ッ結びかしは
か 三 中輪鍵瓢
か 一 牡若花
か 五 一ッ牡若丸
か 六 糸巴 鬼つるかしは
か 百 ふともへかしは
か 四 九ニ房付鍵
か 二 二ッ牡若はな
か 六 中山牡若菱
か 七 糸かけ 二重かしは
か 一 丸ニかぎ
か 五 糸巴 替りかぎ違
か 三 三ッ牡若はな
か 七 根引かきつばた

か 牡若 蕪 梶

七十三

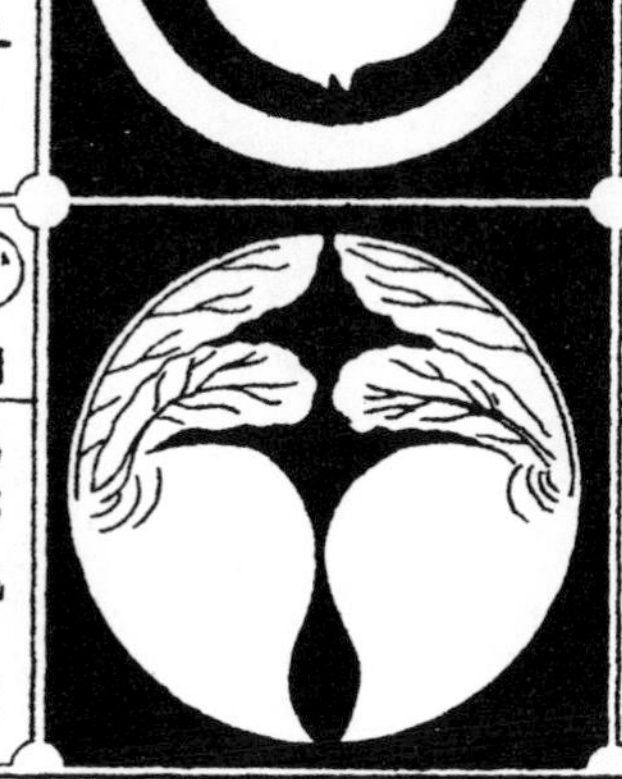

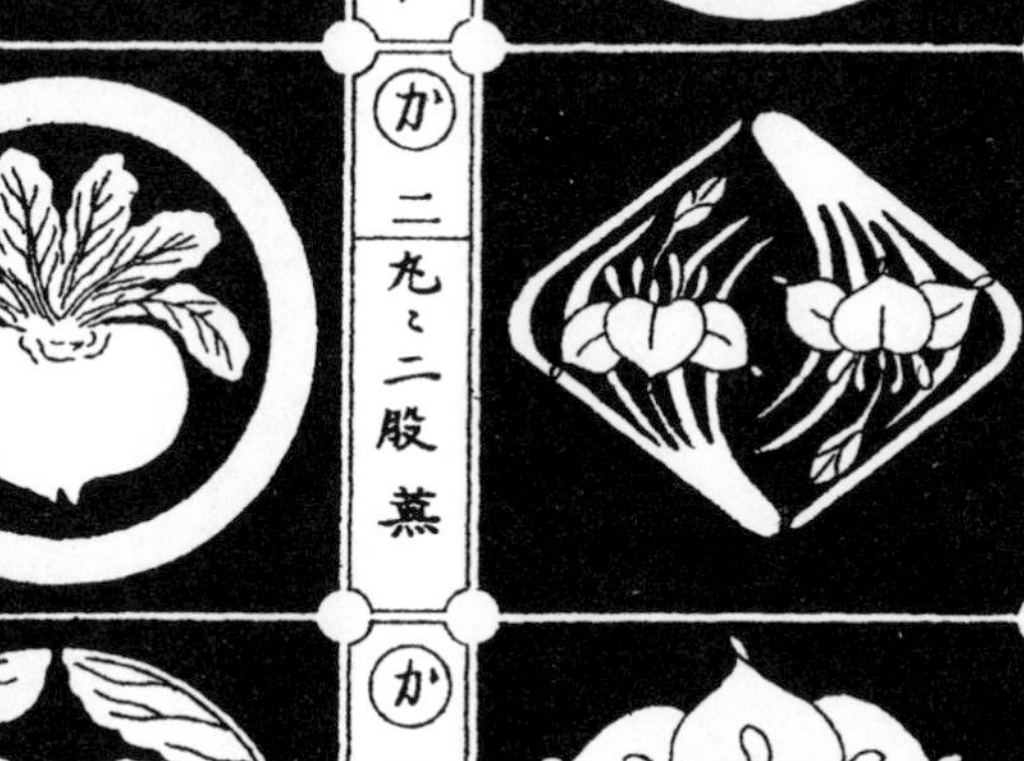

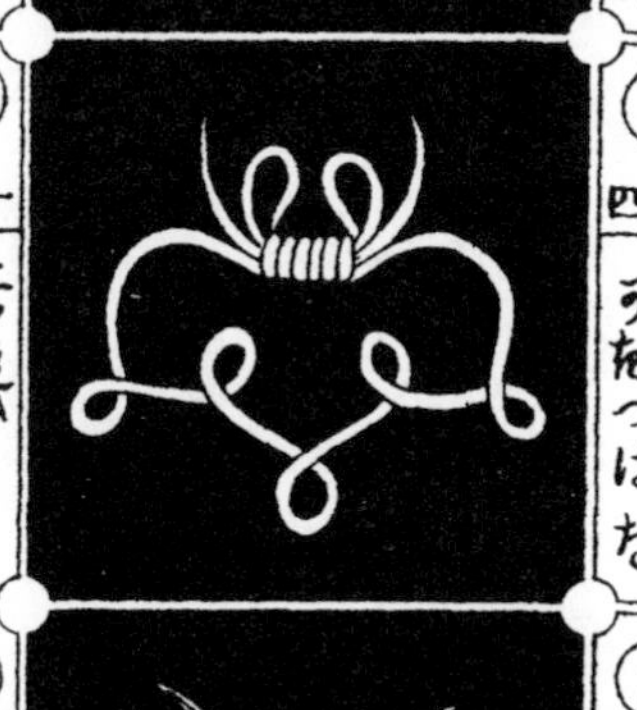

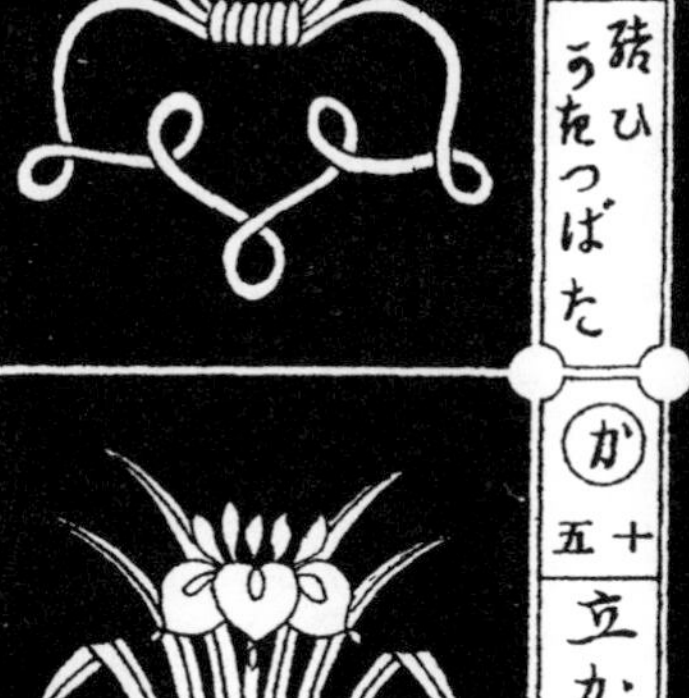

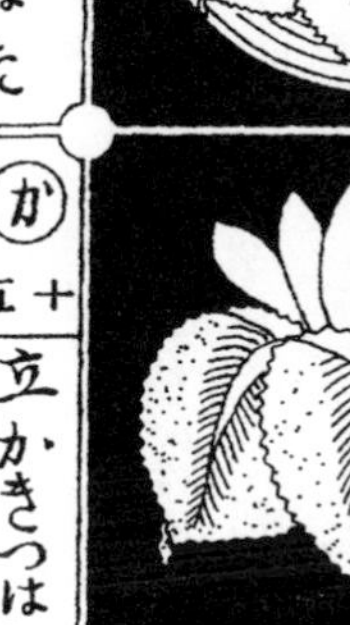

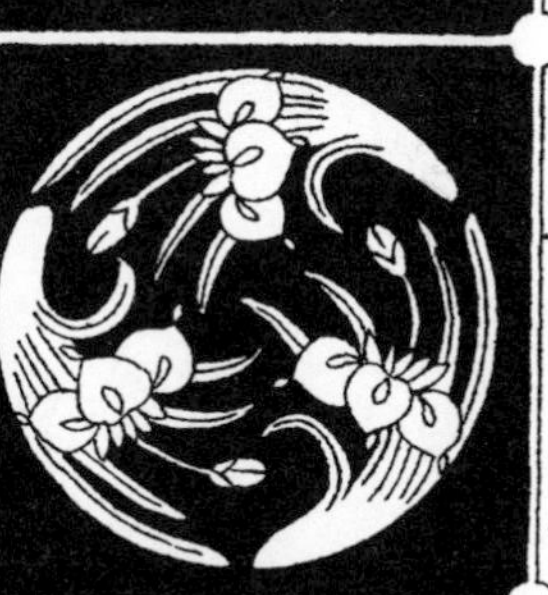

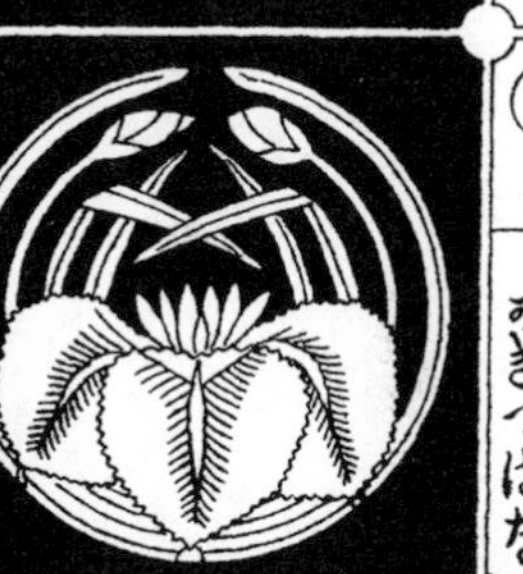

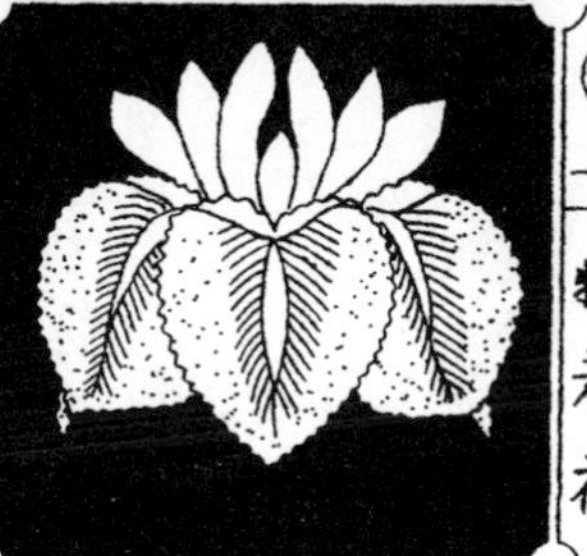

か 八 二ツ牡若

か 九 三ツ追かきつばた

か 十 行用かきつばた

か 十一 替り牡若花

か 十二 抱かきつばた

か 十三 外向かきつばた

か 十四 結ひかきつばた

か 十五 立かきつばた

か 十六 丸に真向牡若

か 十七 今城牡若

か 十八 二ツ追ひ牡若菱

か 十九 三頭合牡若

か 二十 細包三ツ牡若

か 一 一ツかぶら

か 二 丸に二股蕪

か 三 二ツ剣かぶら

か 一 平戸梶

か 二 諏訪梶紋

か 三 替り平戸

か 四 お鄭梶の紋

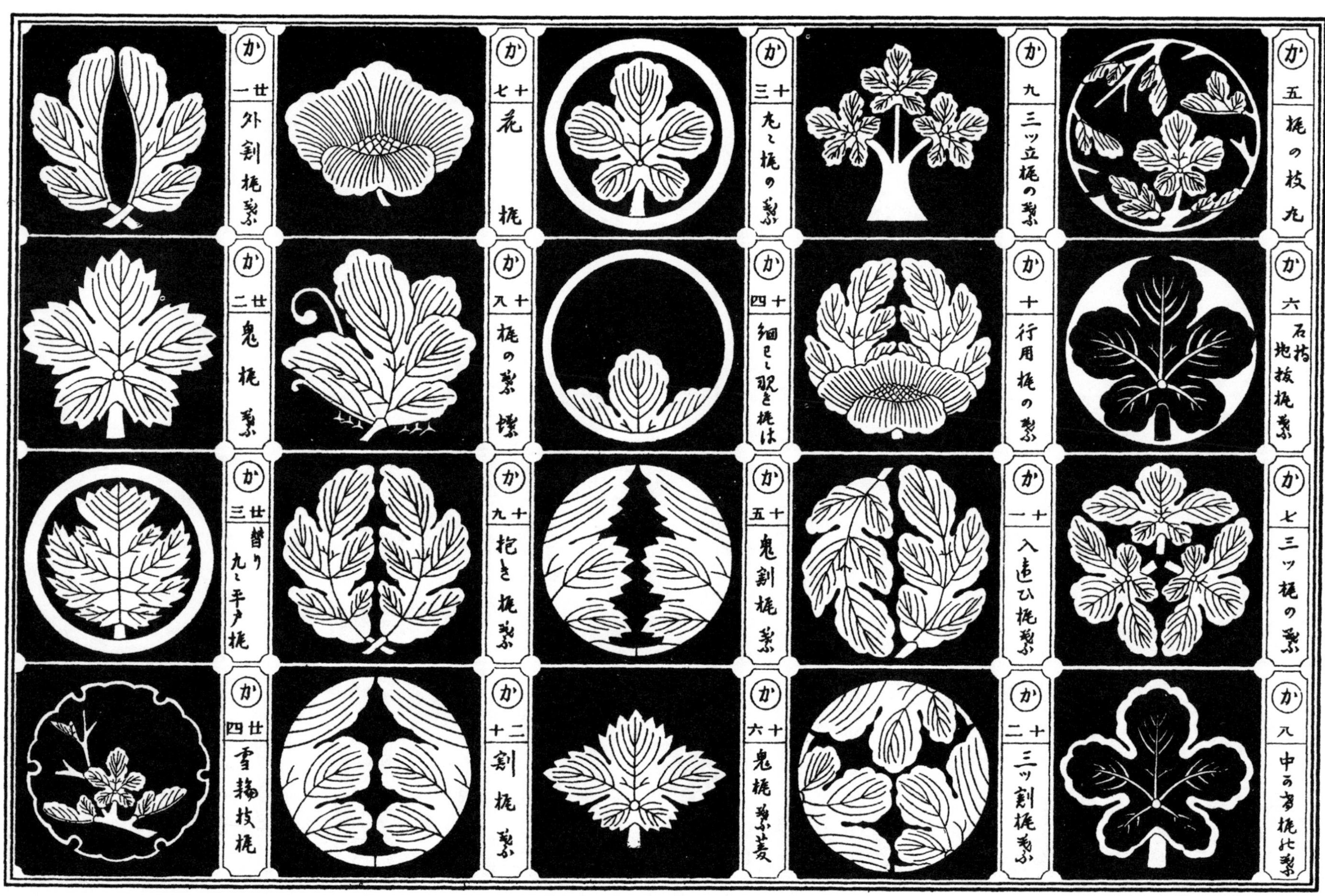
か 五 梶の枝丸
か 九 三ツ立梶の葉
か 十三 丸に梶の葉
か 十七 花梶
か 廿一 外割梶の葉
か 六 石持地抜梶の葉
か 十 行用梶の葉
か 十四 細巴に覗き梶は
か 十八 梶の葉蝶
か 廿二 鬼梶葉
か 七 三ツ梶の葉
か 十一 入違ひ梶葉
か 十五 鬼割梶葉
か 十九 抱き梶葉
か 廿三 替り丸に平戸梶
か 八
か 十二 三ツ割梶葉
か 十六 鬼梶葉菱
か 二十 割梶葉
か 廿四 雪輪枝梶

か 梶葉 厂金

か 一 結び厂金

か 二 この字結び厂金

か 三 厂金

か 四 石持地板厂金

か 廿七 三ツ峯梶の葉

か 廿八 三ツ寄梶葉

か 廿九 五ツ梶の葉

か 四十 細巳 三ツ立梶葉

か 廿三 かし一をかし

か 廿四 しきし梶葉

か 廿五 をり梶葉

か 廿六 梶葉桐

か 廿九 割違梶

か 三十 外割鬼梶

か 廿一 違梶

か 廿二 二割平戸梶

か 廿五 立梶の葉

か 廿六 とり梶の葉菱

か 廿七 三ツ追梶葉

か 廿八 三ツとり鬼梶葉

七十五

か 厂金

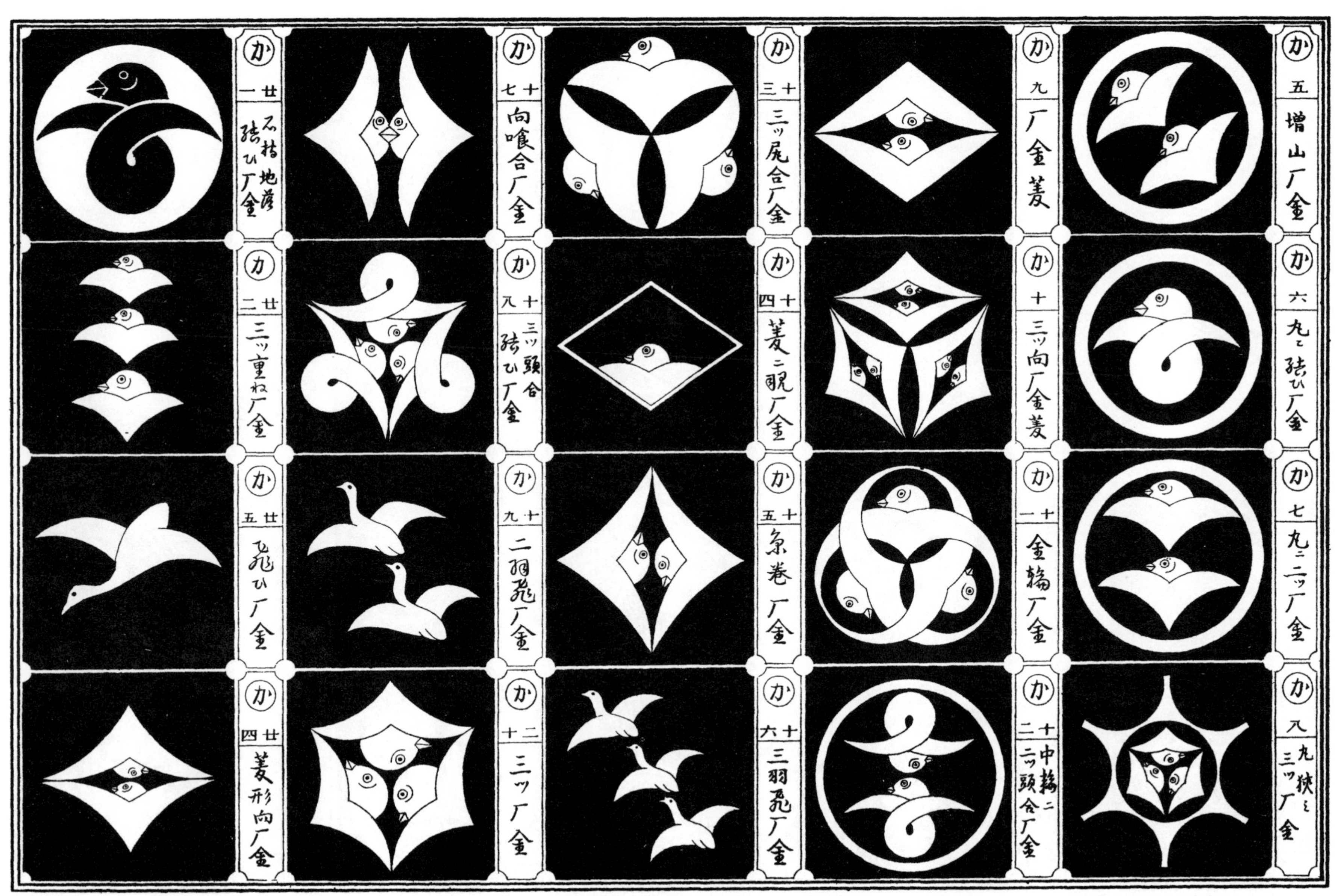

七十六

か 厂金 唐花

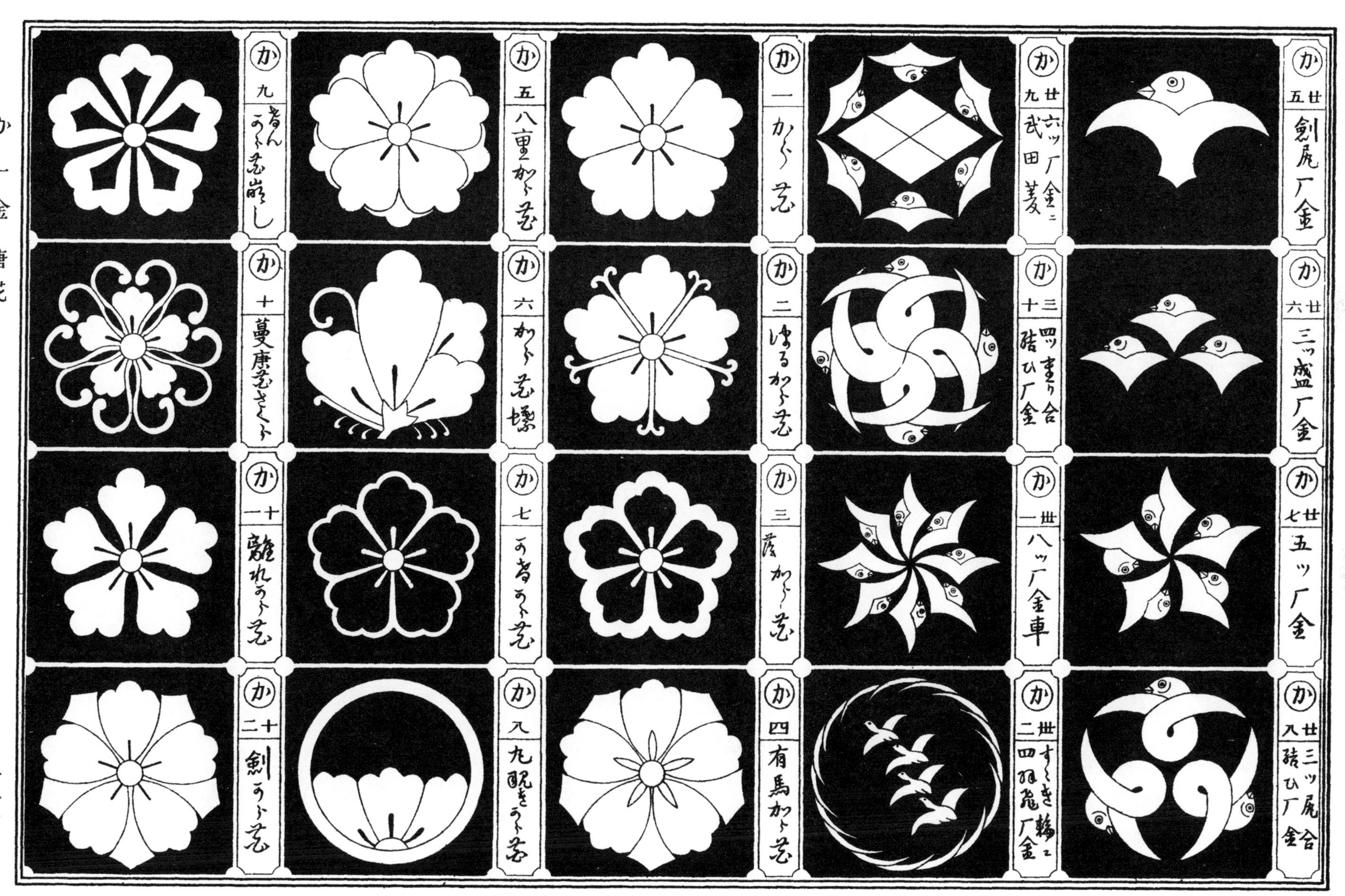

七十七

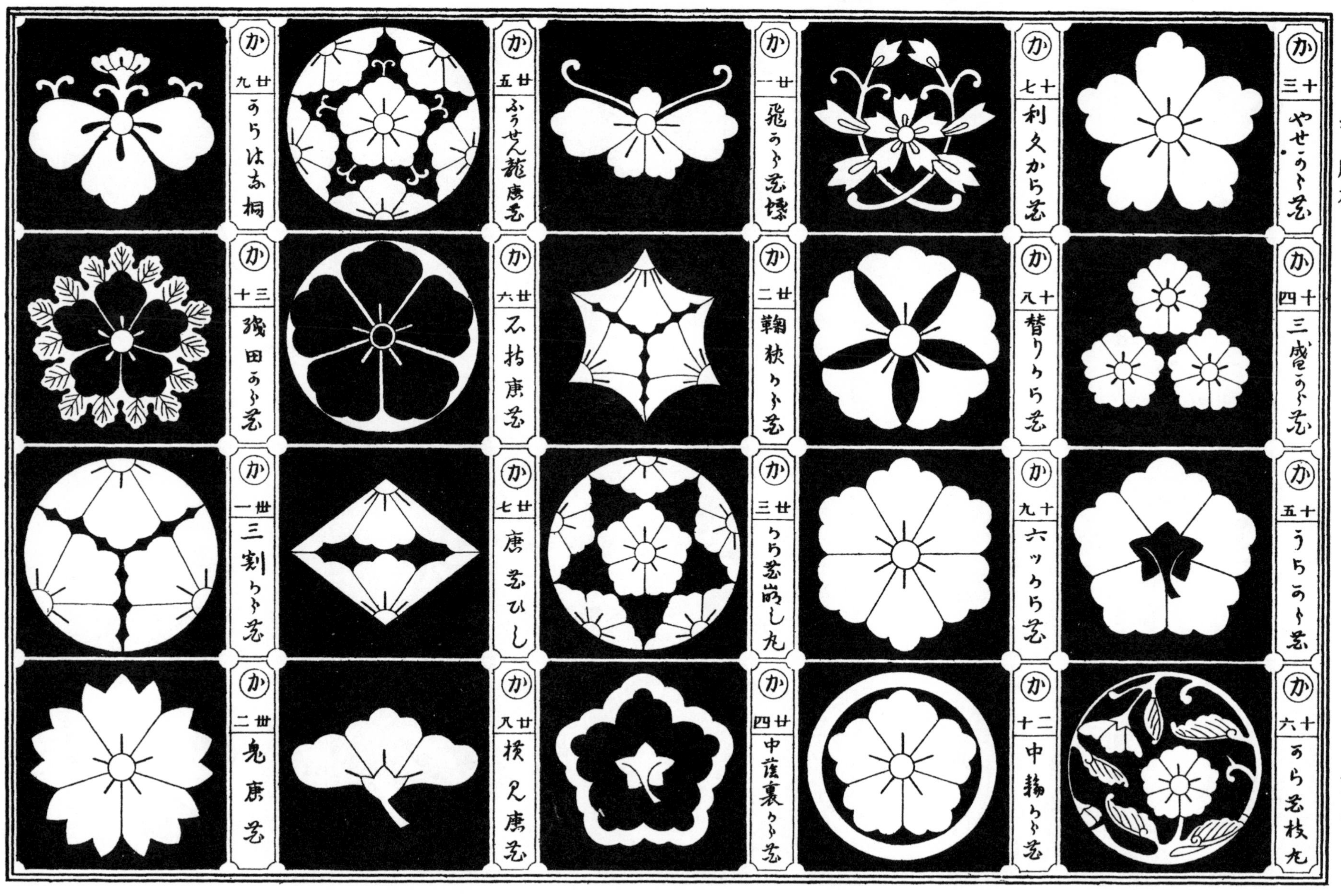

か 唐花

七十八

か 唐花 釜しき

か 卅三 糸巴に六ツ唐花	か 二 五ツ結ひ釜しき	か 六 釜しき九曜	か 十 日向六ツ釜しき	か 十四 梅鉢釜しき
か 卅四 外と雪巴にかゝはな	か 三 糸巴に六ツ結ひかましき	か 七 雪形釜しき	か 十一 釜しき桜	か 十五 八ツ結ひ釜しき
か 卅五 中うけ裏唐花	か 四 六ツ結ひ釜しき	か 八 釜しき梅鉢	か 十二 桔梗釜しき	か 十六 七ツ釜しき
か 一 七ツ釜しき	か 五 六ツ釜しき	か 九 七ツ籠目釜しき	か 十三 たゝみ釜しき	か 十七 二重釜しき

か 鎌、蟹、角

八十

か 一 一ッ鎌

か 二 三ッ組鎌

か 三 入違ひかま

か 四 違ひかま

か 五 四ッ鎌角

か 六 四ッかま

か 七 五ッ鎌車

か 八 六ッかま車

か 九 四ッかま車

か 十 丸に違ひかま

か 十一 十文字かま

か 十二 丸に一ッかま

か 一 海かに

か 二 かに

か 三 丸に真向海かに

か 四 めんかに

か 一 隅立角

か 二 平角

か 三 蔭隅切角

か 四 内隅入角

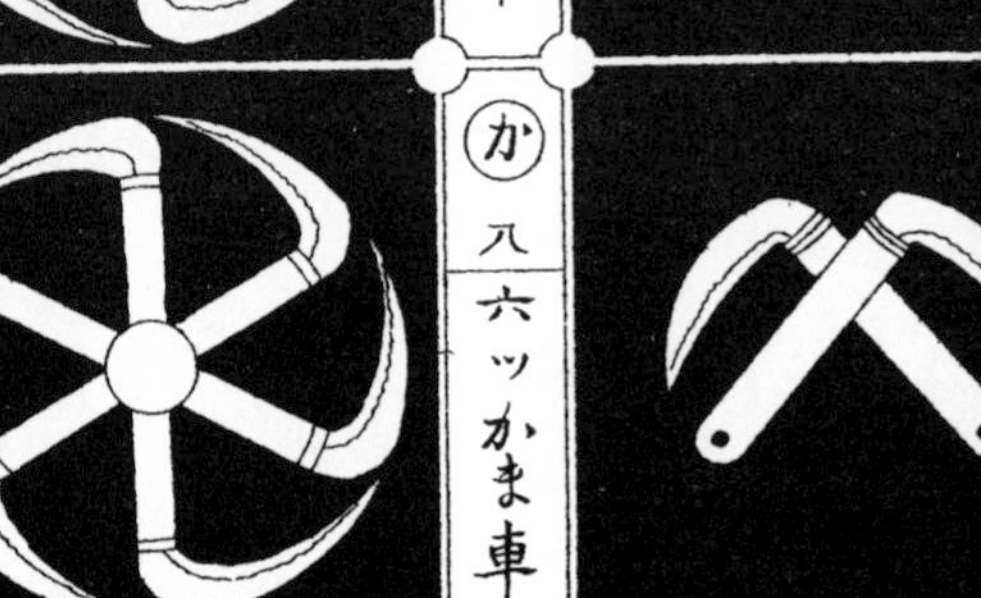
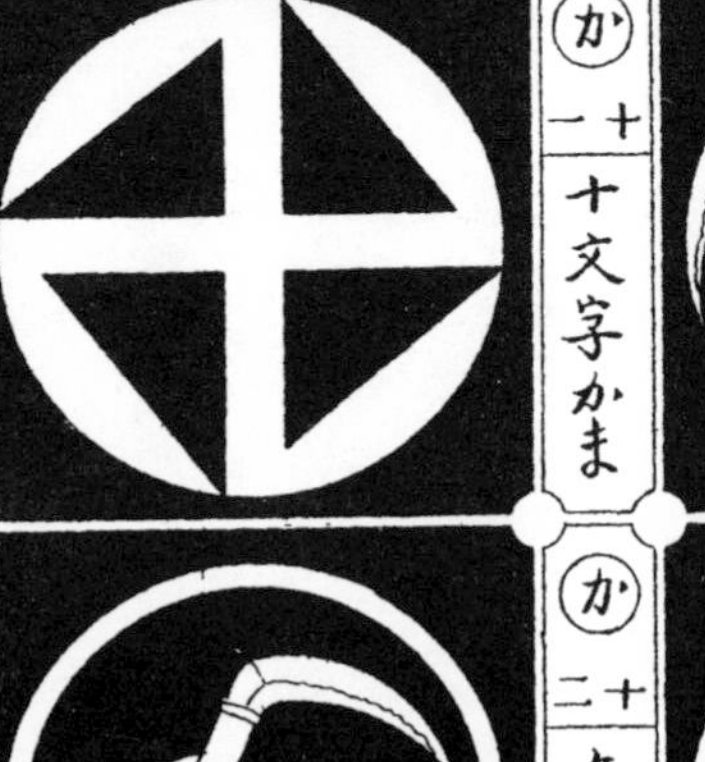
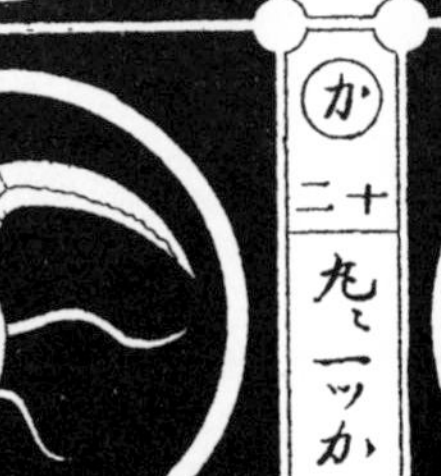
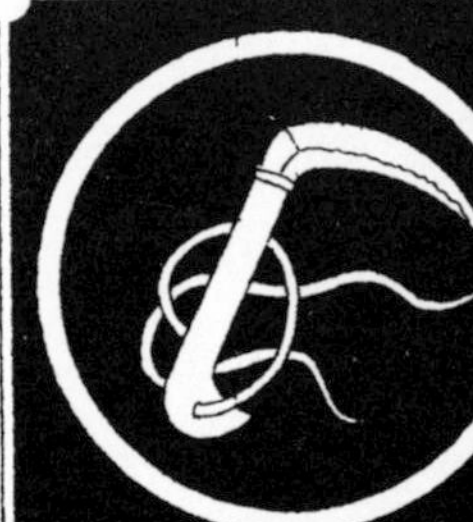
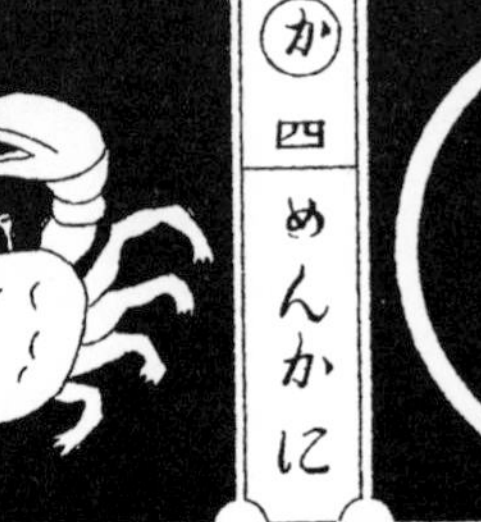
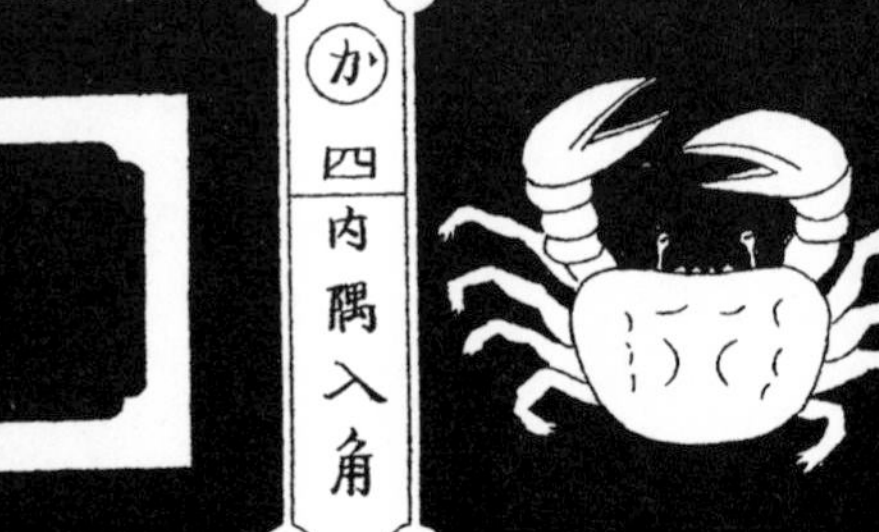

か角

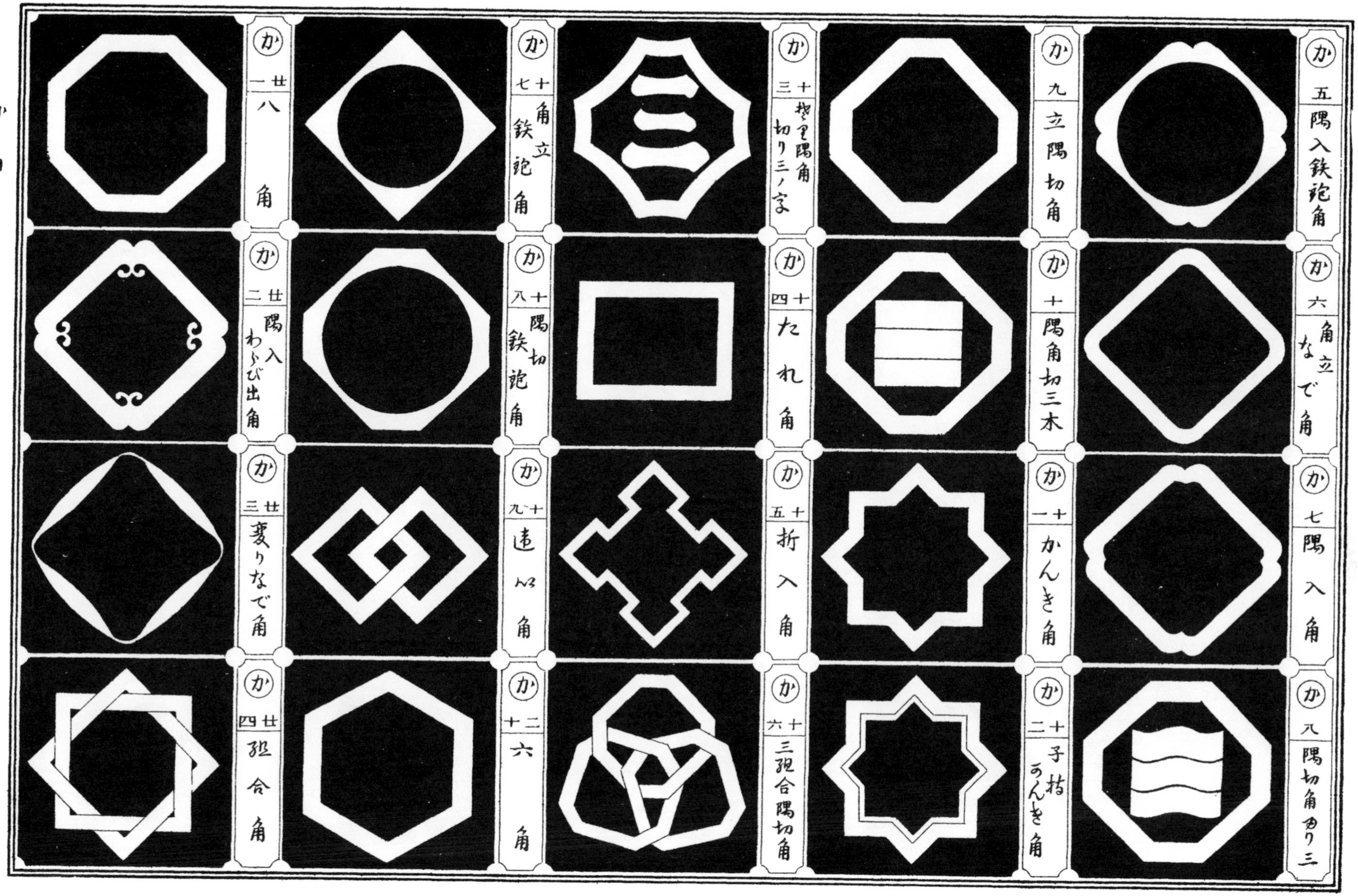

- か 五 隅入鉄砲角
- か 六 角立なで角
- か 七 隅入角
- か 八 隅切角切り三
- か 九 立隅切角
- か 十 隅角切三木
- か 十一 かんき角
- か 十二 子持かんき角
- か 十三 撥ね隅角切り三ノ字
- か 十四 たれ角
- か 十五 折入角
- か 十六 三組合隅切角
- か 十七 角立鉄砲角
- か 十八 隅切鉄砲角
- か 十九 違ひ角
- か 二十 六角
- か 廿一 八角
- か 廿二 隅入わらび出角
- か 廿三 変りなで角
- か 廿四 組合角

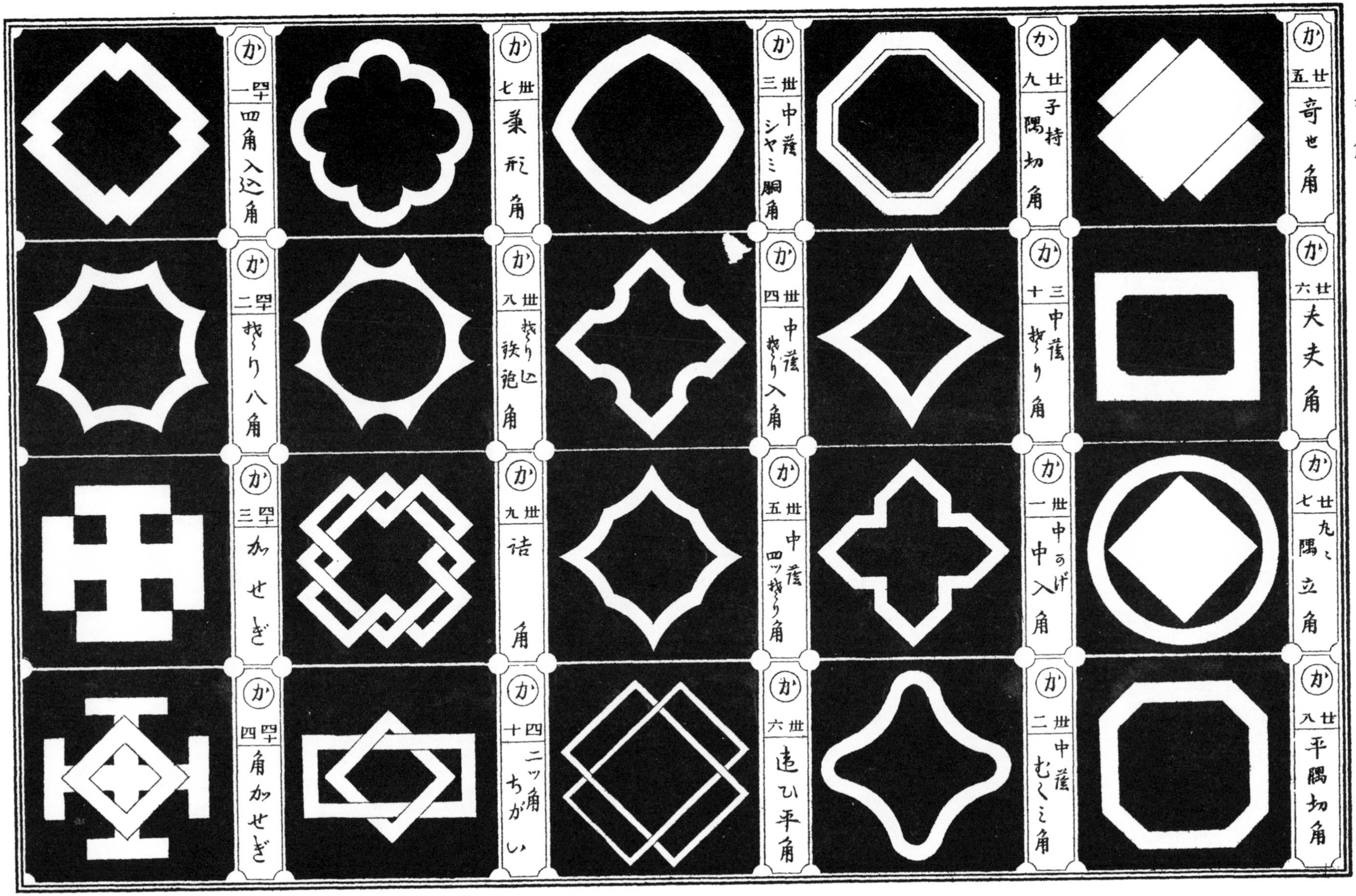

か 廿五 奇せ角

か 廿六 夫夫角

か 廿七 九ゝ隅立角

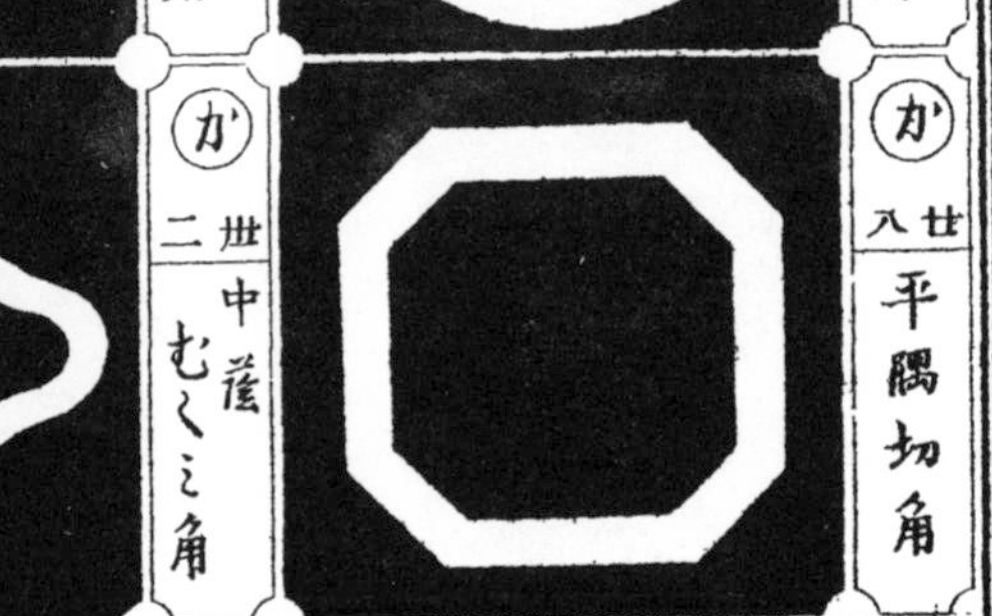

か 廿八 平隅切角

か 廿九 子持隅切角

か 三十 中蔭抜り角

か 卅一 中ヲげ中入角

か 卅二 中蔭むくミ角

か 卅三 中蔭シヤミ胴角

か 卅四 中蔭抜り入角

か 卅五 中蔭四ツ抜り角

か 卅六 違ひ平角

か 卅七 菱形角

か 卅八 抜り込鉄砲角

か 卅九 詰角

か 四十 二ツ角ちがい

か 四十一 四角入込角

か 四十二 抜り八角

か 四十三 かせぎ

か 四十四 角かせぎ

か 角 角字 垣 亀

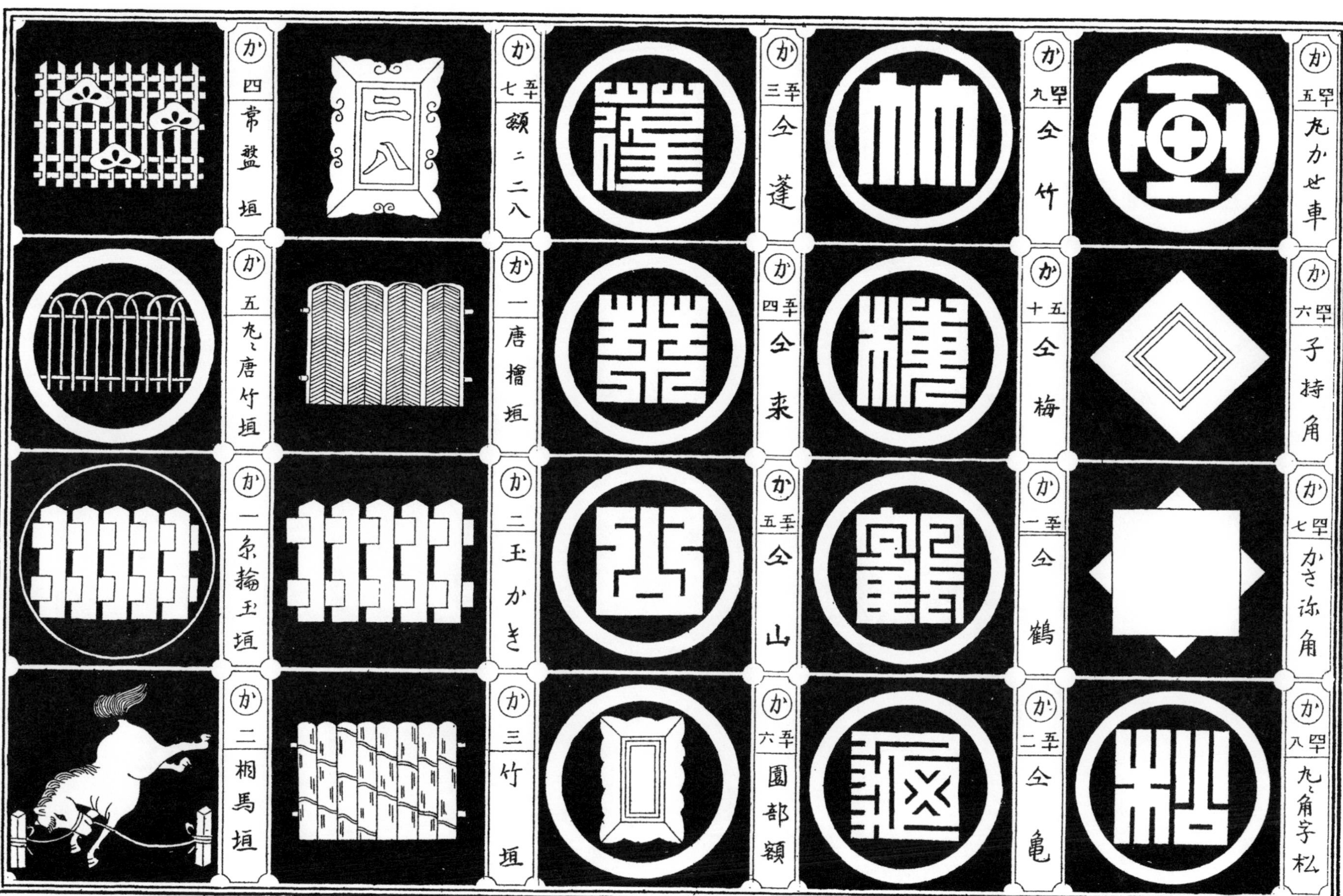

か 四十五 丸かせ車
か 四十六 子持角
か 四十七 かさね角
か 四十八 丸ゝ角字松
か 四十九 仝 竹
か 五十 仝 梅
か 五十一 仝 鶴
か 五十二 仝 亀
か 五十三 仝 蓬
か 五十四 仝 来
か 五十五 仝 山
か 五十六 圓部額
か 五十七 額に二八
か 一 唐檜垣
か 二 玉かき
か 三 竹垣
か 四 常盤垣
か 五 丸ゝ唐竹垣
か 一 糸輪玉垣
か 二 栩馬垣

八十三

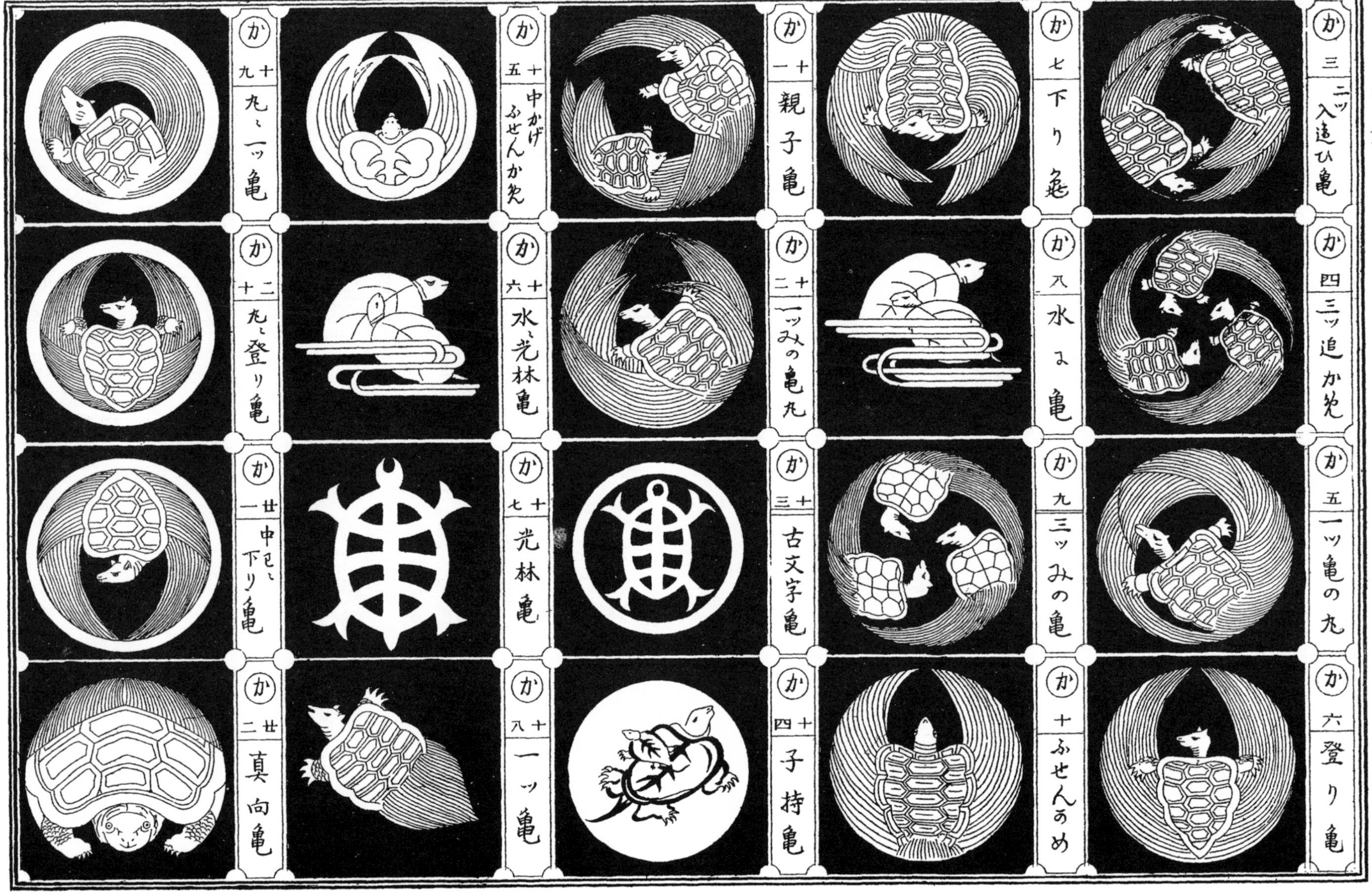

か 亀

か 三 二ツ入違ひ亀

か 七 下り亀

か 十一 親子亀

か 十五 中かげふせんかめ

か 十九 丸に一ツ亀

か 四 三ツ追かめ

か 八 水に亀

か 十二 一ツみの亀丸

か 十六 水に光林亀

か 二十 丸に登り亀

か 五 一ツ亀の丸

か 九 三ツみの亀

か 十三 古文字亀

か 十七 光林亀

か 廿一 中己に下り亀

か 六 登り亀

か 十 ふせんかめ

か 十四 子持亀

か 十八 一ツ亀

か 廿二 真向亀

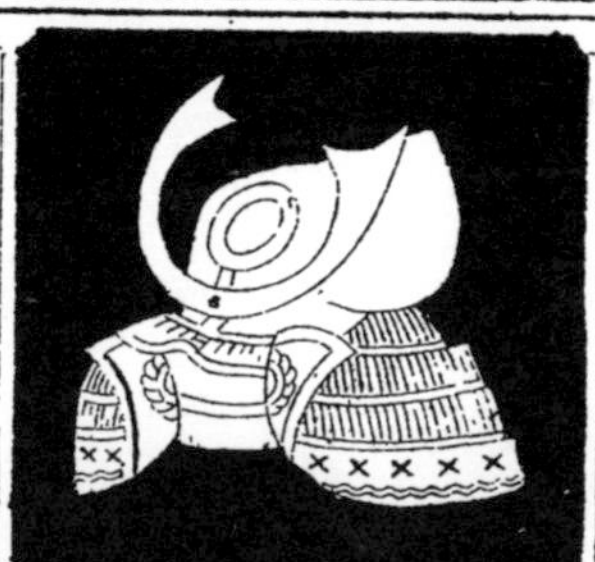

か甲

か二 加藤のぶと

か六 御幣甲

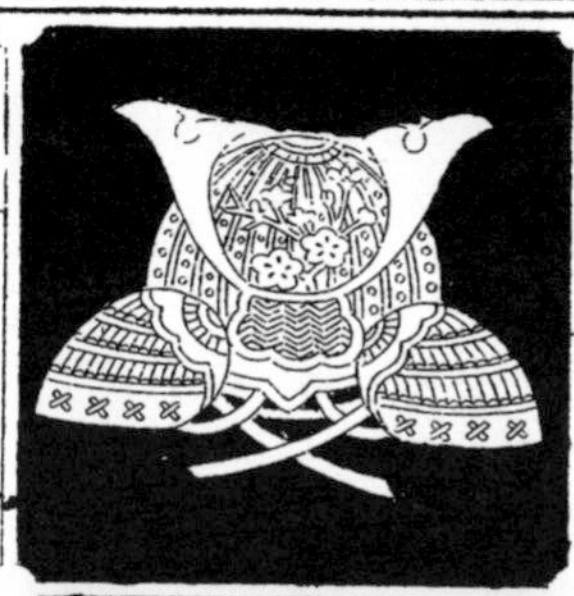

か十 ゑびらかぶと

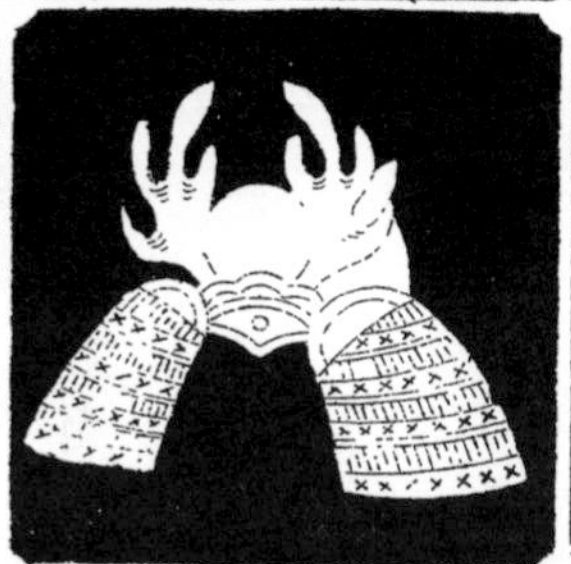

か十四 角立かぶと

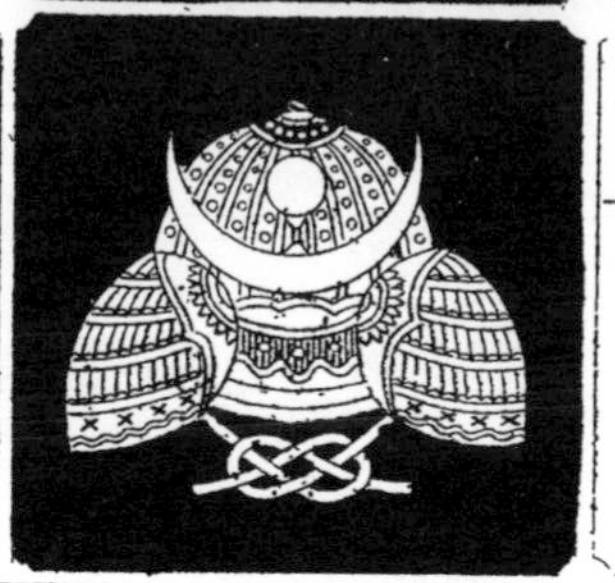

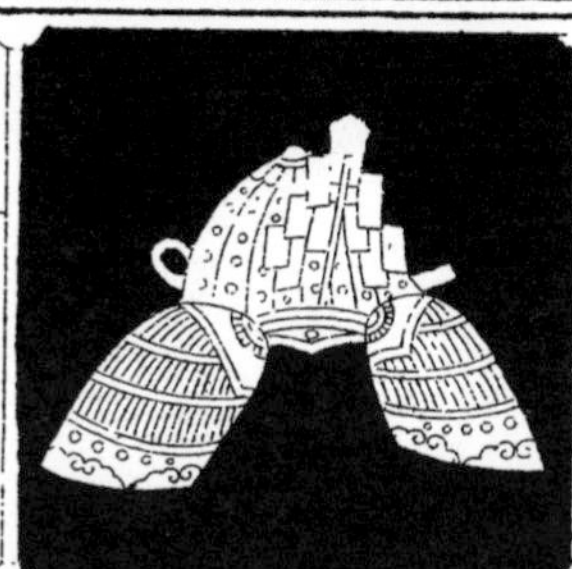

か十八 ゐるかぶと

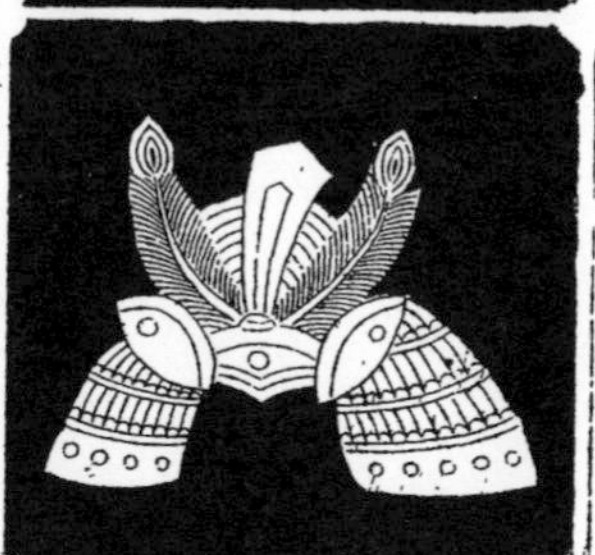

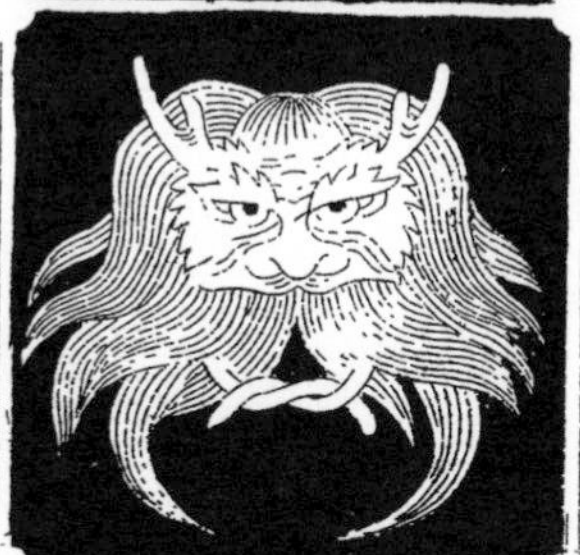

か三 孔雀羽けん立甲

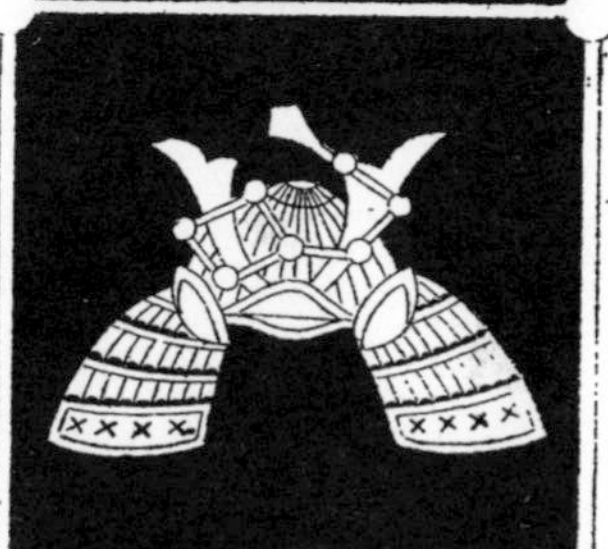

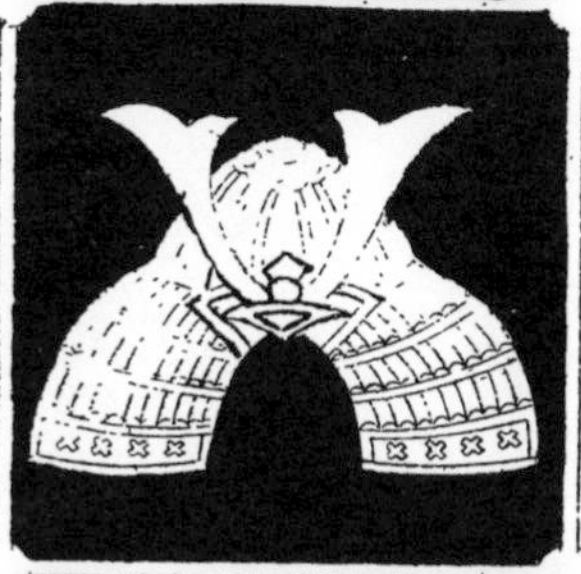

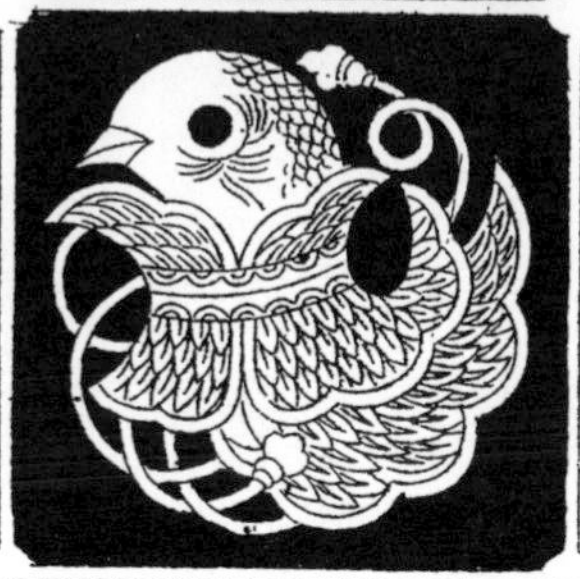

か七 鬼甲

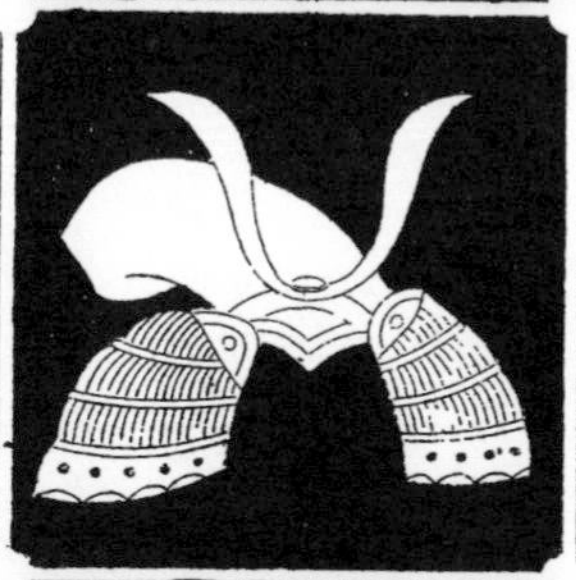

か十一 立烏帽子かぶと

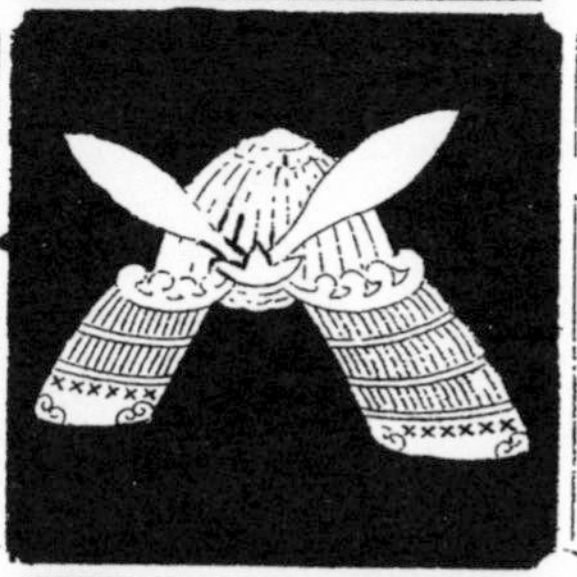

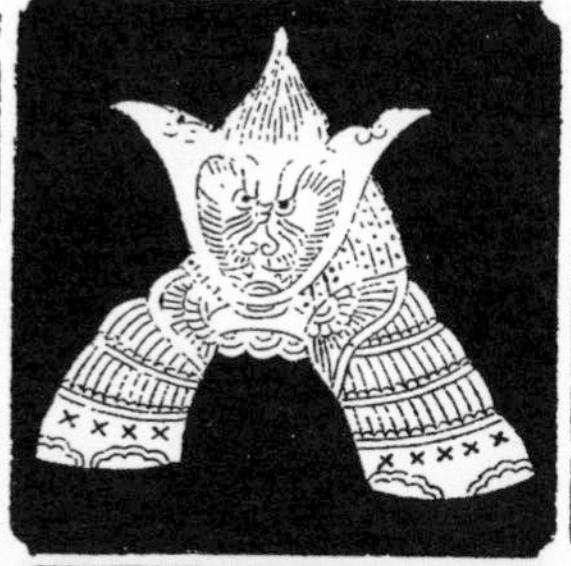

か十五 龍頭かぶと

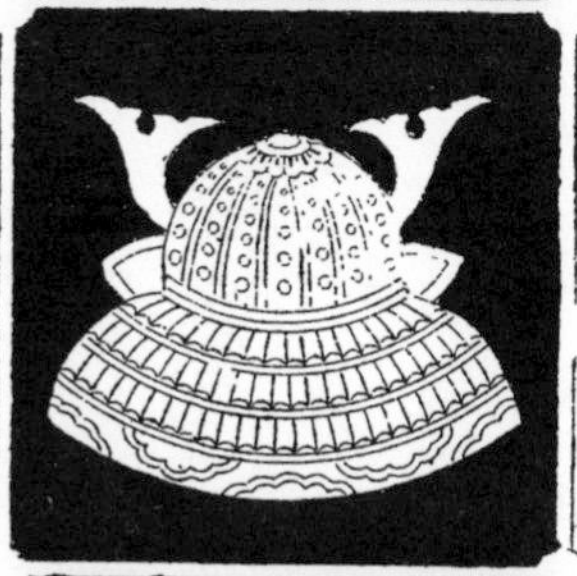

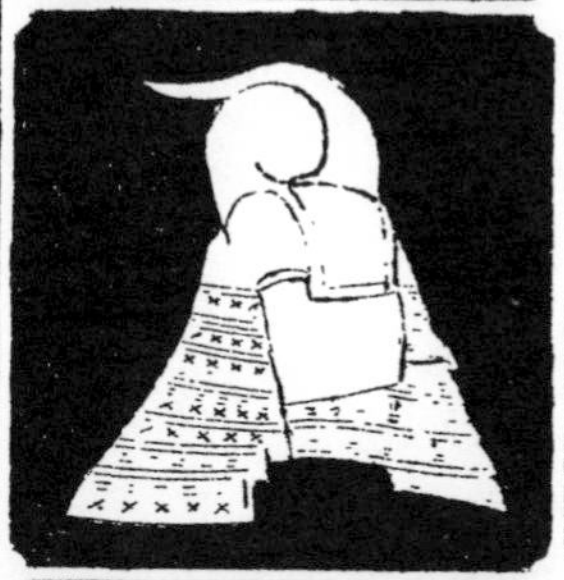

か十九 関ヶ原家康かぶと

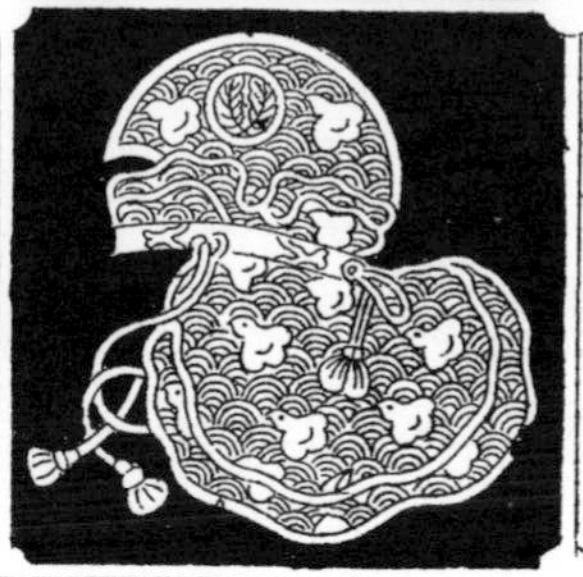

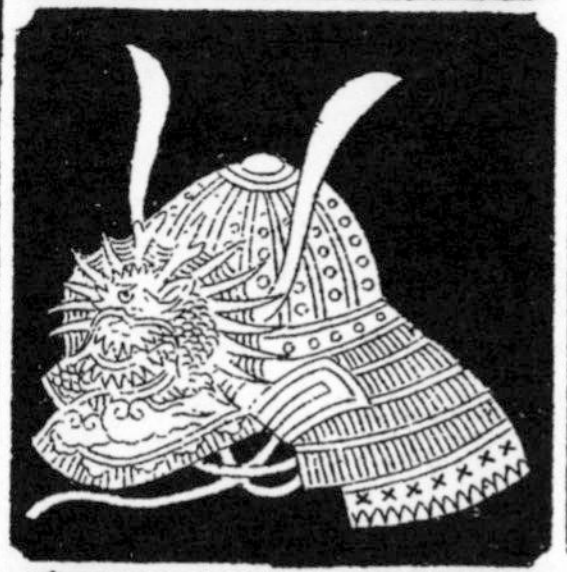

か四 九ぐん立甲

か八 すかぶじと

か十二 二枚楽かぶと

か十六 後向かぶと

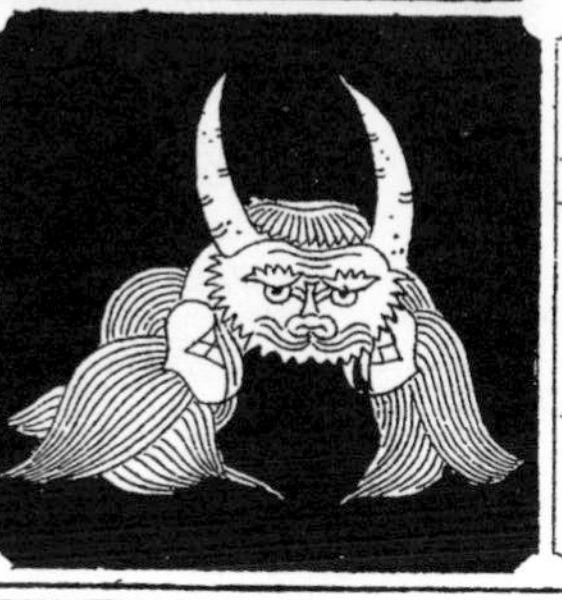

か二十 飛龍甲

か五 日月甲

か九 鳥形甲

か十三 替り鳥甲

か十七 諏訪ほつしやう甲

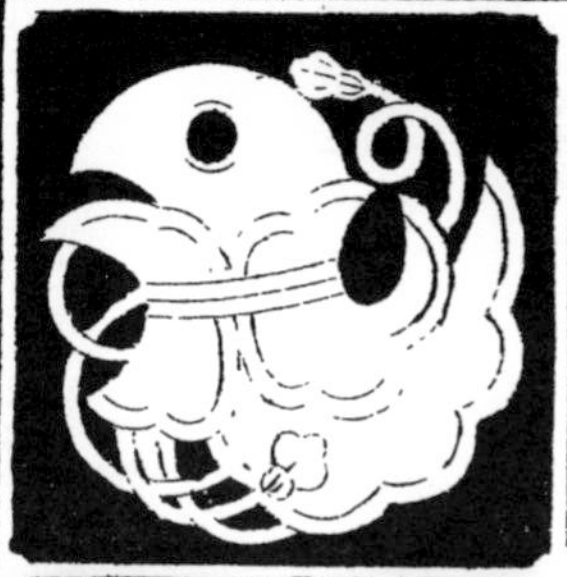

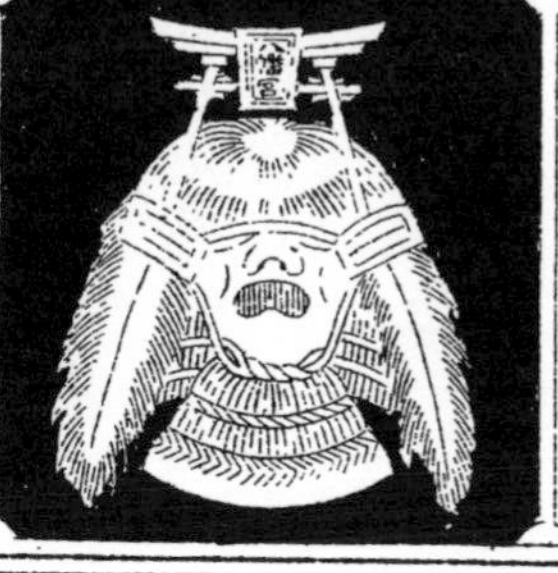

か二十一 八幡甲

八十五

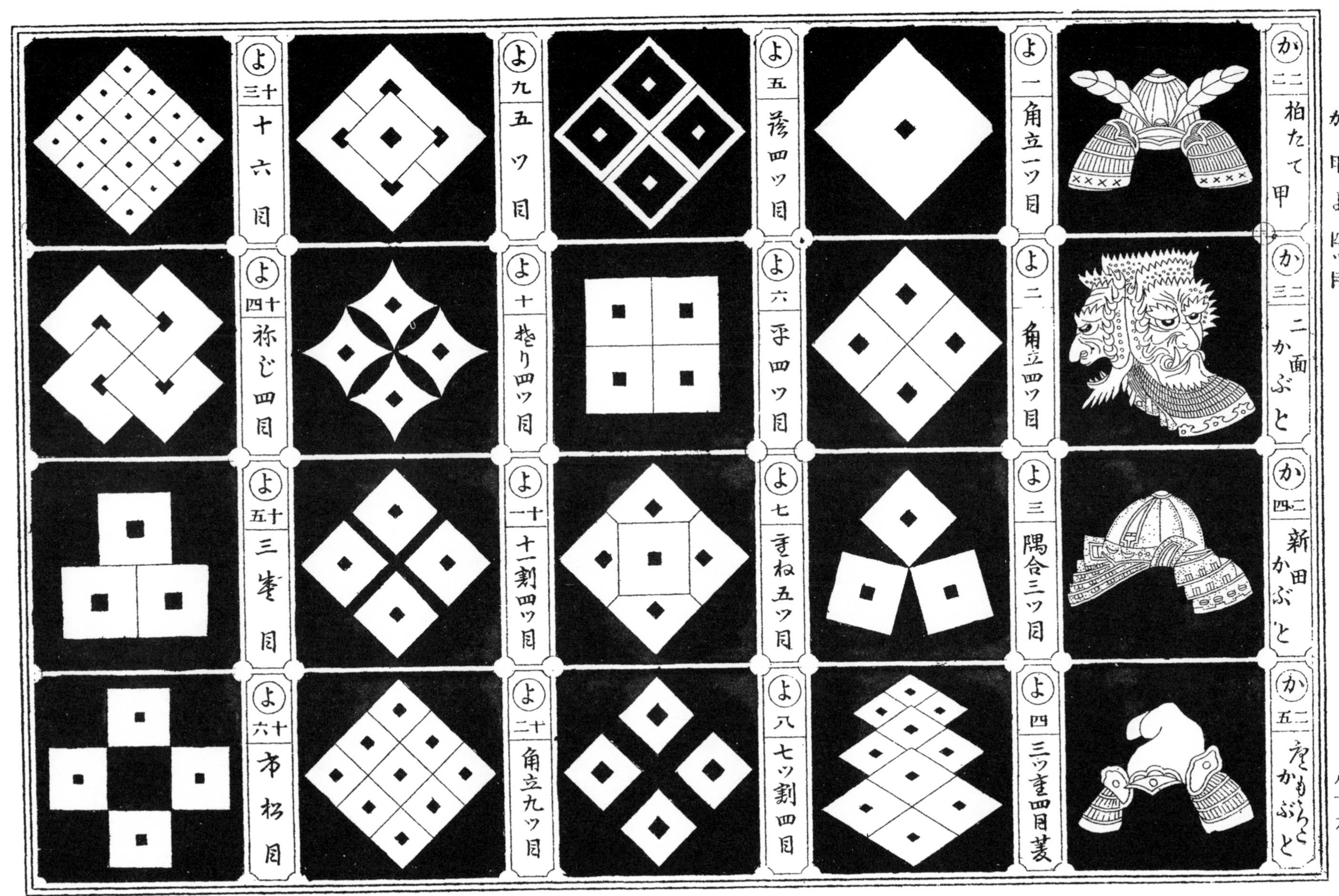

か二二 柏たて甲
か二三 二面かぶと
か二四 新田かぶと
か二五 鹿もろくかぶと
よ一 角立一ツ目
よ二 角立四ツ目
よ三 隅合三ツ目
よ四 三ツ重四目菱
よ五 隅四ツ目
よ六 平四ツ目
よ七 重ね五ツ目
よ八 七ツ割四目
よ九 五ツ目
よ十 捻り四ツ目
よ十一 十一割四ツ目
よ十二 角立九ツ目
よ十三 十六目
よ十四 ねじ四目
よ十五 三峯目
よ十六 市松目

か 甲よ 四ツ目

よ 四ツ目

よ 十七	四ッ免鶴
よ 十八	折四ッ目
よ 十九	津なぎ九ッ目
よ 二十	津なき六ッ目
よ 二十一	津なぎ五ッ目
よ 二十二	津なぎ四ッ目
よ 二十三	四ッ目車
よ 二十四	剣四ッ目
よ 二十五	丸角立四目
よ 二十六	丸ニ平四ッ目
よ 二十七	重ね四目車
よ 二十八	糸輪弦四ッ目
よ 二十九	細輪三ツ割四ッ目車
よ 三十	折四ッ目
よ 三十一	細輪四ッ目崩し
よ 三十二	丸珠数つなぎめ
よ 三十三	丸三ツ四ッ目ひし
よ 三十四	石持地落角立四ッ目
よ 三十五	三ッ目
よ 三十六	かせ四ッめひし

八十七

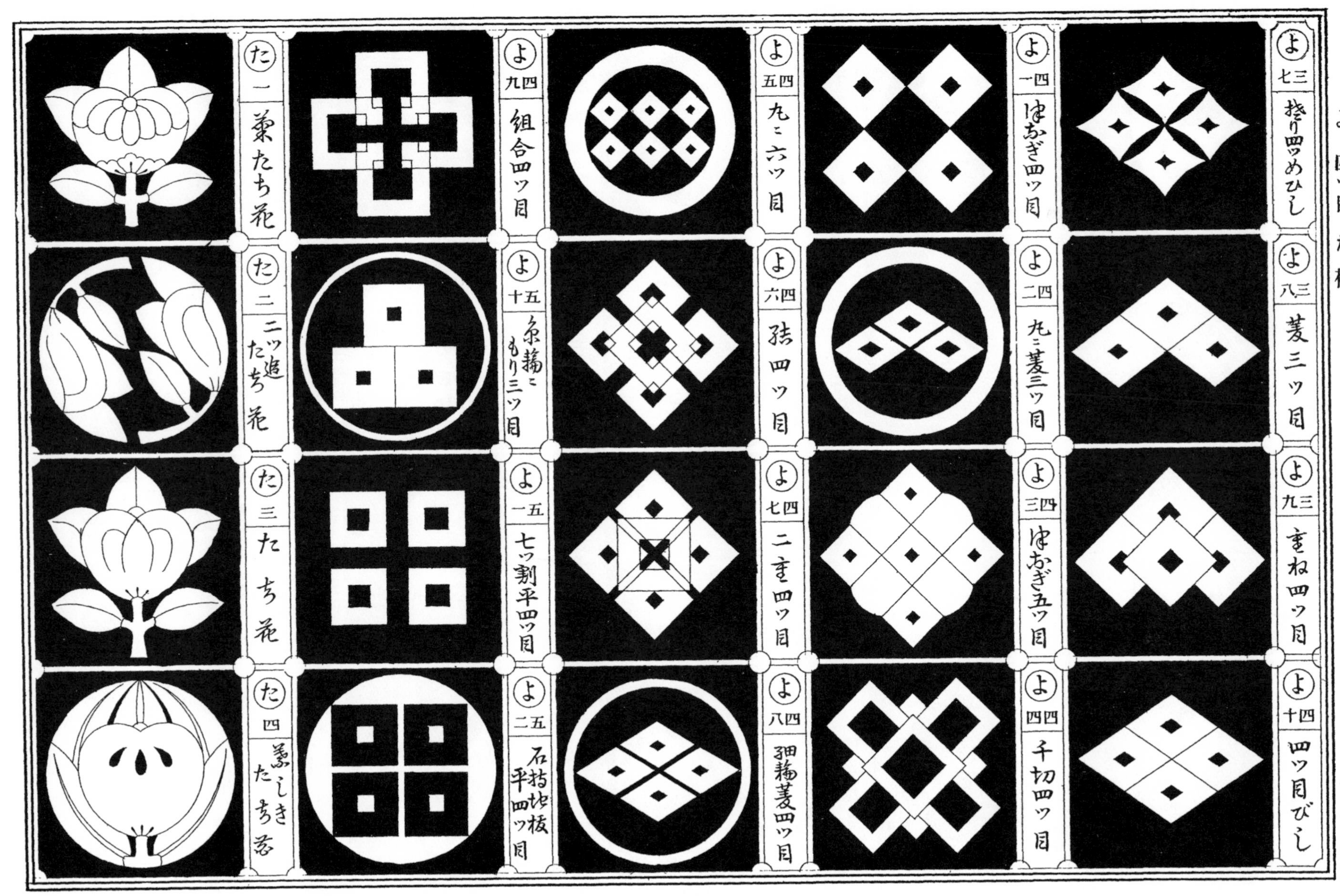

よ 七三 捻り四ツめびし
よ 八三 菱三ツ目
よ 九三 重ね四ツ目
よ 十四 四ツ目びし
よ 一四
よ 二四 丸に菱三ツ目
よ 三四
よ 四四 千切四ツ目
よ 五四 丸に六ツ目
よ 六四
よ 七四 二重四ツ目
よ 八四 細輪菱四ツ目
よ 九四 組合四ツ目
よ 十五 糸輪に盛り三ツ目
よ 一五 七ツ割平四ツ目
よ 二五 石持地抜平四ツ目
た 一
た 二 二ツ追たち花
た 三 たち花
た 四

よ 四ツ目 た 橘

八十八

た 橘

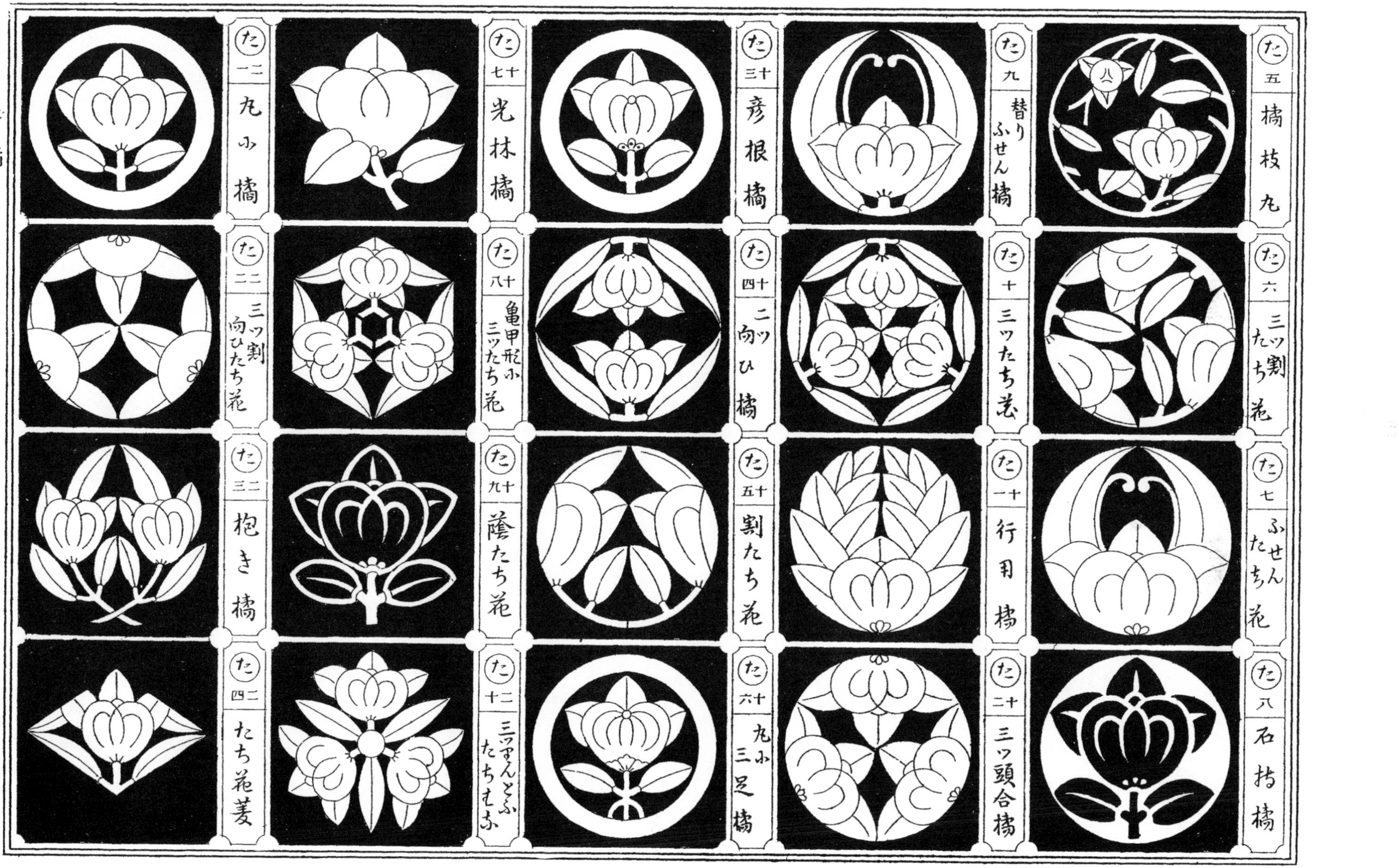

た五 橘枝丸

た六 三ツ割たち花

た七 ふせんたち花

た八 石持橘

た九 替りふせん橘

た十 三ツたち花

た十一 行羽橘

た十二 三ツ頭合橘

た十三 彦根橘

た十四 二ツ向ひ橘

た十五 割たち花

た十六 丸ニ三足橘

た十七 光林橘

た十八 亀甲形ニ三ツたち花

た十九 蔭たち花

た二十 三ツずんとふたちむふ

た二十一 丸ニ橘

た二十二 三ツ割向ひたち花

た二十三 抱き橘

た二十四 たち花菱

八十九

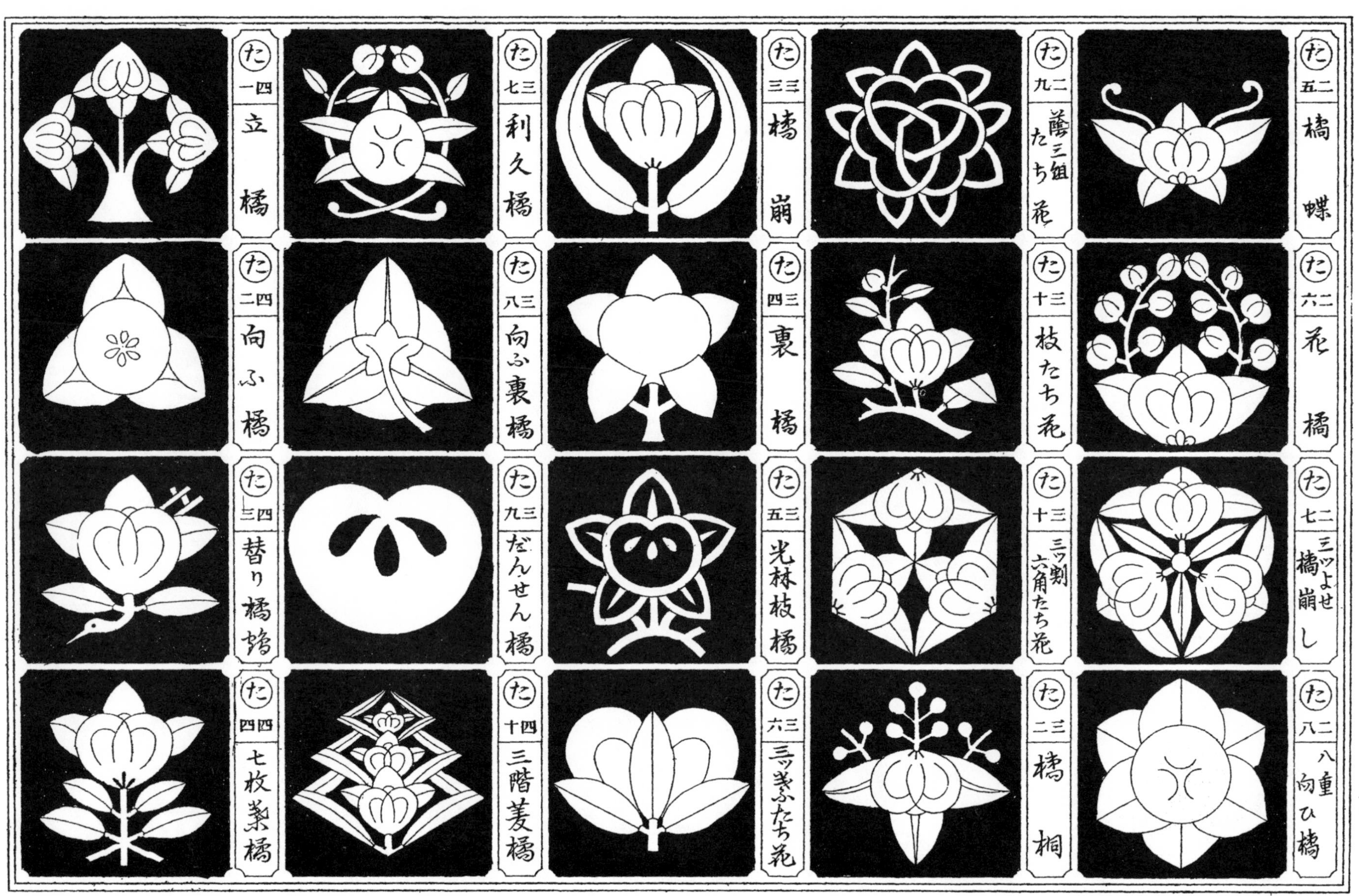
た 五二
橘蝶
た 九二
三ッ組たち花
た 三三
橘崩
た 七三
利久橘
た 一四
立橘
た 六二
花橘
た 十三
枝たち花
た 四三
裏橘
た 八三
向ふ裏橘
た 二四
向ふ橘
た 七二
三ッよせ橘崩し
た 十三
三ッ割六角たち花
た 五三
光林枝橘
た 九三
だんせん橘
た 三四
替り橘鶴
た 八二
八重向ひ橘
た 二三
橘桐
た 六三
三ッ巻ふたち花
た 十四
三階菱橘
た 四四
七枚葉橘

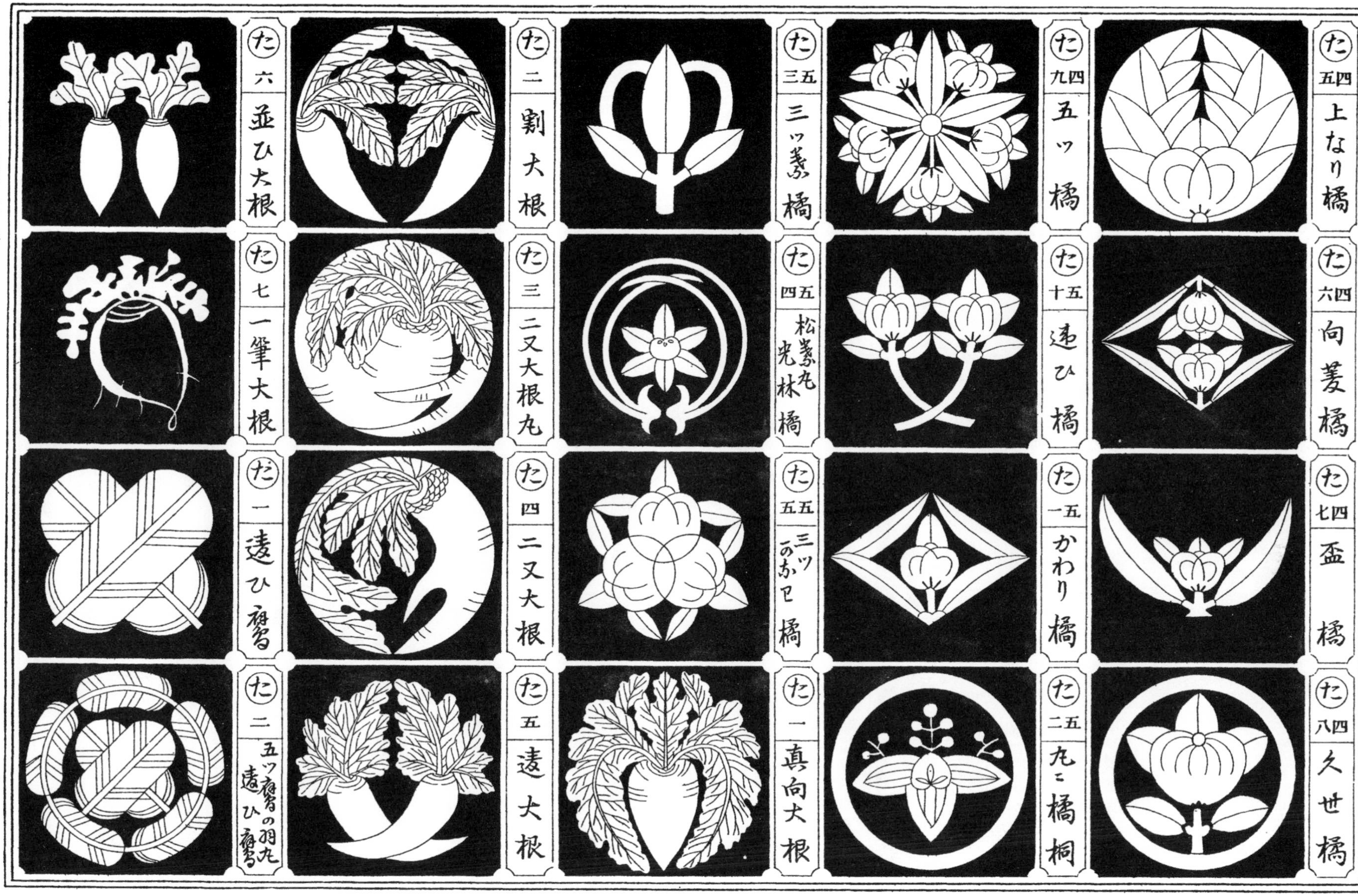

た　橘、大根　鷹羽、

た 四五 上なり橘

た 四九 五ツ橘

た 五三 三ツ蕊橘

た 二 割大根

た 六 並ひ大根

た 四六 向菱橘

た 五十 違ひ橘

た 五四 松蕊丸光林橘

た 三 二又大根丸

た 七 一筆大根

た 四七 盃　橘

た 五一 かわり橘

た 五五 三ツ一のか巴橘

た 四 二又大根

た 一 違ひ鷹

た 四八 久世橘

た 五二 丸に橘桐

た 一 真向大根

た 五 違大根

た 二 五ツ鷹の羽丸違ひ鷹

九十一

た 鷹羽

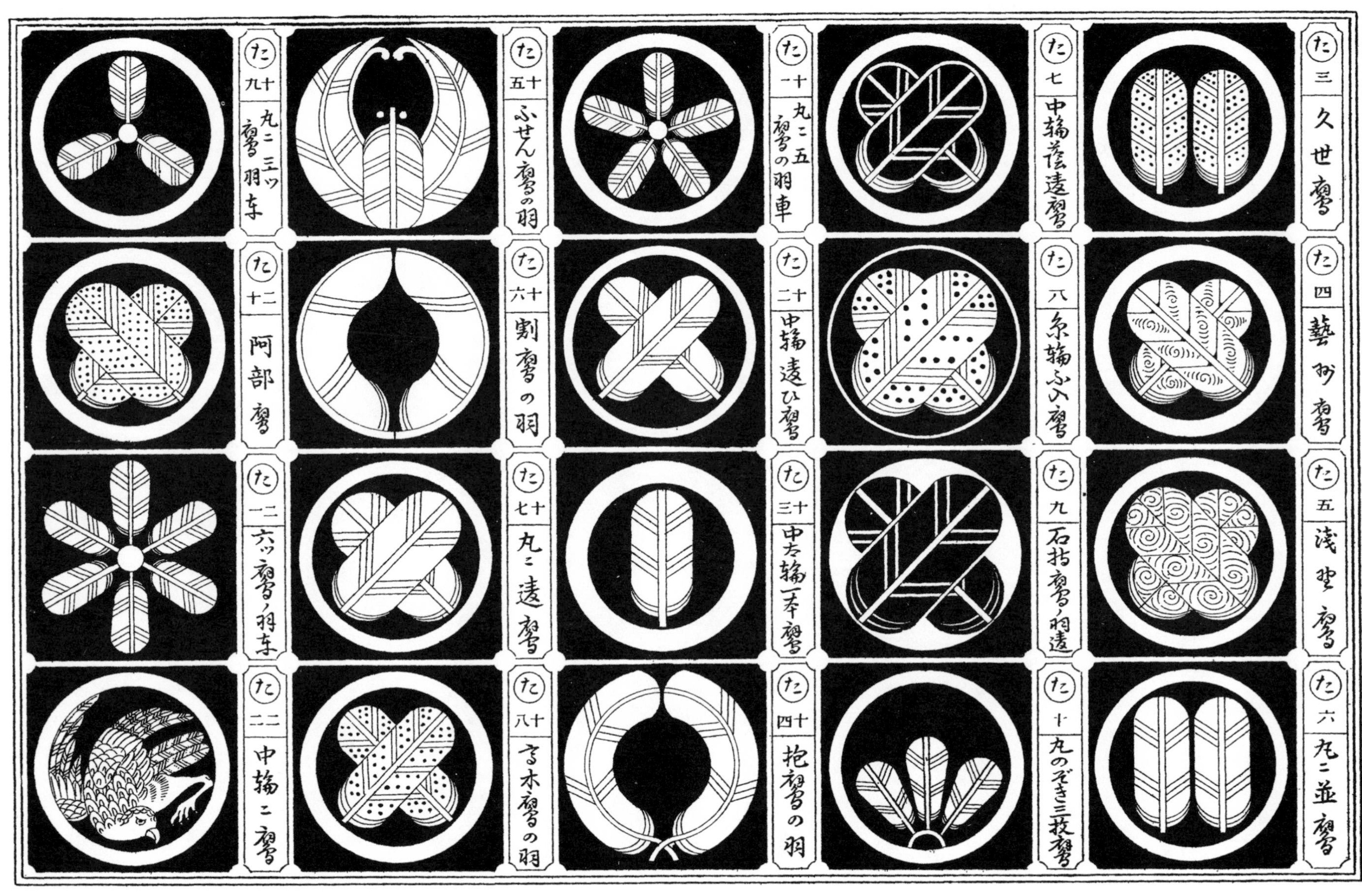

た三 久世鷹
た四 藝州鷹
た五 浅野鷹
た六 丸ニ並鷹
た七 中輪蔭違鷹
た八 糸輪ふ入鷹
た九 石持鷹ノ羽違
た十 丸のぞき三枚鷹
た十一 丸ニ五鷹の羽車
た十二 中輪違ひ鷹
た十三 中太輪一本鷹
た十四 抱鷹の羽
た十五 ふせん鷹の羽
た十六 割鷹の羽
た十七 丸ニ違鷹
た十八 高木鷹の羽
た十九 丸ニ三ツ鷹羽車
た二十 阿部鷹
た二十一 六ツ鷹ノ羽車
た二十二 中輪ニ鷹

九十二

た 二三 三ツ折鷹の羽

た 二四 並鷹の羽

た 二五 鷹羽いげた

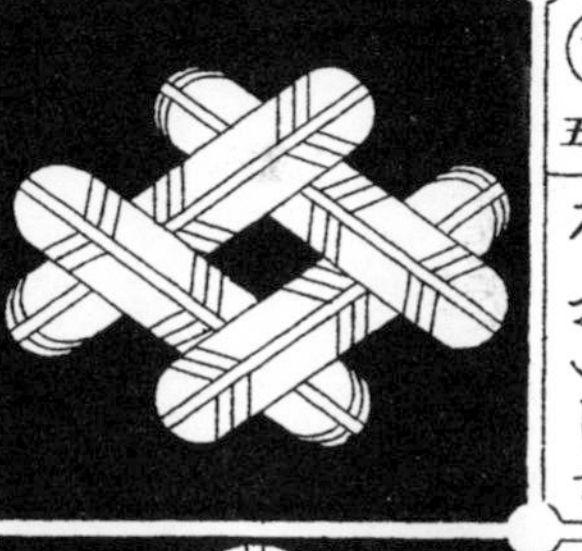

た 二六 三重鷹羽

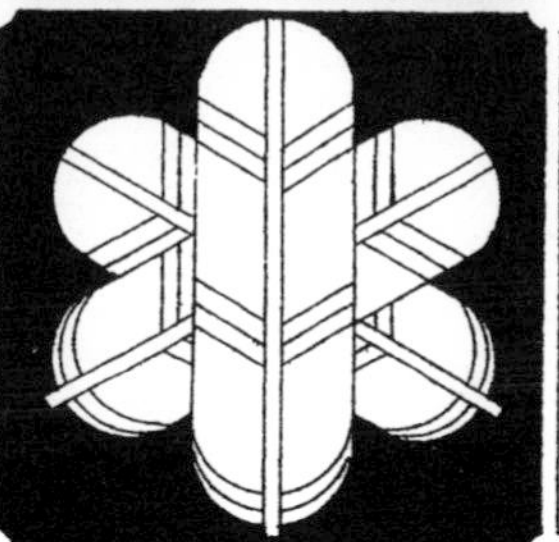

た 二七 四ツ折鷹の羽

た 二八 一ツ折鷹の羽

た 二九 六ツ割鷹の羽車

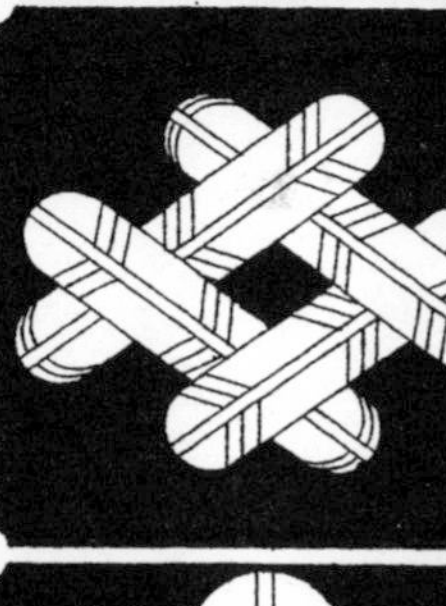

た 三十 使ひ鷹

た 三一 鷹の丸

た 三二 割ふせん鷹

た 三三 割違鷹

た 三四 八ツ鷹の羽車

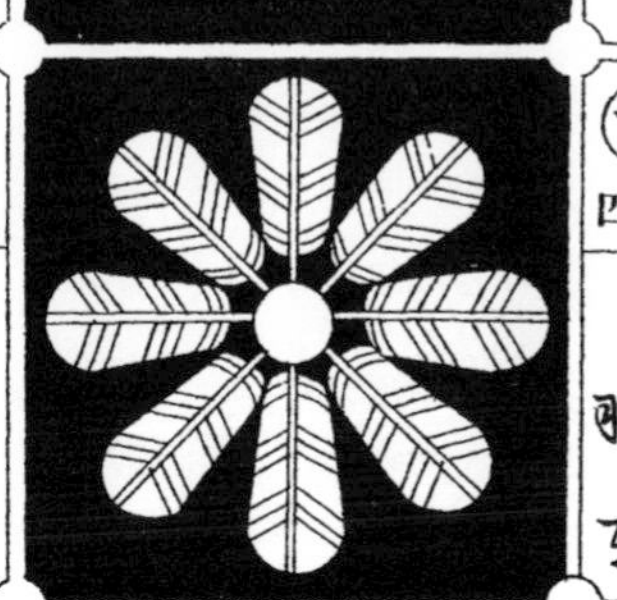

た 三五 三そり鷹の羽

た 三六 剣三ツ折鷹

た 三七 二ツ折鷹の羽

た 三八 鷹の羽蝶

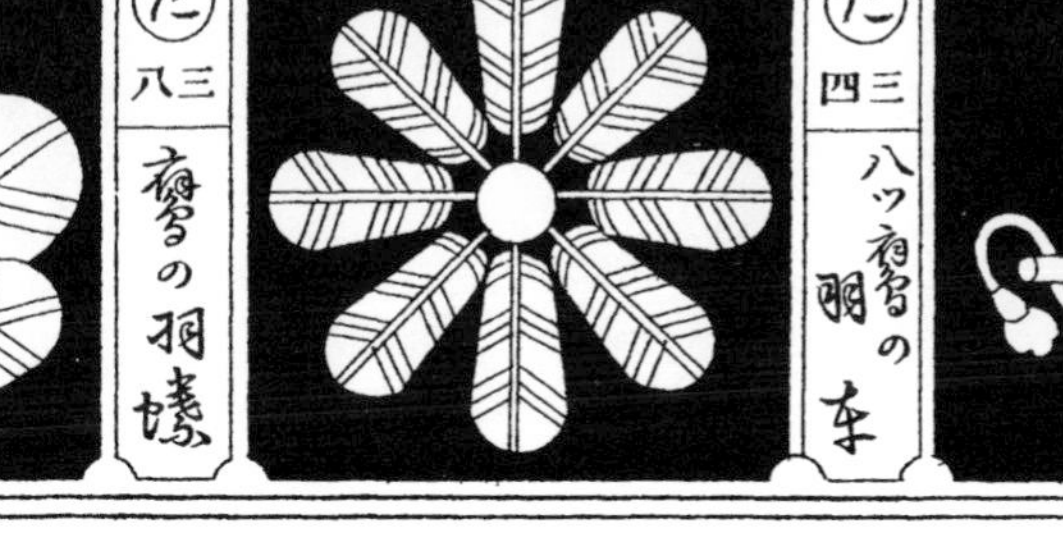

た 三九 割敷並鷹の羽

た 四十 三枚鷹羽

た 四一 一ツ折鷹羽丸

た 四二 白川鷹

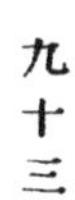

九十三

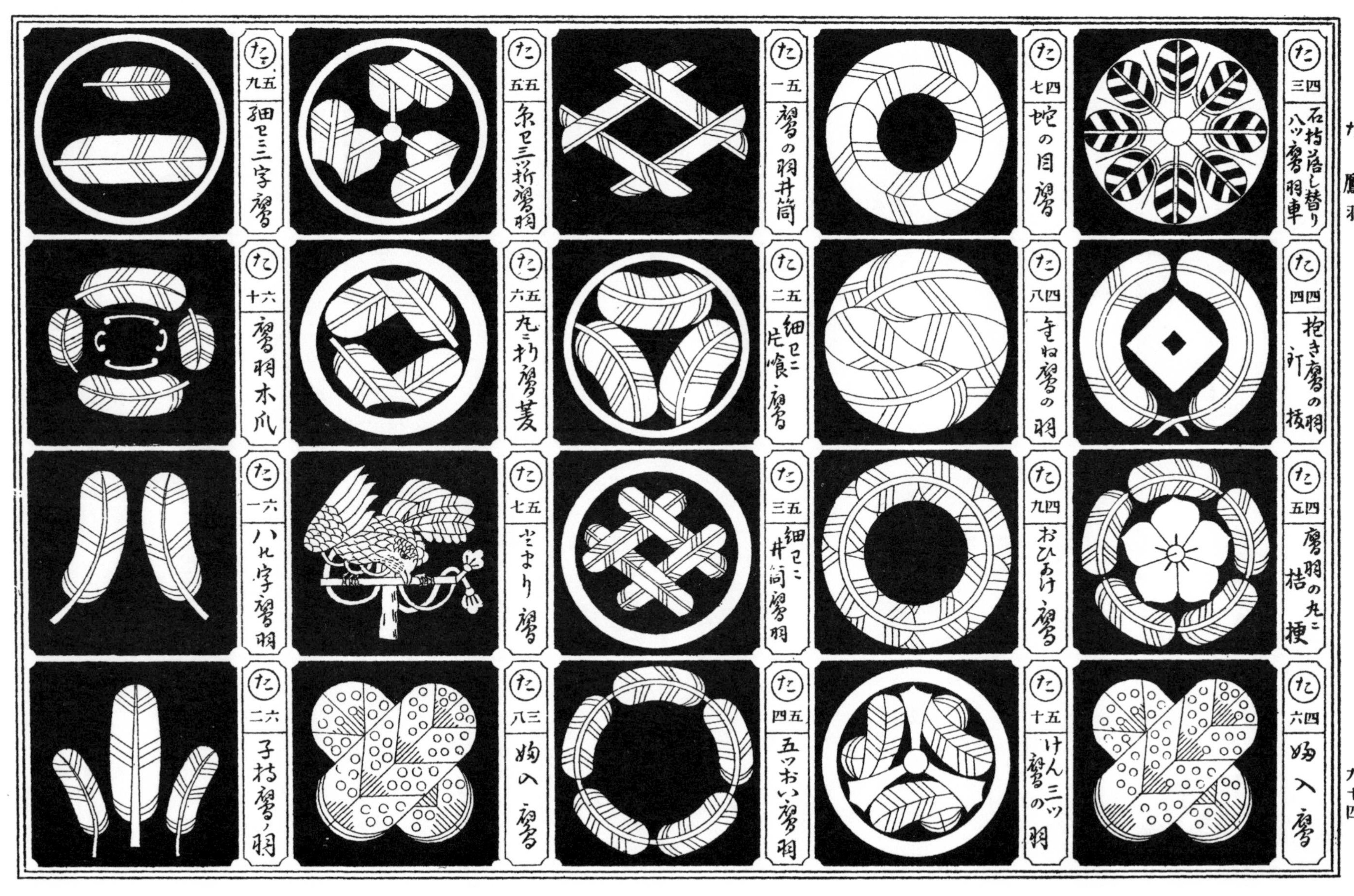

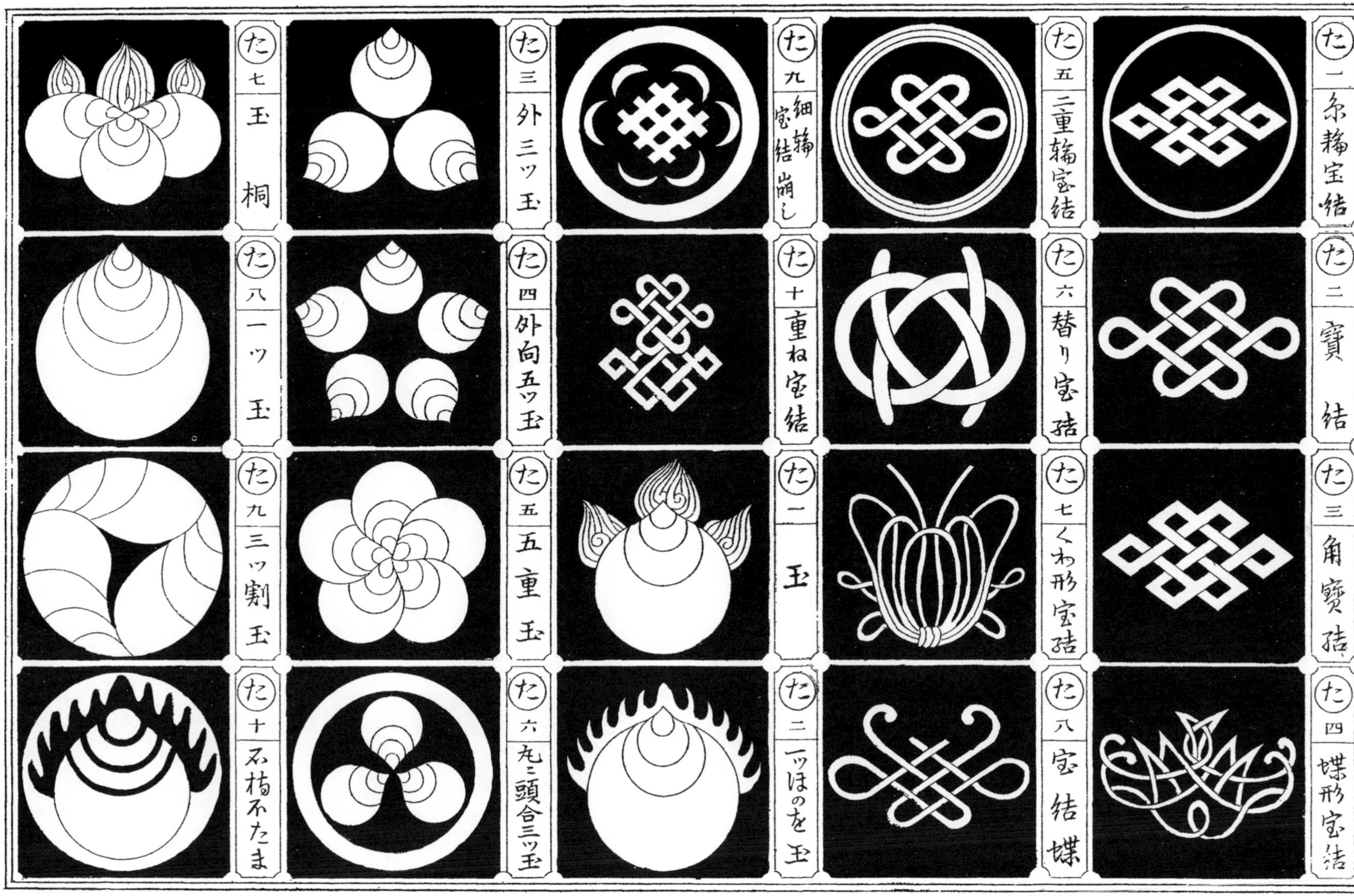

た一 糸輪宝結

た二 寶結

た三 角寶結

た四 蝶形宝結

た五 二重輪宝結

た六 替り宝結

た七 くわ形宝結

た八 宝結蝶

た九 細輪宝結崩し

た十 重ね宝結

た一 玉

た二 一ッほのを玉

た三 外三ッ玉

た四 外向五ッ玉

た五 五重玉

た六 丸ニ頭合三ッ玉

た七 玉桐

た八 一ッ玉

た九 三ッ割玉

た十 石楠不たま

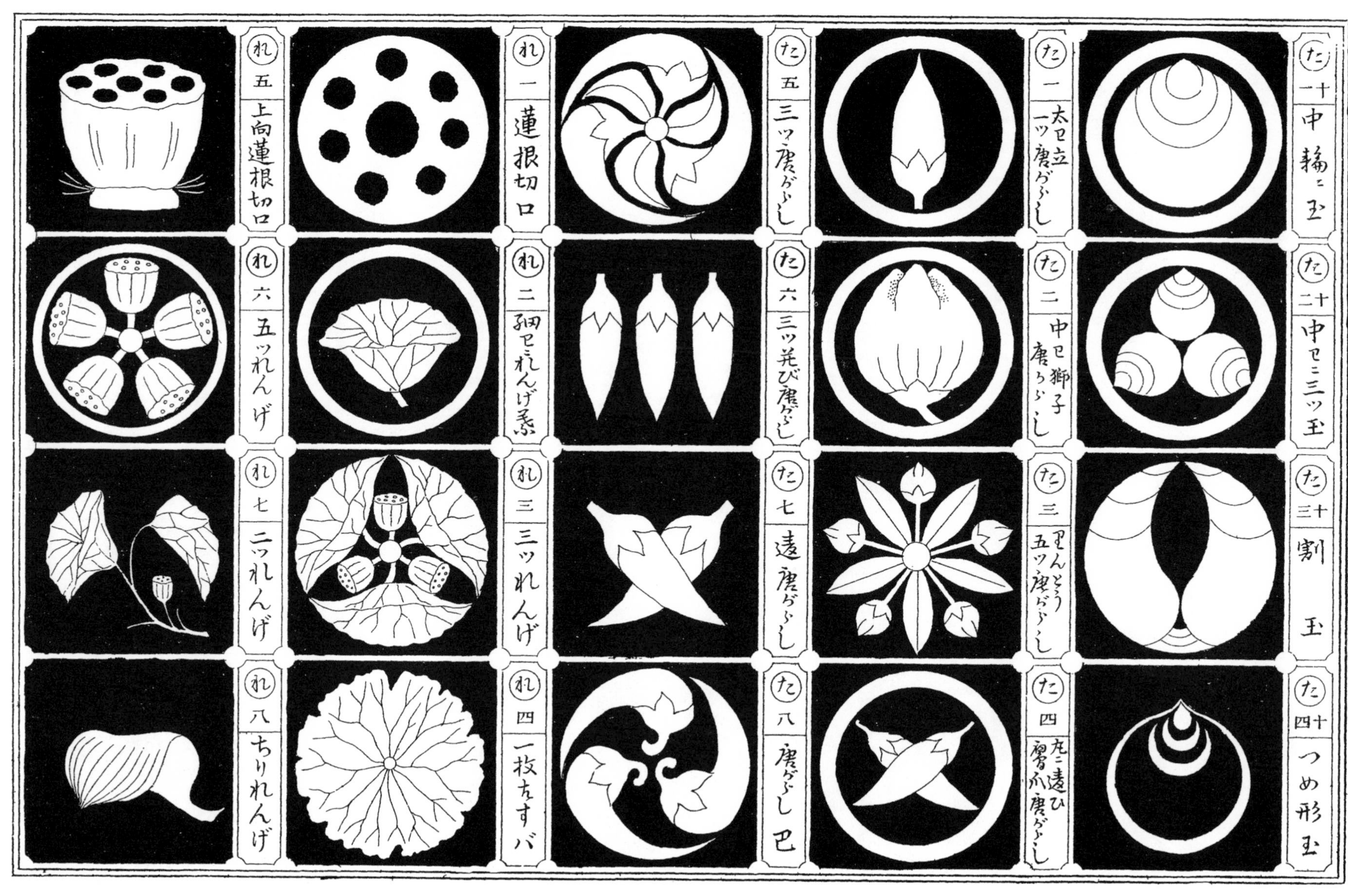

た 十一 中輪ニ玉
た 十二 中ニ三ツ玉
た 十三 割玉
た 十四 つめ形玉
た 一 太ニ立一ツ唐がらし
た 二 中ニ獅子唐がらし
た 三 りんとう五ツ唐がらし
た 四 丸ニ違ひ唐がらし
た 五 三ツ唐がらし
た 六 三ツ並び唐がらし
た 七 違唐がらし
た 八 唐がらし巴
れ 一 蓮根切口
れ 二 細ニれんげ
れ 三 三ツれんげ
れ 四 一枚はすバ
れ 五 上向蓮根切口
れ 六 五ツれんげ
れ 七 二ツれんげ
れ 八 ちりれんげ

た 玉 蕃椒 れ 蓮

九十六

- れ九 違ひれんげ
- そ一 一ツそろばん
- そ二 三ツ盛そろばん
- つ一 乞字つる
- つ二 鶴の丸
- つ三 諏訪つる
- つ四 上下鶴
- つ五 南部鶴
- つ六 光林の鶴
- つ七 三羽光林つる
- つ八 作伯つる
- つ九 三羽鶴
- つ十 舞つる
- つ十一 光林造りつる
- つ十二 光りん舞つる
- つ十三 ゑだみ三ツつる
- つ十四 喰合向ひつる
- つ十五 鳥居つる
- つ十六 松ニ向ひつる
- つ十七 中蔭光りんつる丸

つ
鶴

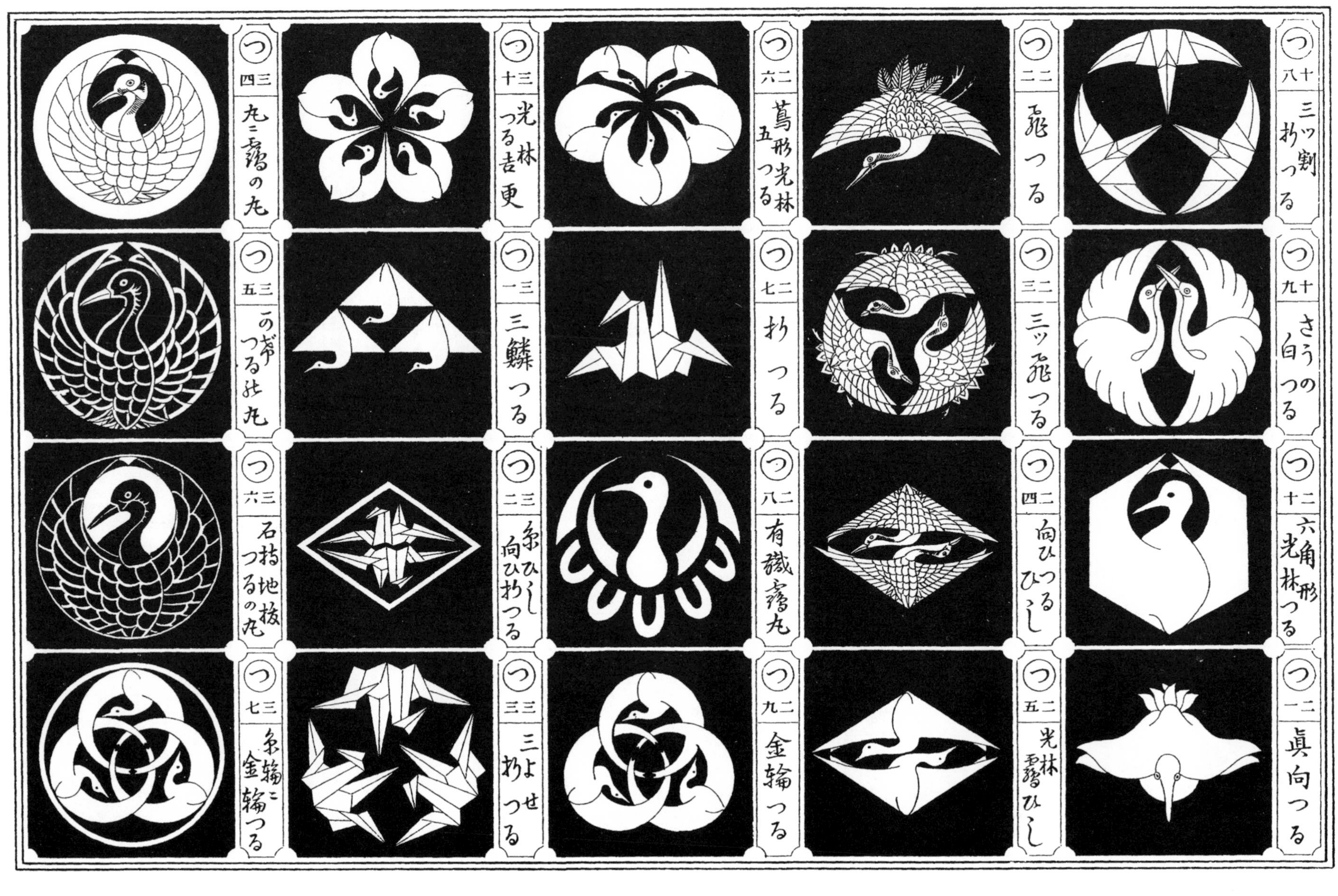

つ 十八 三ツ割折つる
つ 十九 さうの白つる
つ 二十 六角形光林つる
つ 二一 眞向つる
つ 二二 飛つる
つ 二三 三ツ飛つる
つ 二四 向ひつるひし
つ 二五 光林鷺ひし
つ 二六 蔦形光林五つる
つ 二七 折つる
つ 二八 有職鷺丸
つ 二九 金輪つる
つ 三十 光林つる吉更
つ 三一 三鱗つる
つ 三二 糸ひし向ひ折つる
つ 三三 三よせ折つる
つ 三四 丸に鷺の丸
つ 三五 一の字つる社丸
つ 三六 石持地抜つるの丸
つ 三七 糸輪に金輪つる

九十八

つ 鶴、鼓、槌、

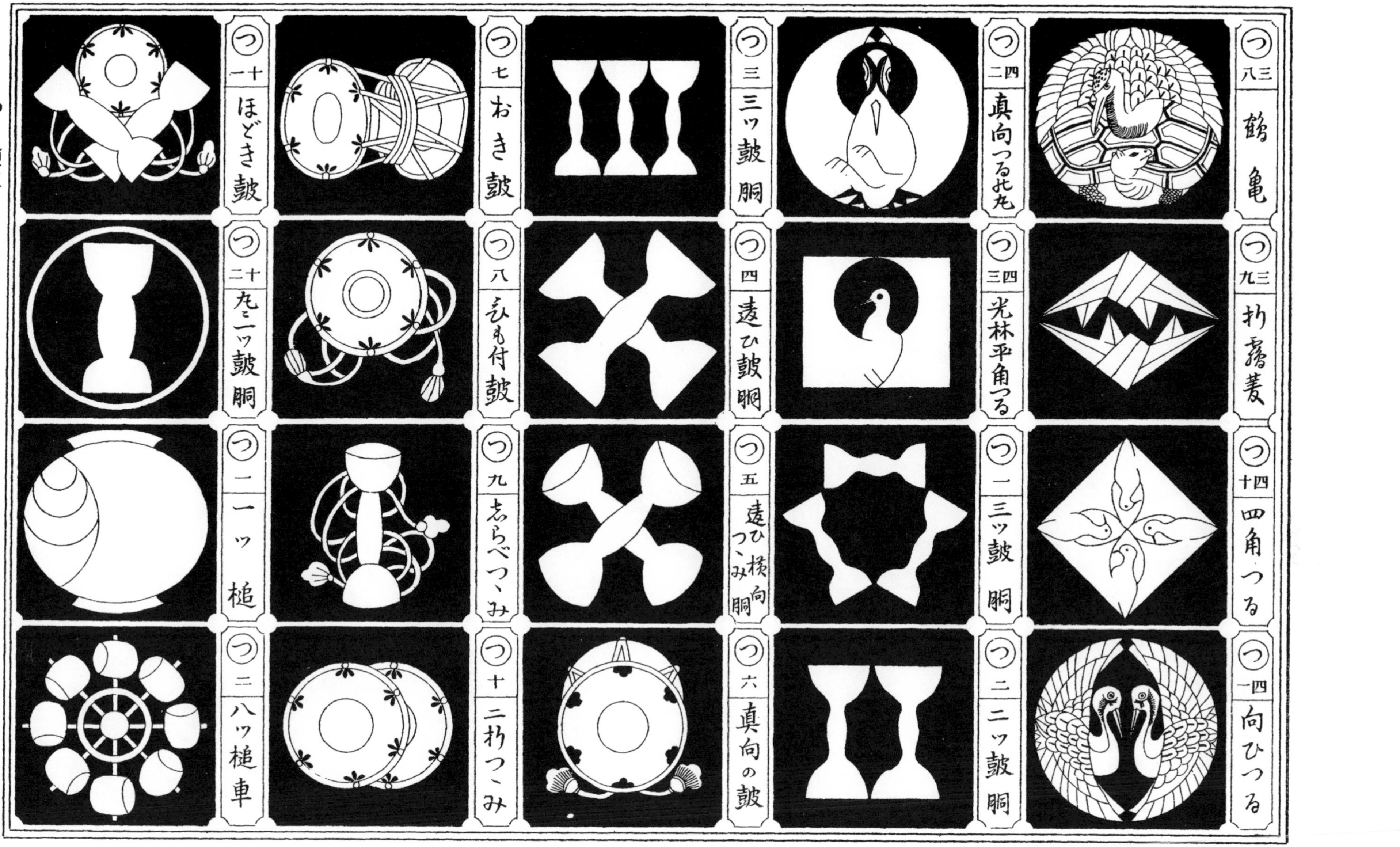

- つ 三八 鶴亀
- つ 三九 折鶴菱
- つ 四十 四角つる
- つ 四一 向ひつる
- つ 四二 真向つる兆丸
- つ 四三 光林平角つる
- つ 一 三ッ鼓胴
- つ 二 二ッ鼓胴
- つ 三 三ッ鼓胴
- つ 四 遠ひ鼓胴
- つ 五 遠ひ横向つゝみ胴
- つ 六 真向の鼓
- つ 七 おき鼓
- つ 八 ひも付鼓
- つ 九 志らべつゝみ
- つ 十 二打つゝみ
- つ 十一 ほどき鼓
- つ 十二 丸ニ一ッ鼓胴
- つ 一 一ッ槌
- つ 二 八ッ槌車

つ 槌、月

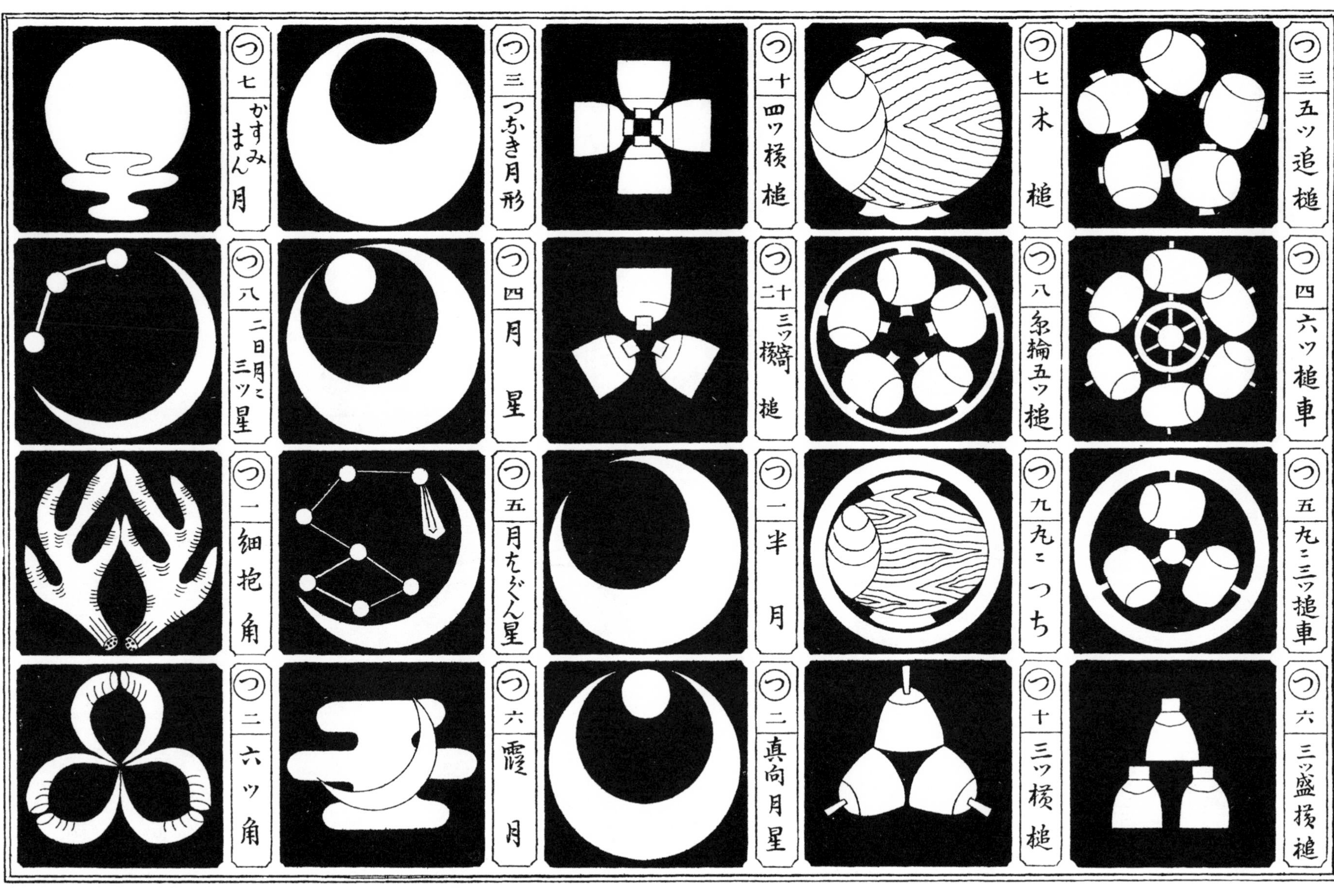

つ 三 五ツ追槌
つ 四 六ツ槌車
つ 五 九ニ三ツ槌車
つ 六 三ツ盛横槌
つ 七 木槌
つ 八 糸輪五ツ槌
つ 九 九ニつち
つ 十 三ツ横槌
つ 十一 四ツ横槌
つ 十二 三ツ横寄槌
つ 一 半月
つ 二 真向月星
つ 三 つちき月形
つ 四 月星
つ 五 月九ぐん星
つ 六 霞月
つ 七 かすみまん月
つ 八 二日月ニ三ツ星
つ 一 細抱角
つ 二 六ツ角

百

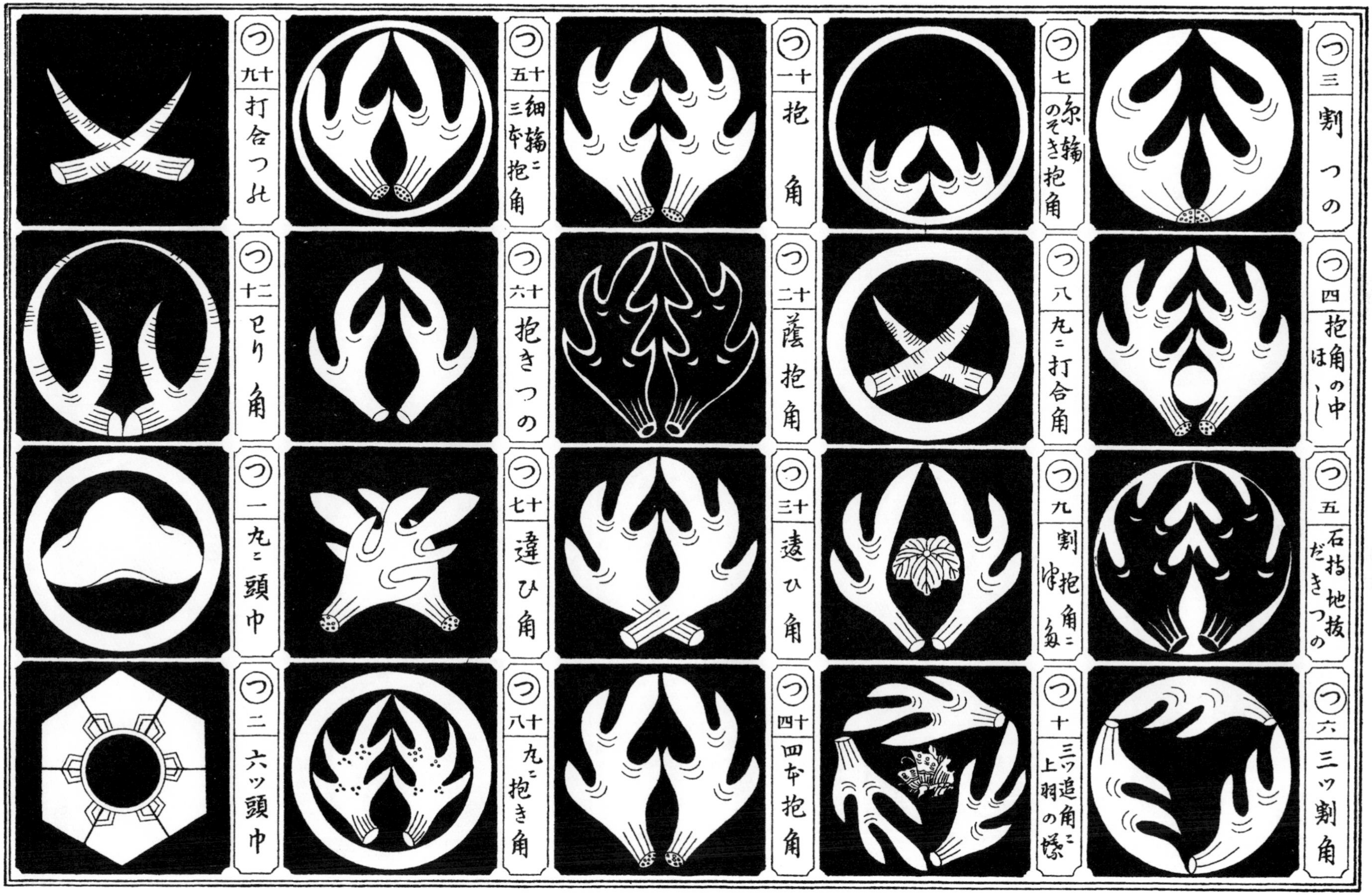

つ 角、頭巾

つ三 割つの

つ四 抱角の中ほし

つ五 石持地抜だきつの

つ六 三ツ割角

つ七 糸輪のぞき抱角

つ八 丸ニ打合角

つ九 割抱角ニ[illegible]

つ十 三ツ追角ニ上羽の蝶

つ十一 抱角

つ十二 蔭抱角

つ十三 遠ひ角

つ十四 四本抱角

つ十五 細輪ニ三本抱角

つ十六 抱きつの

つ十七 違ひ角

つ十八 丸ニ抱き角

つ十九 打合つの

つ二十 巴り角

つ二十一 丸ニ頭巾

つ二十二 六ツ頭巾

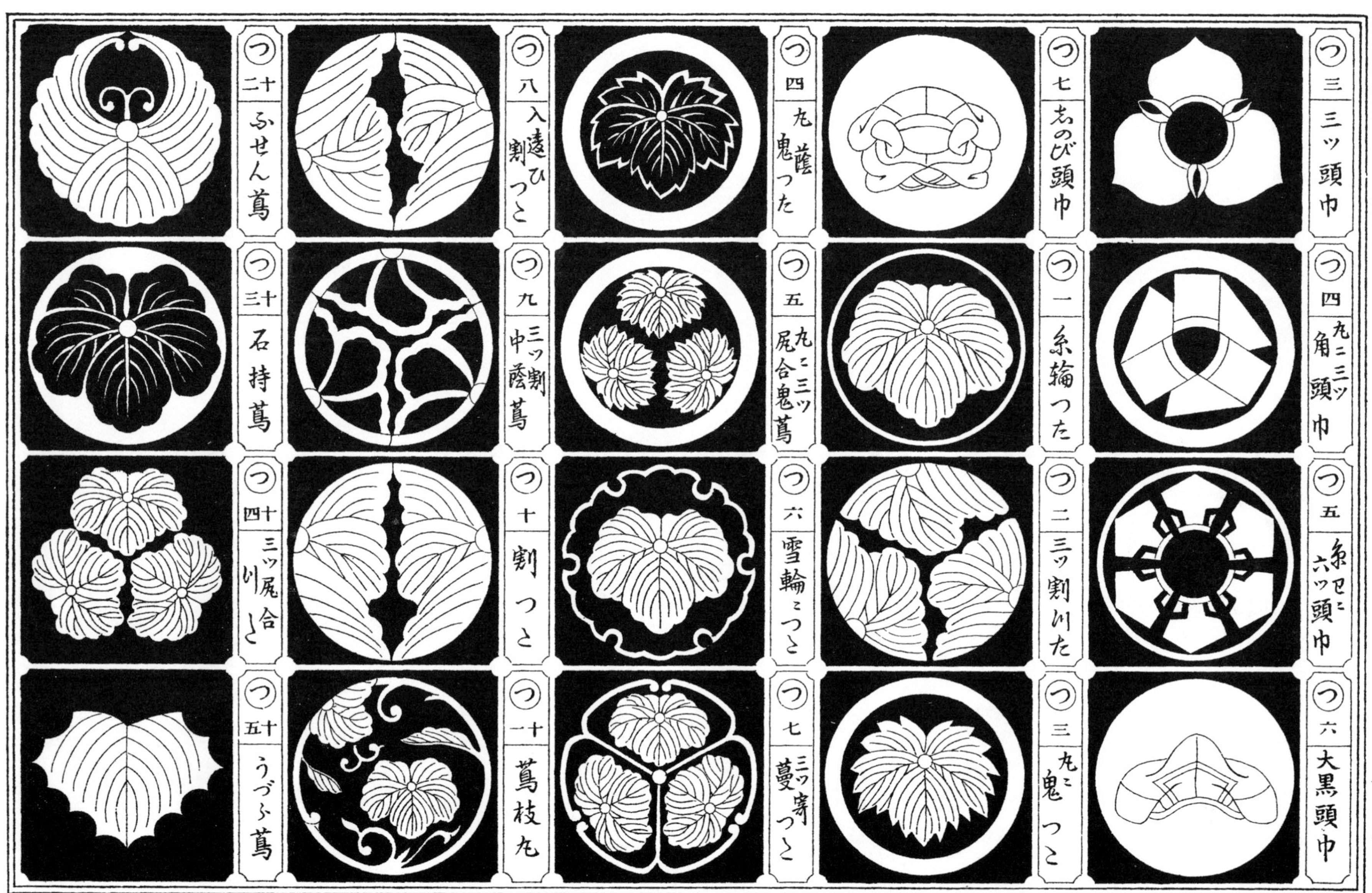

つ三 三ツ頭巾
つ四 丸に三ツ角頭巾
つ五 糸巴に六ツ頭巾
つ六 大黒頭巾
つ七 志のび頭巾
つ一 糸輪つた
つ二 三ツ割つた
つ三 丸に鬼つた
つ四 丸に蔭鬼つた
つ五 丸に三ツ尾合鬼蔦
つ六 雪輪につた
つ七 三ツ寄蔓つた
つ八 入違ひ割つた
つ九 三ツ割中蔭蔦
つ十 割つた
つ十一 蔦枝丸
つ十二 ふせん蔦
つ十三 石持蔦
つ十四 三ツ尾合つた
つ十五 うづふ蔦

つ 蔦

つ 十六 蟹つた

つ 十七 ねぢ蔦

つ 十八 蔦ひし

つ 十九 糸ひしにつた

つ 二十 三ッ盛蔦

つ 二一 鬼つたひし

つ 二二 三ッ外よりつた

つ 二三 鬼つた

つ 二四 利休蔦

つ 二五 石州蔦

つ 二六 替り藤堂蔦

つ 二七 姫つた

つ 二八 大割つた

つ 二九 藤堂蔦

つ 三十 三はつた

つ 三一 おぼろつた

つ 三二 結つた

つ 三三 錫杖つた

つ 三四 つる蔦

つ 三五 蔭蔦

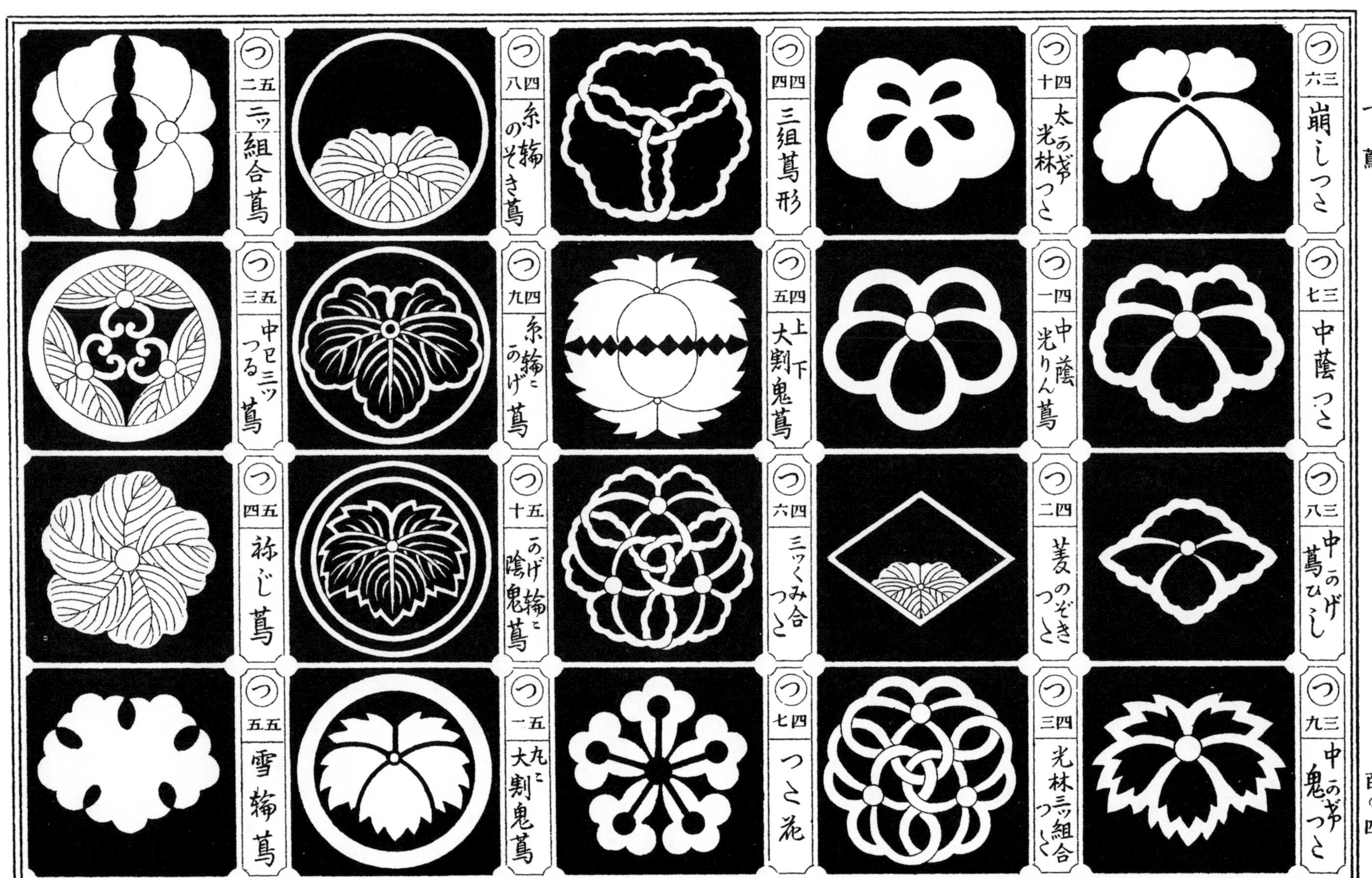

つ 六三 崩しつさ
つ 十四 太光林つさ
つ 四四 三組蔦形
つ 八四 糸輪のぞき蔦
つ 二五 二ツ組合蔦
つ 七三 中蔭つさ
つ 一四 中蔭光りん蔦
つ 五四 上下大割鬼蔦
つ 九四 糸輪にのげ蔦
つ 三五 中巳三ツつる蔦
つ 八三 中のげ蔦ひし
つ 二四 菱のぞきつさ
つ 六四 三ツくみ合つさ
つ 十五 のげ陰鬼蔦輪に
つ 四五 袮じ蔦
つ 九三 中鬼つさ
つ 三四 光林三ツ組合つく
つ 七四 つさ花
つ 一五 九に大割鬼蔦
つ 五五 雪輪蔦

百〇四

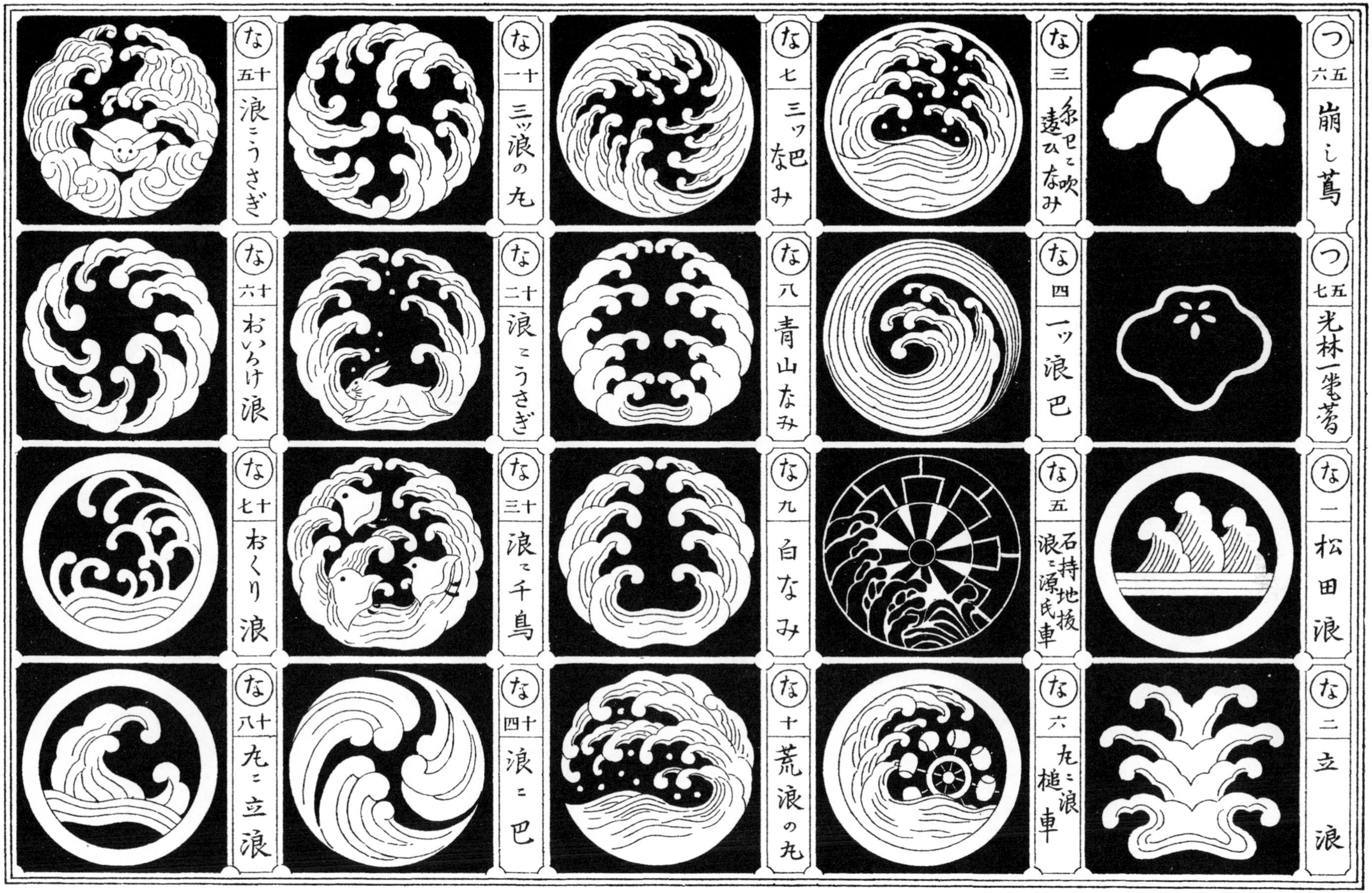

つ 六十五 崩し蔦

つ 七十五 光林一筆蔦

な 一 松田浪

な 二 立浪

な 三 糸巴に吹遠ひなみ

な 四 一ッ浪巴

な 五 石持地抜浪に源氏車

な 六 丸に浪槌車

な 七 三ッ巴なみ

な 八 青山なみ

な 九 白なみ

な 十 荒浪の丸

な 十一 三ッ浪の丸

な 十二 浪にうさぎ

な 十三 浪に千鳥

な 十四 浪に巴

な 十五 浪にうさぎ

な 十六 おいろけ浪

な 十七 おくり浪

な 十八 丸に立浪

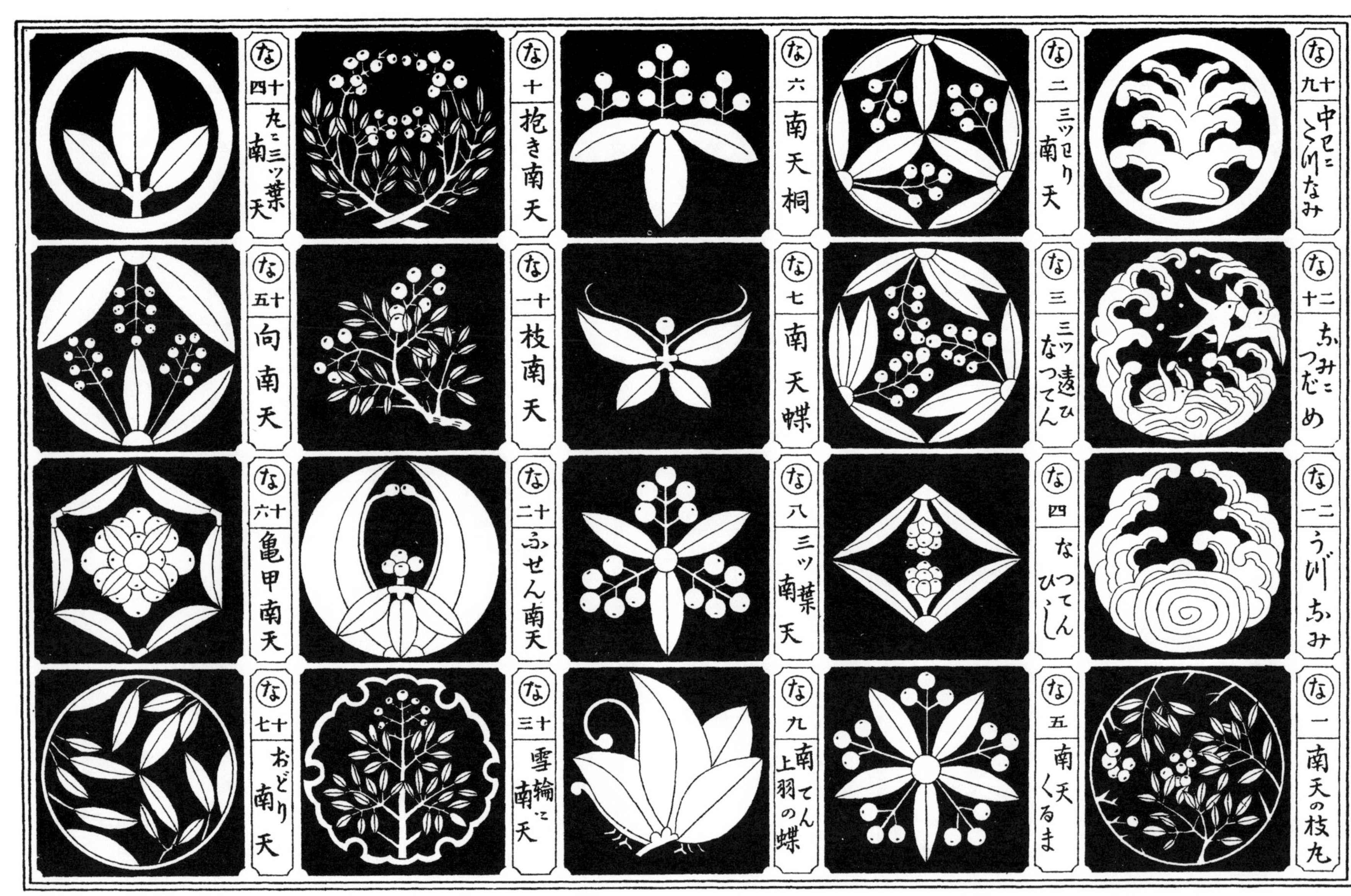
な 九十 中モにくり川なみ
な 十二 ちみにつばめ
な 一二 うづ川ちみ
な 一 南天の枝丸
な 二 三ツモり南天
な 三 三ツ違ひなつてん
な 四 なつてんびし
な 五 南天くるま
な 六 南天桐
な 七 南天蝶
な 八 三ツ葉南天
な 九 南てん上羽の蝶
な 十 抱き南天
な 一十 枝南天
な 二十 ふせん南天
な 三十 雪輪に南天
な 四十 丸に三ツ葉南天
な 五十 向南天
な 六十 亀甲南天
な 七十 おどり南天

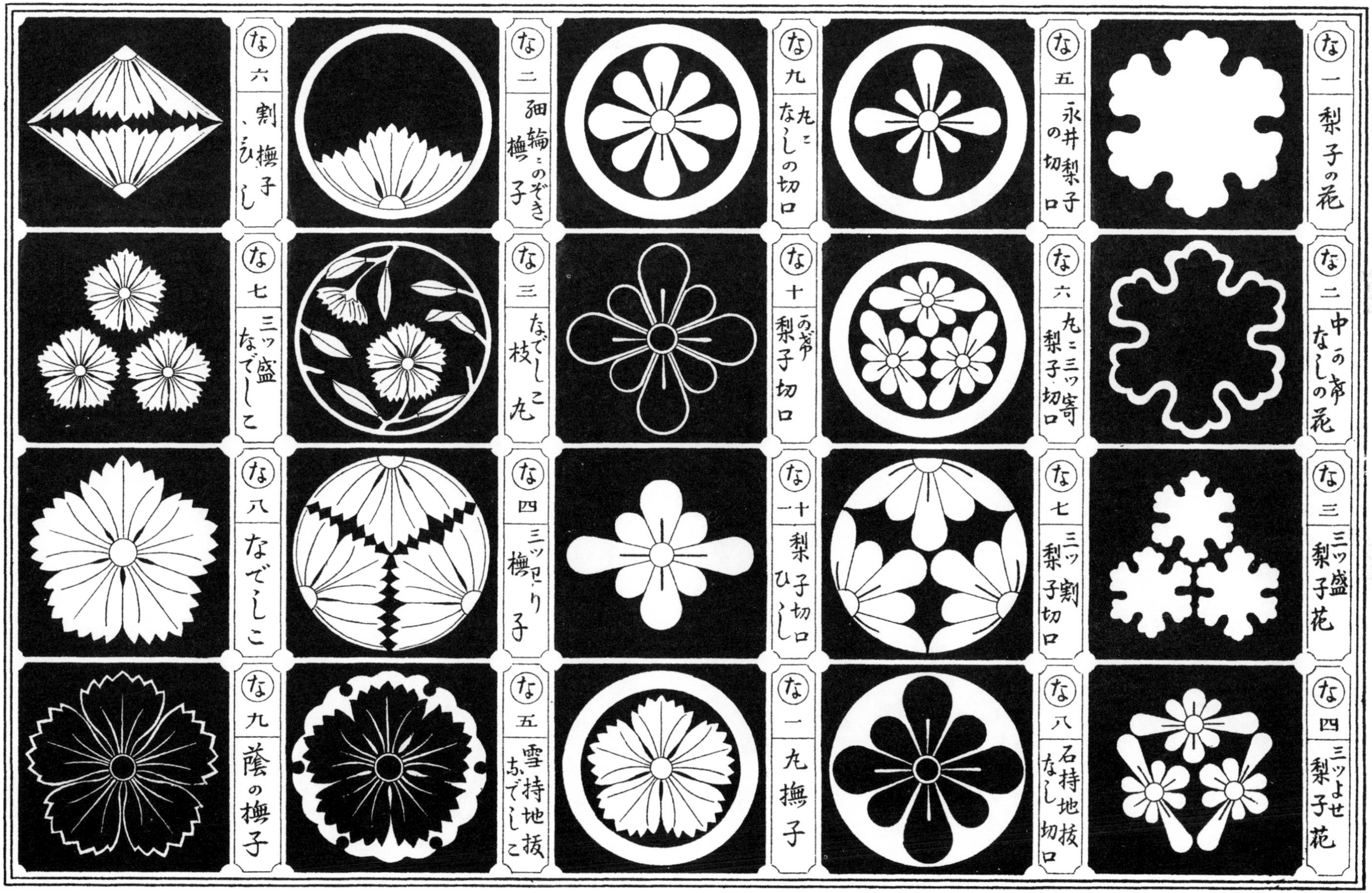

な一 梨子の花

な五 永井梨子の切口

な九 丸になしの切口

な二 細輪にのぞき撫子

な六 割撫子、えびし

な二 中の帯なしの花

な六 丸に三ツ寄梨子切口

な十 二の帯梨子切口

な三 なでしこ枝丸

な七 三ツ盛なでしこ

な三 三ツ盛梨子花

な七 三ツ割梨子切口

な十一 梨子切口ひし

な四 三ツどり撫子

な八 なでしこ

な四 三ツよせ梨子花

な八 石持地抜なし切口

な一 丸撫子

な五 雪持地抜なでしこ

な九 蔭の撫子

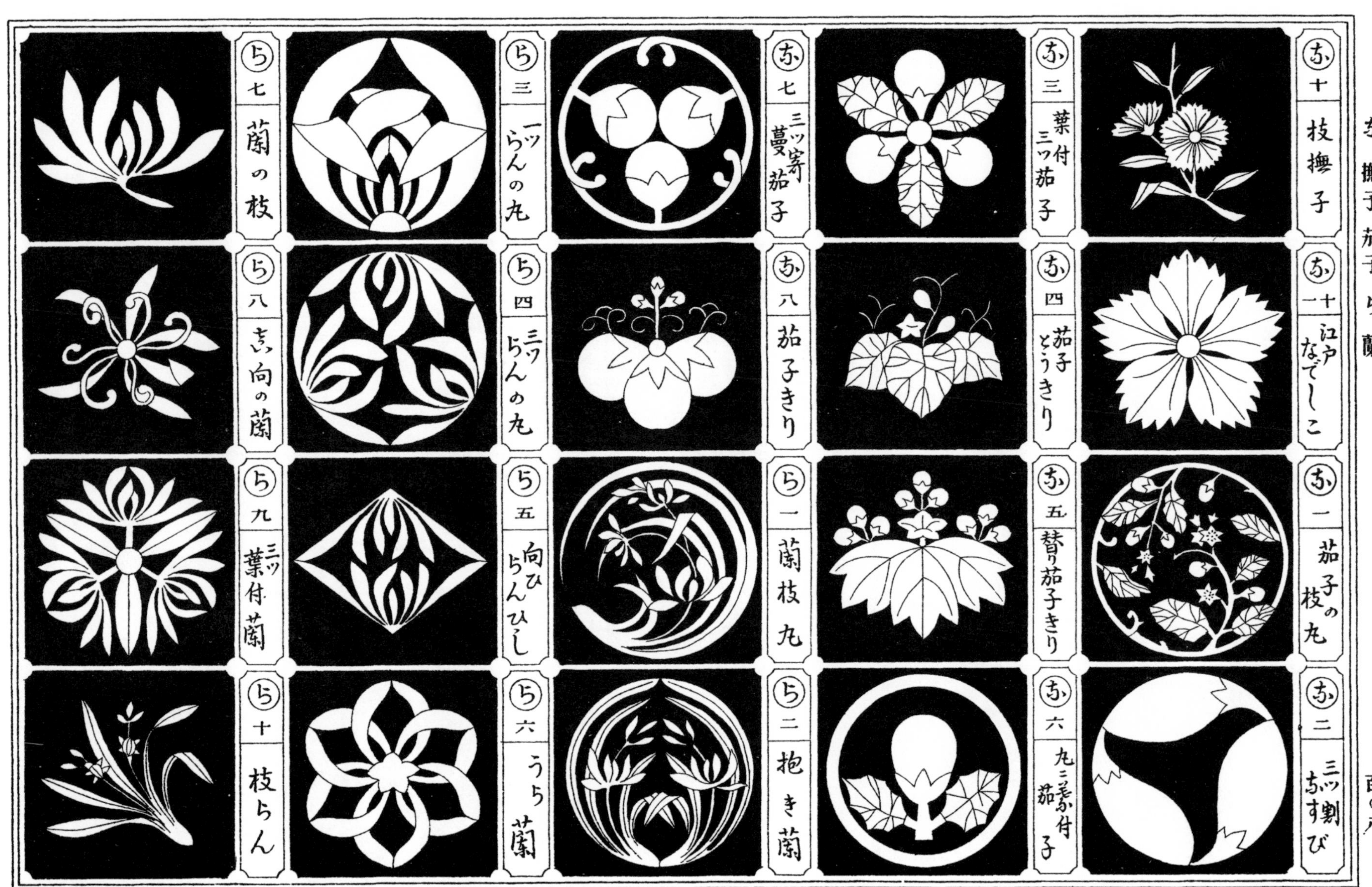
な十 枝撫子
な三 葉付三ツ茄子
な七 三ツ寄蔓茄子
ら三 一ツらんの丸
ら七 蘭の枝
な十一 江戸なでしこ
な四 茄子とうきり
な八 茄子きり
ら四 三ツらんの丸
ら八 向の蘭
な一 茄子の枝丸
な五 替り茄子きり
ら一 蘭枝丸
ら五 向ひらんひし
ら九 三ツ葉付蘭
な二 三ツ割なすび
な六 丸ニ葉付茄子
ら二 抱き蘭
ら六 うら蘭
ら十 枝らん

ら 蘭 む 百足 う 梅鉢

ら 十一 蘭の丸

む 一 一ツむかで丸

む 二 石持むかで丸

む 三 子持むかで丸

む 四 二ツ追ッかけむかで

う 一 丸に梅鉢

う 二 蕪のうめ鉢

う 三 光林梅鉢

う 四 剣梅鉢

う 五 石持地落梅鉢

う 六 糸巴にのぞき梅鉢

う 七 三ツ梅剣鉢

う 八 星梅鉢

う 九 揚羽梅鉢

う 十 中っかげ星梅鉢

う 十一 花羽加賀梅鉢

う 十二 羽梅鉢

う 十三 加賀梅鉢

う 十四 實梅鉢

う 十五 梓羽加賀梅鉢

百〇九

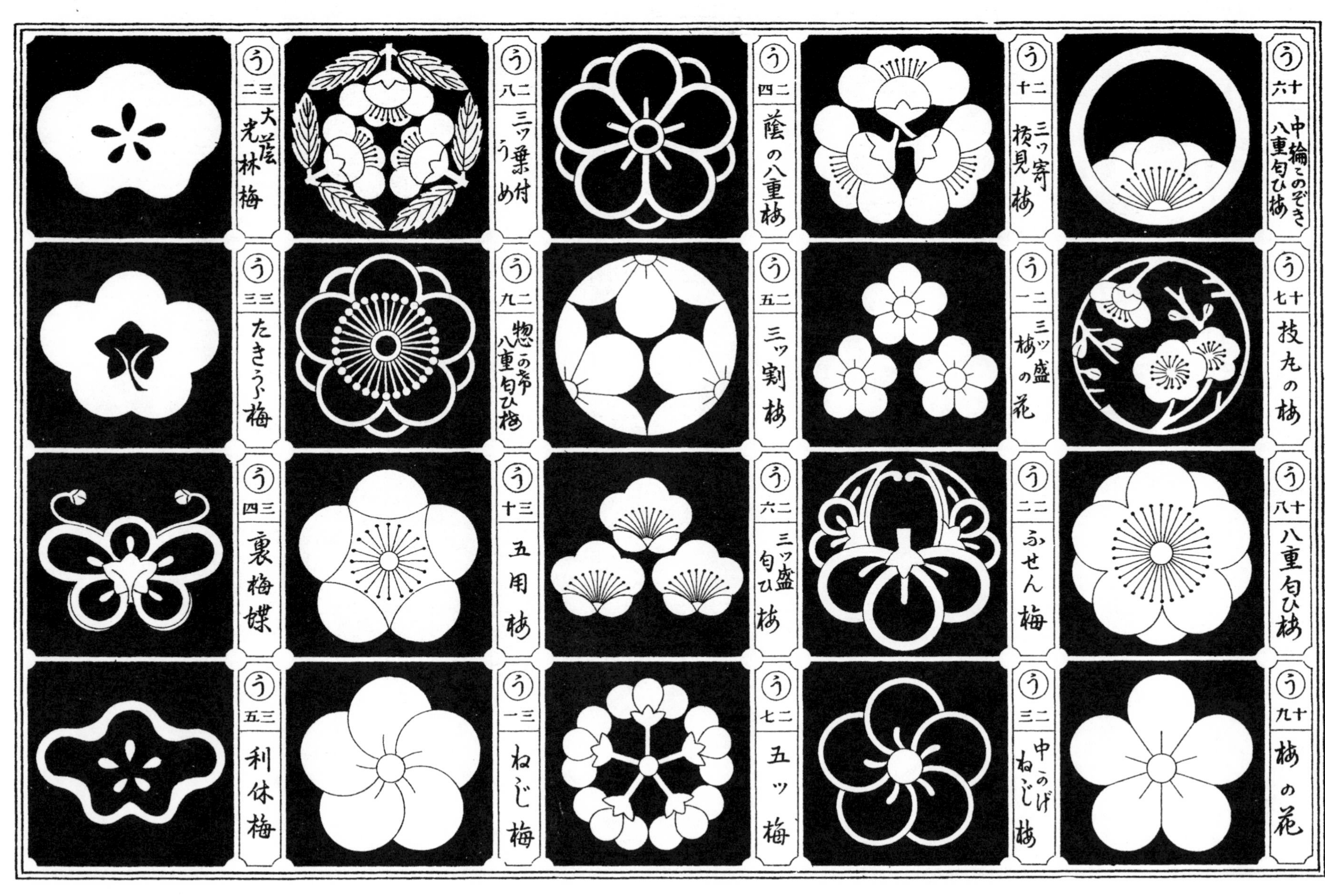

う 十六 中輪このぞき八重匂ひ梅
う 十七 枝丸の梅
う 十八 八重匂ひ梅
う 十九 梅の花
う 二十 三ツ寄横見梅
う 二一 三ツ盛梅の花
う 二二 ふせん梅
う 二三 中このげねじ梅
う 二四 蔭の八重梅
う 二五 三ツ割梅
う 二六 三ツ盛匂ひ梅
う 二七 五ツ梅
う 二八 三ツ葉付うめ
う 二九 惣このし八重匂ひ梅
う 三十 五用梅
う 三一 ねじ梅
う 三二 大蔭光林梅
う 三三 たきうふ梅
う 三四 裏梅蝶
う 三五 利休梅

う

梅

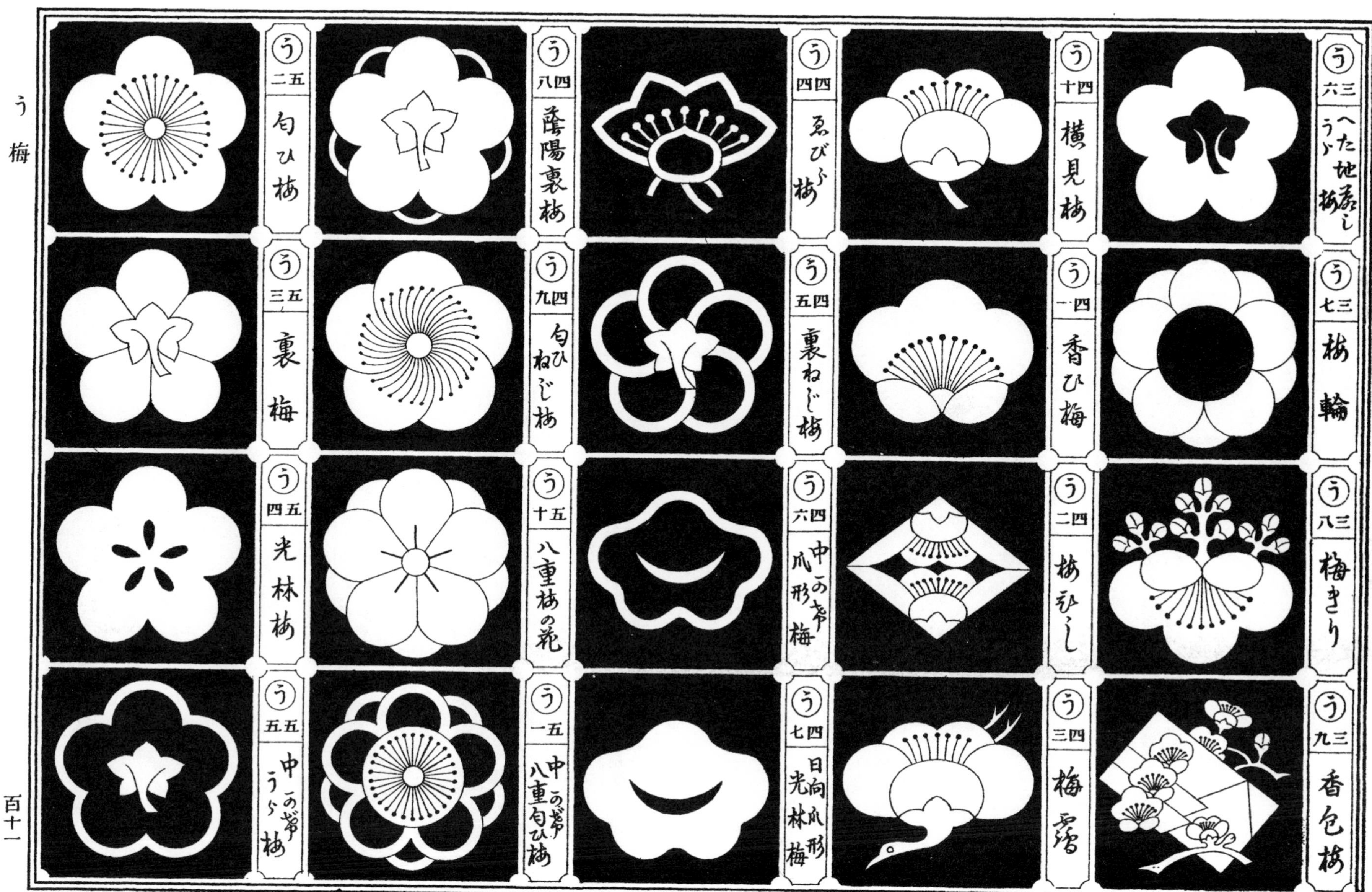

百十一

う 梅

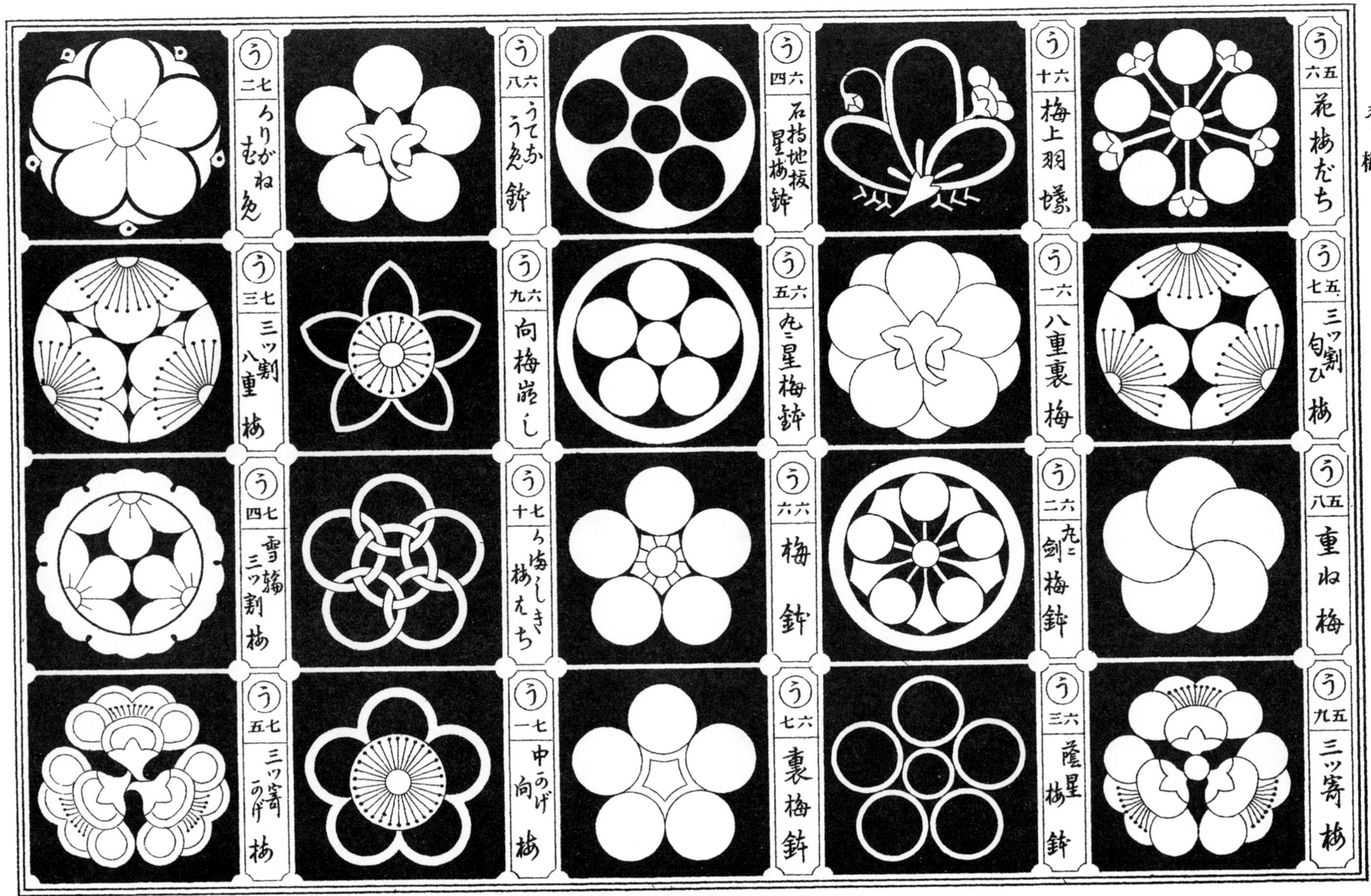

う 六五 花梅だち
う 七五 三ッ割匂ひ梅
う 八五 重ね梅
う 九五 三ッ寄梅
う 十六 梅上羽蝶
う 一六 八重裏梅
う 二六 丸に剣梅鉢
う 三六 蔭星梅鉢
う 四六 石持地抜星梅鉢
う 五六 丸に星梅鉢
う 六六 梅鉢
う 七六 裏梅鉢
う 八六
う 九六 向梅崩し
う 十七
う 一七 中のげ向梅
う 二七 ろりがね梅
う 三七 三ッ割八重梅
う 四七 雪輪三ッ割梅
う 五七 三ッ寄このげ梅

百十二

う 梅 兎 うちわ

う 六七 中輪六ツ梅

う 七七 糸輪やり梅

う 八七 木むら花梅

う 九七 匂ひ梅

う 十八 片しき梅

う 一八 ごて政 ゑびらむ兎

う 一 三ツ後向き兎

う 二 真向き兎

う 三 三ツ光林兎

う 四 三ツ尾合兎

う 五 花兎

う 六 月兎こ浪

う 一 唐うちわ

う 二 割唐うちわ

う 三 けん三ツ唐うちわ

う 四 三ツ割房付唐うちわ

う 五 三ツ唐うちわ

う 六 丸こ並ひ唐うちわ

う 七 菜名うちわ

う 八 軍配うちわ

百十三

う　唐うちわ、羽うちわ、團扇、

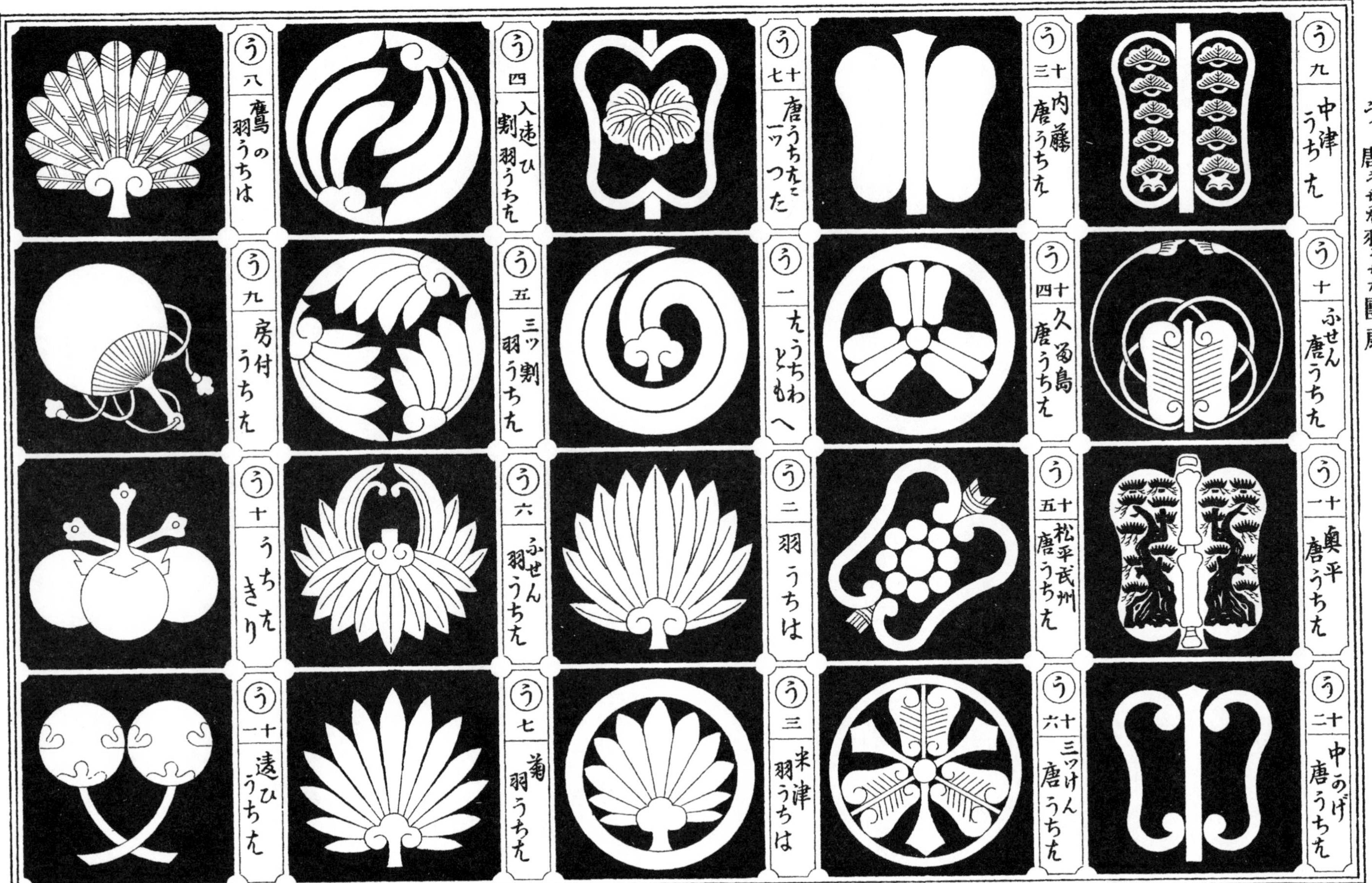

百十四

う 團扇、馬、鱗、

う 十二 丸ニ葵うちは丸

う 十三 三ツうちは

う 十四 丸ニうちは

う 十五 ふのくさ三ツうちは

う 十六 うちは蝶

う 十七 うちはねぢ梅

う 十八 五ツうちは

う 一 左お帯馬

う 二 相馬垣

う 一 北條うろこ

う 二 三ツうろこ

う 三 三ツ組合鱗

う 四 三ツ持合鱗

う 五 清明鱗

う 六 五ツうろこ

う 七 糸輪ニ陰陽の重ね鱗

う 八 釵三ツ鱗

う 九 糸輪ニ蔭の三ツ鱗

う 十 中輪ニ三ツうろこ

う 十一 石持地落三ツ鱗

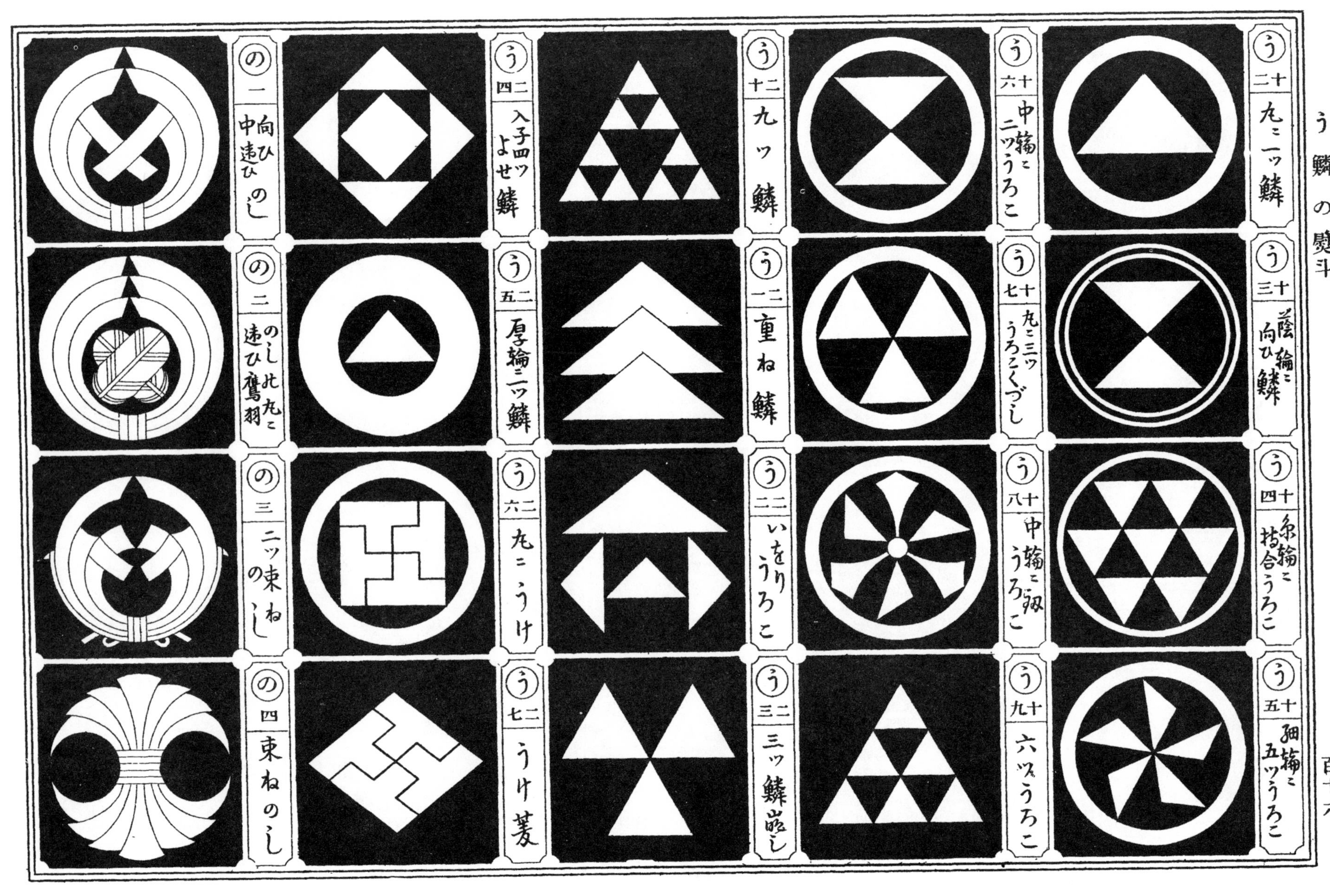
う 鱗の熨斗
う 十二 丸に一ッ鱗
う 十三 陰輪に向ひ鱗
う 十四 糸輪に持合うろこ
う 十五 細輪に五ツうろこ
う 十六 中輪に二ツうろこ
う 十七 丸に三ツうろこくづし
う 十八
う 十九 六ツうろこ
う 二十 九ッ鱗
う 二十一 重ね鱗
う 二十二 いをりうろこ
う 二十三 三ッ鱗崩し
う 二十四 入子四ツよせ鱗
う 二十五 厚輪に一ツ鱗
う 二十六 丸にうけ
う 二十七 うけ菱
の 一 向ひ中違ひのし
の 二 のし比丸に違ひ鷹羽
の 三 二ッ束ねのし
の 四 束ねのし
百十六

の 熨斗

の五 三寶のし

の六 熨斗桐

の七 折違ひのし

の八 折のしひし

の九 違ひのし

の十 のしひし

の十一 のし蝶

の十二 のし細片丸み

の十三 かざり向ひのし

の十四 かざりのし

の十五 一ツのし

の十六 のし花丸

の十七 熨斗輪にかたばみ

の十八 蔭のし輪に三ツ星

の十九 向ひのし蝶

の二十 向ひのし

の二十一 二ツたばねのし

の二十二 のし丸

の二十三 かざりのし

の二十四 かざり向ひのし

百十七

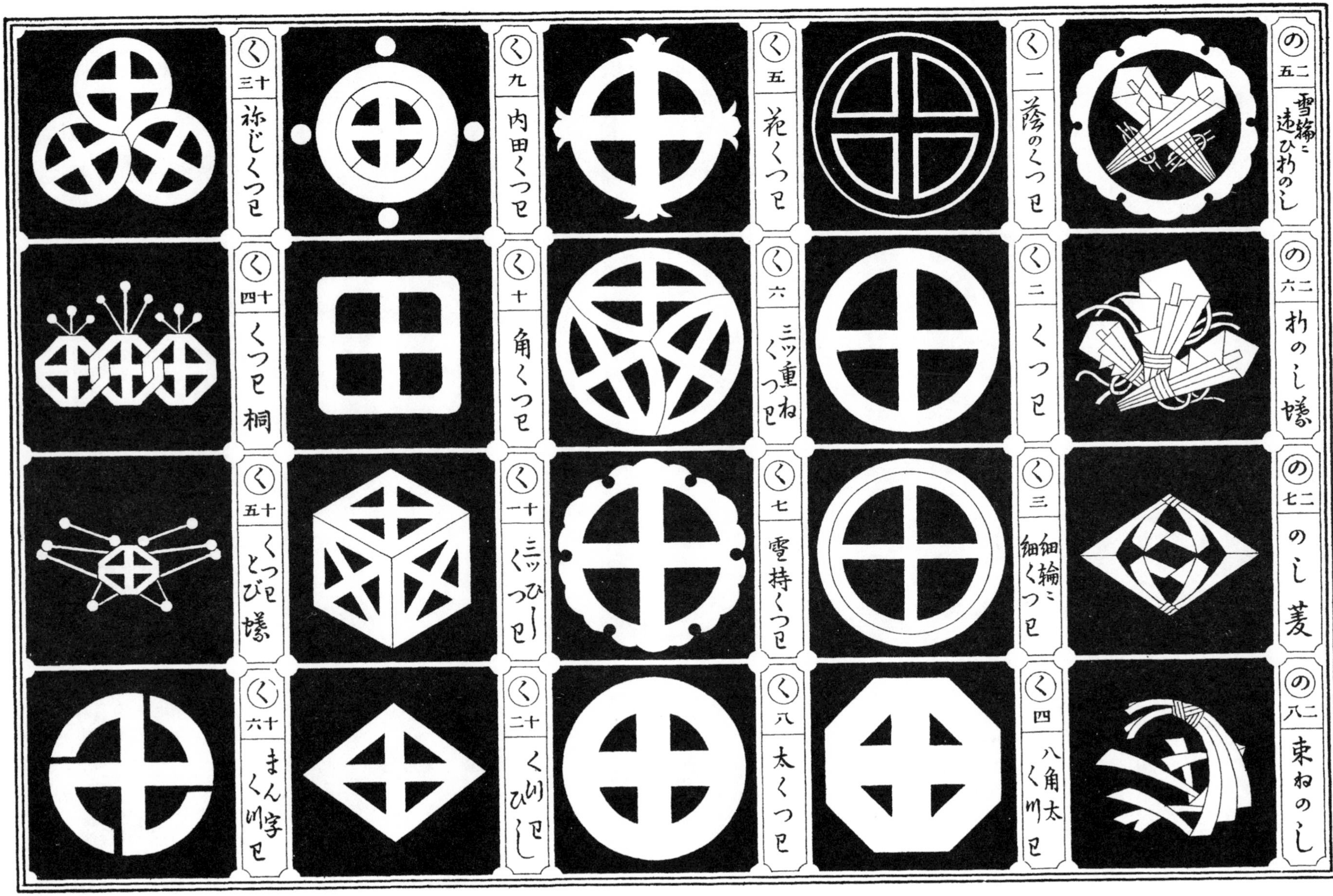

の熨斗 く轡

の二五 雪輪に違ひ折のし

の二六 折のし蝶

の二七 のし菱

の二八 束ねのし

く一 蔭のくつわ

く二 くつわ

く三 細輪に細くつわ

く四 八角太くつわ

く五 花くつわ

く六 三ツ重ねくつわ

く七 雪持くつわ

く八 太くつわ

く九 内田くつわ

く十 角くつわ

く十一 三ツくつわひし

く十二 くつわひし

く十三 祢じくつわ

く十四 くつわ桐

く十五 くつわとび蝶

く十六 まん字くつわ

く 轡、釘抜

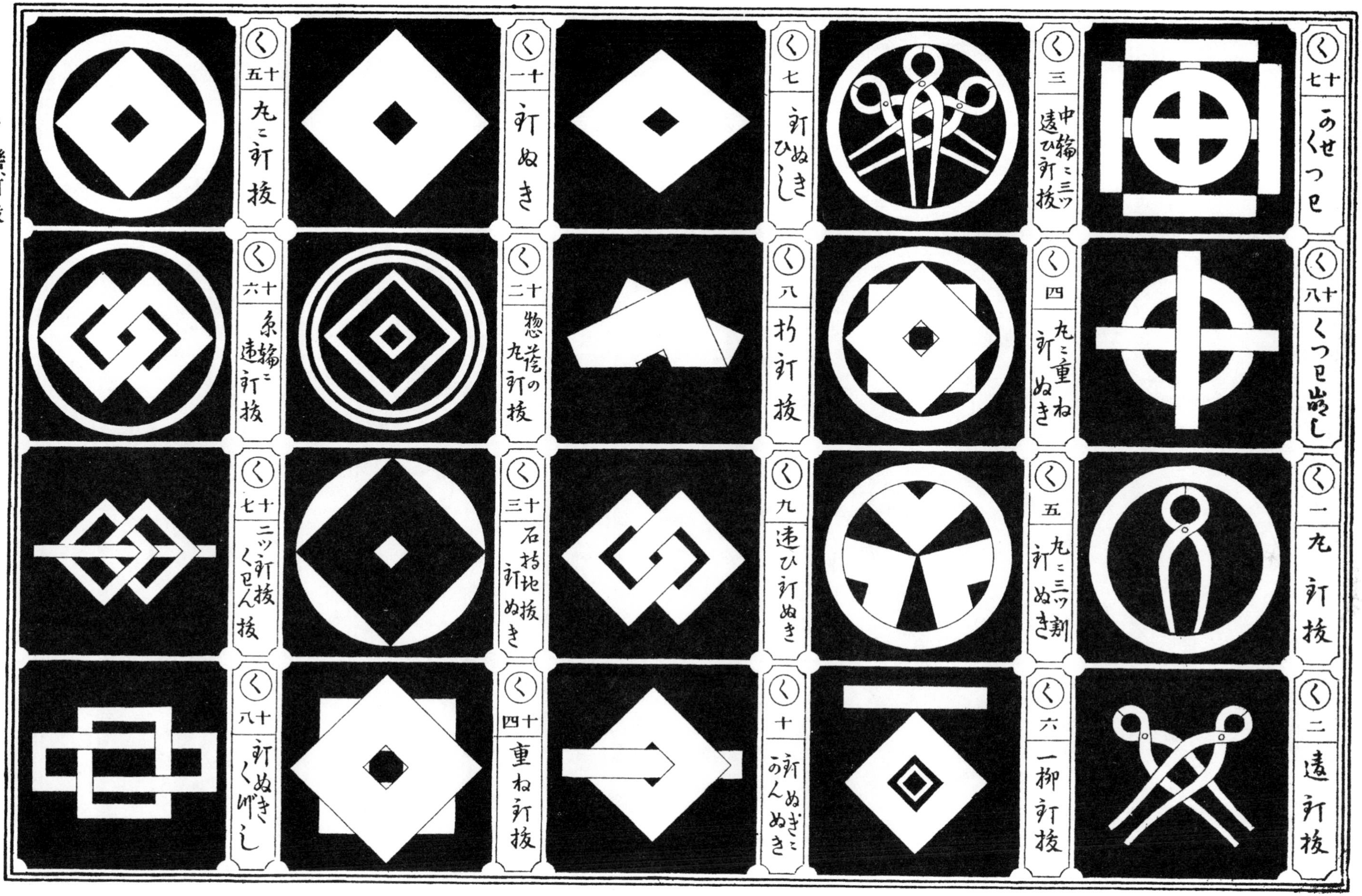

く 十七 あせくつわ

く 十八 くつわ崩し

く 一 丸に釘抜

く 二 遠釘抜

く 三 中輪に三ツ違ひ釘抜

く 四 丸に重ね釘ぬき

く 五 丸に三ツ割釘ぬき

く 六 一柳釘抜

く 七 釘ぬきひし

く 八 折釘抜

く 九 違ひ釘ぬき

く 十 釘ぬきにかんぬき

く 十一 釘ぬき

く 十二 惣巻の丸釘抜

く 十三 石持地抜釘ぬき

く 十四 重ね釘抜

く 十五 丸に釘抜

く 十六 糸輪に違釘抜

く 十七 二ツ釘抜くわん抜

く 十八 釘ぬきくずし

百十九

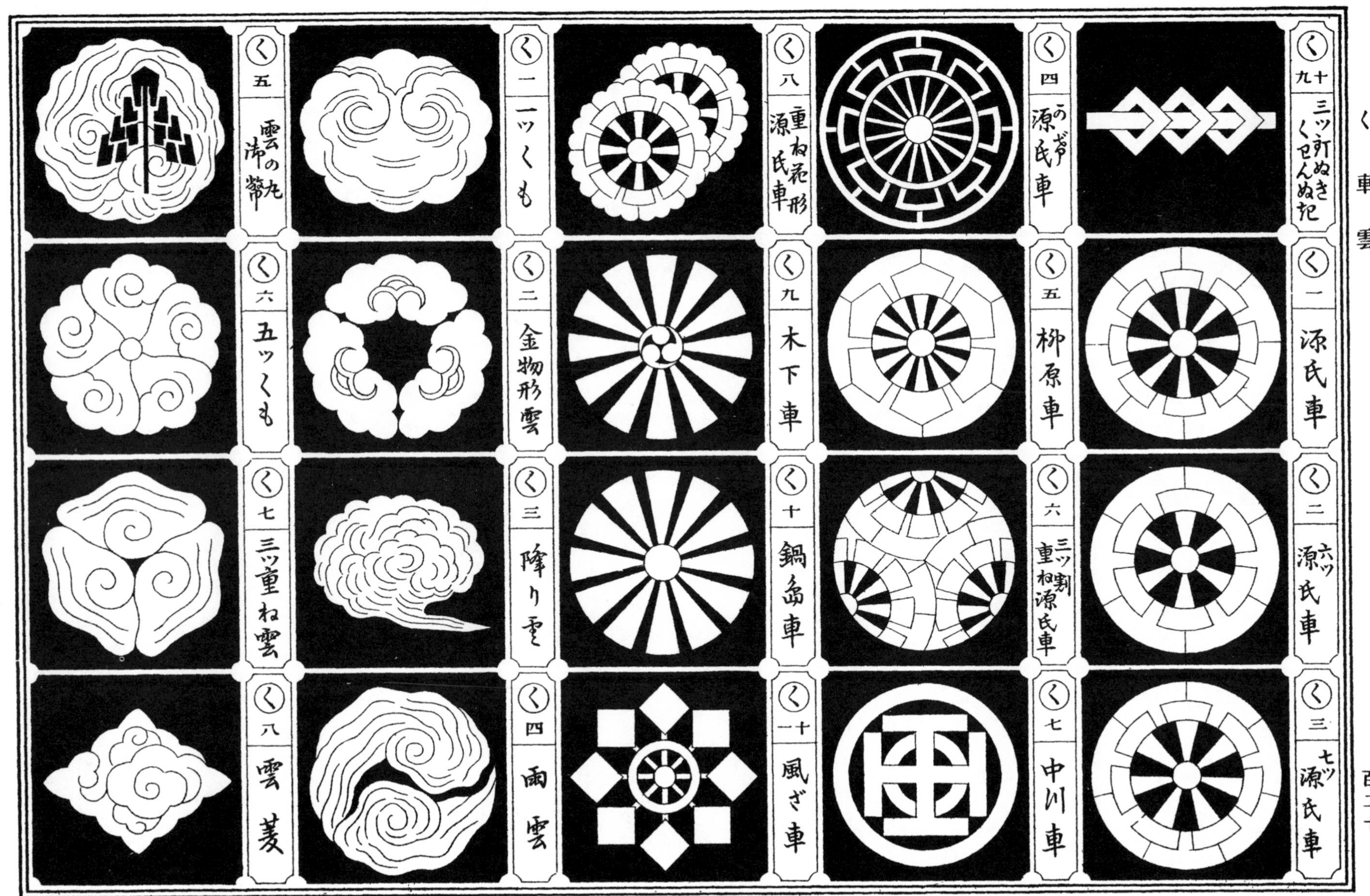

く 九十 三ツ釘ぬき
く 一 源氏車
く 二 六ツ源氏車
く 三 七ツ源氏車
く 四 源氏車
く 五 柳原車
く 六 三ツ割重ね源氏車
く 七 中川車
く 八 重ね花形源氏車
く 九 木下車
く 十 鍋島車
く 十一 風ざ車
く 一 一ツくも
く 二 金物形雲
く 三 降り雲
く 四 雨雲
く 五 雲の丸
く 六 五ツくも
く 七 三ツ重ね雲
く 八 雲菱

く 雲、鐶

く九 八重くも

く十 丹しくも

く十一 巴雲

く一 五鐶に三ツ巴

く二 五ツ唐かんに井げた

く三 四ツ鐶に木瓜

く四 五ツ鐶

く五 外向き四ツ鐶

く六 外向き六ツ鐶

く七 四ツ唐かん三ひし

く八 四ツかん三ひし

く九 木瓜形四ツかん

く十 外向き三ツかん

く十一 三ツ唐鐶

く十二 鐶すゞめ

く十三 外向き三ツ唐かん

く十四 替り四ツ組かん

く十五 かんさくら

く十六 本願寺かん

く十七 光琳松形鐶

百二十一

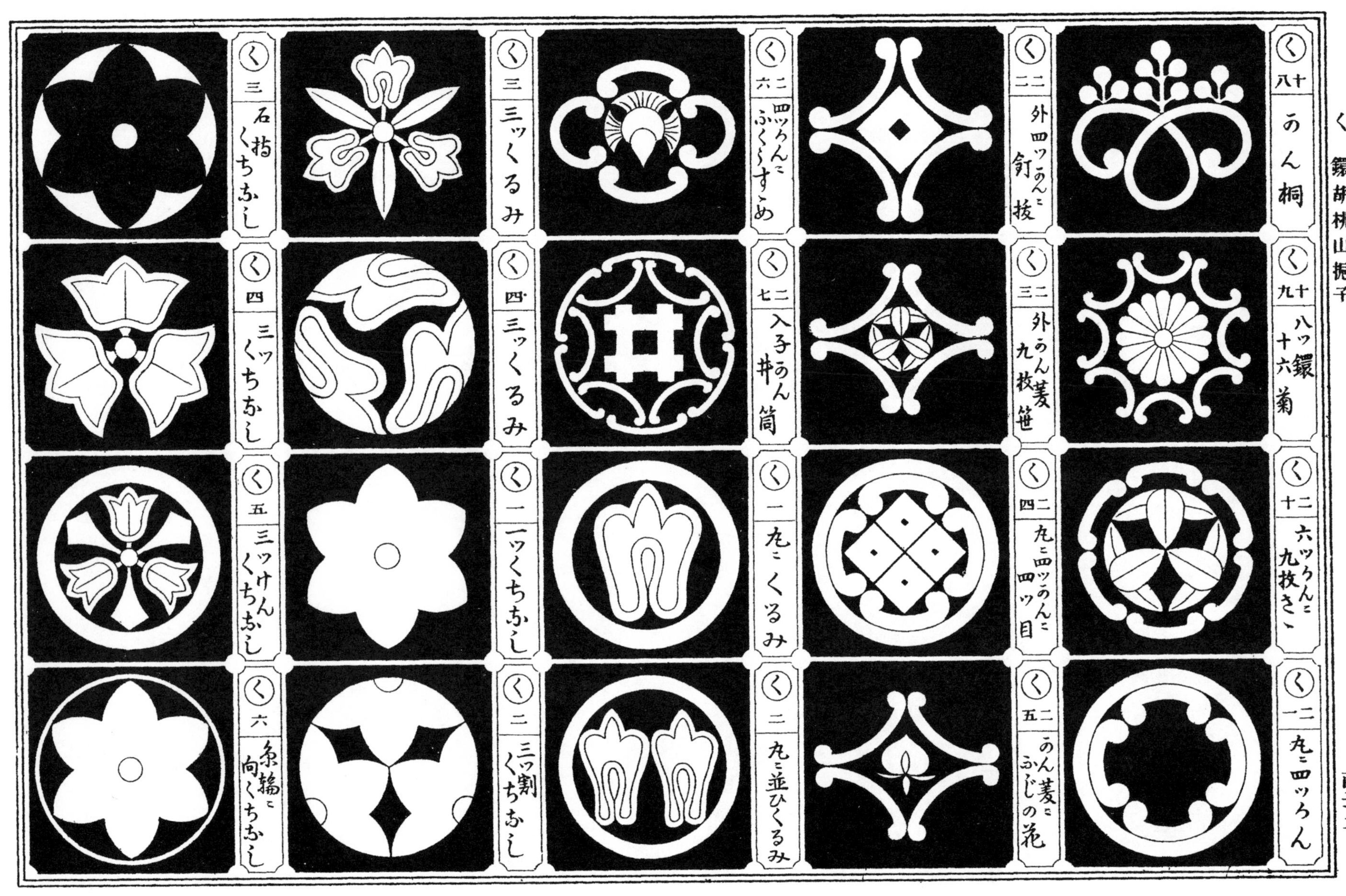

く
鐶、胡桃、山梔子
く 十八
のん桐
く 二二
外四ツのんに
釘抜
く 二六
四ツろんに
ふくらすゞめ
く 三
三ツくるみ
く 三
石持
くちなし
く 十九
八ツ鐶
十六菊
く 二三
外のん菱
九枚笹
く 二七
入子のん
井筒
く 四
三ツくるみ
く 四
三ツ
くちなし
く 二十
六ツろんに
九枚さゝ
く 二四
丸に四ツのんに
四ツ目
く 一
丸に くるみ
く 一
一ツくちなし
く 五
三ツけん
くちなし
く 二一
丸に四ツろん
く 二五
のん菱に
ふじの花
く 二
丸に並びくるみ
く 二
三ツ割
くちなし
く 六
糸輪に
向くちなし
百二十二

く　鍬形、蛸、葛の花、

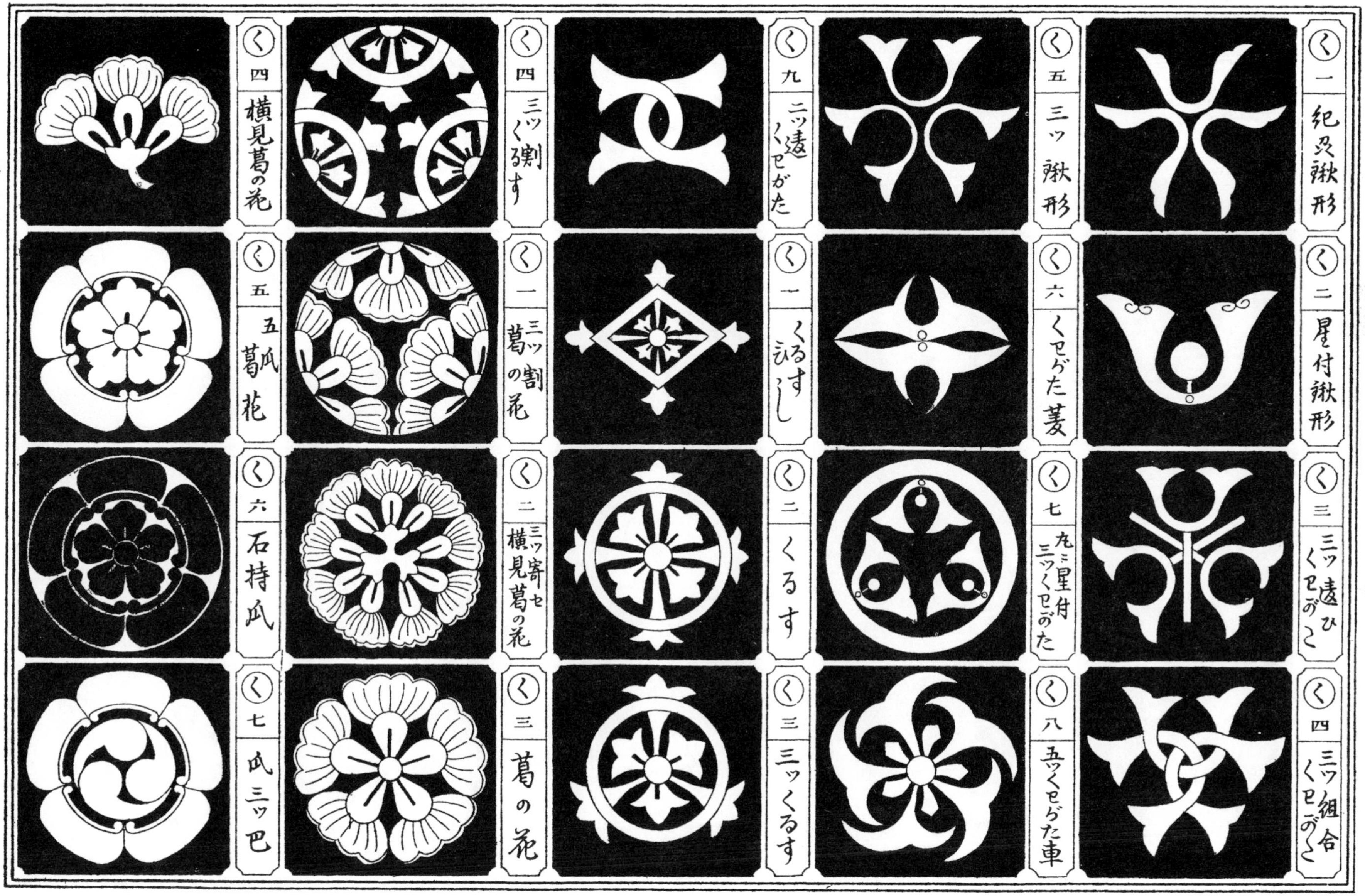

く 一 紀氏鍬形
く 二 星付鍬形
く 三 三ッ遠ひくセのこ
く 四 三ッ組合くセのこ
く 五 三ッ鍬形
く 六 くセがた菱
く 七 丸ニ星付三ッくセのた
く 八 五ッくセがた車
く 九 二ッ遠くセがた
く 一 くるすひし
く 二 くるす
く 三 三ッくるす
く 四 三ッ割くるす
く 一 三ッ割葛の花
く 二 三ッ寄セ横見葛の花
く 三 葛の花
く 四 横見葛の花
く 五 五瓜葛花
く 六 石持瓜
く 七 瓜三ッ巴

百二十三

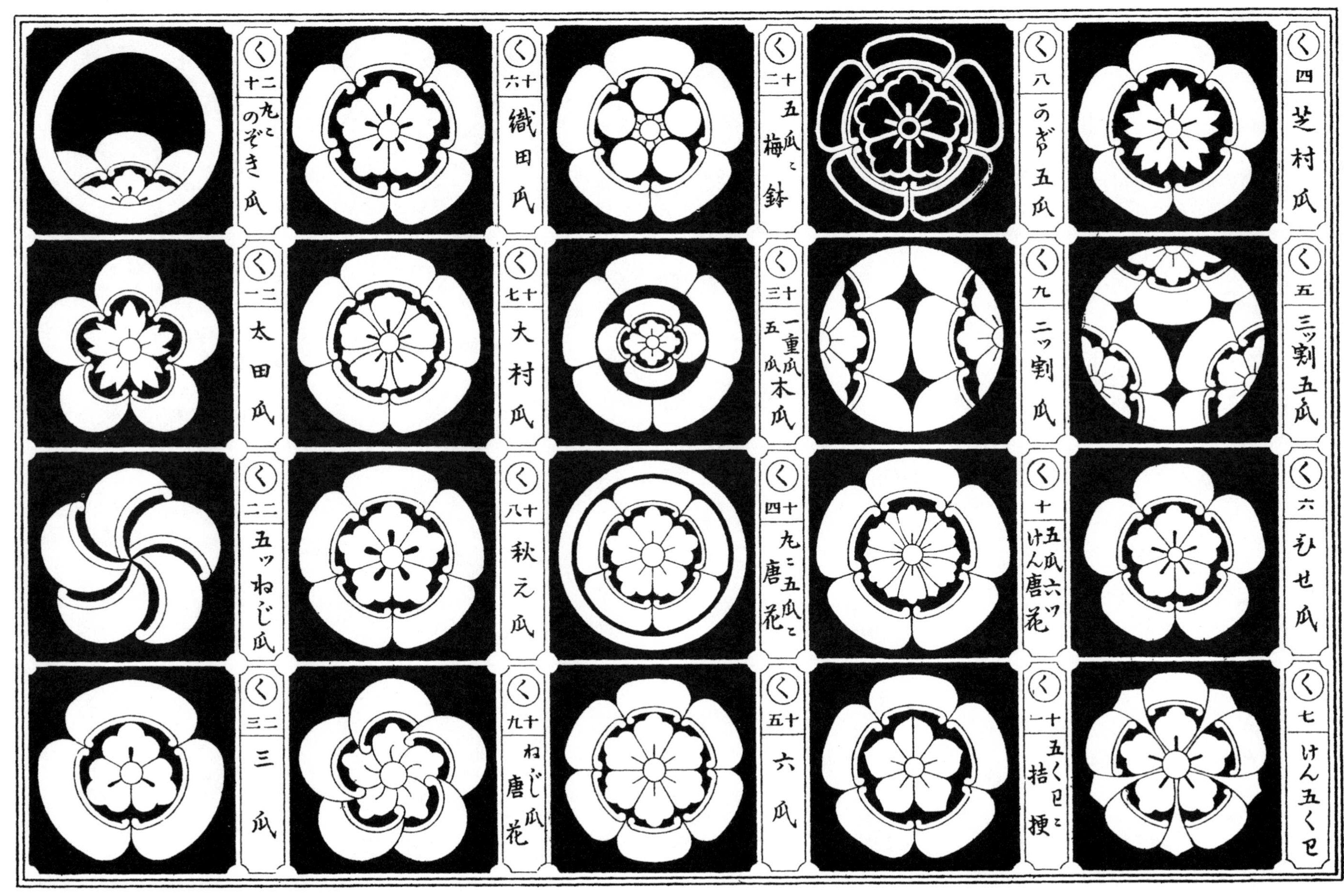
く
瓜
く四 芝村瓜
く五 三ツ割五瓜
く七 けん五くわ
く八 のぞき五瓜
く九 二ツ割瓜
く十 五瓜六ツけん唐花
く十一 五くわ桔梗
く十二 五瓜に梅鉢
く十三 一重五瓜木瓜
く十四 丸に五瓜に唐花
く十五 六瓜
く十六 織田瓜
く十七 大村瓜
く十八 秋え瓜
く十九 ねじ瓜唐花
く二十 丸にのぞき瓜
く二十一 太田瓜
く二十二 五ツねじ瓜
く二十三 三瓜
百二十四

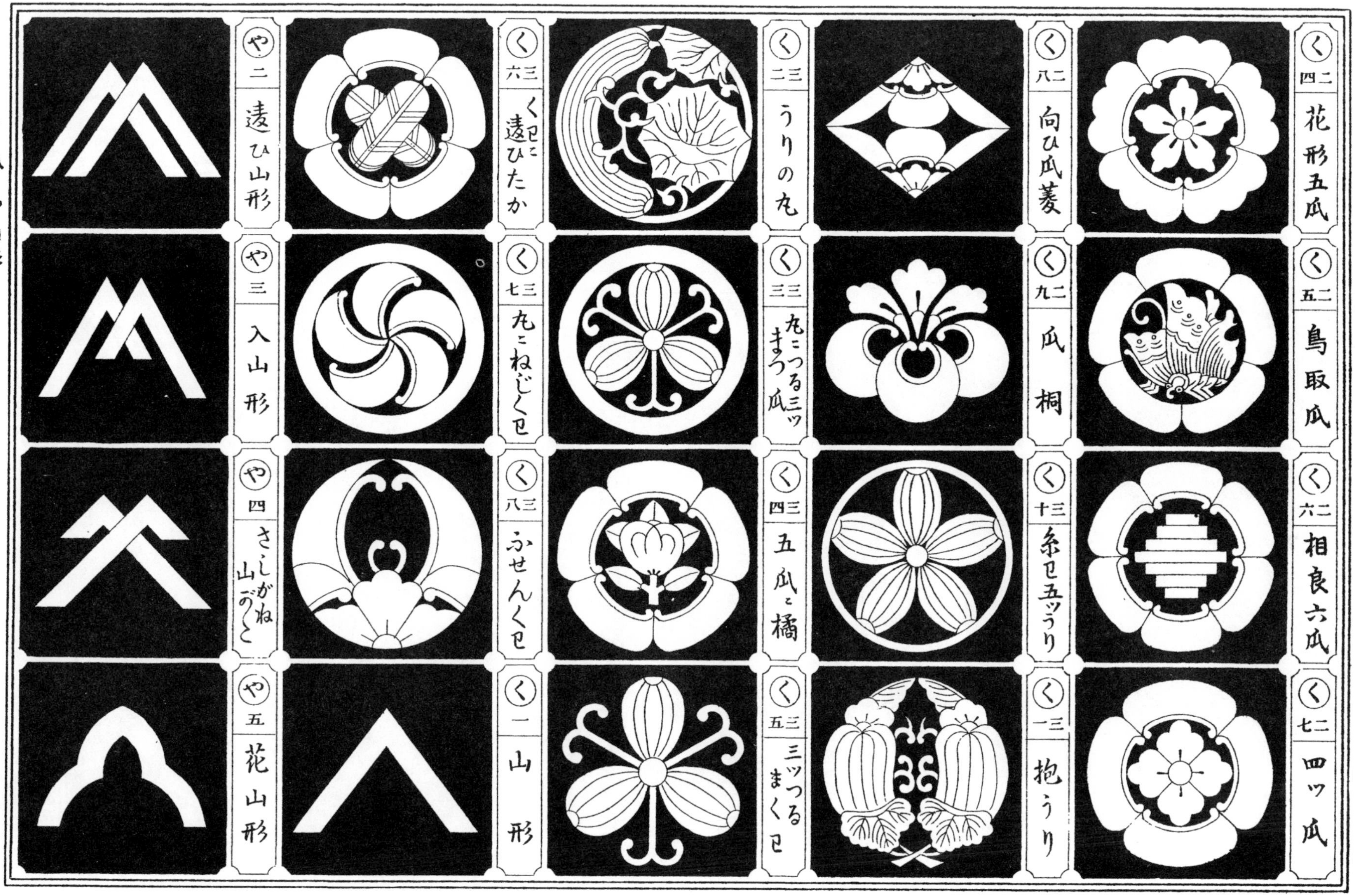

く 瓜　や 山形

く 二四 花形五瓜

く 二五 鳥取瓜

く 二六 相良六瓜

く 二七 四ツ瓜

く 二八 向ひ瓜菱

く 二九 瓜桐

く 三十 糸巴五ツうり

く 三一 抱うり

く 三二 うりの丸

く 三三 丸につる三ツまつ瓜

く 三四 五瓜に橘

く 三五 三ツつるまく巴

く 三六 く巴に遠ひたか

く 三七 丸にねじく巴

く 三八 ふせんく巴

く 一 山形

や 二 遠ひ山形

や 三 入山形

や 四 さしがね山のく

や 五 花山形

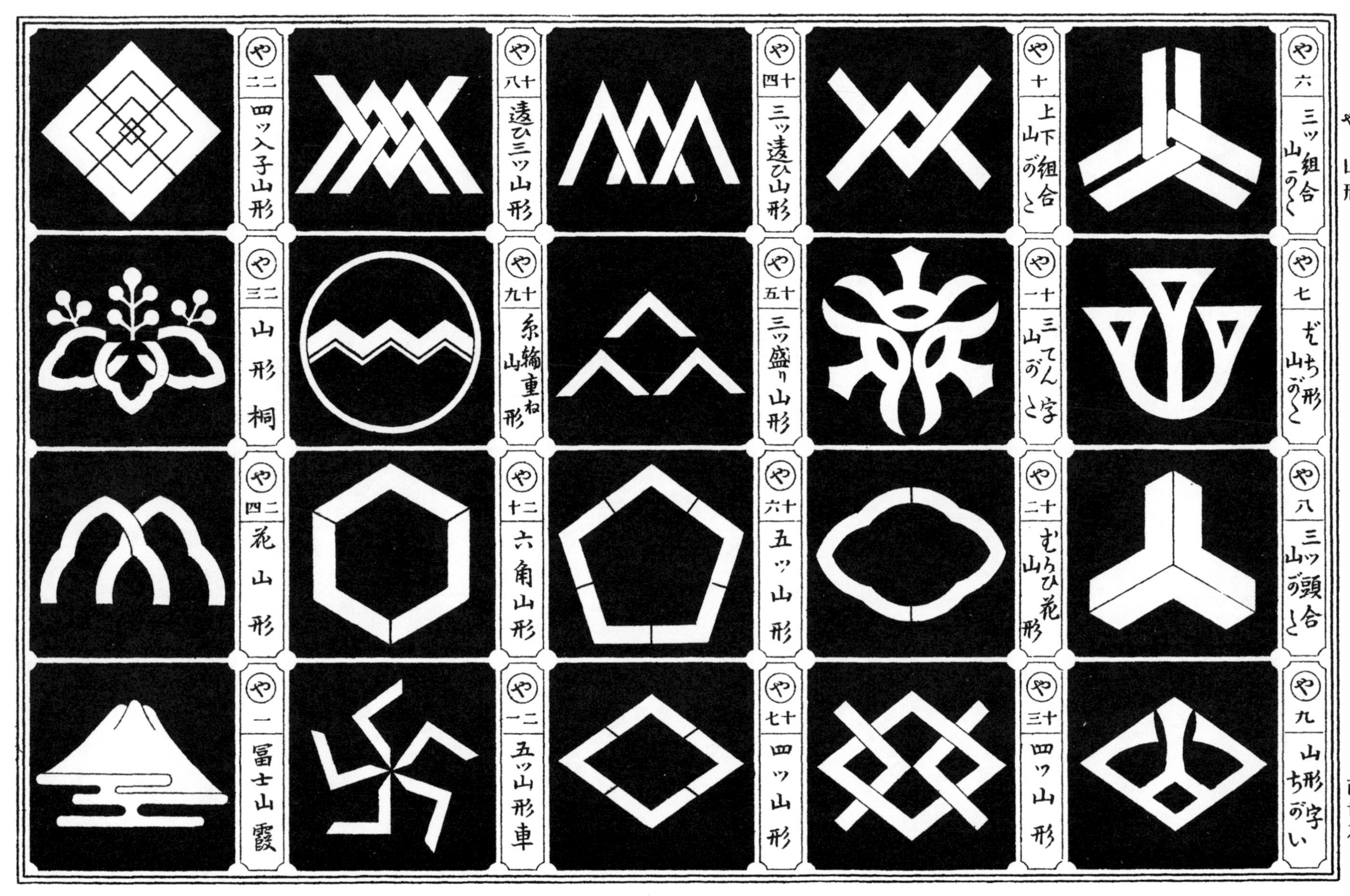
や 六 三ッ組合 山のく
や 七 だち形 山のく
や 八 三ッ頭合 山のと
や 九 山形字 ちのい
や 十 上下組合 山のと
や 一十 三てん字 山のと
や 二十 むらひ花 山形
や 三十 四ッ山形
や 四十 三ッ遠ひ山形
や 五十 三ッ盛り山形
や 六十 五ッ山形
や 七十 四ッ山形
や 八十 遠ひ三ッ山形
や 九十 糸輪重ね 山形
や 十二 六角山形
や 一二 五ッ山形車
や 二二 四ッ入子山形
や 三二 山形桐
や 四二 花山形
や 一 冨士山霞

や 山 山吹

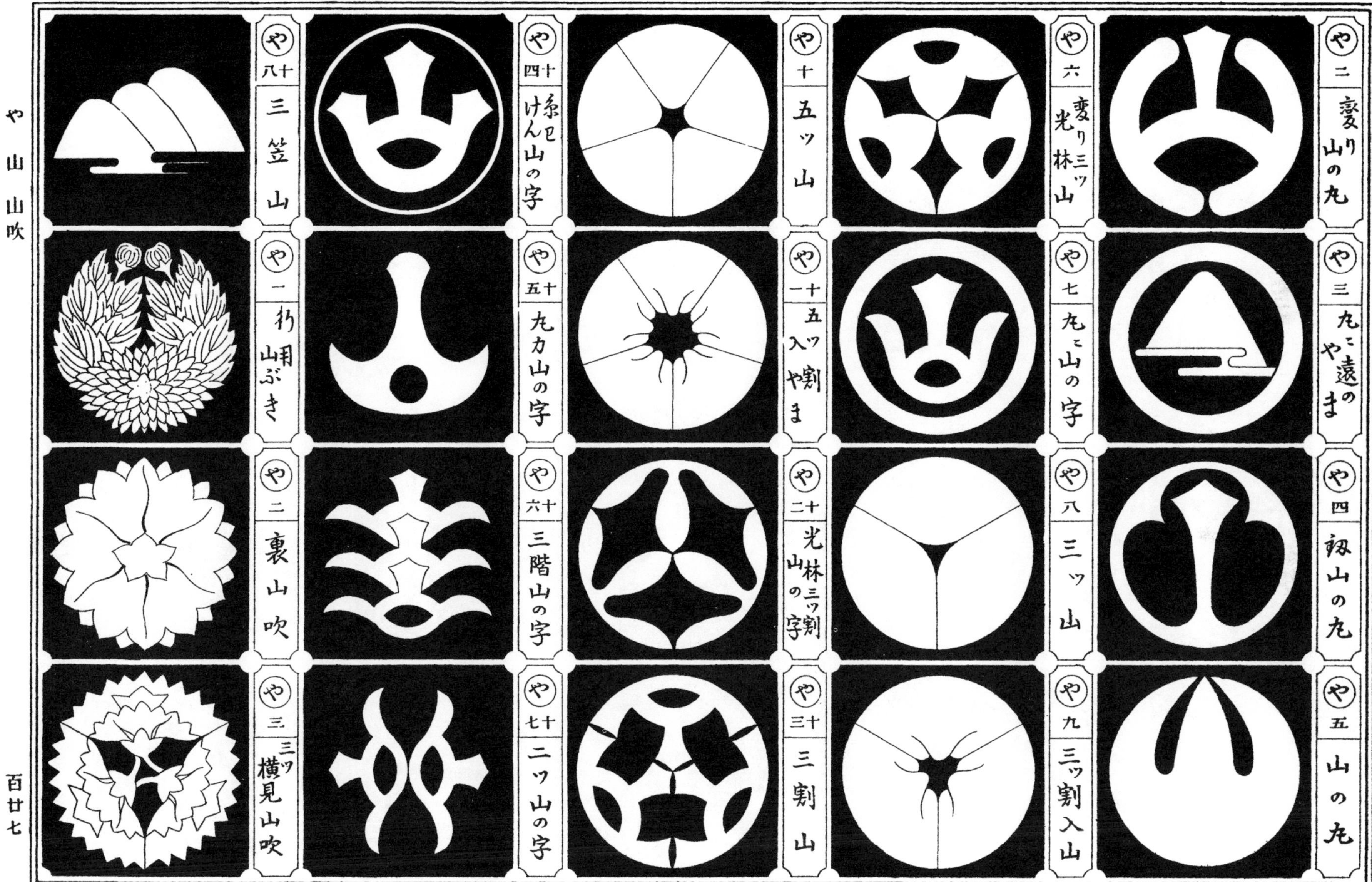

や 二 変り山の丸
や 六 変り三ツ光林山
や 十 五ツ山
や 十四 糸巴けん山の字
や 十八 三笠山
や 三 丸に遠のやま
や 七 丸に山の字
や 十一 五ツ割入やま
や 十五 丸カ山の字
や 一 行月山ぶき
や 四 剣山の丸
や 八 三ツ山
や 十二 光林三ツ割山の字
や 十六 三階山の字
や 二 裏山吹
や 五 山の丸
や 九 三ツ割入山
や 十三 三割山
や 十七 二ツ山の字
や 三 三ツ横見山吹

百廿七

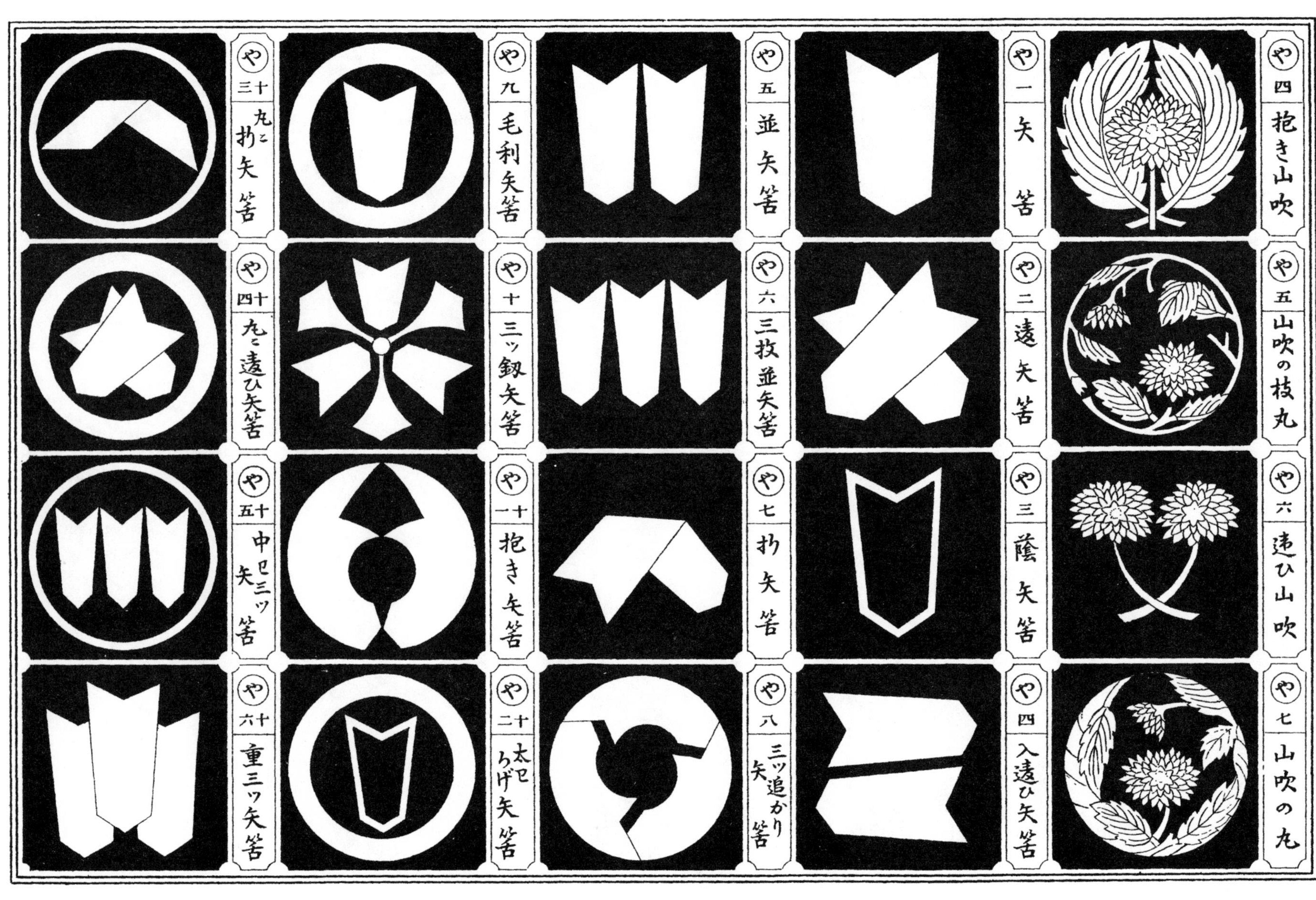

や四 抱き山吹
や五 山吹の枝丸
や六 違ひ山吹
や七 山吹の丸
や一 矢筈
や二 違矢筈
や三 蔭矢筈
や四 入違ひ矢筈
や五 並矢筈
や六 三枚並矢筈
や七 扚矢筈
や八 三ツ追かり矢筈
や九 毛利矢筈
や十 三ツ釼矢筈
や十一 抱き矢筈
や十二 太ヒろげ矢筈
や十三 丸に扚矢筈
や十四 丸に違ひ矢筈
や十五 中ヒ三ツ矢筈
や十六 重三ツ矢筈

や 矢筈 矢

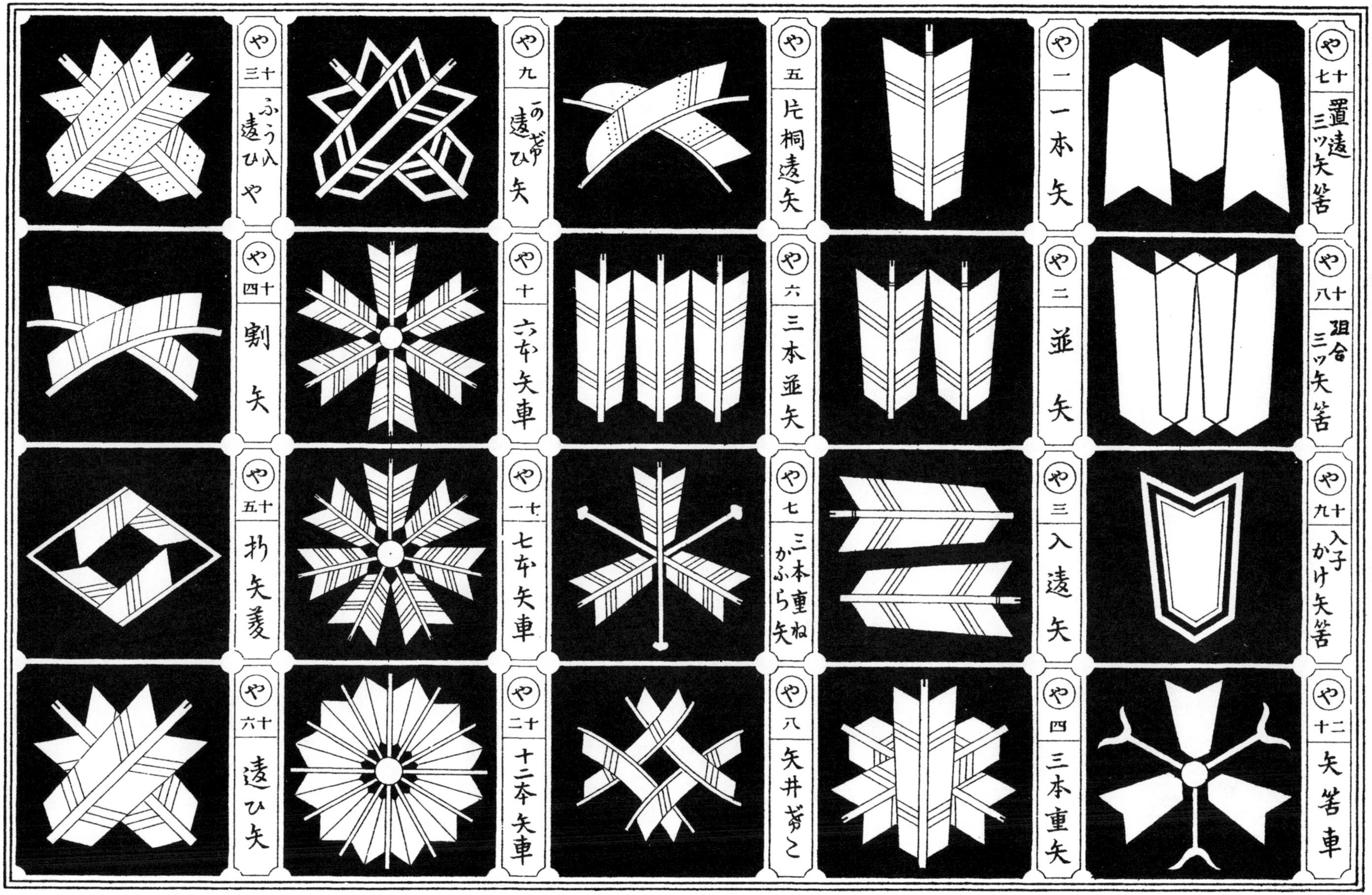

や 十七 置違三ツ矢筈

や 十八 組合三ツ矢筈

や 十九 入子かけ矢筈

や 二十 矢筈車

や 一 一本矢

や 二 並矢

や 三 入違矢

や 四 三本重矢

や 五 片桐違矢

や 六 三本並矢

や 七 三本重ねかぶら矢

や 八 矢井げた

や 九 一の字違ひ矢

や 十 六本矢車

や 十一 七本矢車

や 十二 十二本矢車

や 十三 ふう入違ひや

や 十四 剣矢

や 十五 折矢菱

や 十六 違ひ矢

や　矢

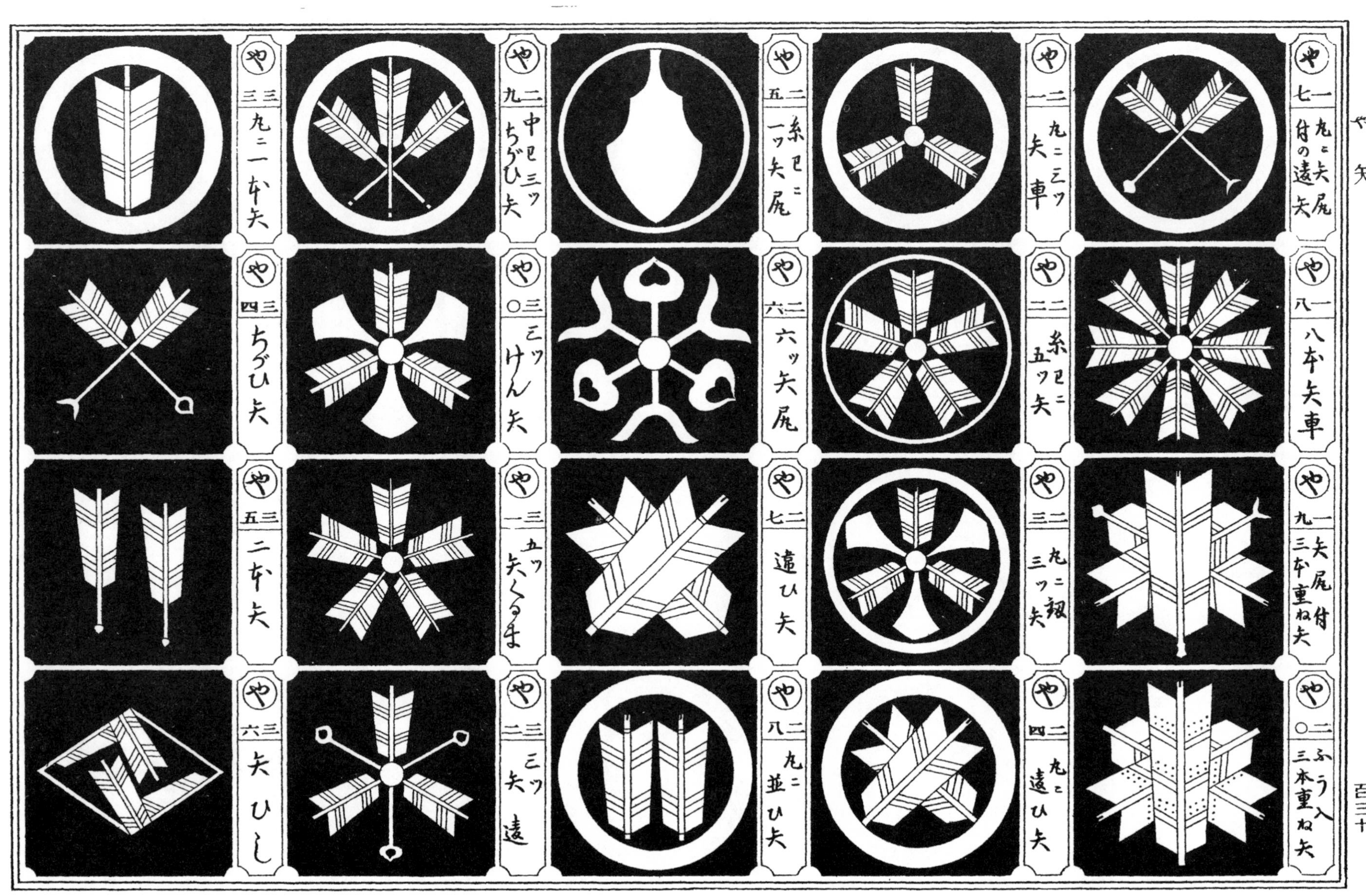

や 一七 丸に矢尾付の遠矢
や 二一 丸に三ツ矢車
や 二五 糸巴に一ツ矢尾
や 二九 中巴三ツちがひ矢
や 三三 丸に一本矢
や 一八 八本矢車
や 二二 糸巴に五ツ矢
や 二六 六ツ矢尾
や 三〇 三ツけん矢
や 三四 ちがひ矢
や 一九 矢尾付三本重ね矢
や 二三 丸に三ツ矢羽
や 二七 違ひ矢
や 三一 五ツ矢くるま
や 三五 二本矢
や 二〇 ふう入三本重ね矢
や 二四 丸に遠ひ矢
や 二八 丸に並ひ矢
や 三二 三ツ矢遠
や 三六 矢ひし

百三十

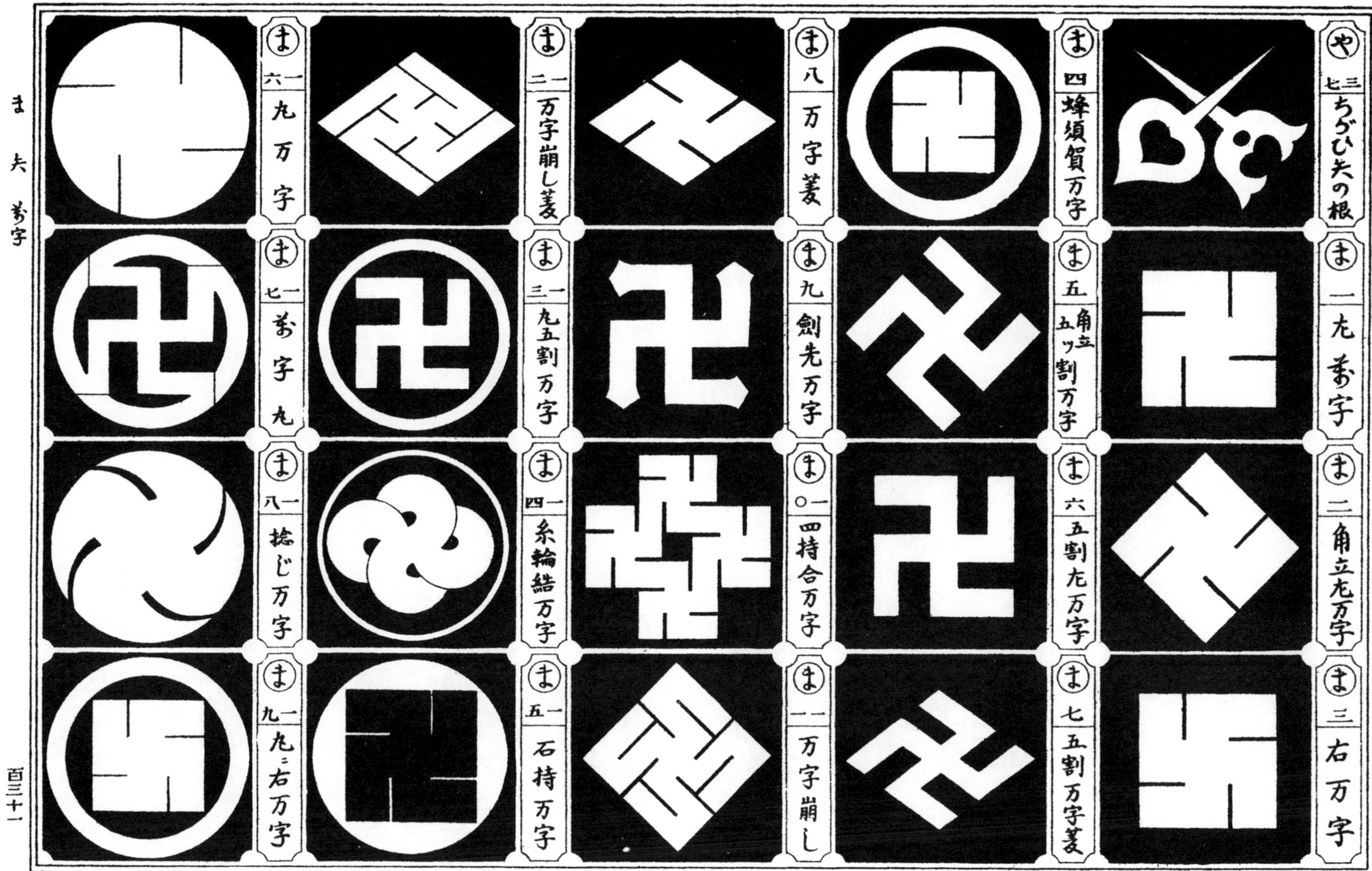
や 三七 ちぐひ矢の根
ま 四 蜂須賀万字
ま 八 万字菱
ま 一二 万字崩し菱
ま 一六 丸万字
ま 一 左卍字
ま 五 角立五ッ割万字
ま 九 劍先万字
ま 一三 丸五割万字
ま 一七 卍字丸
ま 二 角立左万字
ま 六 五割左万字
ま 一〇 四持合万字
ま 一四 糸輪結万字
ま 一八 捻じ万字
ま 三 右万字
ま 七 五割万字菱
ま 一一 万字崩し
ま 一五 石持万字
ま 一九 丸ニ右万字

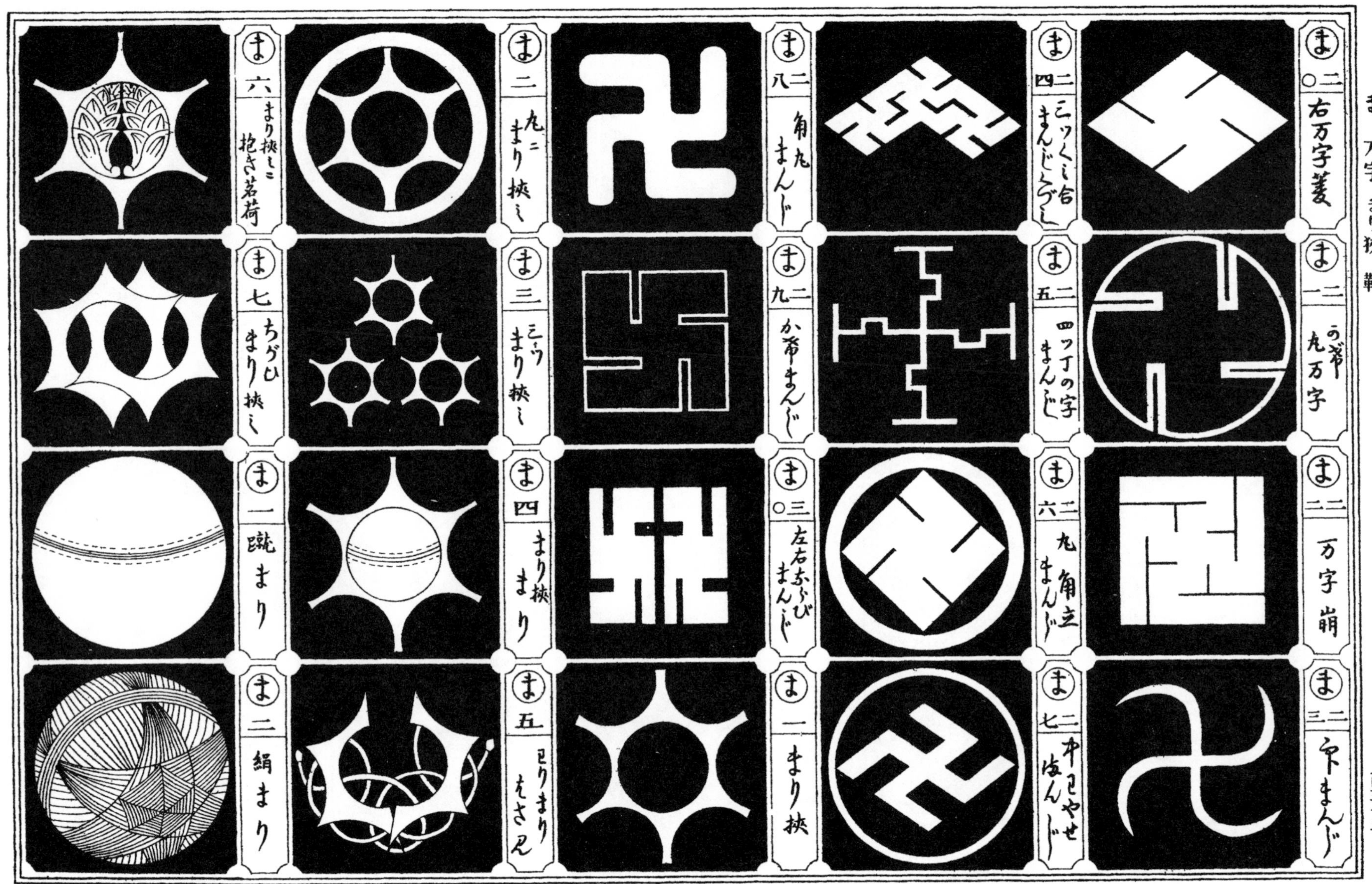

ま　万字　まり挟　鞠

百三十二

ま　まり　まとう　まさかり　豆造　松

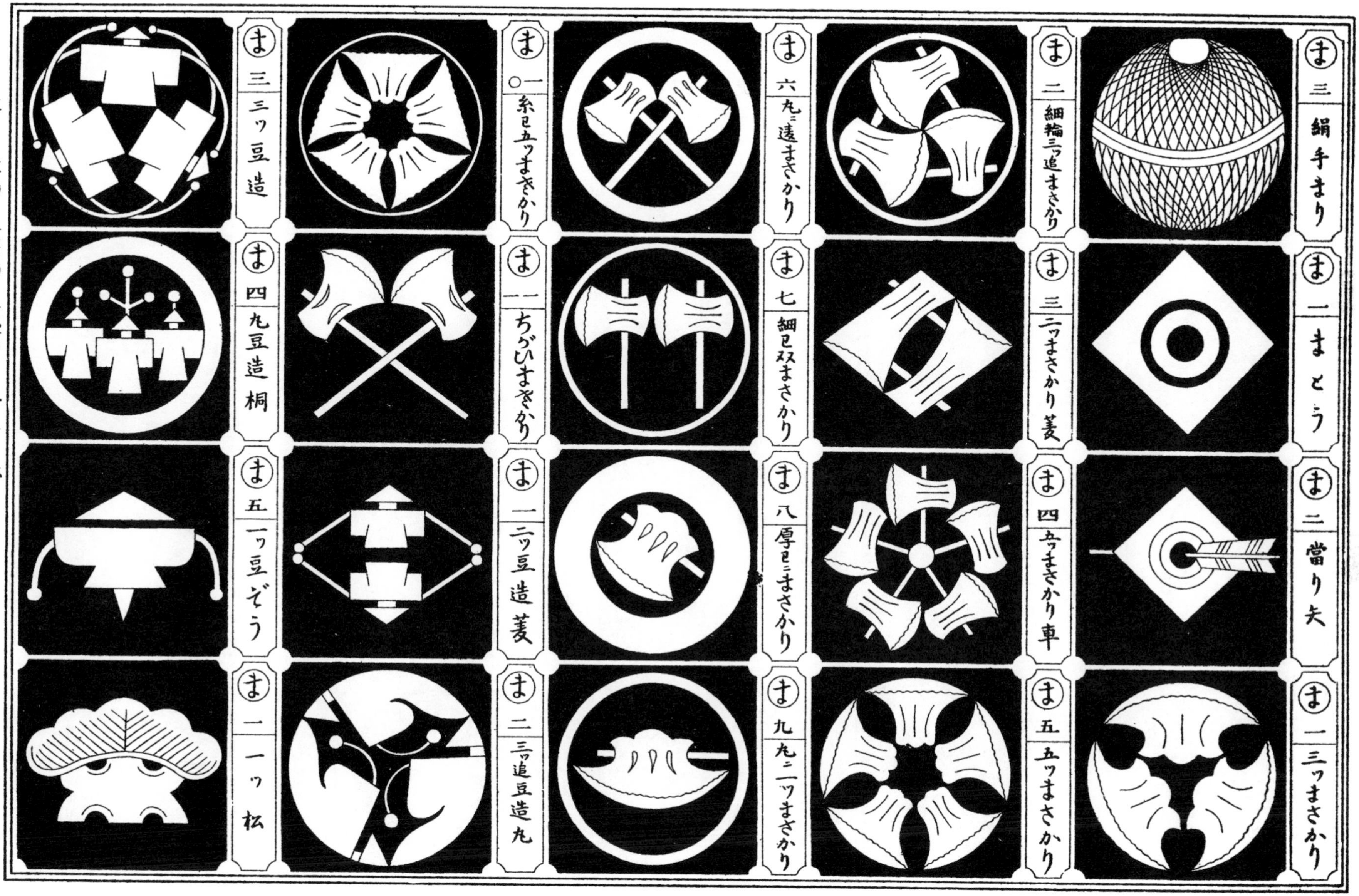

百三十三

ま 三 絹手まり

ま 一 まとう

ま 二 當り矢

ま 一 三ッまさかり

ま 二 細輪三ッ追まさかり

ま 三 二ッまさかり菱

ま 四 五ッまさかり車

ま 五 五ッまさかり

ま 六 丸ニ違まさかり

ま 七 細ヒ双まさかり

ま 八 厚ヒまさかり

ま 九 丸ニ一ッまさかり

ま 一〇 糸ヒ五ッまさかり

ま 一一 ちがひまさかり

ま 一 二ッ豆造菱

ま 二 三ッ追豆造丸

ま 三 三ッ豆造

ま 四 丸豆造桐

ま 五 一ッ豆ぞう

ま 一 一ッ松

ま 松

ま 二 二階松

ま 三 三ッ重ね松

ま 四 嵐附三階松

ま 五 向ひ松

ま 六 三ッ松

ま 七 頭合三ッ松

ま 八 雪輪三ッ松

ま 九 九ニ五ッ松

ま 一〇 四ッ松

ま 一一 櫛松

ま 一二 三ッ櫛より

ま 一三 光林三階松

ま 一四 三ッ唐松菱

ま 一五 三ッ割唐松

ま 一六 四ッ若松

ま 一七 三ッ割若松

ま 一八 抱若松

ま 一九 割若松

ま 二〇 九ニ三階松

ま 二一 松菱

ま 松

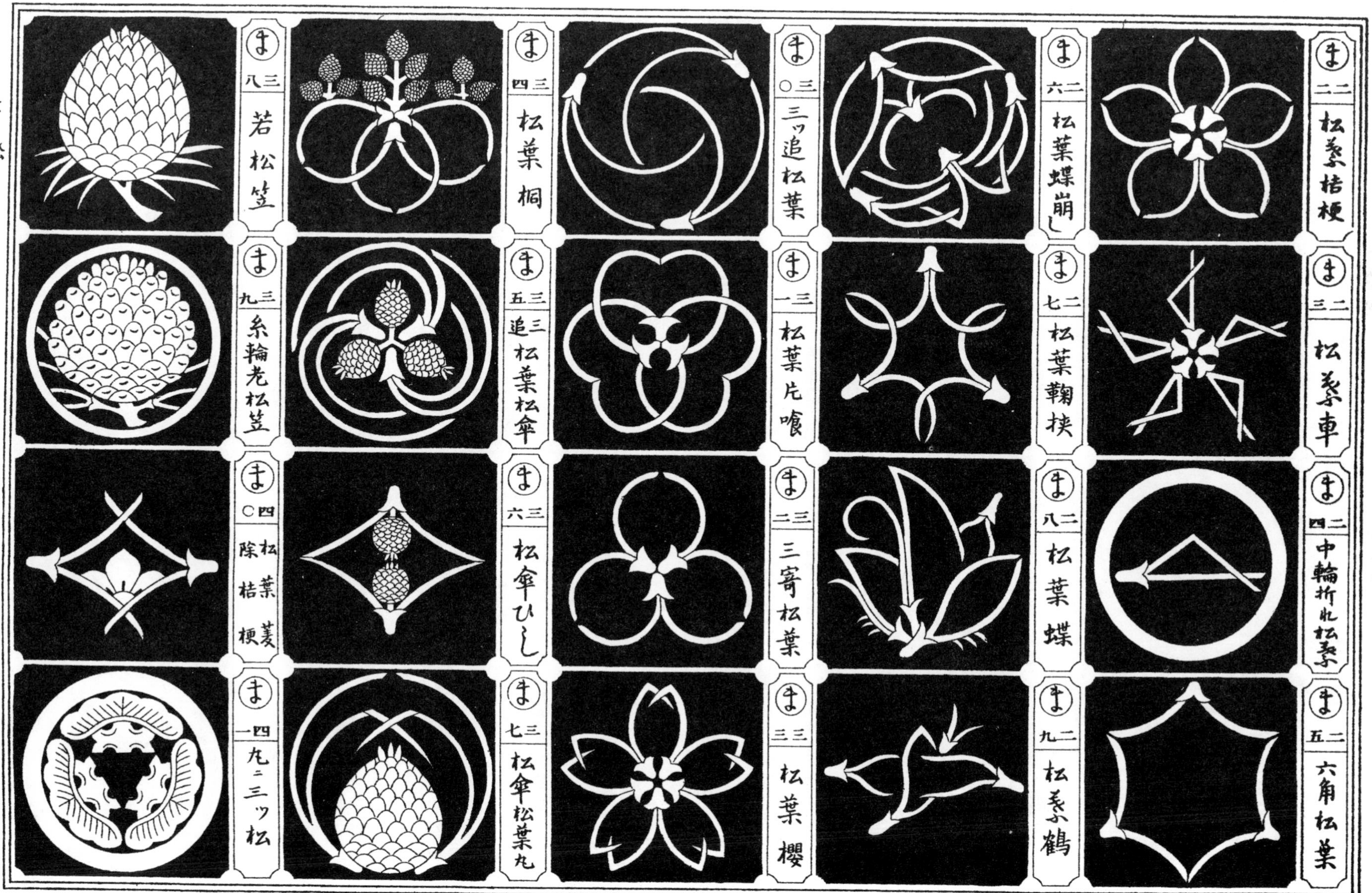

ま 二二 松葉桔梗

ま 三二 松葉車

ま 四二 中輪折れ松葉

ま 五二 六角松葉

ま 六二 松葉蝶崩し

ま 七二 松葉鞠挟

ま 八二 松葉蝶

ま 九二 松葉鶴

ま ○三 三ッ追松葉

ま 一三 松葉片喰

ま 二三 三寄松葉

ま 三三 松葉櫻

ま 四三 松葉桐

ま 五三 三追松葉松傘

ま 六三 松傘ひし

ま 七三 松傘松葉丸

ま 八三 若松笠

ま 九三 糸輪老松笠

ま ○四 松葉菱除桔梗

ま 一四 丸ニ三ッ松

百三十五

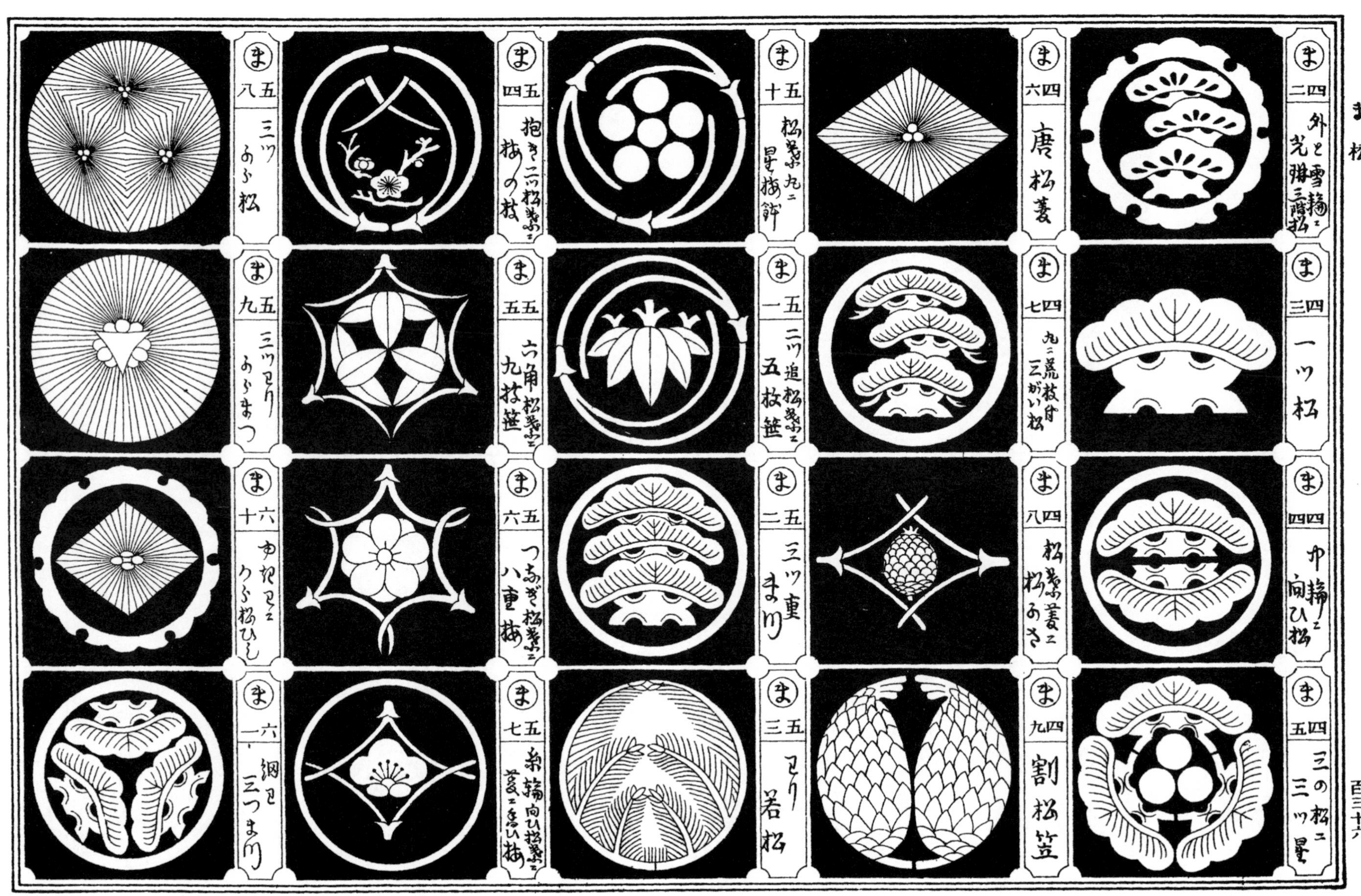
唐松菱
一ツ松
割松笠

ま 松 桝

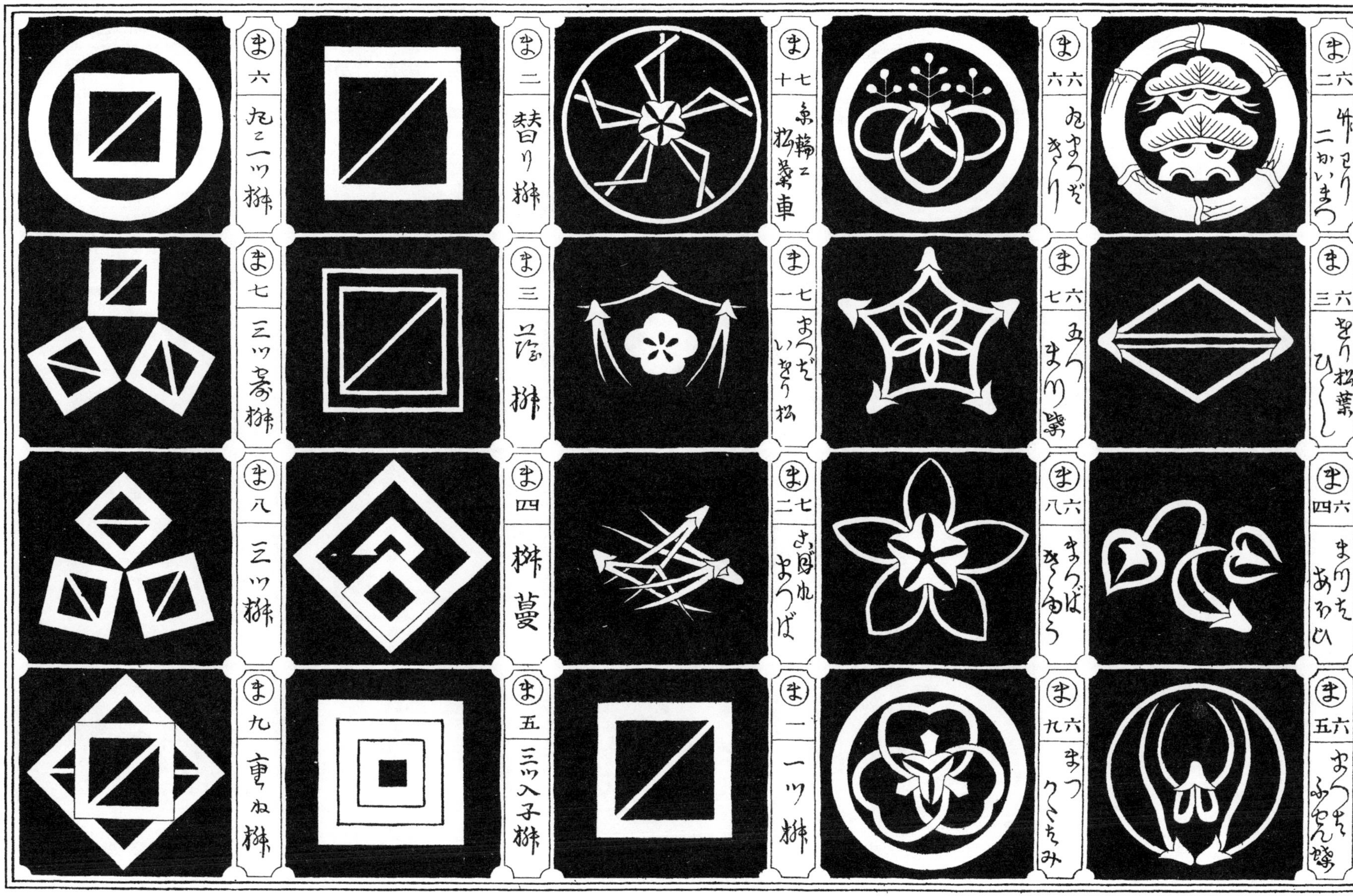

ま 六二 竹もり二かいまつ

ま 六三 きり松葉ひし

ま 六四 まりちあをひ

ま 六五 まりちふせん蝶

ま 六六 丸まつぞきり

ま 六七 五つまり蝶

ま 六八 まつばききやう

ま 六九 まつくこちみ

ま 七十 糸輪に松葉車

ま 七一 まつぞいきり松

ま 七二 さがり丸まつば

ま 一 一ツ桝

ま 二 替り桝

ま 三 隅立桝

ま 四 桝蔓

ま 五 三ツ入子桝

ま 六 丸に一ツ桝

ま 七 三ツ寄桝

ま 八 三ツ桝

ま 九 重ね桝

一、三七

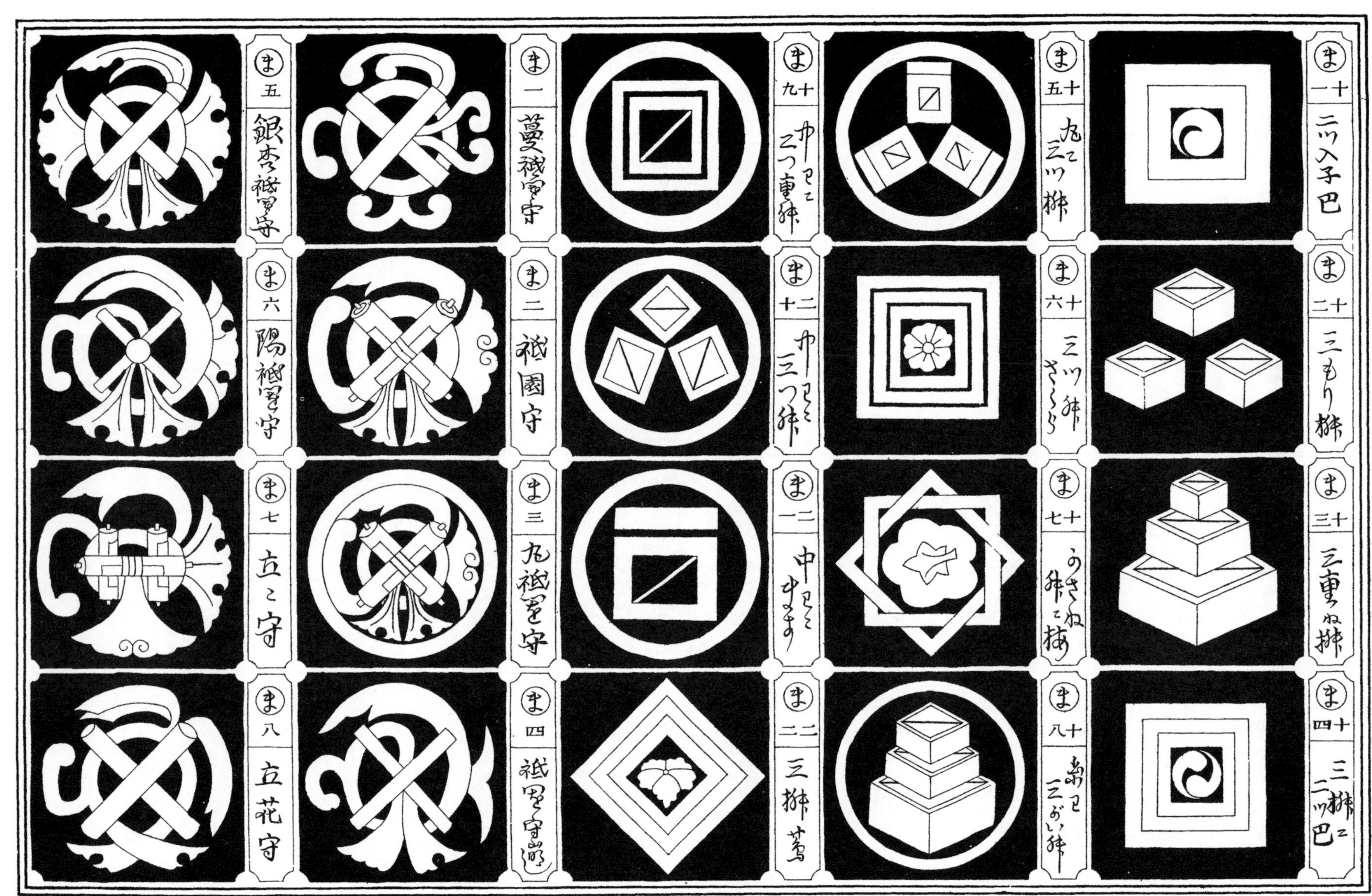
ま 桝守
百三十八
祇園守
立こ守
立花守

まけふ　守剣藤

百三十九

ま九 石持地紙扇

ま十 風松守

ま十一 筒守

ま十二 御札守

ま十三 隅立紙扇守

ま十四 守桐

ま十五 筒守菱

ま十六 結び札守

け一 三叉剣

け二 三ツ剣

け三 五ツ剣

け四 六ツ剣

ふ一 下り藤

ふ二 上り藤

ふ三 丸下り藤

ふ四 丸上り藤

ふ五 左一ツ藤巴

ふ六 右一ツ藤巴

ふ七 村田藤

ふ八 大久保藤

ふ 藤

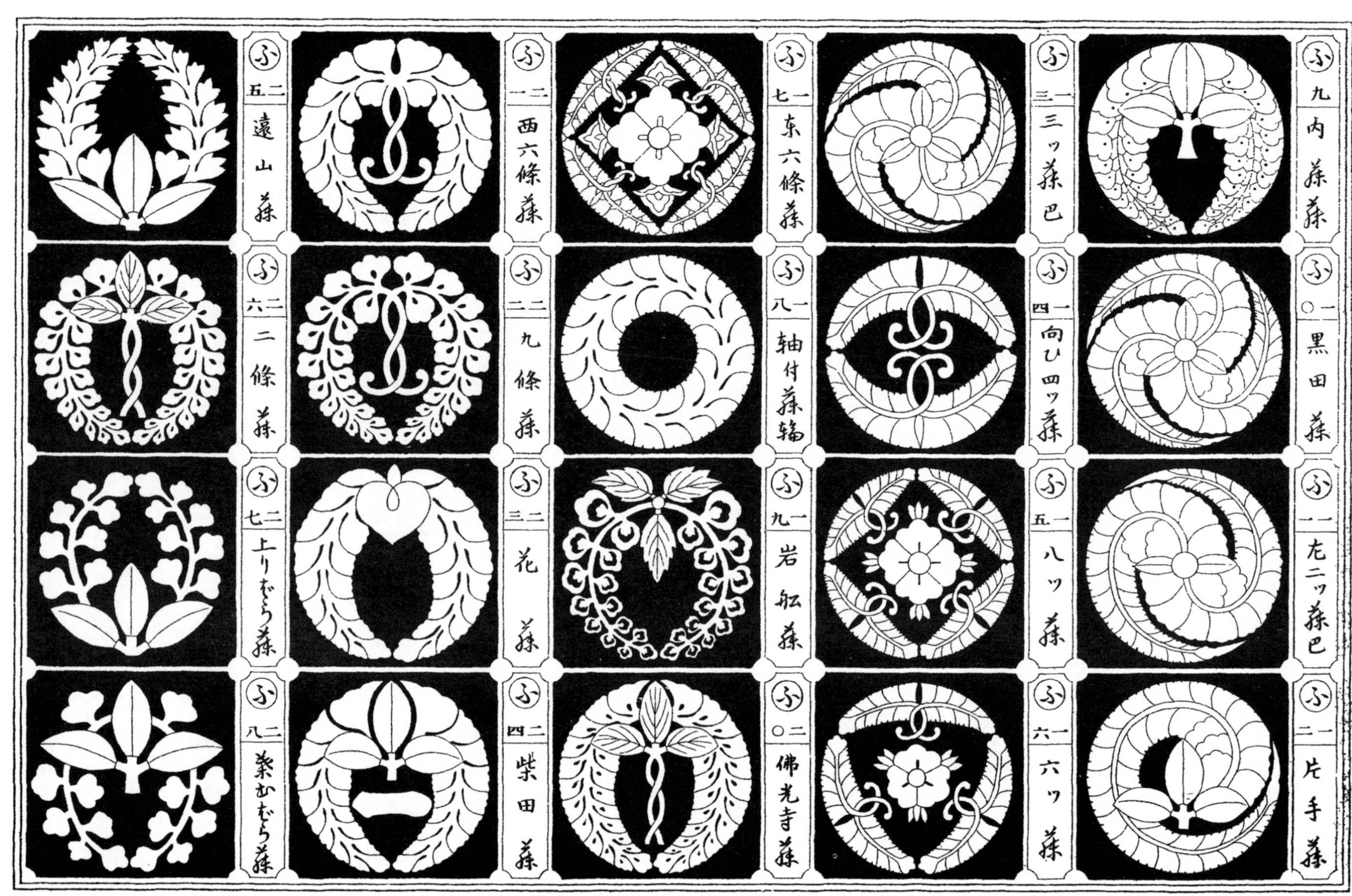

ふ 九 内藤
ふ 一〇 黒田藤
ふ 一一 左二ツ藤巴
ふ 一二 片手藤
ふ 一三 三ツ藤巴
ふ 一四 向ひ四ツ藤
ふ 一五 八ツ藤
ふ 一六 六ツ藤
ふ 一七 东六條藤
ふ 一八 軸付藤輪
ふ 一九 岩舩藤
ふ 二〇 佛光寺藤
ふ 二一 西六條藤
ふ 二二 九條藤
ふ 二三 花藤
ふ 二四 柴田藤
ふ 二五 遠山藤
ふ 二六 二條藤
ふ 二七 上りむら藤
ふ 二八 桒むむら藤

百四十

ふ 藤

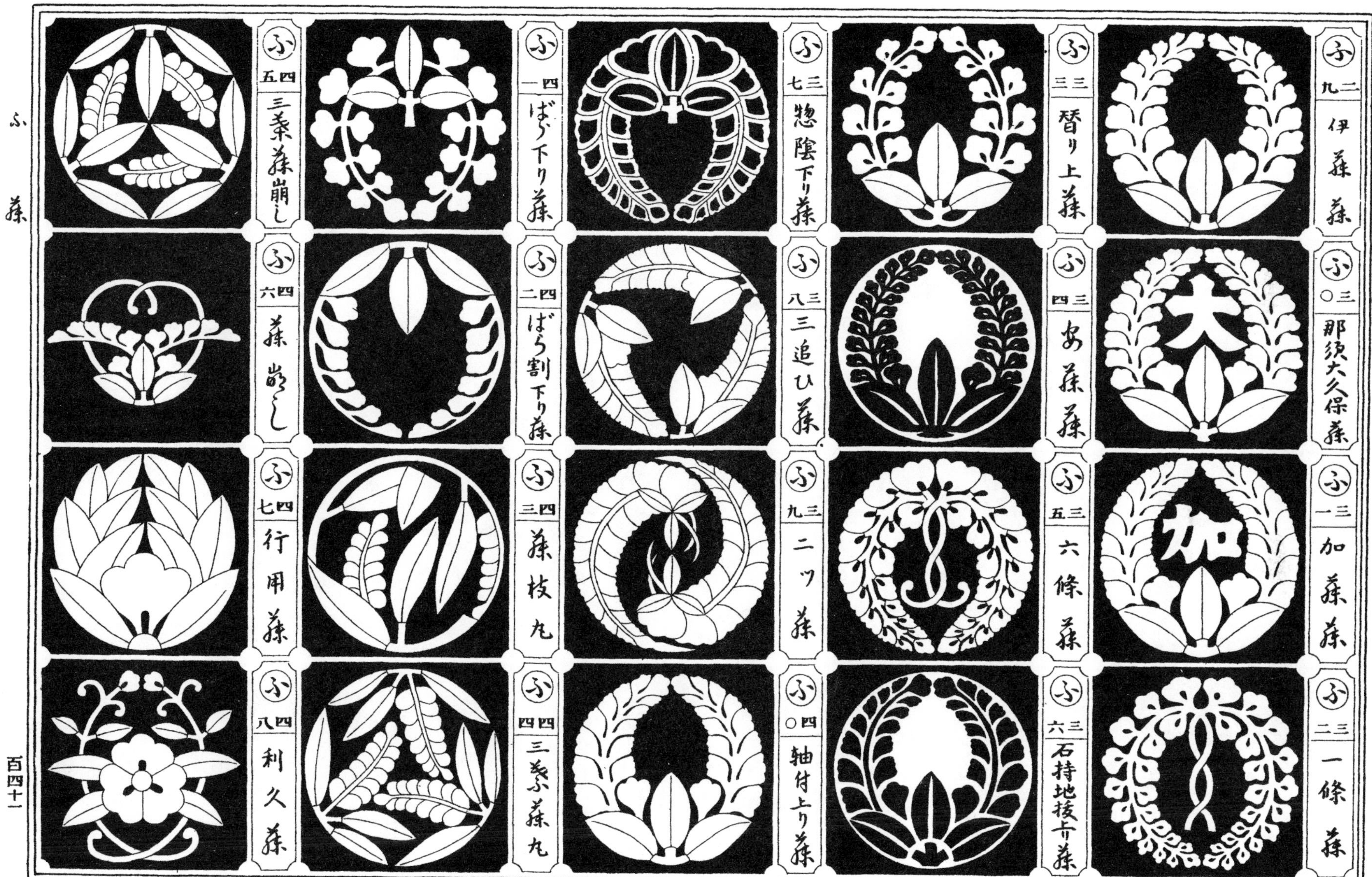

ふ 二九 伊藤藤
ふ 三三 昇り上藤
ふ 三七 惣陰下り藤
ふ 四一 ばら下り藤
ふ 四五 三葉藤崩し
ふ 三〇 那須大久保藤
大
ふ 三四 安藤藤
ふ 三八 三追ひ藤
ふ 四二 ばら割下り藤
ふ 四六 藤崩し
ふ 三一 加藤藤
加
ふ 三五 六條藤
ふ 三九 二ツ藤
ふ 四三 藤枝丸
ふ 四七 行用藤
ふ 三二 一條藤
ふ 三六 石持地抜上り藤
ふ 四〇 軸付上り藤
ふ 四四 三巻ふ藤丸
ふ 四八 利久藤

百四十一

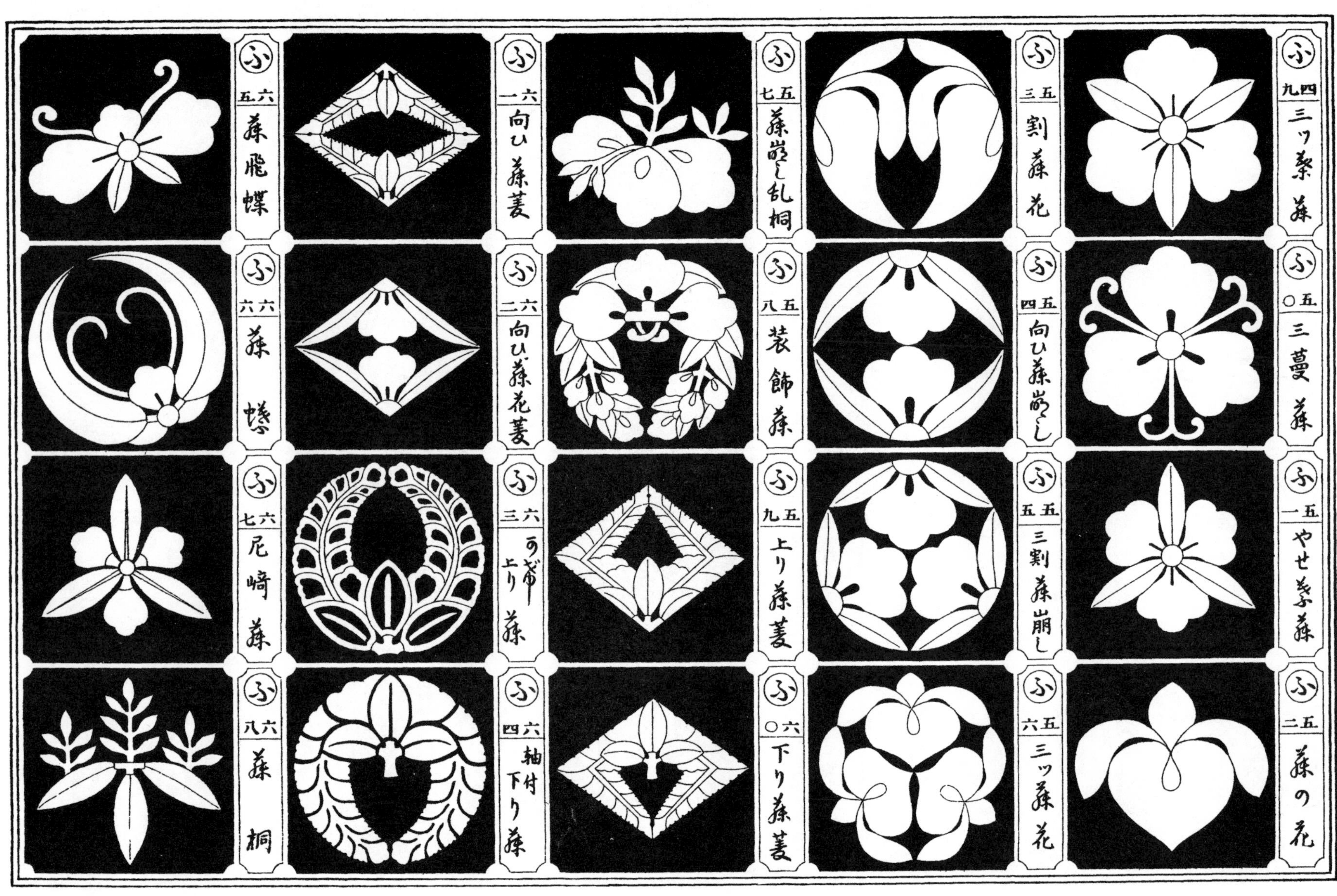
ふ 四九
ふ 五〇 三蔓藤
ふ 五一
ふ 五二 藤の花
ふ 五三 割藤花
ふ 五四 向ひ藤崩し
ふ 五五 三割藤崩し
ふ 五六 三ッ藤花
ふ 五七 藤崩し乱桐
ふ 五八 装飾藤
ふ 五九 上り藤菱
ふ 六〇 下り藤菱
ふ 六一 向ひ藤菱
ふ 六二 向ひ藤花菱
ふ 六三 上り藤
ふ 六四 軸付下り藤
ふ 六五 藤飛蝶
ふ 六六 藤蝶
ふ 六七 尼崎藤
ふ 六八 藤桐

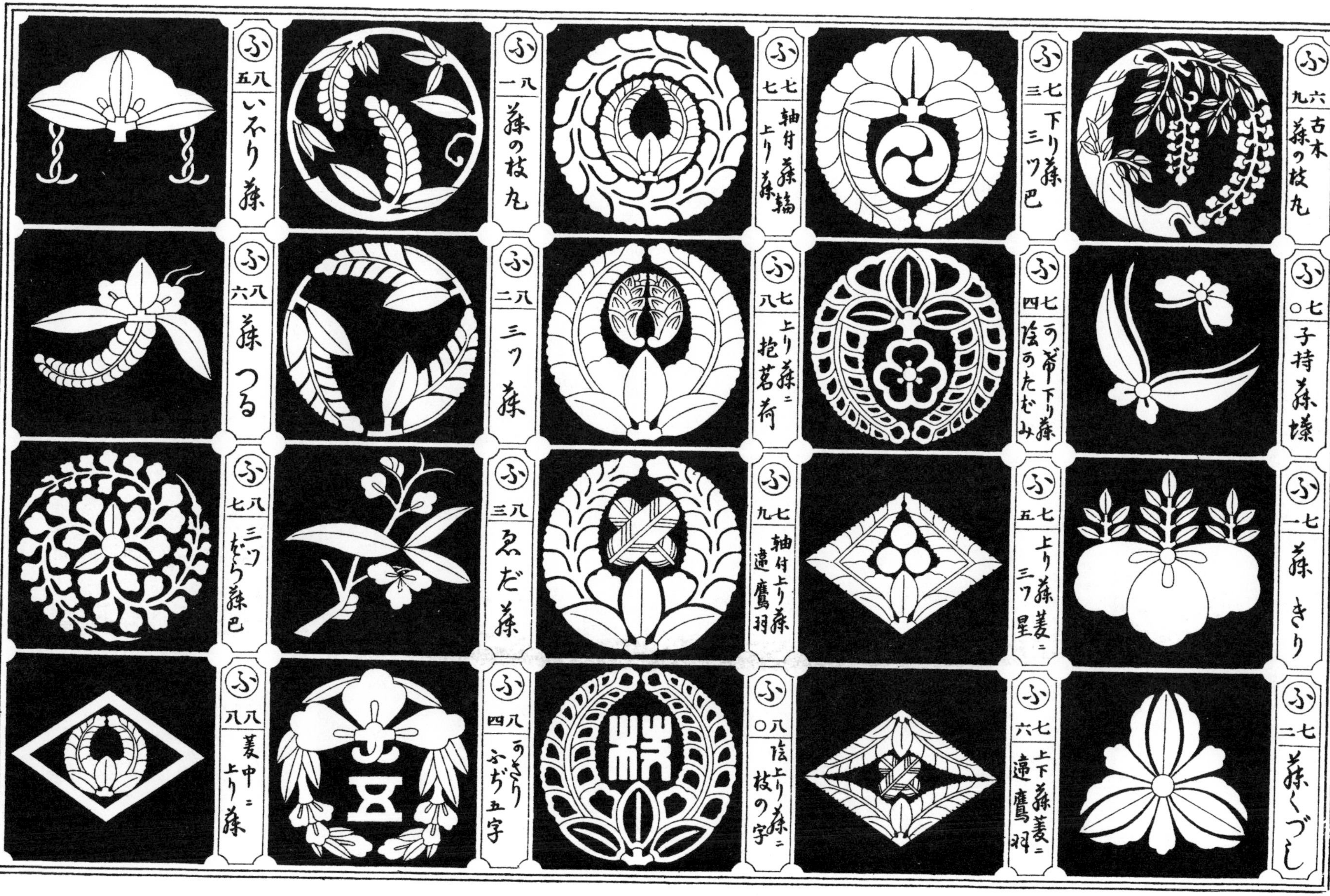

ふ 六九 古木藤の枝丸

ふ 七三 下り藤三ツ巴

ふ 七七 軸付藤鶴 上り藤

ふ 八一 藤の枝丸

ふ 八五 いそり藤

ふ 七〇 子持藤蝶

ふ 七四 の帯下り藤 陰のたゞみ

ふ 七八 上り藤に抱茗荷

ふ 八二 三ツ藤

ふ 八六 藤つる

ふ 七一 藤きり

ふ 七五 上り藤菱に三ツ星

ふ 七九 軸付上り藤 違鷹羽

ふ 八三 ゑだ藤

ふ 八七 三ツなら藤巴

ふ 七二 藤くづし

ふ 七六 上下藤菱に違鷹羽

ふ 八〇 陰上り藤に枝の字

ふ 八四 のさり ふぢ五字

ふ 八八 菱中に上り藤

ふ 藤 葡萄 袋

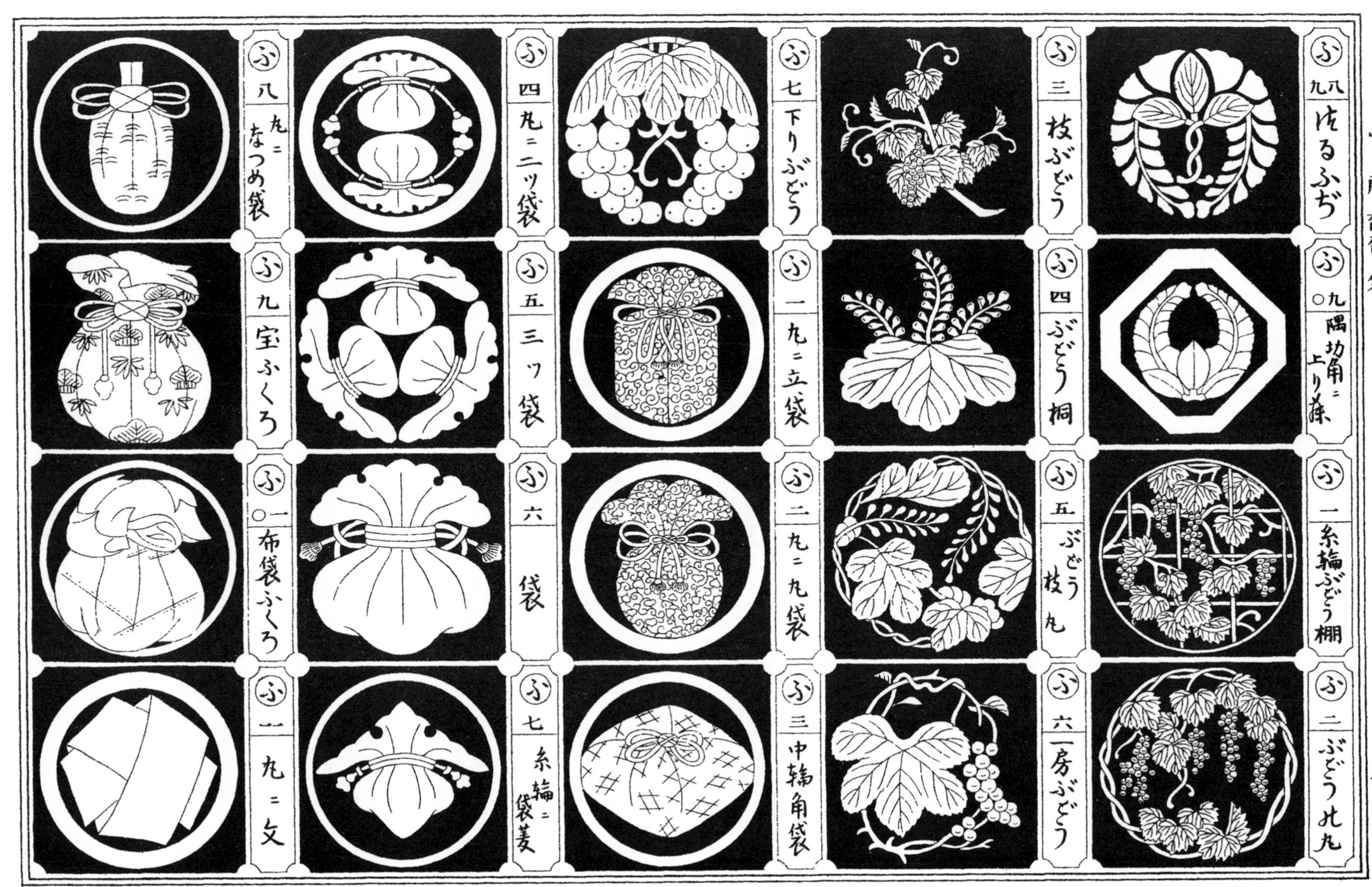

ふ 九〇 隅切角に上り藤
ふ 一 糸輪ぶどう棚
ふ 二 ぶどう丸
ふ 三 枝ぶどう
ふ 四 ぶどう桐
ふ 五 ぶどう枝丸
ふ 六 一房ぶどう
ふ 七 下りぶどう
ふ 一 丸に立袋
ふ 二 丸に丸袋
ふ 三 中輪角袋
ふ 四 丸に二ツ袋
ふ 五 三ツ袋
ふ 六 袋
ふ 七 糸輪に袋菱
ふ 八 丸になつめ袋
ふ 九 宝ふくろ
ふ 一〇 布袋ふくろ
ふ 一一 丸に文

ふ 文 船 凧船龍 分銅

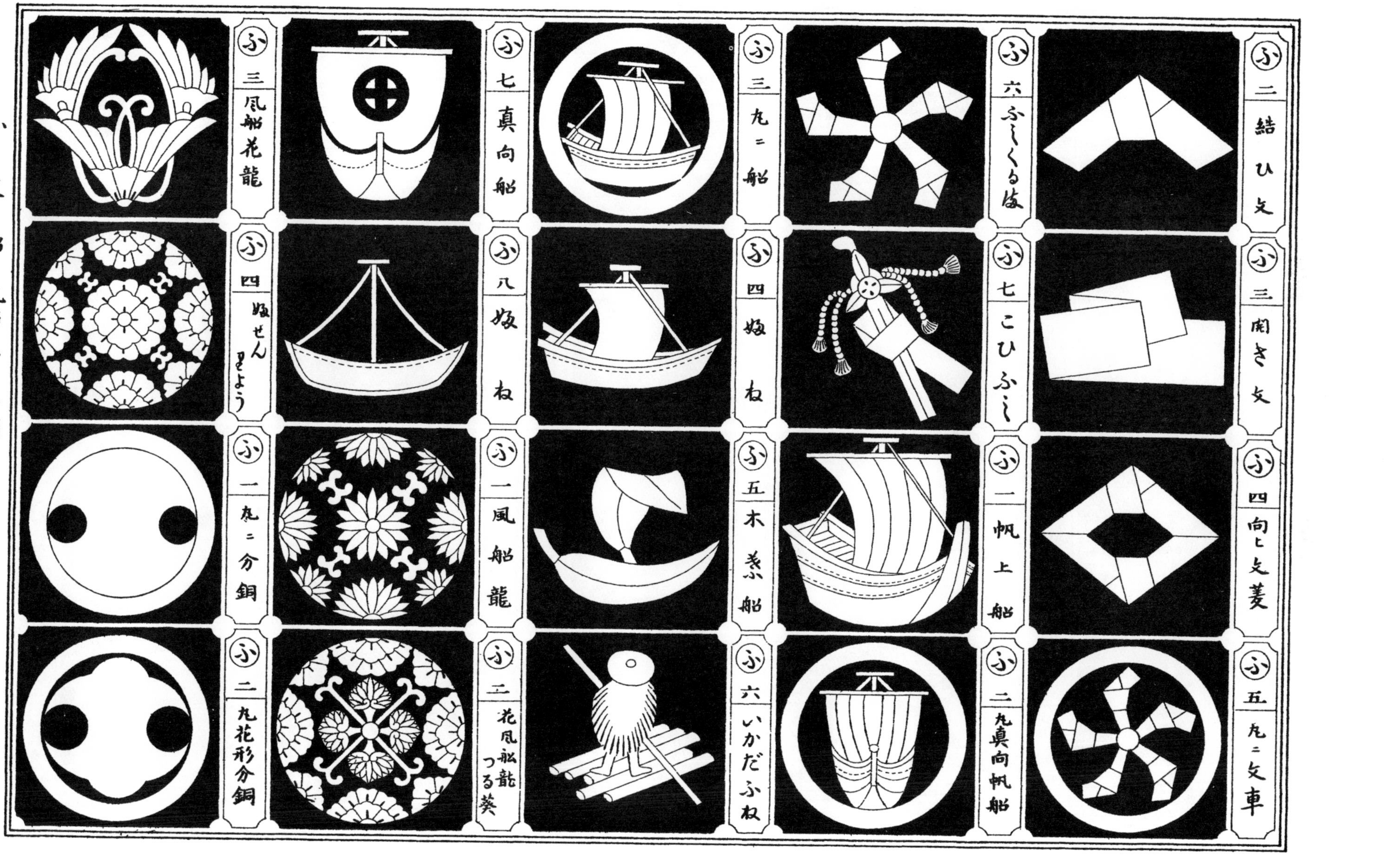

ふ二 結ひ文

ふ六 ふしくるま

ふ三 丸ニ船

ふ七 真向船

ふ三 凧船花龍

ふ三 開き文

ふ七 こひふし

ふ四 帆ね

ふ八 帆ね

ふ四 帆せんもよう

ふ四 向ヒ文菱

ふ一 帆上船

ふ五 木きぶ船

ふ一 風船龍

ふ一 丸ニ分銅

ふ五 丸ニ文車

ふ二 丸ニ真向帆船

ふ六 いかだふね

ふ二 花凧船龍つる葵

ふ二 丸ニ花形分銅

百四十五

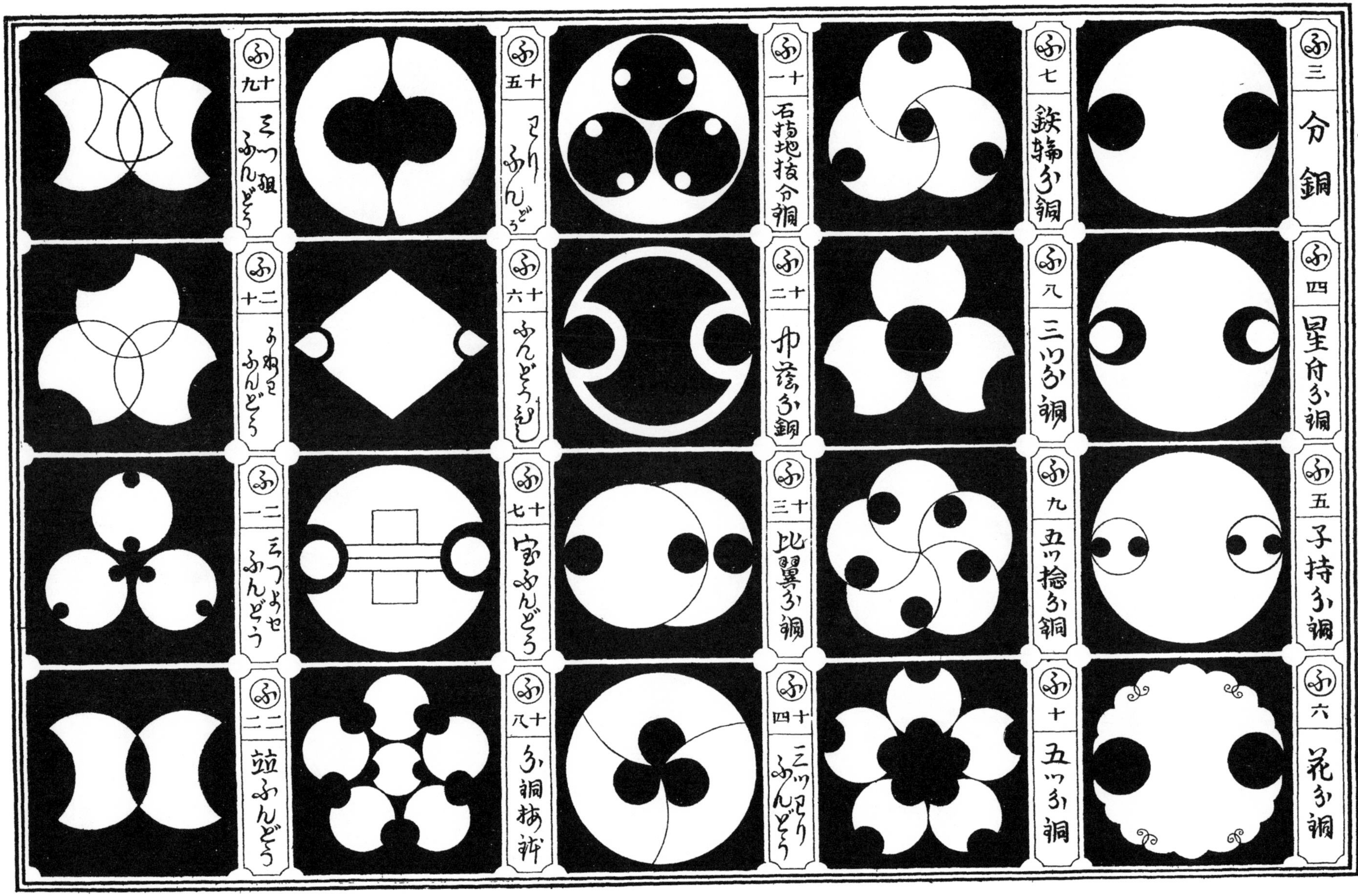

ふ 三 分銅

ふ 四 星付分銅

ふ 五 子持分銅

ふ 六 花分銅

ふ 七 鉄輪分銅

ふ 八 三ツ分銅

ふ 九 五ツ捻分銅

ふ 十 五ツ分銅

ふ 十一 石持地抜分銅

ふ 十二 中蔭分銅

ふ 十三 比翼分銅

ふ 十四 三ツ盛ふんどう

ふ 十五 こもりふんどう

ふ 十六 ふんどうびし

ふ 十七 宝ふんどう

ふ 十八 分銅抜替

ふ 十九 三ツ組ふんどう

ふ 二十 み羽をふんどう

ふ 二十一 三つよせふんどう

ふ 二十二 竝ふんどう

ふ 二三 ふんどうきり

ふ 二四 細輪ニ三ツ分銅

ふ 二五 三ツ重ね分銅

こ 一 河骨枝丸

こ 二 三ツ割花河骨

こ 三 中輪ニ三ツ裏河骨

こ 四 細輪ニ釼河骨

こ 五 割物河骨

こ 六 丸ニ三ツ追河骨

こ 七 三ツ河骨

こ 八 三ツ釼河骨

こ 九 四ツ蔓河骨

こ 十 細輪ニ一ツ河骨

こ 十一 三ツ蔓河骨

こ 十二 三ツ蔓河骨

こ 十三 河骨菱

こ 十四 枝河骨

こ 十五 三ツ割蔓河骨

こ 十六 丸ニ三ツ河骨

こ 十七 三ツ割河骨

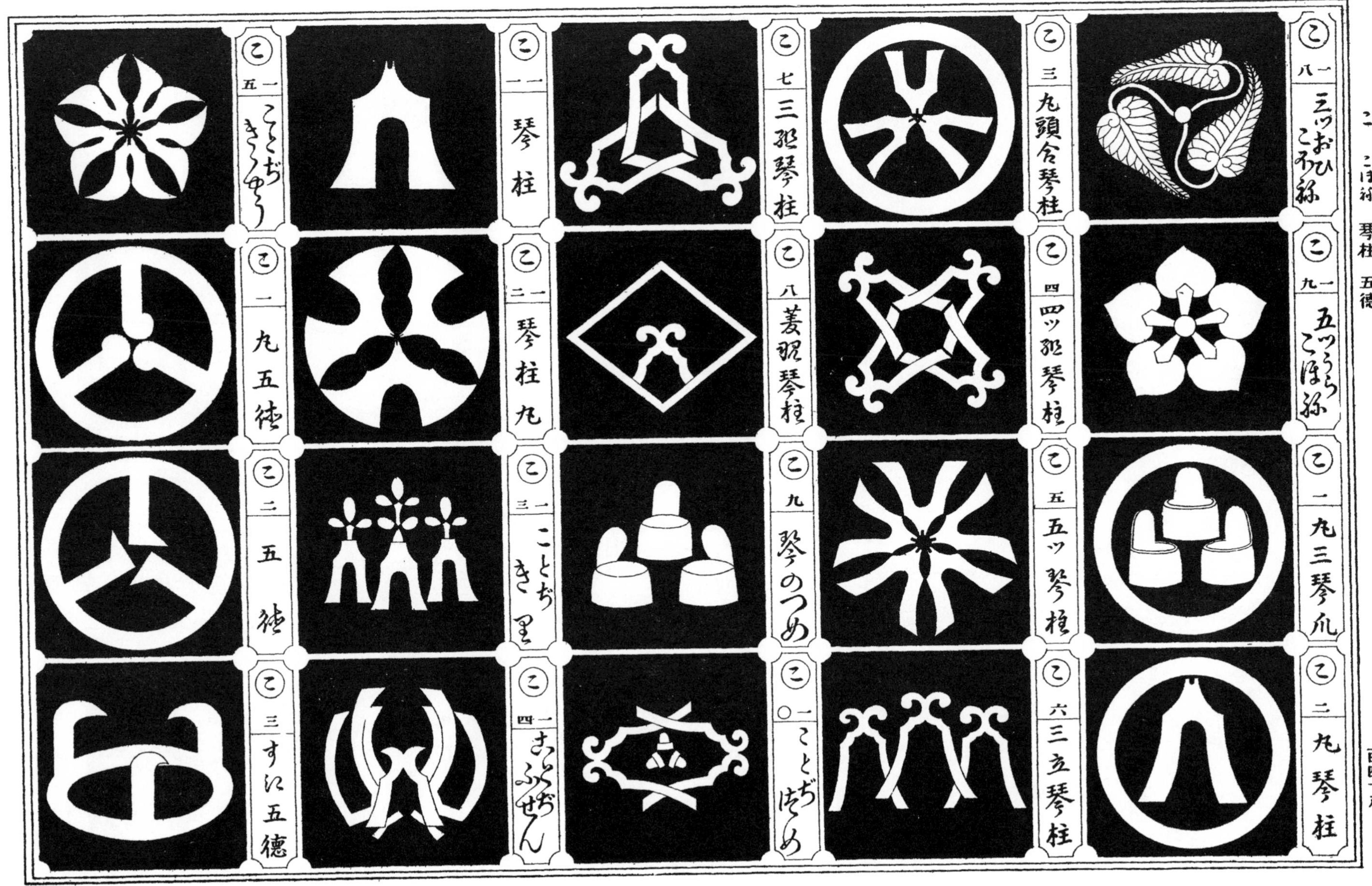
こ 一五 こととぢききやう
こ 一 丸五徳
こ 二 五徳
こ 三 すじ五徳
こ 一一 琴柱
こ 一二 琴柱丸
こ 一三 ことぢき
こ 一四 ことぢふせん
こ 七 三組琴柱
こ 八 菱組琴柱
こ 九 琴のつめ
こ 一〇 ことぢはさめ
こ 三 丸頭合琴柱
こ 四 四ツ組琴柱
こ 五 五ツ琴柱
こ 六 三立琴柱
こ 一八 三ツおひことぢ
こ 一九 五つうらことぢ
こ 一 丸三琴爪
こ 二 丸琴柱

百四十八

こ　五徳　こま　笄

こ 四 石持地抜五徳

こ 五 丸に置五徳

こ 六 細も角ごとく

こ 七 五徳びし

こ 八 まつびごとく

こ 一 丸に一ツ駒

こ 二 丸に双駒

こ 三 糸輪四ツ駒

こ 四 一ツ駒

こ 五 三ツ駒

こ 六 五ツ駒

こ 七 しゆぎこま

こ 八 三ツ盛こま

こ 九 二ツ成こま

こ 一 丸に一ツこま

こ 二 丸に三ツこま

こ 三 相生こま

こ 四 三ツこま

こ 五 一ツこま

こ 一 丸に一ツ笄

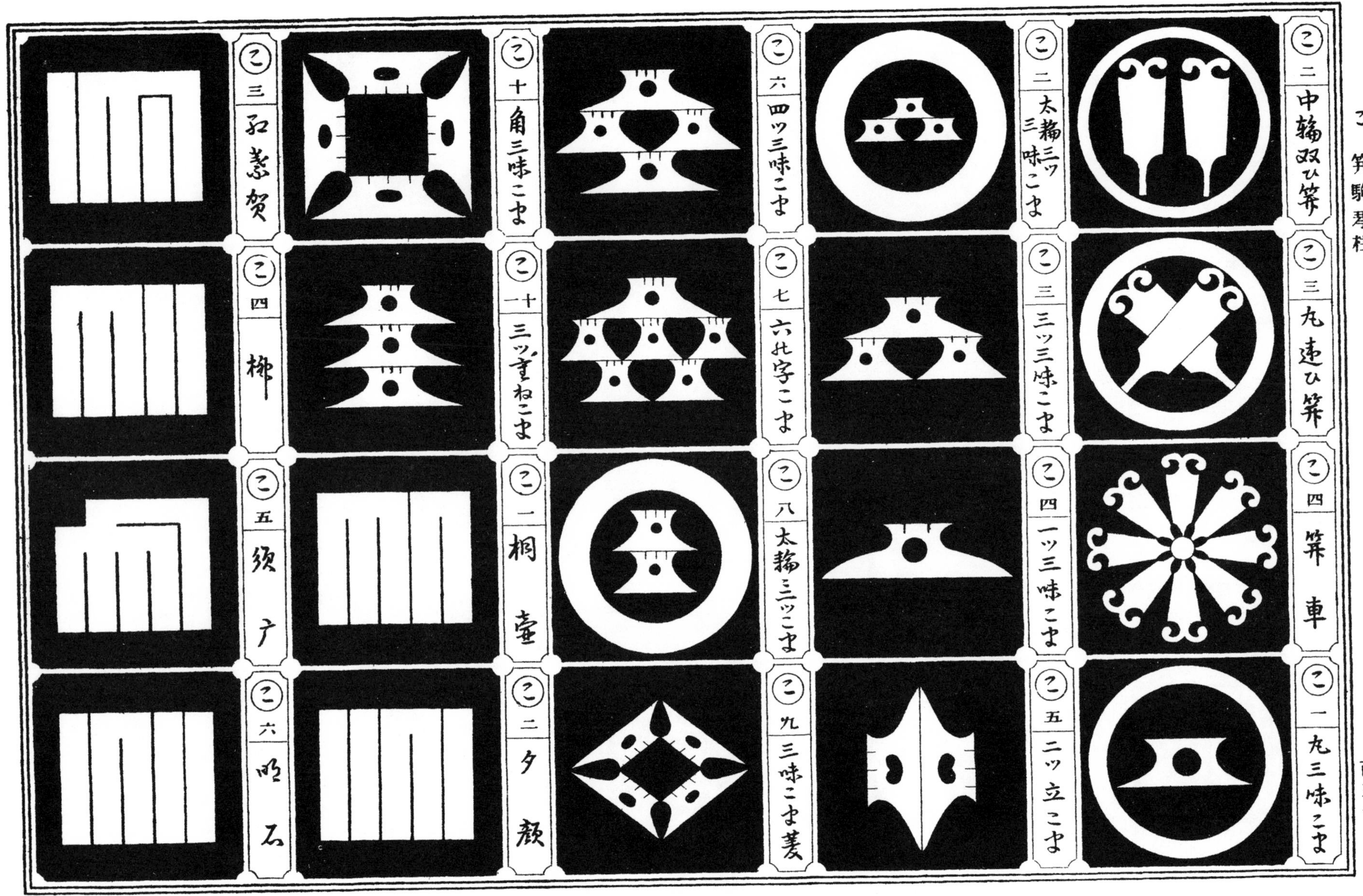
こ 二 中輪双ひ筓
こ 三 丸違ひ筓
こ 四 筓車
こ 一 丸三味こま
こ 二 太輪三ツ三味こま
こ 三 三ツ三味こま
こ 四 一ツ三味こま
こ 五 二ツ立こま
こ 六 四ツ三味こま
こ 七 六れ字こま
こ 八 太輪三ツこま
こ 九 三味こま菱
こ 十 角三味こま
こ 一十 三ツ重ねこま
こ 一 桐壺
こ 二 夕顔
こ 三 紅葉賀
こ 四 榊
こ 五 須广
こ 六 明石

こ 琴柱

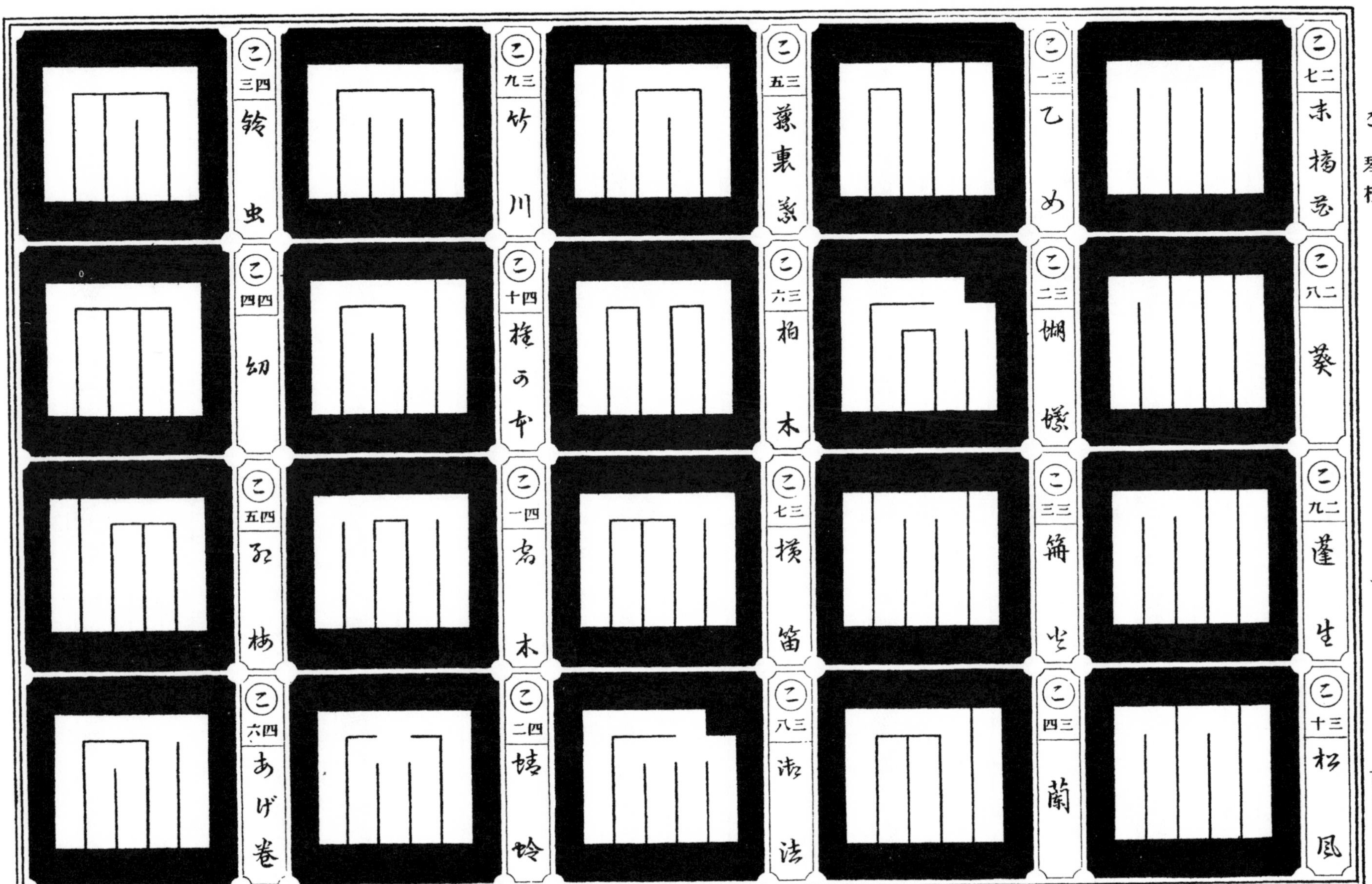

こ 二七 末摘花
こ 二八 葵
こ 二九 蓬生
こ 三十 松風
こ 三一 乙め
こ 三二 蝴蝶
こ 三三 篝
こ 三四 蘭
こ 三五 藤裏葉
こ 三六 柏木
こ 三七 横笛
こ 三八
こ 三九 竹川
こ 四十 椎が本
こ 四一
こ 四二 蜻蛉
こ 四三 鈴虫
こ 四四
こ 四五
こ 四六 あげ巻

百五十二

こ 琴柱 て 蝶

百五十三

こ 四七 东屋

こ 四八 手習

こ 四九 夕霧

こ 五十 匂宮

こ 五一 橋姫

こ 五二 早蕨

こ 五三 浮舟

こ 五四 夢浮橋

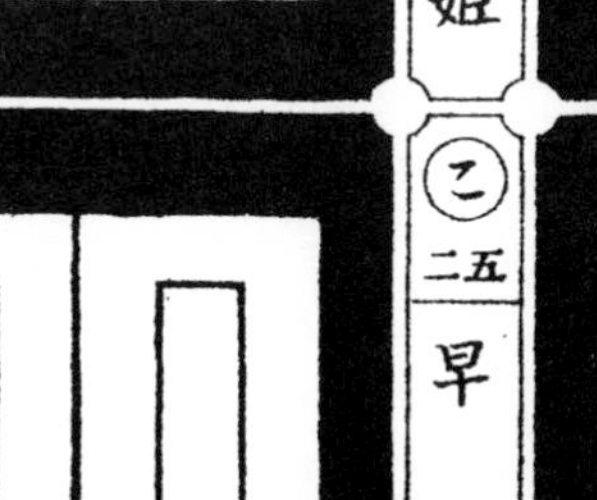

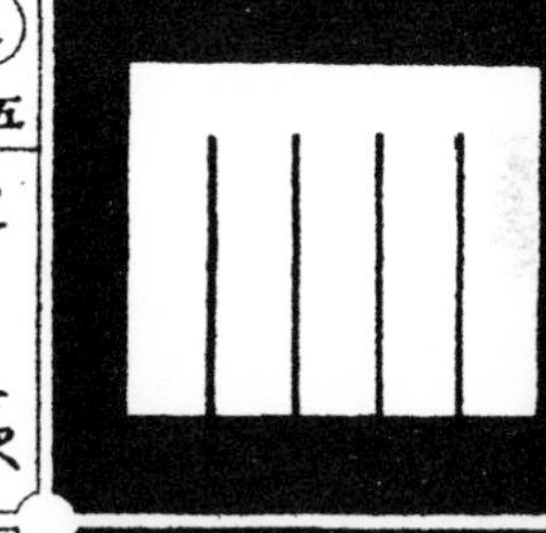

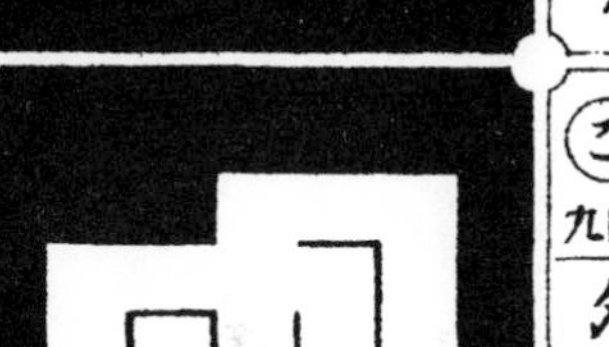

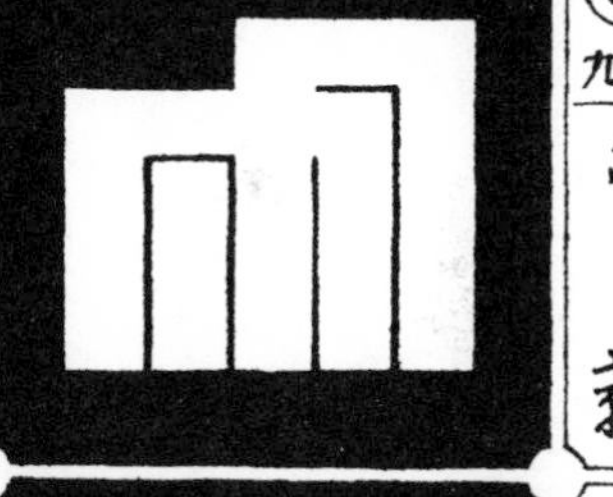

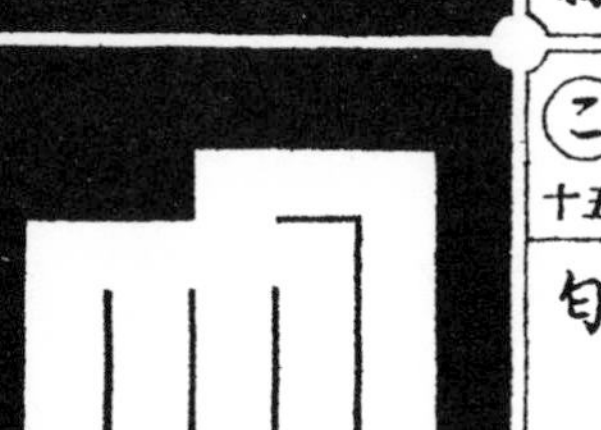

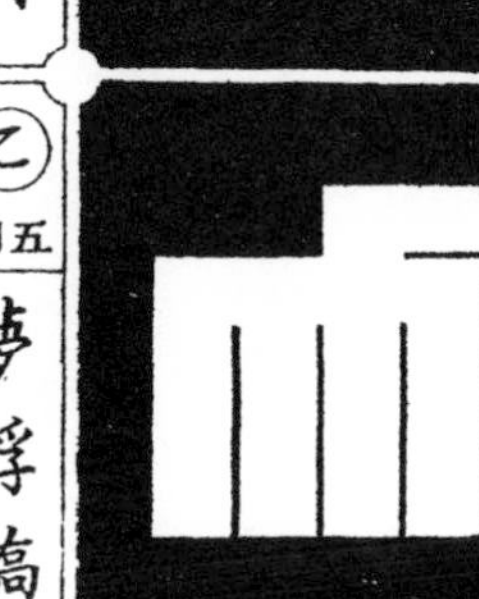

こ 五五 丸に香の図 空蝉

こ 五六 丸に香の図 早蕨

こ 五七 丸に眞木柱

て 一 上羽蝶

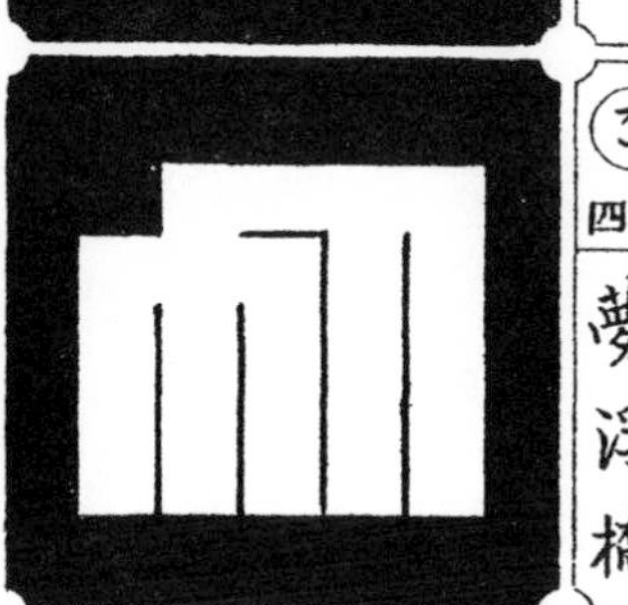

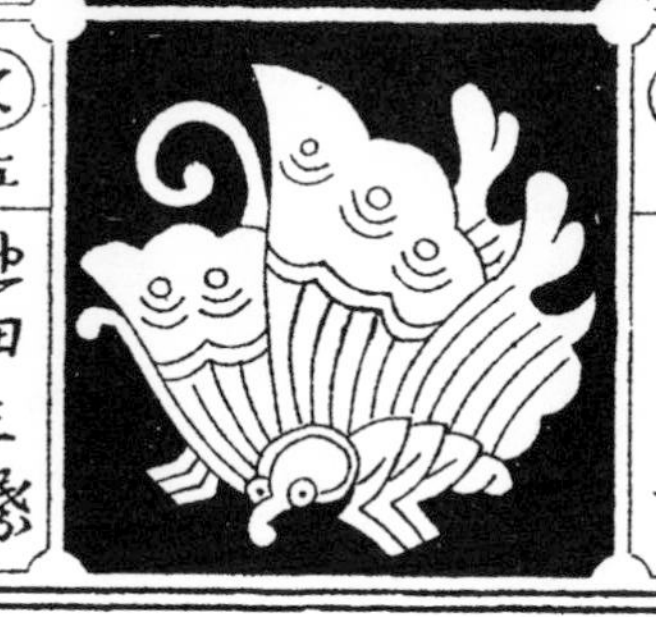

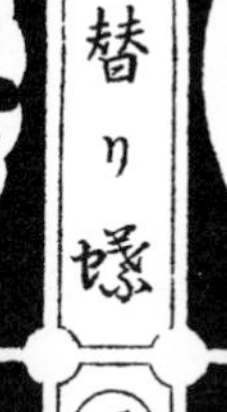

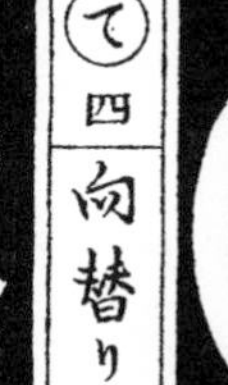

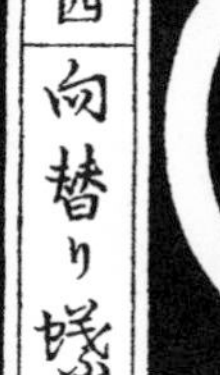

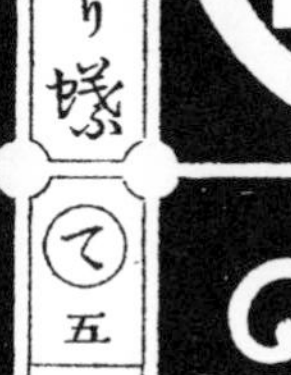

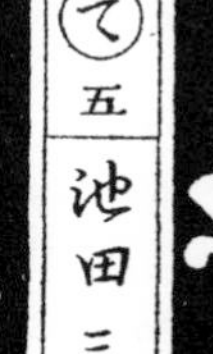

て 二 備前蝶

て 三 替り蝶

て 四 向替り蝶

て 五 池田三蝶

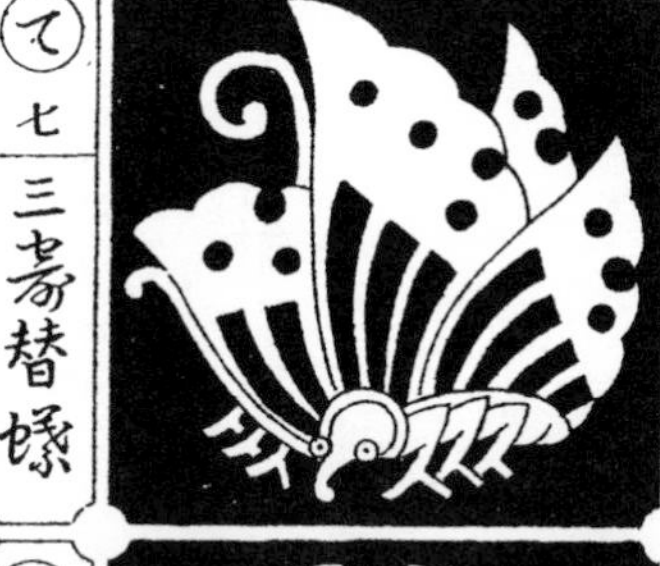

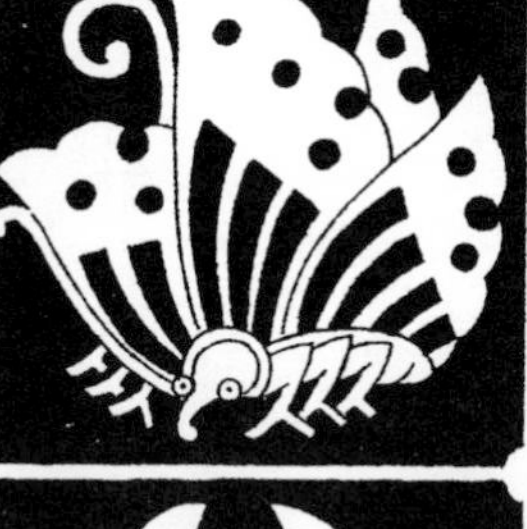

て 六 保倉蝶

て 七 三寿替蝶

て 八 池田向蝶

て 九 源氏蝶

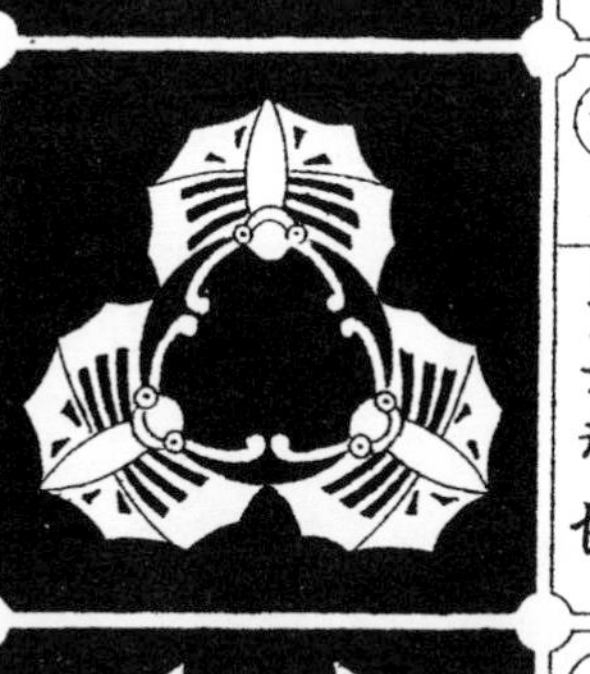

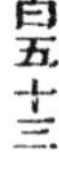

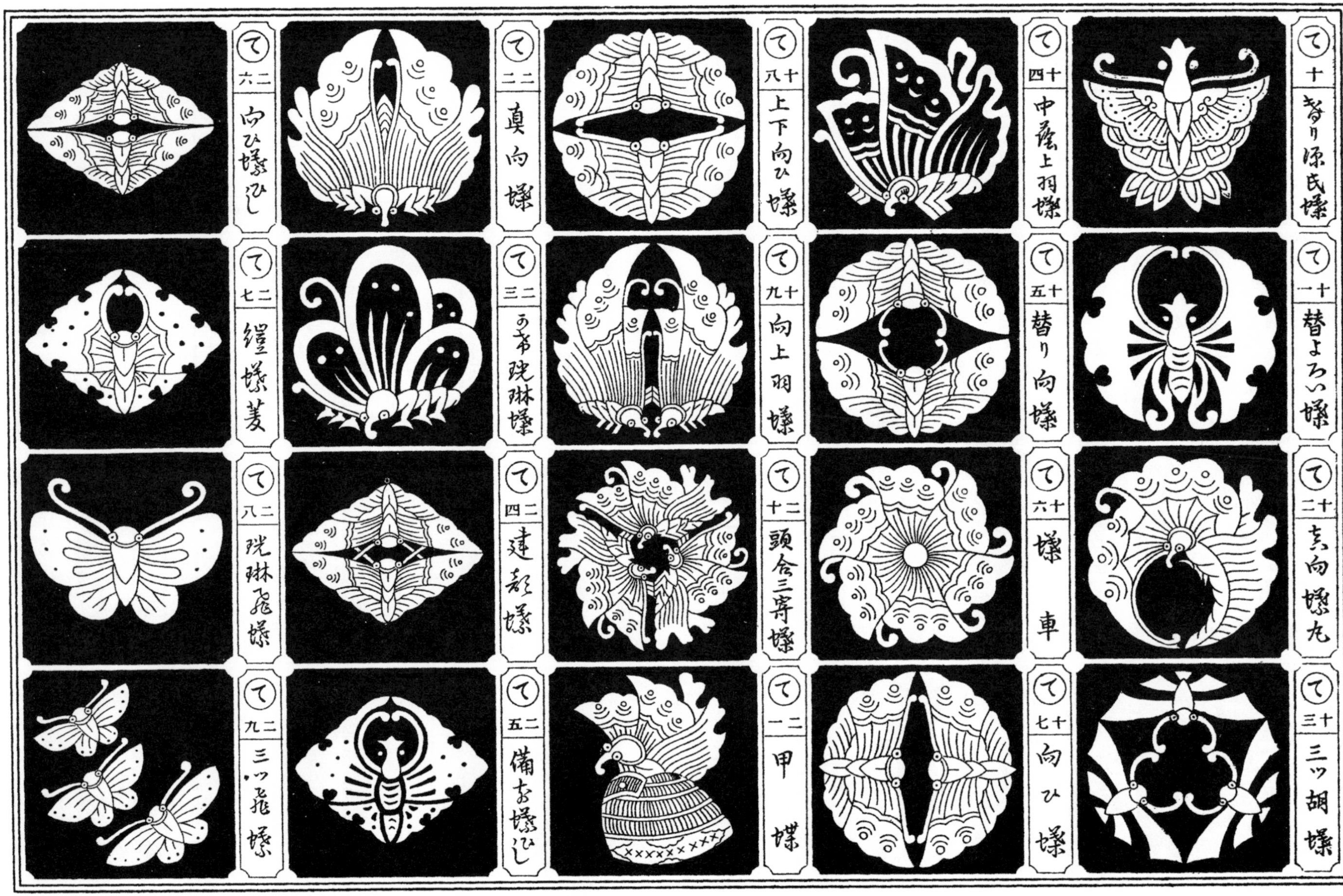

て 蝶

て十 替り源氏蝶

て十一 替よろい蝶

て十二 真向蝶丸

て十三 三ツ胡蝶

て十四 中蔭上羽蝶

て十五 替り向蝶

て十六 蝶車

て十七 向ひ蝶

て十八 上下向ひ蝶

て十九 向上羽蝶

て二十 頭合三寄蝶

て二十一 甲蝶

て二十二 真向蝶

て二十三 五布光琳蝶

て二十四 建部蝶

て二十五 備前蝶ひし

て二十六 向ひ蝶ひし

て二十七 鎧蝶菱

て二十八 光琳飛蝶

て二十九 三ツ飛蝶

て 蝶

て 三十 浮線蝶ひし

て 三四 織田蝶

て 三八 吉田蝶

て 四二 浮線蝶

て 四六 松平因州蝶

て 三一 上羽飛蝶

て 三五 光琳蝶

て 三九 三蝶巴

て 四三 三ツ蝶

て 四七 因州蝶

て 三二 違雛蝶

て 三六 中陰浮線蝶

て 四十 石持地抜上羽蝶

て 四四 糸輪陰上羽蝶

て 四八 蝶花形

て 三三 結ひ蝶

て 三七 月星浮線蝶

て 四一 筋向飛蝶

て 四五 丸に上羽蝶

て 四九 三ツ蝶花形

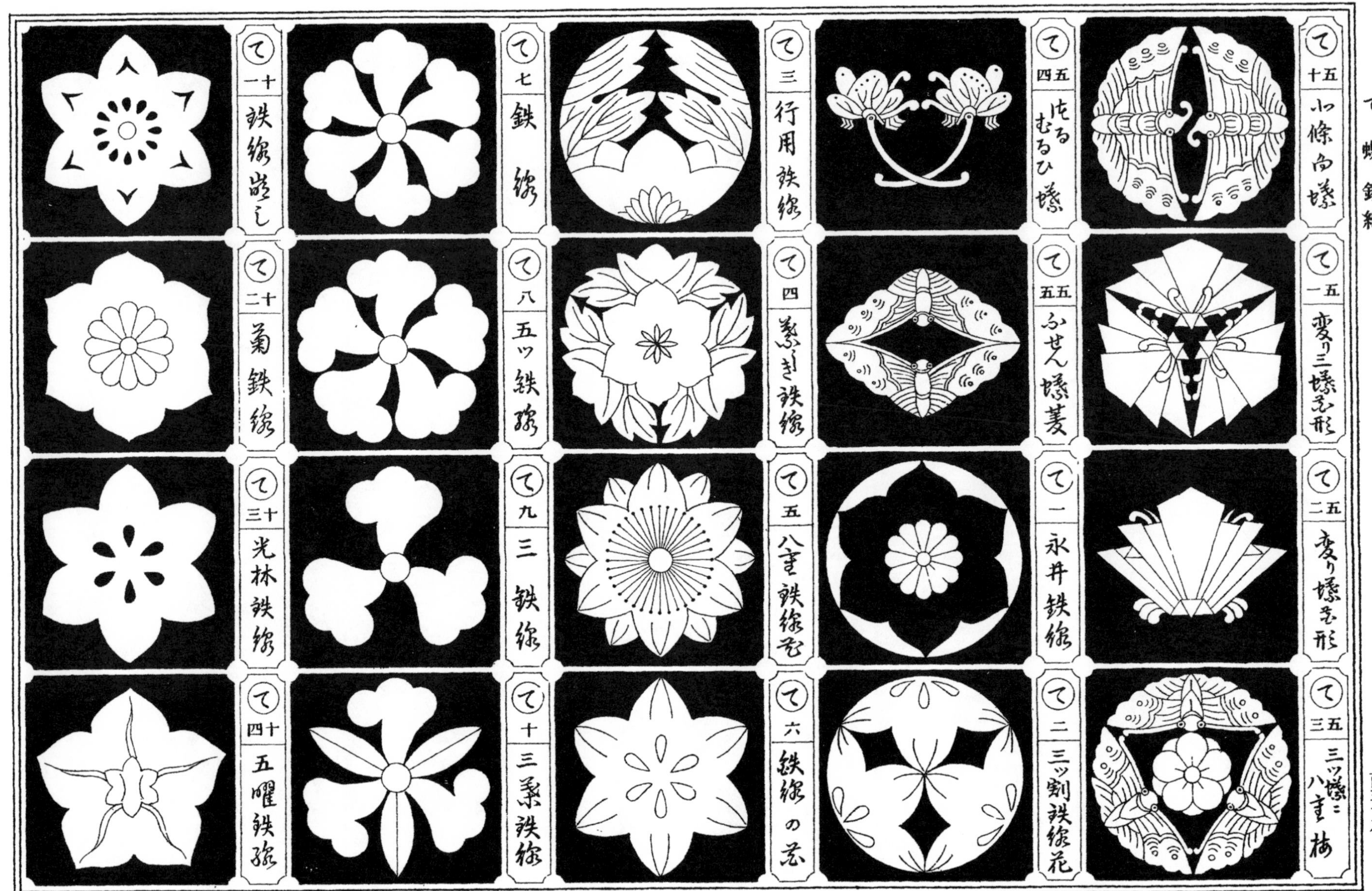
て 五十 小條向蝶
て 五一 変り三蝶之形
て 五二 変り蝶之形
て 五三 三ツ蝶に八重梅
て 五四 化る むるひ蝶
て 五五 ふせん蝶菱
て 一 永井鉄線
て 二 三ツ割鉄線花
て 三 行用鉄線
て 四 蔓まき鉄線
て 五 八重鉄線之花
て 六 鉄線の花
て 七 鉄線
て 八 五ツ鉄線
て 九 三鉄線
て 十 三葉鉄線
て 十一 鉄線崩し
て 十二 菊鉄線
て 十三 光林鉄線
て 十四 五曜鉄線
て 蝶 鉄線
百五十六

あ 麻 粟

あ一 麻の葉

あ二 やせ麻の葉

あ三 麻葉桔梗

あ四 三ツ外割麻の葉

あ五 六の麻崩し

あ六 麻の花

あ七 丸六の麻丸

あ八 麻の葉桐

あ九 丸こ麻葉

あ十 三割麻葉

あ十一 ひよく麻の葉

あ十二 細輪こ三ツ割麻の葉

あ十三 麻の葉車

あ十四 やぶれ麻の葉

あ十五 丸六の麻崩し

あ一 阿わの丸

あ二 栗の丸

あ三 丸替抱栗

あ四 遠抱栗

あ五 抱栗

百五十七

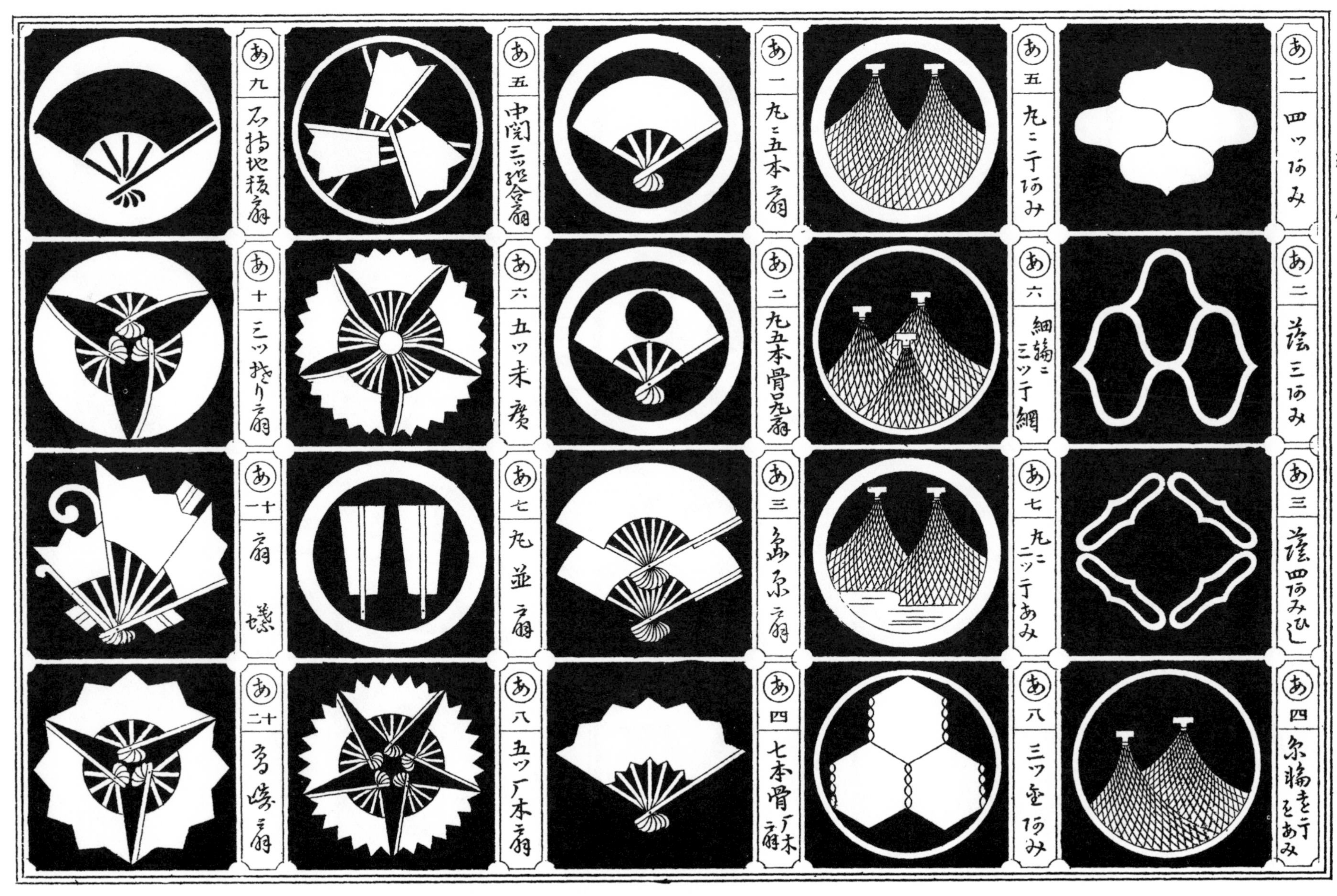

あ　扇

あ	名
十三	山嵜扇
十四	五本末扇
十五	淺北扇
十六	生向扇蝶
十七	尻合ニツ扇
十八	風船扇
十九	五本骨拔きり扇
二十	中開三本扇
二一	三追扇
二二	三ツ扇
二三	丸ニ違扇
二四	秋田扇
二五	ノ本拔きり扇
二六	重ね扇
二七	横重ね扇
二八	五本骨扇
二九	七本骨扇
三十	蔭扇
三一	八本扇車
三二	違扇

あ扇

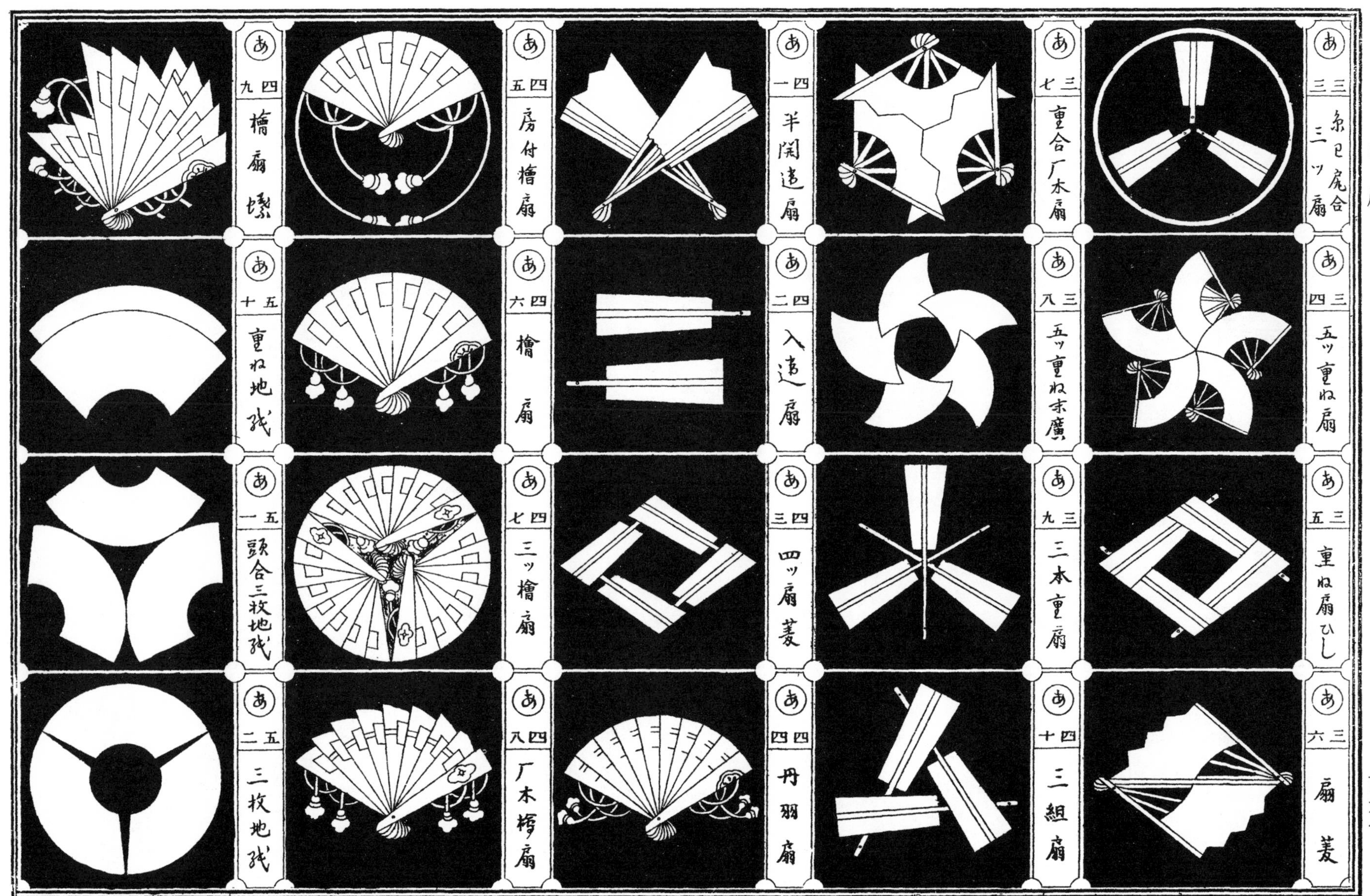

あ 三三 糸巳扇合 三ツ扇
あ 三四 五ツ重ね扇
あ 三五 重ね扇ひし
あ 三六 扇菱
あ 三七 重合厂木扇
あ 三八 五ツ重ね末廣
あ 三九 三本重扇
あ 四十 三組扇
あ 四一 半開逆扇
あ 四二 入違扇
あ 四三 四ツ扇菱
あ 四四 丹羽扇
あ 四五 房付檜扇
あ 四六 檜扇
あ 四七 三ツ檜扇
あ 四八 厂木檜扇
あ 四九 檜扇環
あ 五十 重ね地紙
あ 五一 頭合三枚地紙
あ 五二 三枚地紙

百六十

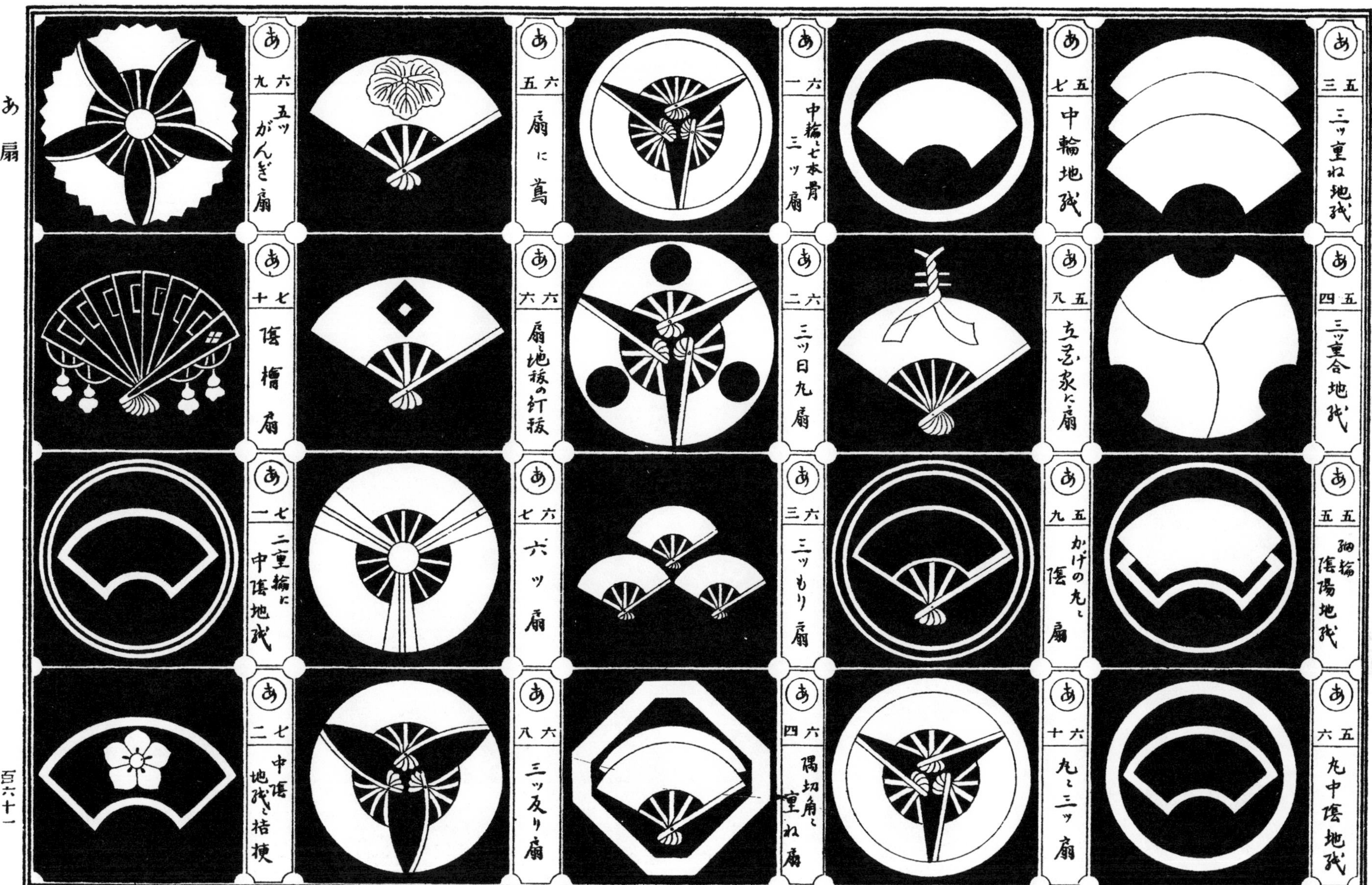
あ 五三 三ッ重ね地紙
あ 五七 中輪地紙
あ 六一 中輪に七本骨三ッ扇
あ 六五 扇に蔦
あ 六九 五ッがんぎ扇
あ 五四 三ッ重合地紙
あ 五八
あ 六二 三ッ日丸扇
あ 六六 扇に地紙の釘抜
あ 七十 陰檜扇
あ 五五 細輪陰陽地紙
あ 五九 かげの丸に陰扇
あ 六三 三ッもり扇
あ 六七 六ッ扇
あ 七一 二重輪に中陰地紙
あ 五六 丸に中陰地紙
あ 六十 丸に三ッ扇
あ 六四 隅切角に重ね扇
あ 六八 三ッ反り扇
あ 七二 中陰地紙に桔梗

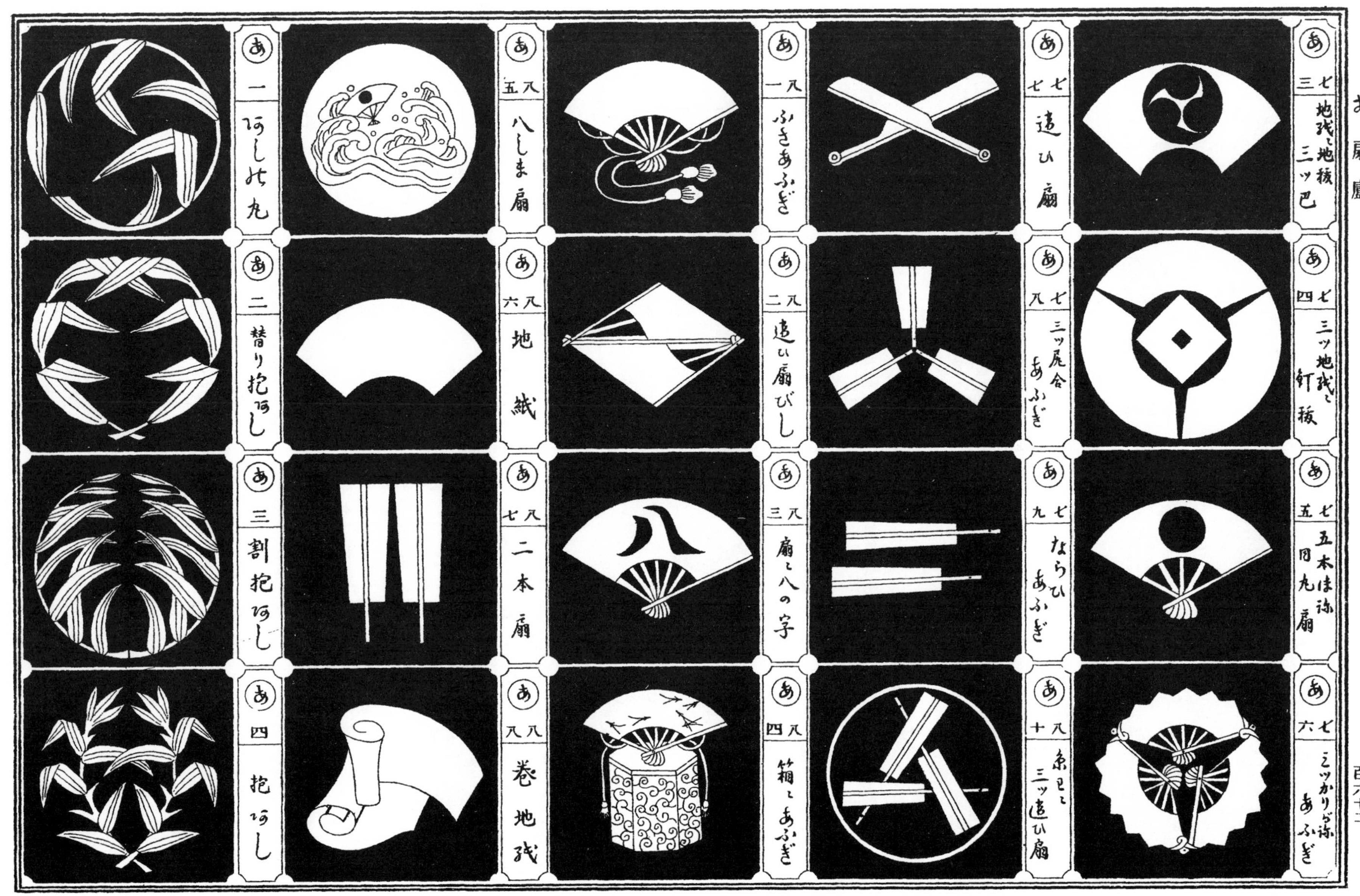
あ
七三
地紙と地紙
三ッ巴
あ
七四
三ツ地紙と
釘抜
あ
七五
五本骨
日丸扇
あ
七六
三ツかりが骨
あふぎ
あ
七七
違ひ扇
あ
七八
三ツ尻合
あふぎ
あ
七九
ならひ
あふぎ
あ
八十
糸巴と
三ツ違ひ扇
あ
八一
ふさあふぎ
あ
八二
違ひ扇びし
あ
八三
扇と八の字
あ
八四
箱と
あふぎ
あ
八五
八しま扇
あ
八六
地紙
あ
八七
二本扇
あ
八八
巻地紙
あ
一
ほしれ丸
あ
二
替り抱ほし
あ
三
割抱ほし
あ
四
抱ほし

あ 葵

あ一 徳川葵

あ二 本多家立葵

あ三 尾州中納言葵

あ四 會州三ツ葵

あ五 裏花葵 真向

あ六 割花葵

あ七 木戸六葵

あ八 松平兵部替紋

あ九 蔓付三割葵

あ十 丸ニ立葵

あ十一 丸替花立葵

あ十二 三割葵

あ十三 二ツ割葵

あ十四 二ツ割入違葵

あ十五 日向凡松葵

あ十六 蔓丸一ツ葵

あ十七 平角切 鉄鈍三葵

あ十八 松平大炊頭 利徳家紋

あ十九 平角切三葵

あ二十 紀洲六葵

あ 葵

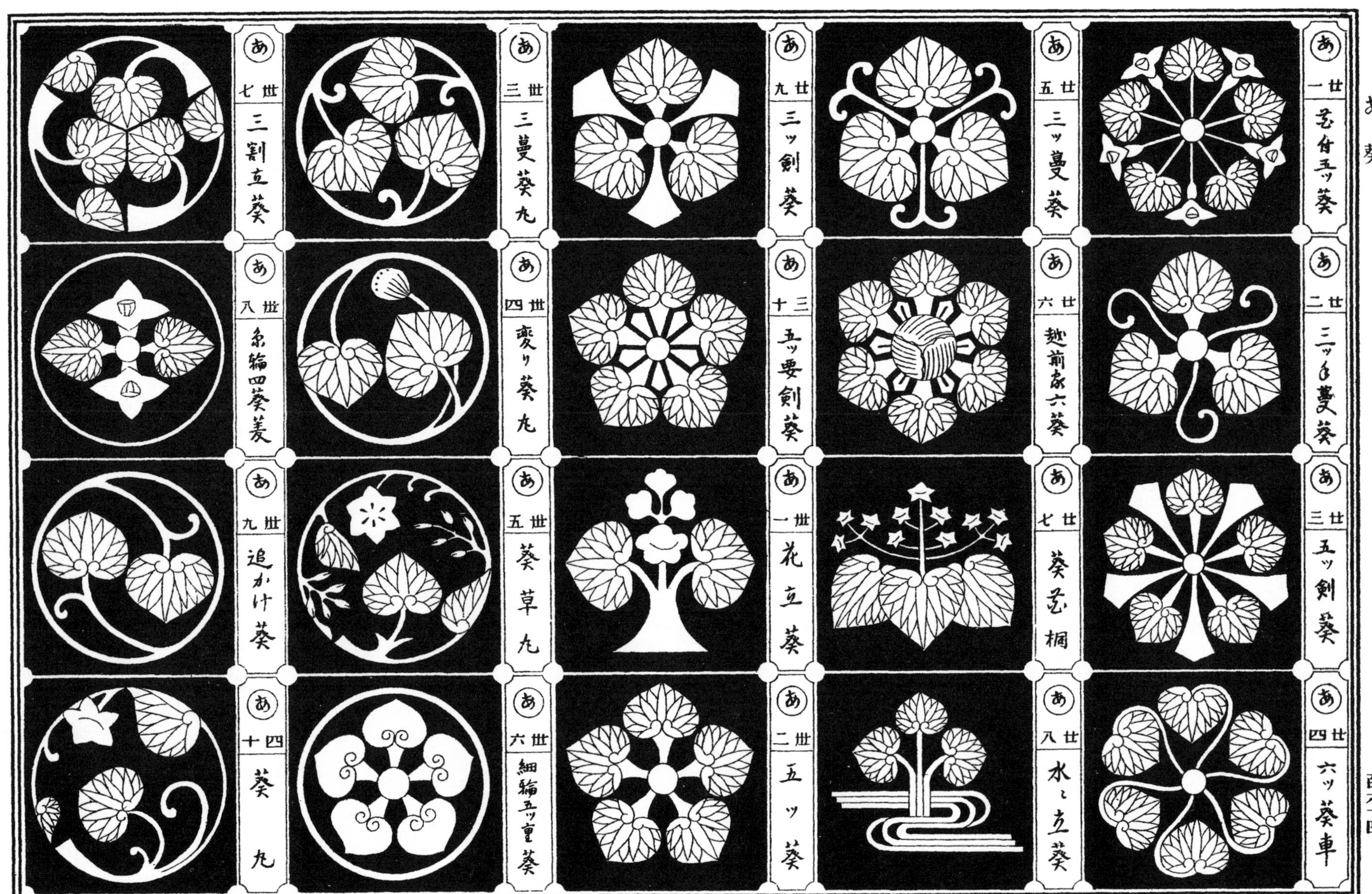

あ 廿一 蕊付五ツ葵
あ 廿二 三ツ巴蔓葵
あ 廿三 五ツ剣葵
あ 廿四 六ツ葵車
あ 廿五 三ツ蔓葵
あ 廿六 越前家六葵
あ 廿七 葵蕊桐
あ 廿八 水ニ立葵
あ 廿九 三ツ剣葵
あ 三十 五ツ要剣葵
あ 丗一 花立葵
あ 丗二 五ツ葵
あ 丗三 三蔓葵丸
あ 丗四 変り葵丸
あ 丗五 葵草丸
あ 丗六 細輪五ツ重葵
あ 丗七 三割立葵
あ 丗八 糸輪四葵菱
あ 丗九 追かけ葵
あ 四十 葵丸

百六十四

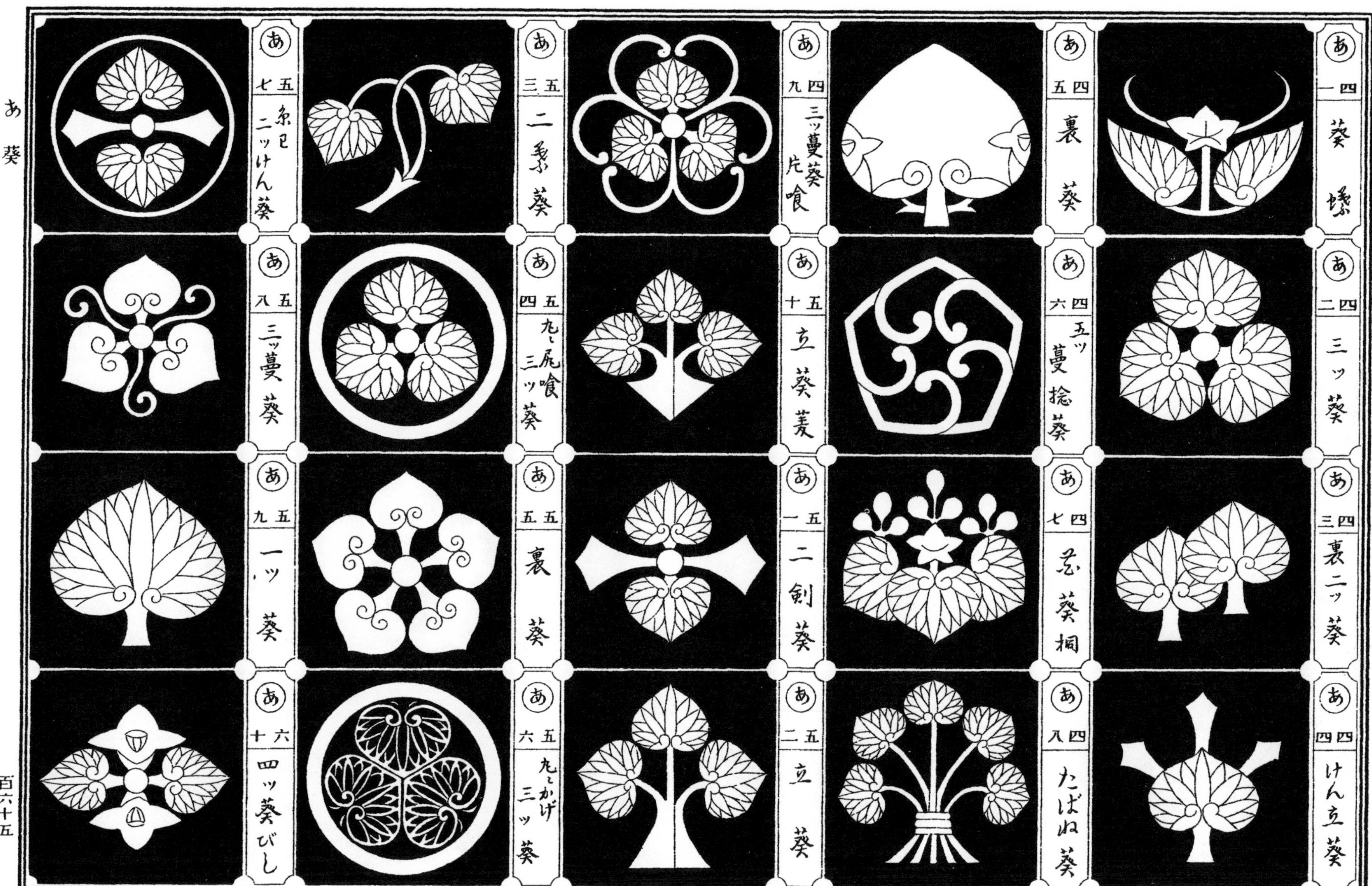
あ 四一 葵蝶
あ 四五 裏葵
あ 四九 三ッ蔓葵片喰
あ 五三 二葉葵
あ 五七 糸巳二ッけん葵
あ 四二 三ッ葵
あ 四六 五ッ蔓捻葵
あ 五十 立葵菱
あ 五四 丸に尻喰三ッ葵
あ 五八 三ッ蔓葵
あ 四三 裏二ッ葵
あ 五一 二剣葵
あ 五五 裏葵
あ 五九 一ッ葵
あ 四四 けん立葵
あ 四八 たばね葵
あ 五二 立葵
あ 五六 丸にかげ三ッ葵
あ 六十 四ッ葵びし

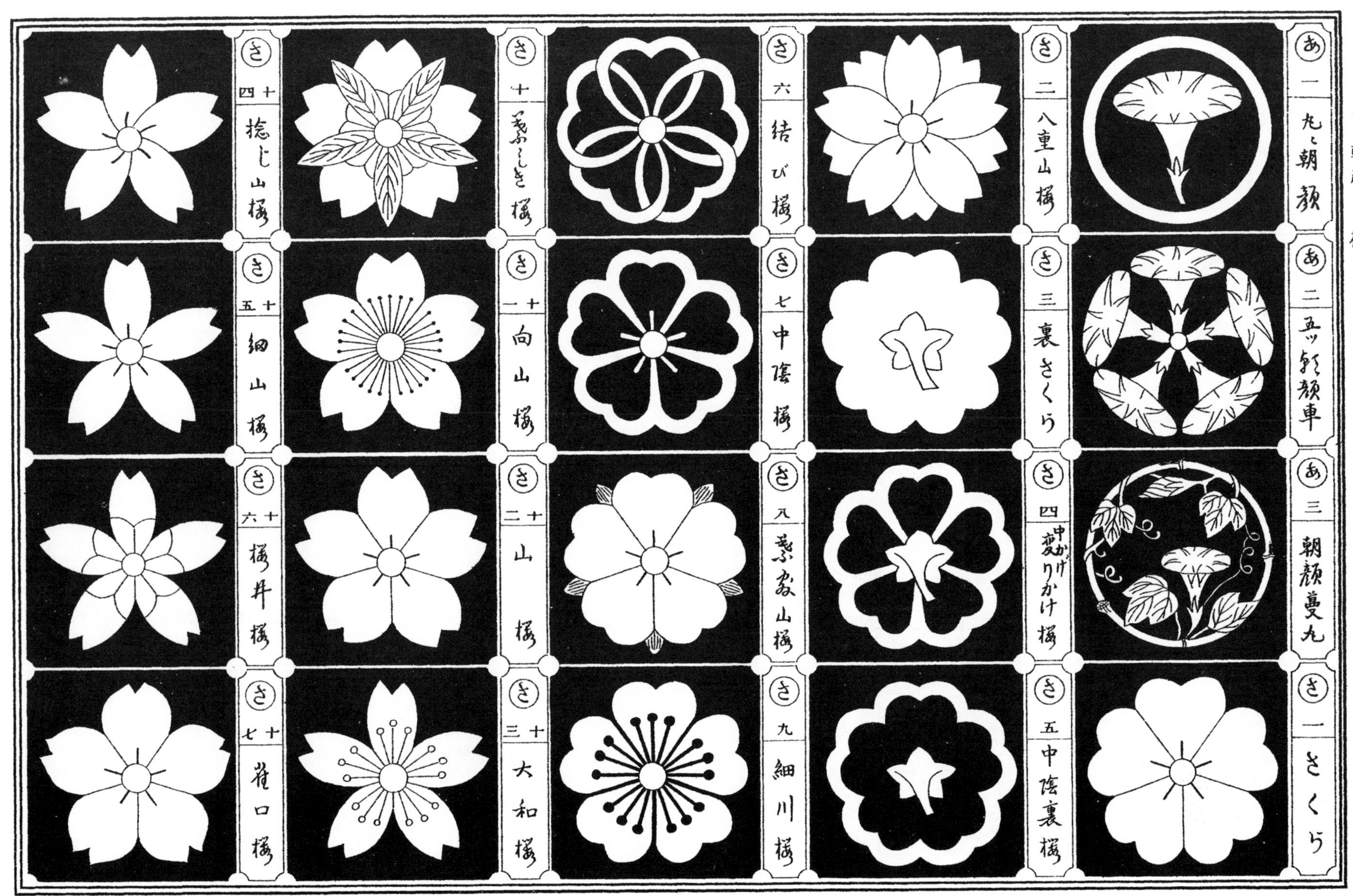

あ一 丸に朝顔
あ二 五ツ朝顔車
あ三 朝顔蔓丸
さ一 さくら
さ二 八重山桜
さ三 裏さくら
さ四 中かげ変りかけ桜
さ五 中陰裏桜
さ六 結び桜
さ七 中陰桜
さ九 細川桜
さ十一 向山桜
さ十二 山桜
さ十三 大和桜
さ十四 捻じ山桜
さ十五 細山桜
さ十六 桜井桜
さ十七 樋口桜

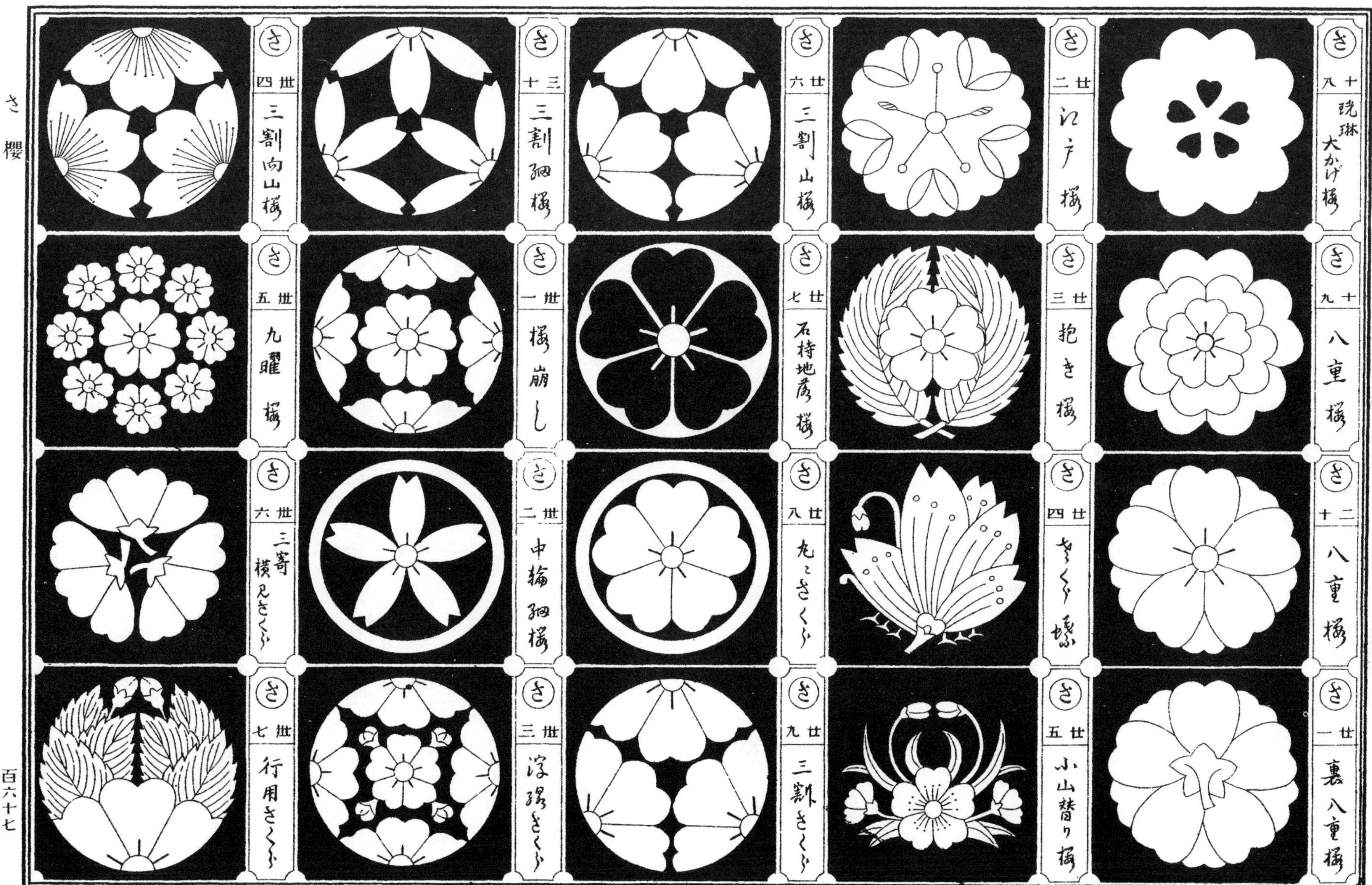
さ 十八 光琳 大かげ桜
さ 十九 八重桜
さ 二十 八重桜
さ 廿一 裏八重桜
さ 廿二 江戸桜
さ 廿三 抱き桜
さ 廿四 さくら蝶
さ 廿五 小山替り桜
さ 廿六 三割山桜
さ 廿七 石持地落桜
さ 廿八 丸にさくら
さ 廿九 三割さくら
さ 卅 三割細桜
さ 卅一 桜崩し
さ 卅二 中輪細桜
さ 卅三 浮線さくら
さ 卅四 三割向山桜
さ 卅五 九曜桜
さ 卅六 三寄横見さくら
さ 卅七 行用さくら

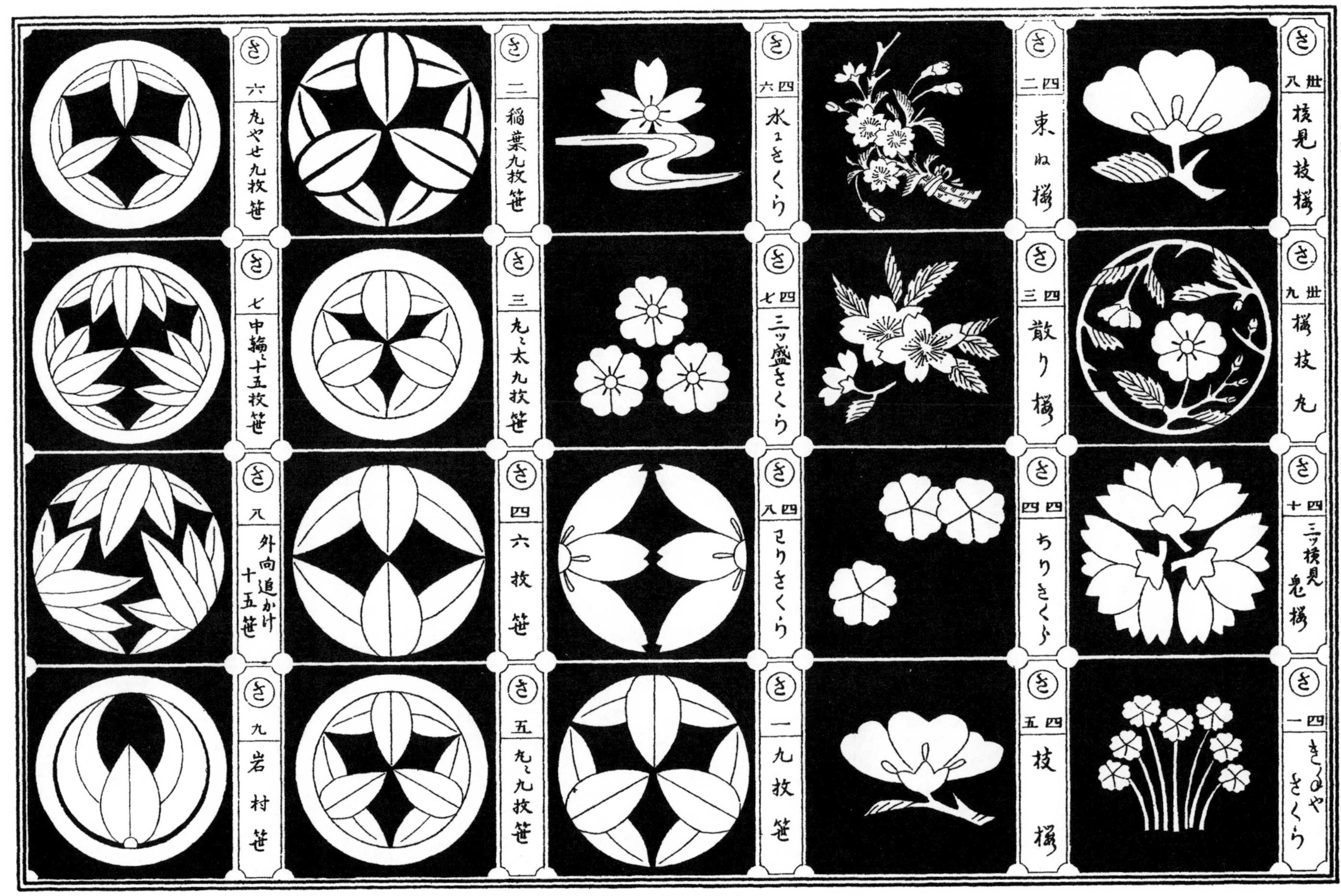
さ 卌八 横見枝櫻
さ 卌九 櫻枝丸
さ 四十 三ツ横見兎櫻
さ 四一 きゐやさくら
さ 四二 束ね櫻
さ 四三 散り櫻
さ 四四 ちりさくら
さ 四五 枝櫻
さ 四六 水にさくら
さ 四七 三ツ盛さくら
さ 四八 さりさくら
さ 一 九枚笹
さ 二 稲葉九枚笹
さ 三 丸ニ太九枚笹
さ 四 六枚笹
さ 五 丸ニ九枚笹
さ 六 丸やせ九枚笹
さ 七 中輪ニ十五枚笹
さ 八 外向追かけ十五笹
さ 九 岩村笹

さ 笹

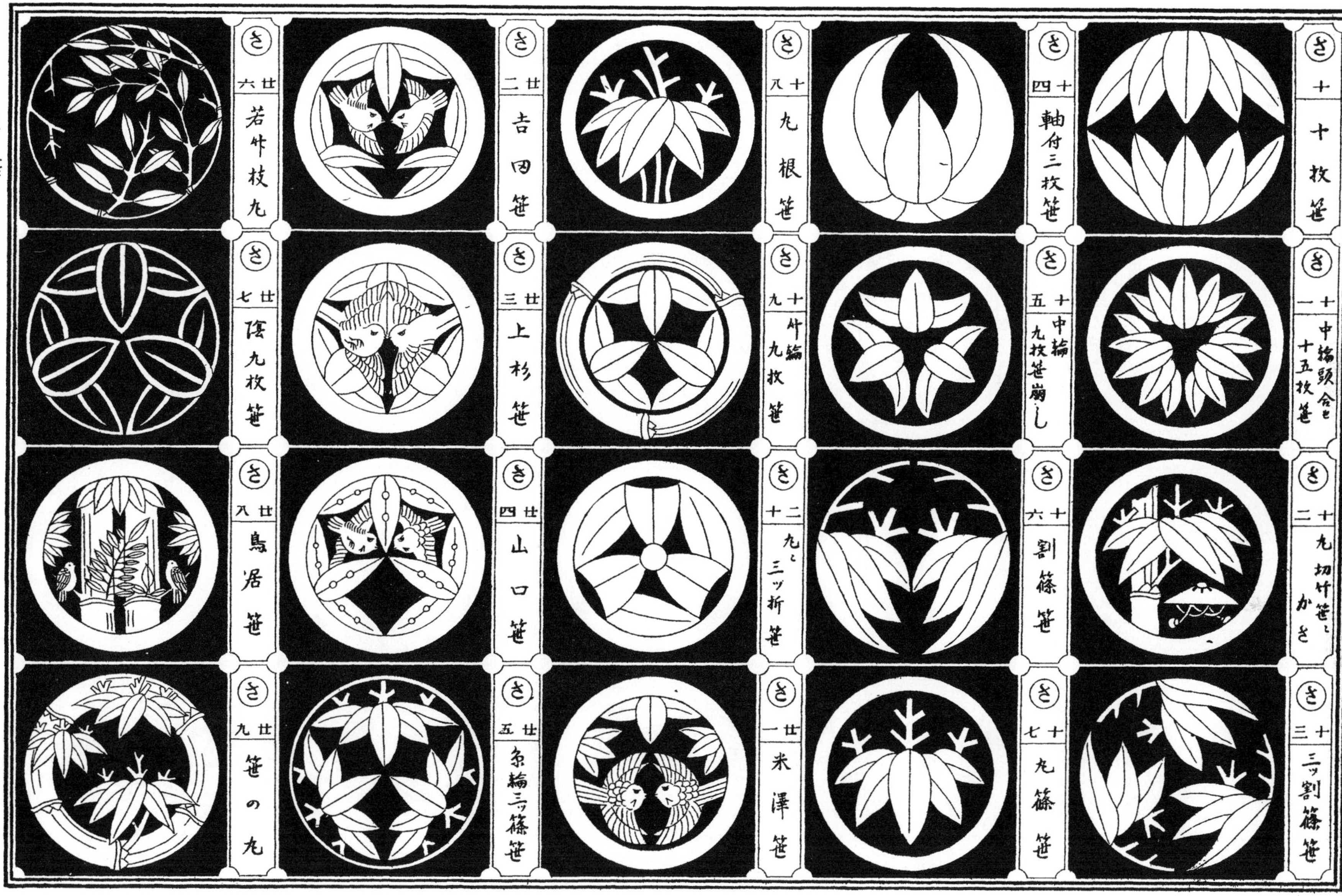

さ十 十枚笹

さ十一 中輪頭合せ十五枚笹

さ十二 丸切竹笹とかさ

さ十三 三ツ割篠笹

さ十四 軸付三枚笹

さ十五 中輪九枚笹崩し

さ十六 割篠笹

さ十七 丸篠笹

さ十八 丸根笹

さ十九 竹輪九枚笹

さ二十 丸と三ツ折笹

さ廿一 米澤笹

さ廿二 吉田笹

さ廿三 上杉笹

さ廿四 山口笹

さ廿五 糸輪三ツ篠笹

さ廿六 若竹枝丸

さ廿七 陰九枚笹

さ廿八 鳥居笹

さ廿九 笹の丸

百六十九

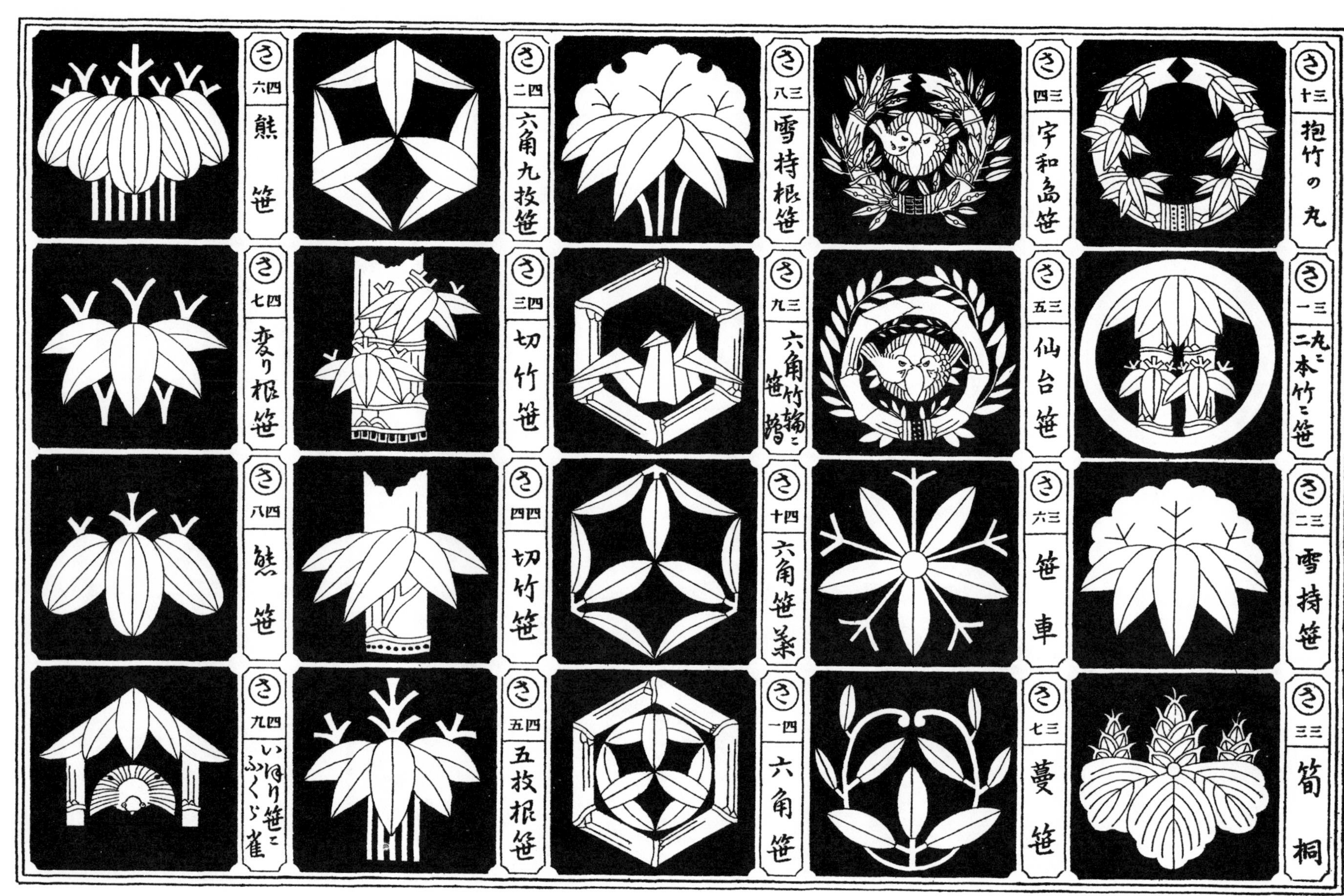
さ 三十 抱竹の丸
さ 三一 丸に二本竹に笹
さ 三二 雪持笹
さ 三三 筍桐
さ 三四 宇和島笹
さ 三五 仙台笹
さ 三六 笹車
さ 三七 蔓笹
さ 三八 雪持根笹
さ 三九 六角竹輪に笹鳩
さ 四十 六角笹菱
さ 四一 六角笹
さ 四二 六角九枚笹
さ 四三 切竹笹
さ 四四 切竹笹
さ 四五 五枚根笹
さ 四六 熊笹
さ 四七 変り根笹
さ 四八 熊笹
さ 四九 いほり笹にふくら雀

さ 笹

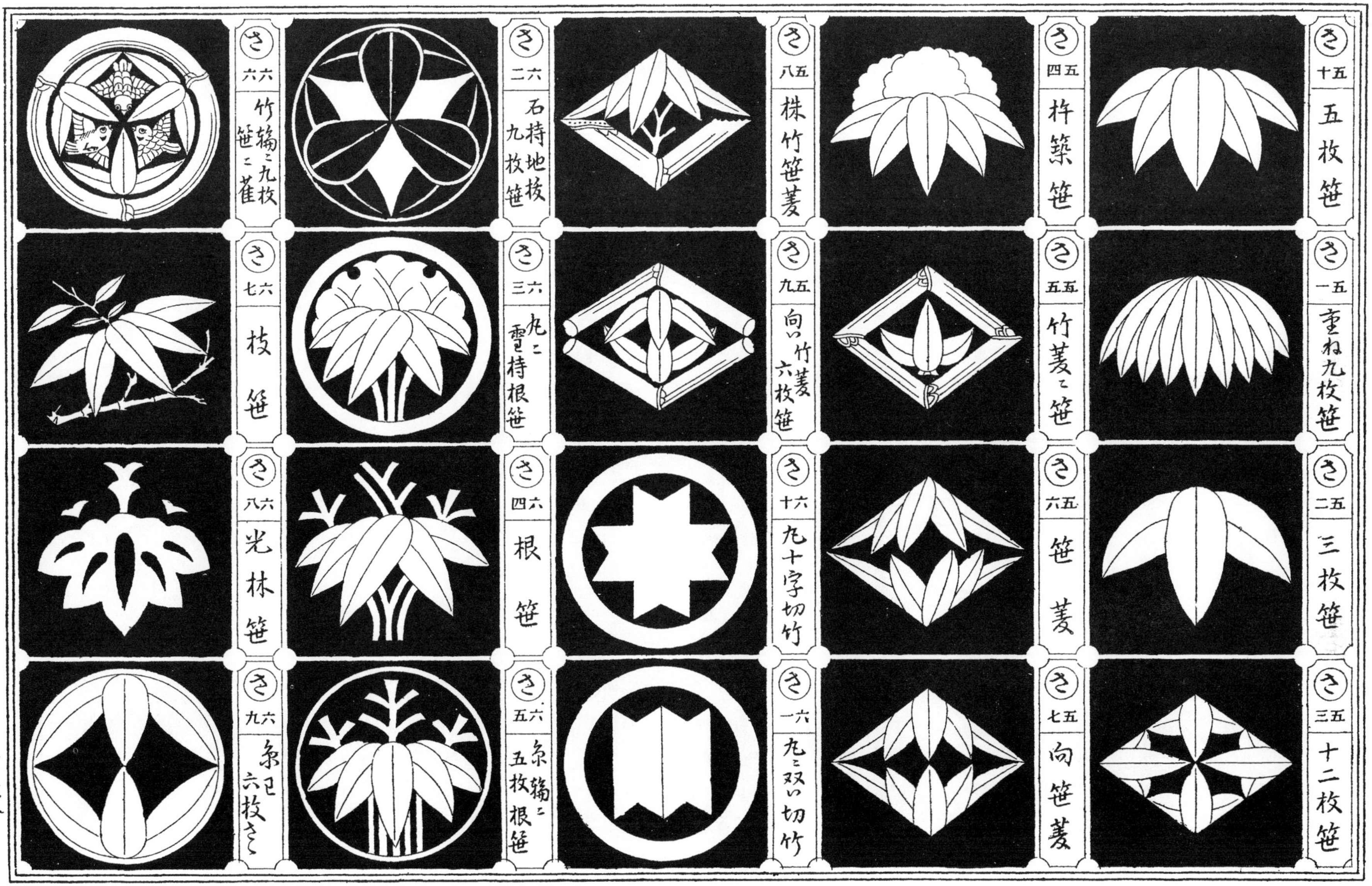

さ 五十 五枚笹

さ 五一 重ね九枚笹

さ 五二 三枚笹

さ 五三 十二枚笹

さ 五四 杵築笹

さ 五五 竹菱に笹

さ 五六 笹菱

さ 五七 向笹菱

さ 五八 株竹笹菱

さ 五九 向い竹菱六枚笹

さ 六十 九十字切竹

さ 六一 九に双い切竹

さ 六二 石持地抜九枚笹

さ 六三 丸に雪持根笹

さ 六四 根笹

さ 六五 糸輪に五枚根笹

さ 六六 竹輪に九枚笹に雀

さ 六七 枝笹

さ 六八 光林笹

さ 六九 糸巴六枚笹

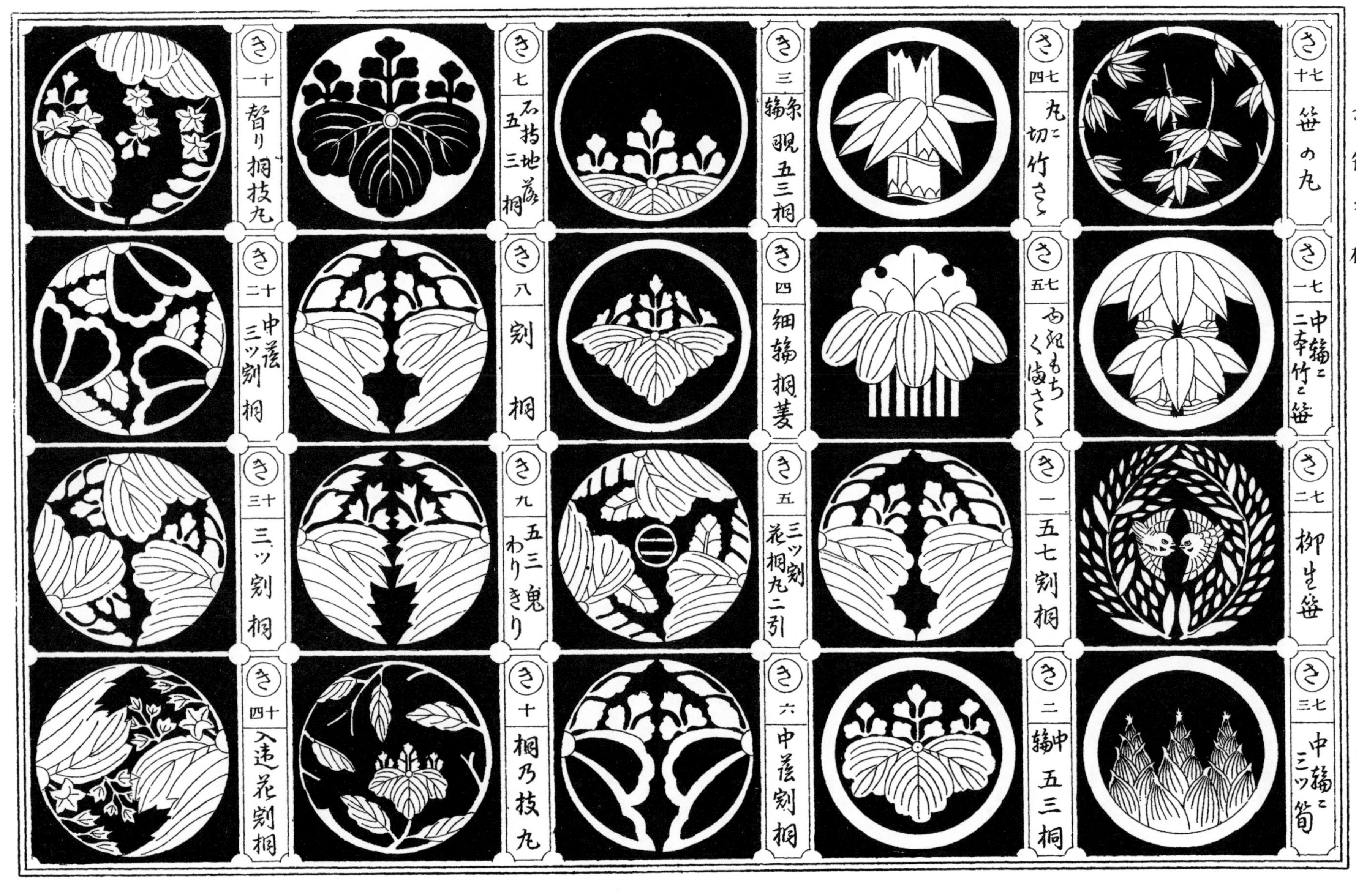
さ 十七 笹の丸
さ 一七 中輪ニ二本竹ニ笹
さ 二七 柳生笹
さ 三七 中輪ニ三ツ筍
さ 四七 丸ニ切竹ささ
き 一 五七剣桐
き 二 中輪五三桐
き 三 糸輪覗五三桐
き 四 細輪桐菱
き 五 三ツ剣花桐丸ニ引
き 六 中陰剣桐
き 七 石持地落五三桐
き 八 剣桐
き 九 五三鬼わりきり
き 十 桐乃枝丸
き 十二 中陰三ツ剣桐
き 十三 三ツ剣桐
き 十四 入違花剣桐

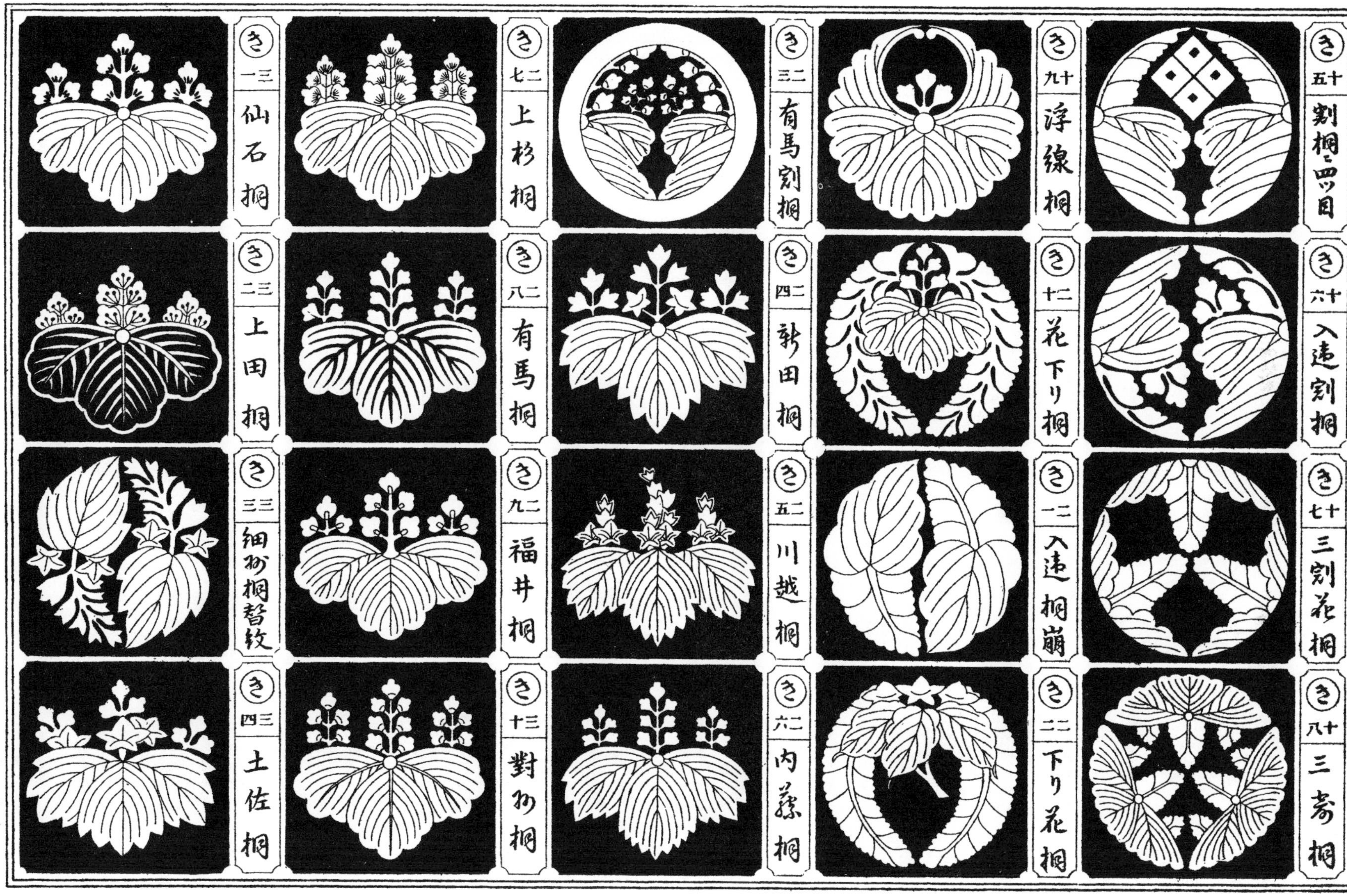
き 五十 割桐に四ツ目
き 六十 入違割桐
き 七十 三割花桐
き 八十 三寄桐
き 九十 浮線桐
き 十二 花下り桐
き 一二 入違桐崩
き 二二 下り花桐
き 三二 有馬割桐
き 四二 新田桐
き 五二 川越桐
き 六二 内藤桐
き 七二 上杉桐
き 八二 有馬桐
き 九二 福井桐
き 十三 對州桐
き 一三 仙石桐
き 二三 上田桐
き 三三 細川桐替紋
き 四三 土佐桐

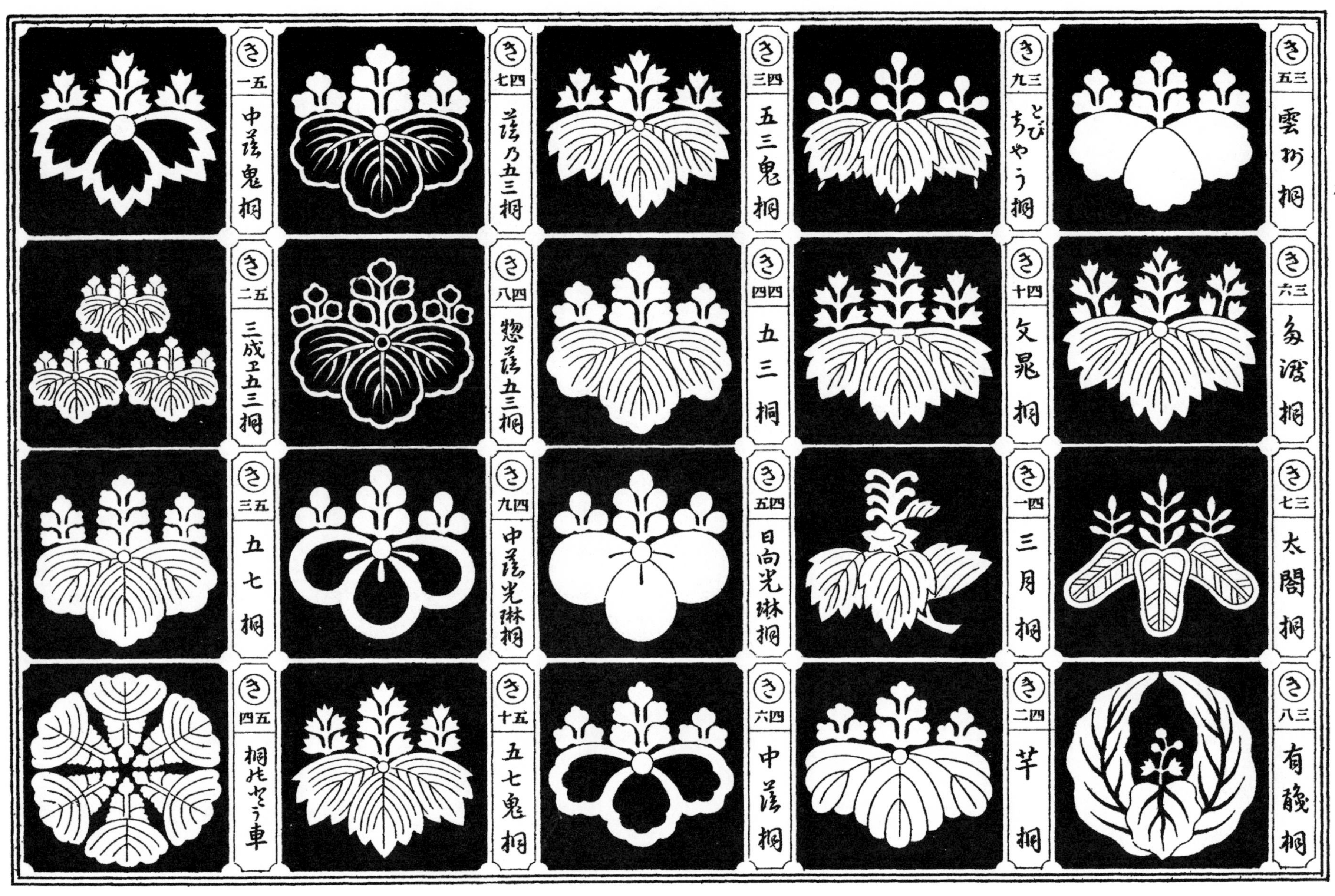
き 五三 雲形桐
き 六三 多渡桐
き 七三 太閤桐
き 八三 有馥桐
き 九三 とびちやう桐
き 十四 文晁桐
き 一四 三月桐
き 二四 芋桐
き 三四 五三鬼桐
き 四四 五三桐
き 五四 日向光琳桐
き 六四 中陰桐
き 七四 陰乃五三桐
き 八四 総陰五三桐
き 九四 中陰光琳桐
き 十五 五七鬼桐
き 一五 中陰鬼桐
き 二五 三成五三桐
き 三五 五七桐
き 四五 桐比やう車

き
桐

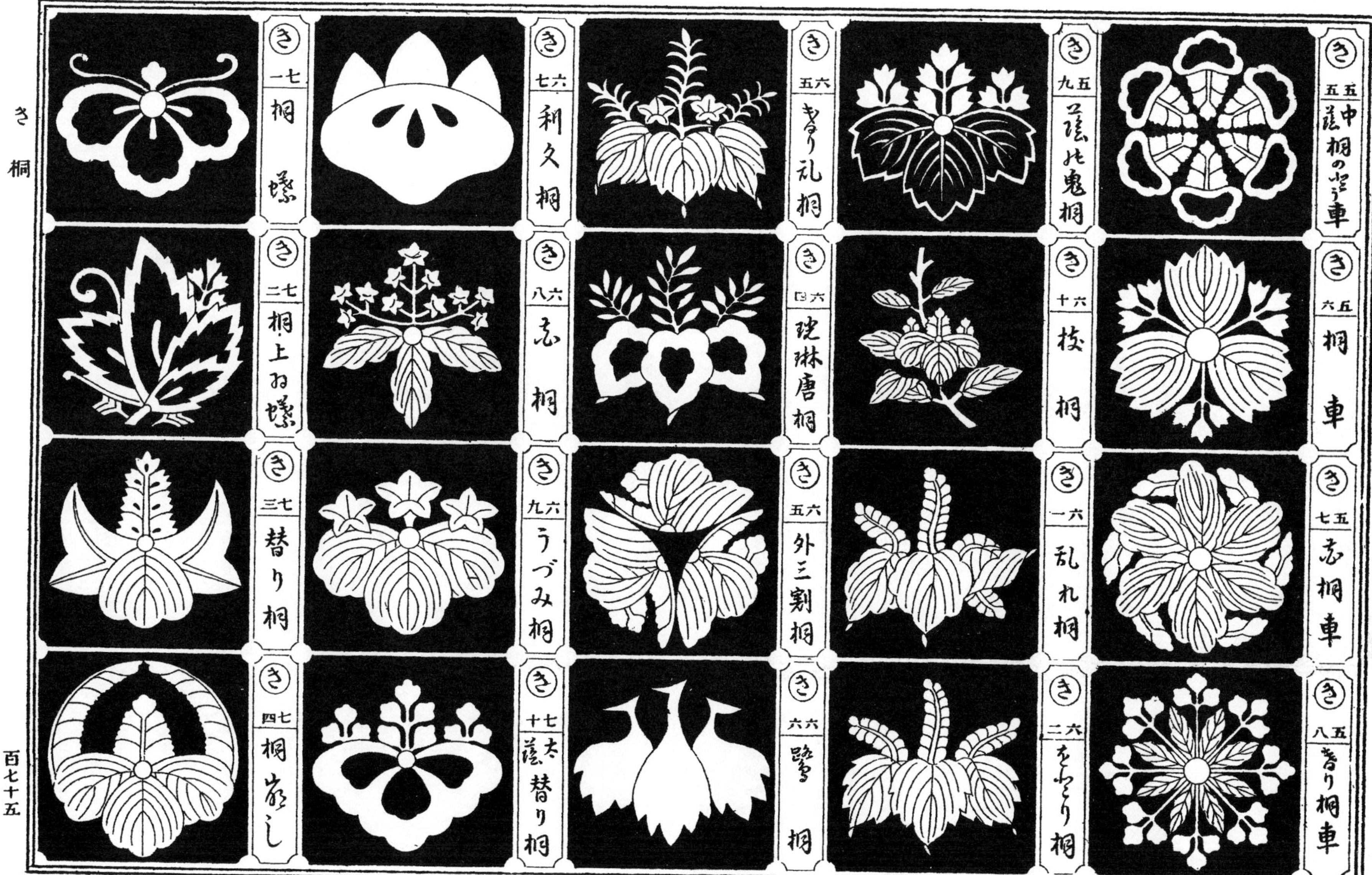

百七十五

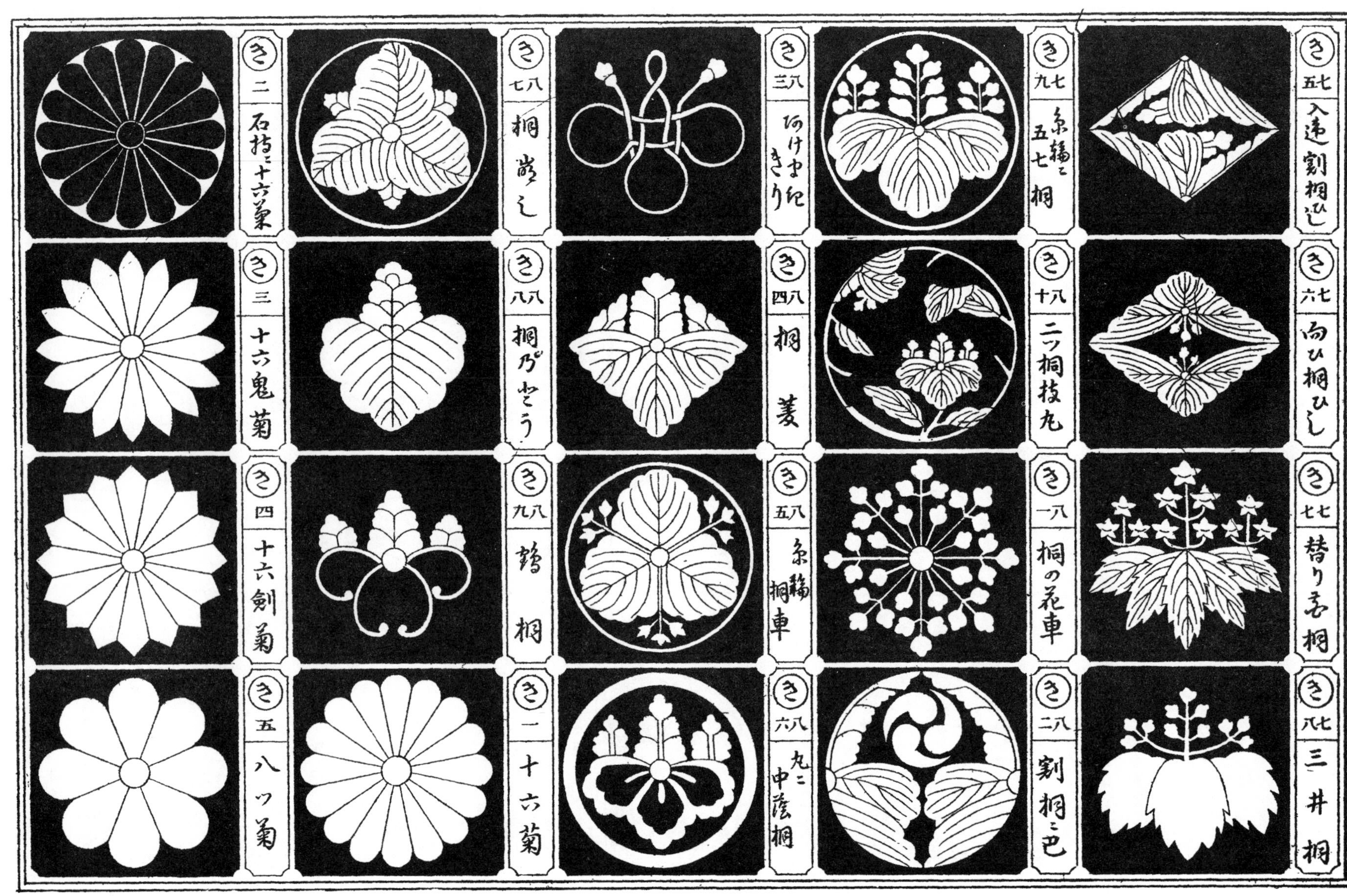

石持に十六菊
桐崩し
糸輪に五七桐
入違割桐ひし
十六鬼菊
桐菱
二ツ桐枝丸
向ひ桐ひし
十六剣菊
糸輪桐車
桐の花車
八ツ菊
十六菊
丸に中陰桐
割桐に巴
三井桐

き 桐 菊

百七十六

き 菊

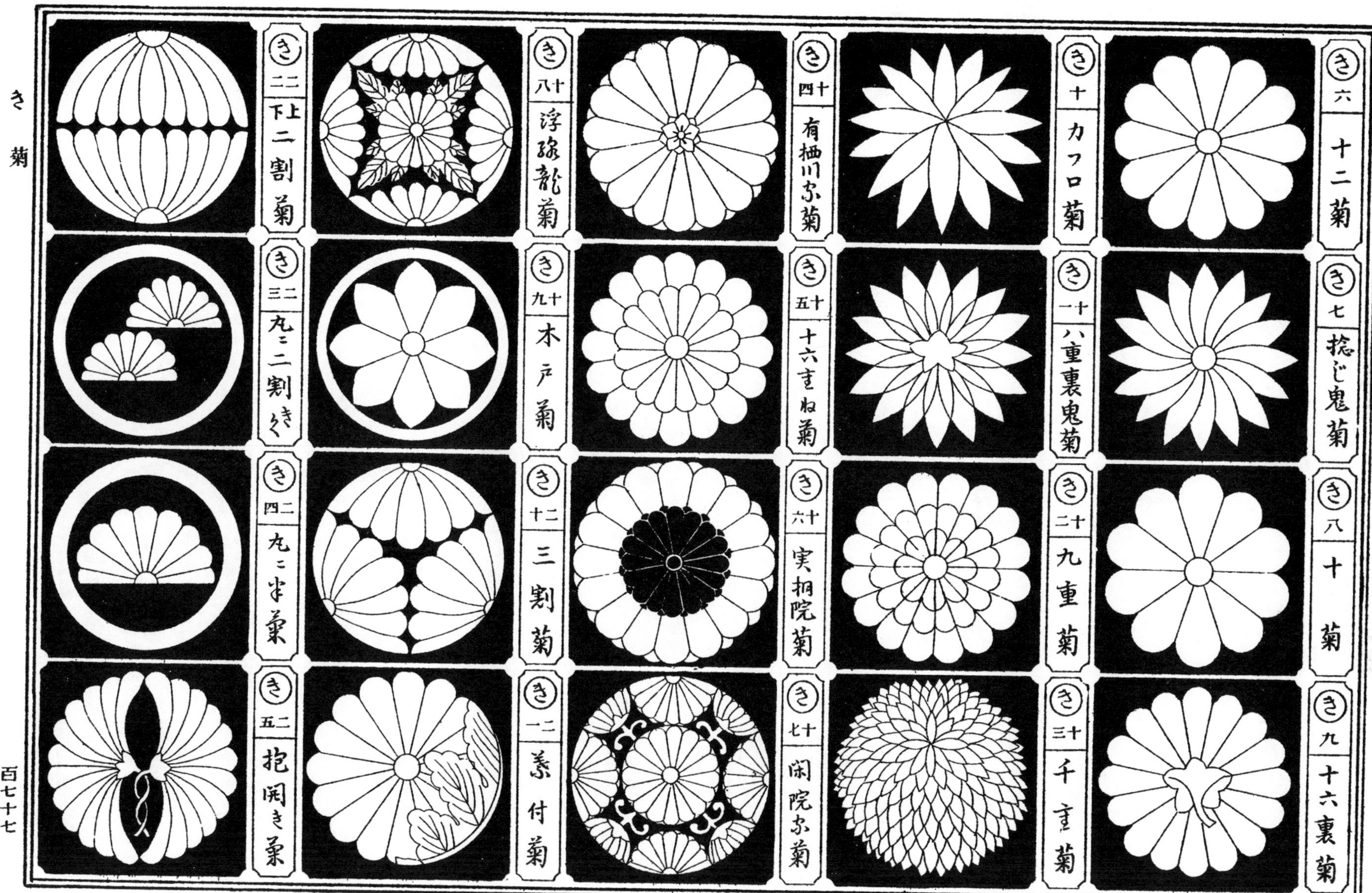

き 六
十二菊
き 七
捻じ鬼菊
き 八
十菊
き 九
十六裏菊
き 十
カフロ菊
き 十一
八重裏鬼菊
き 十二
九重菊
き 十三
千重菊
き 十四
有栖川ふ菊
き 十五
十六重ね菊
き 十六
実相院菊
き 十七
閑院ふ菊
き 十八
浮線龍菊
き 十九
木戸菊
き 二十
三割菊
き 二十一
葉付菊
き 二十二
上下二割菊
き 二十三
丸に二割きく
き 二十四
丸に半菊
き 二十五
抱開き菊

百七十七

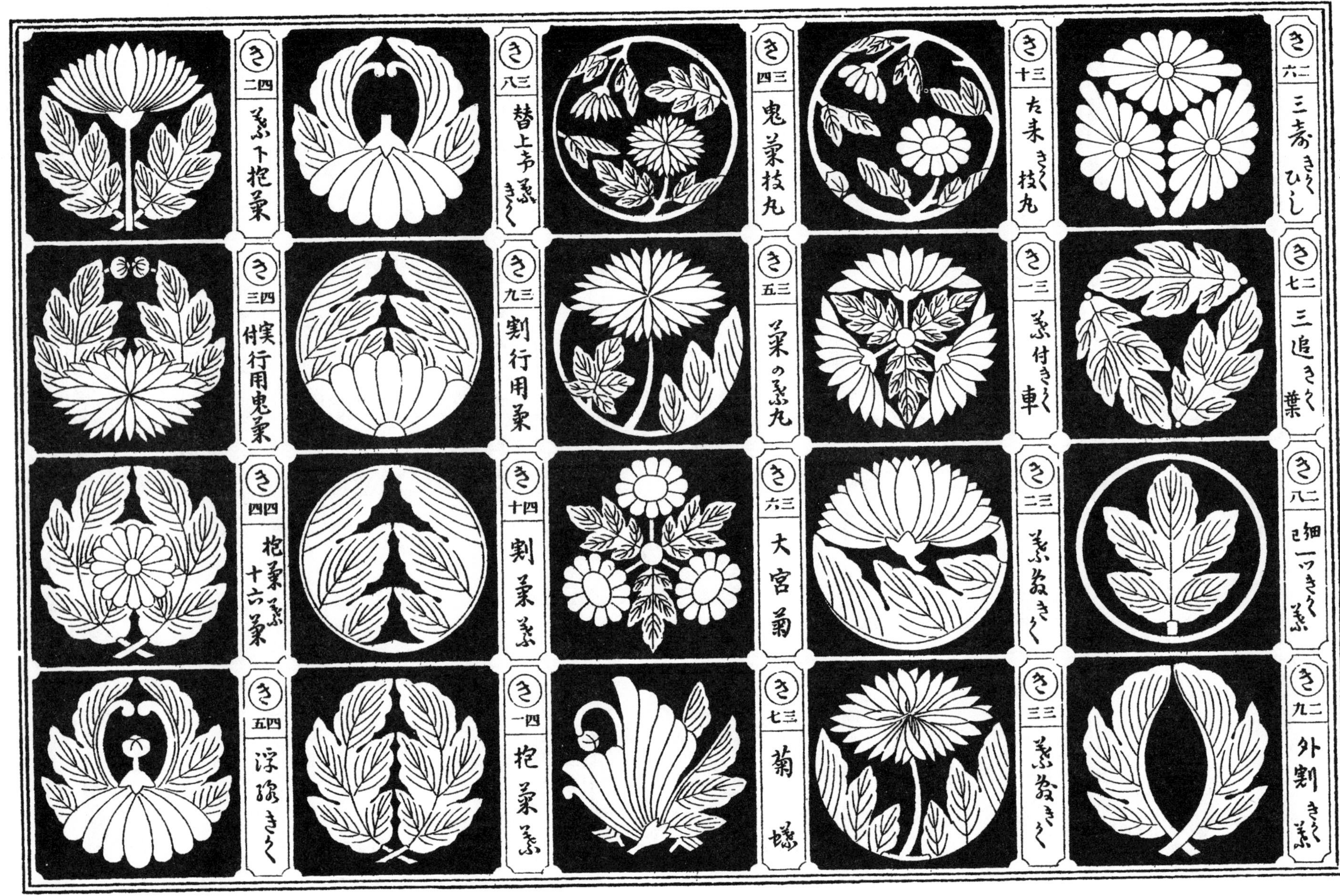
鬼菊枝丸
大宮菊
菊蝶

き 菊

き 六四 鬼行用鬼

き 七四 行用菊

き 八四 抱鬼菊

き 九四 枝菊

き 十五 割违菊

き 一五 蘭菊

き 二五 菊一字

き 三五 青山菊

き 四五 千重菊ひし

き 五五 三ツ巻ふ菊

き 六五 珖琳まん寿菊

き 七五 裏菊菱

き 八五 菊ひし

き 九五 菊水

き 十六 まん寿たれ菊

き 一六 菊飛鶴

き 二六 巻ふ水菊丸

き 三六 菊付割きくひし

き 四六 鬼菊菱

き 五六 上下割菊ひし

百七十九

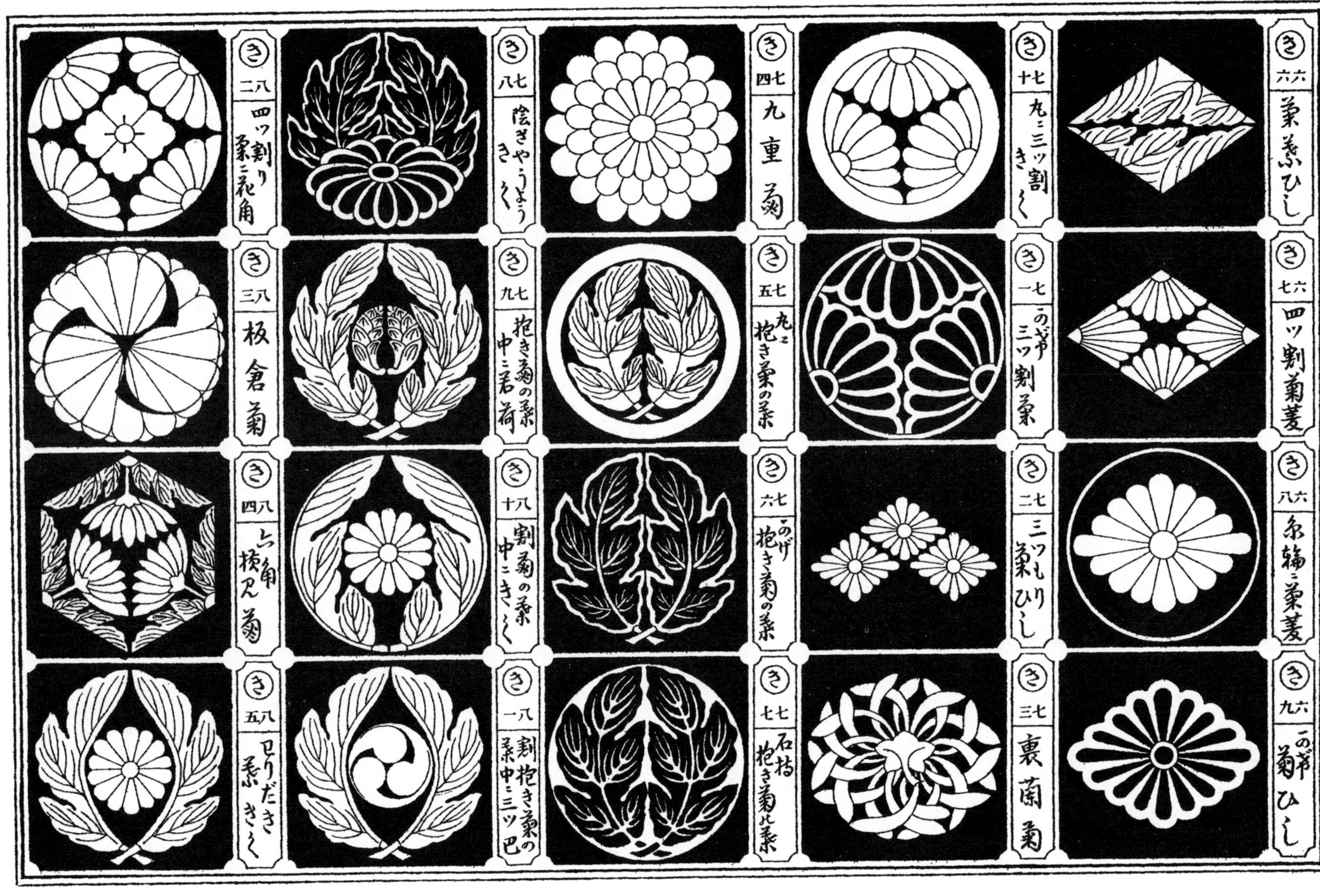
き 六六 菊菱ひし
き 十七 丸ニ三ツ割きく
き 四七 九重菊
き 八七 陰ぎやうようきく
き 二八 四ツ割菊ニ花角
き 七六 四ツ割菊菱
き 一七 この字 三ツ割菊
き 五七 丸ニ抱き菊の葉
き 九七 抱き菊の葉中ニ茗荷
き 三八 板倉菊
き 八六 糸輪ニ菊菱
き 二七 三ツもり菊ひし
き 六七 この字 抱き菊の葉
き 十八 割菊の葉中ニきく
き 四八
き 九六 この字 菊ひし
き 三七 裏菊
き 七七 石持抱き菊の葉
き 一八 割抱き菊の葉中ニ三ツ巴
き 五八

き 菊 桔梗

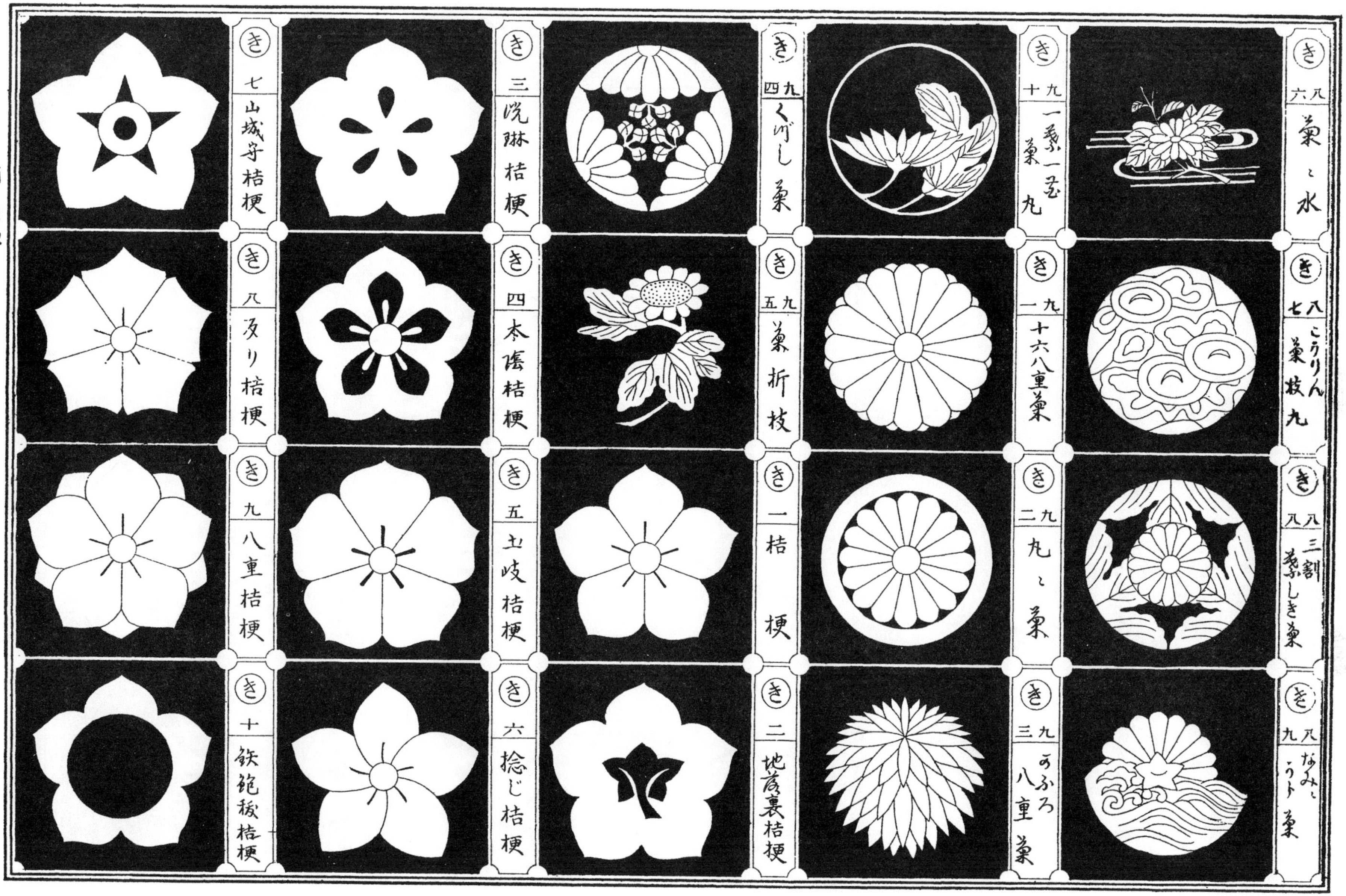

き 八六 菊と水

き 八七 こうりん菊枝丸

き 八八 三割菱しき菊

き 八九 なみとうト菊

き 九十 一葉一花菊丸

き 九一 十六八重菊

き 九二 丸と菊

き 九三 あふろ八重菊

き 九四 くげし菊

き 九五 菊折枝

き 一 桔梗

き 二 地蔵裏桔梗

き 三 光琳桔梗

き 四 本張桔梗

き 五 土岐桔梗

き 六 捻じ桔梗

き 七 山城守桔梗

き 八 返り桔梗

き 九 八重桔梗

き 十 鉄砲秡桔梗

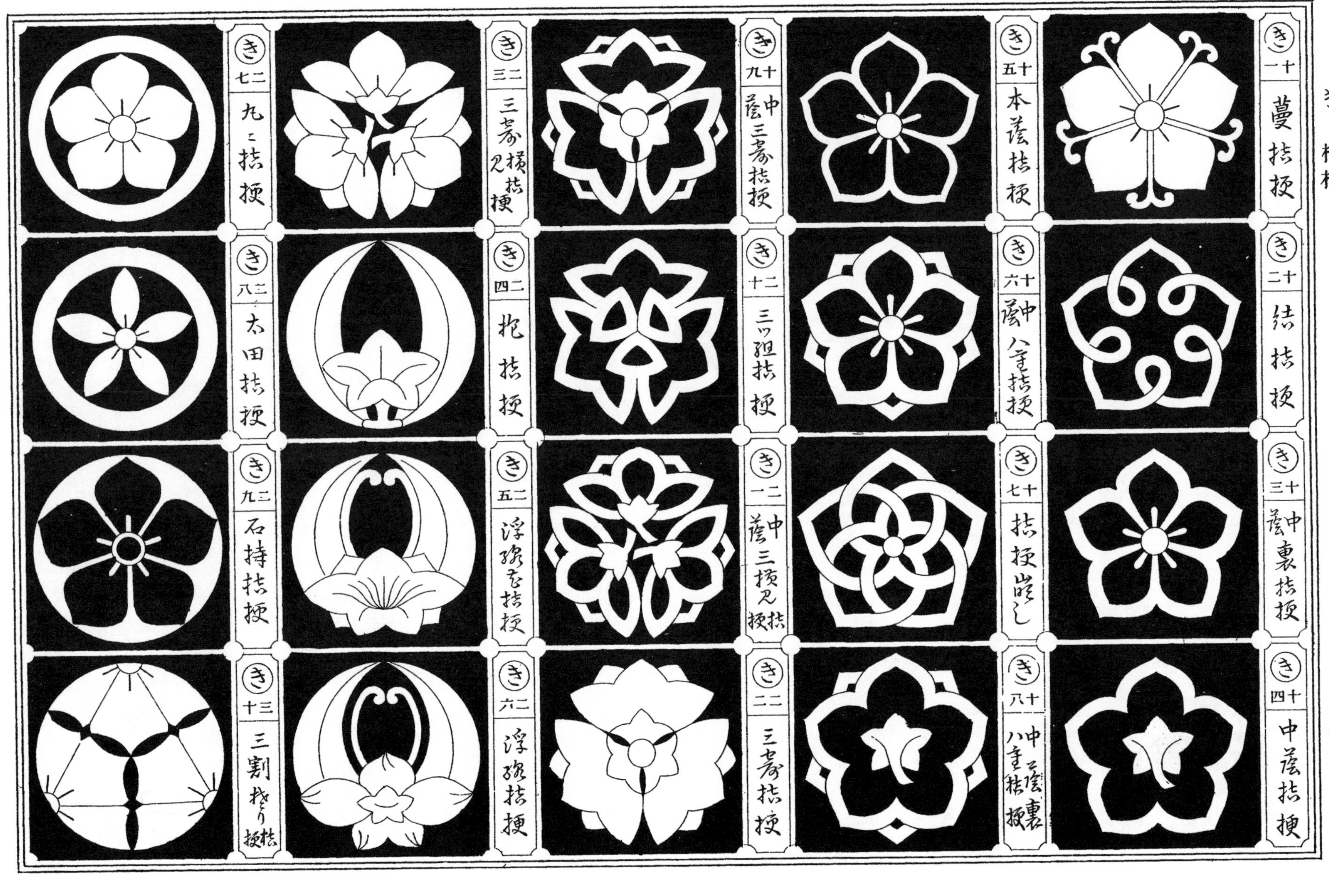
き 十一 蔓桔梗
き 十二 結桔梗
き 十三 中陰裏桔梗
き 十四 中陰桔梗
き 十五 本陰桔梗
き 十六 中陰八重桔梗
き 十七 桔梗崩し
き 十八 中陰八重裏桔梗
き 十九 中陰三寄桔梗
き 二十
き 二十一
き 二十二 三ツ寄桔梗
き 二十三 三ツ寄横見桔梗
き 二十四 抱桔梗
き 二十五
き 二十六 浮線綾桔梗
き 二十七 丸に桔梗
き 二十八 太田桔梗
き 二十九 石持桔梗
き 三十

き 桔梗

き 一三 三割桔梗

き 二三 中陰三割桔梗

き 三三 二割上下向桔梗

き 四三 三割八重桔梗

き 五三 行用桔梗

き 六三 中輪大の字桔梗

き 七三 輪重桔梗車

き 八三 葉付桔梗丸

き 九三 変り抱桔梗

き 十四 糸輪に覗桔梗

き 一四 桔梗枝丸

き 二四 三葉と三桔梗

き 三四 葉上桔梗

き 四四 三ツ割りんと桔梗

き 五四 糸桔梗枝丸

き 六四 三寿桔梗

き 七四 三ツ残り桔梗

き 八四 陰陽ひよく桔梗

き 九四 上羽桔梗蝶

き 十五 中陰桔梗桐

百八十三

き 桔梗

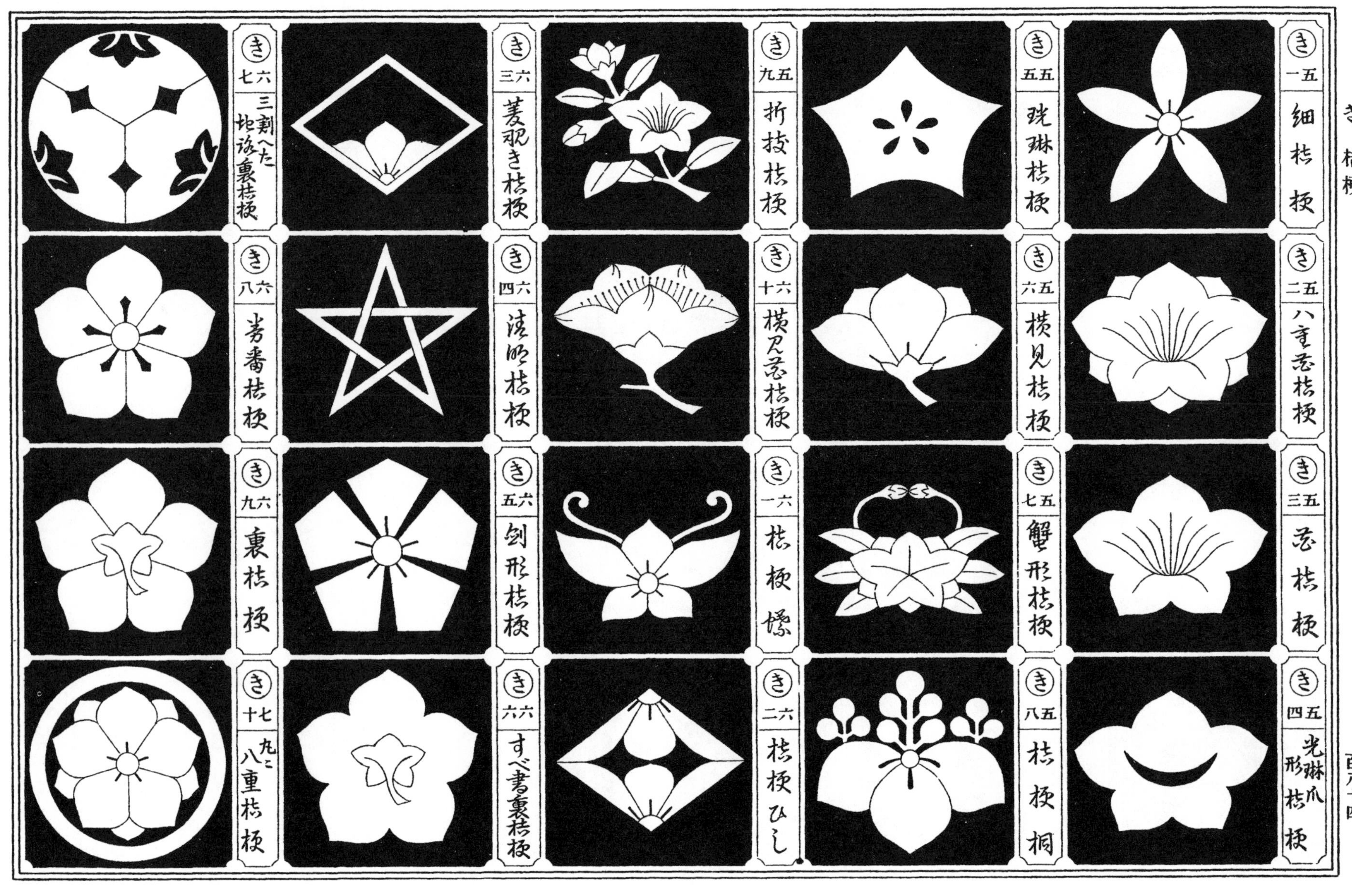

き 五一 細桔梗
き 五二 八重咲桔梗
き 五三 咲桔梗
き 五四 光琳爪形桔梗
き 五五 光琳桔梗
き 五六 横見桔梗
き 五七 蟹形桔梗
き 五八 桔梗桐
き 五九 折枝桔梗
き 六十 横見咲桔梗
き 六一 桔梗蝶
き 六二 桔梗ひし
き 六三 菱覗き桔梗
き 六四 清明桔梗
き 六五 剣形桔梗
き 六六 すべ書裏桔梗
き 六七 三割へた地抜裏桔梗
き 六八 芳番桔梗
き 六九 裏桔梗
き 七十 丸に八重桔梗

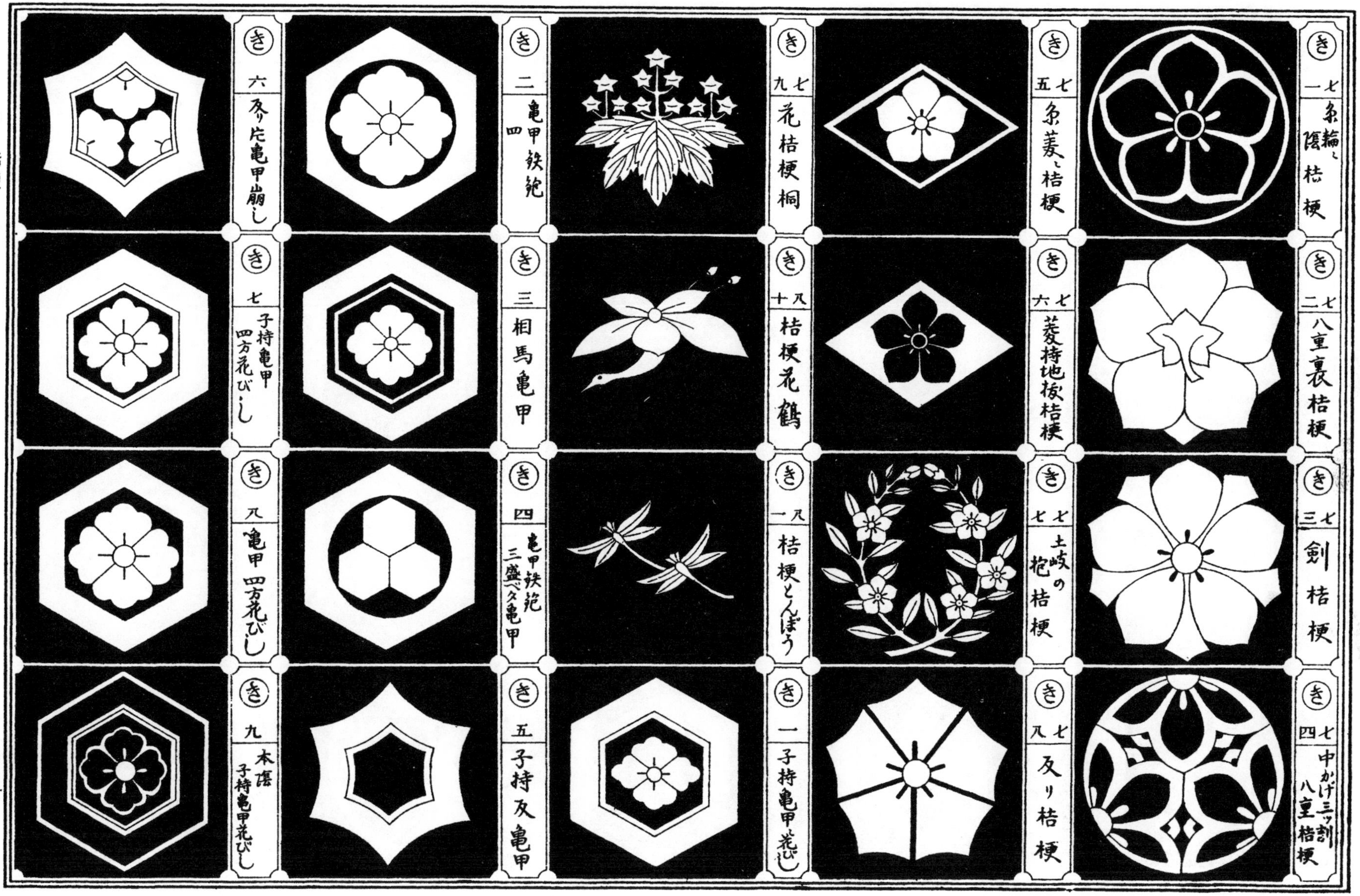

き 七一 糸輪に陰桔梗

き 七二 八重裏桔梗

き 七三 剣桔梗

き 七四 中かげ三ッ割 八重桔梗

き 七五 糸菱に桔梗

き 七六 菱持地抜桔梗

き 七七 土岐の抱桔梗

き 七八 反り桔梗

き 七九 花桔梗桐

き 八十 桔梗花鶴

き 八一 桔梗とんぼう

き 一 子持亀甲に花びし

き 二 亀甲鉄鉋 四

き 三 相馬亀甲

き 四 亀甲鉄鉋 三盛ベタ亀甲

き 五 子持反亀甲

き 六 反り片亀甲崩し

き 七 子持亀甲 四方花びし

き 八 亀甲 四方花びし

き 九 本陰 子持亀甲花びし

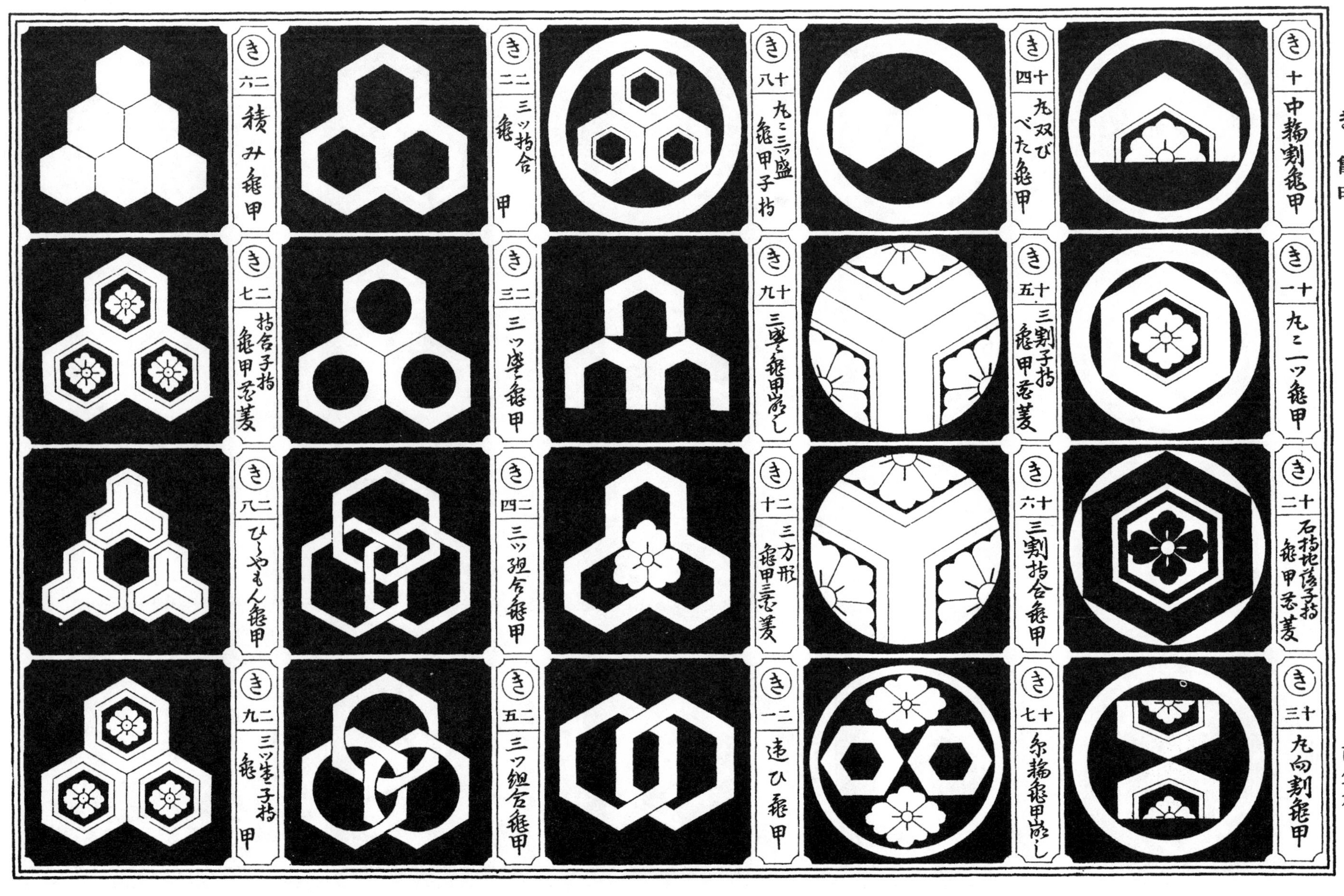

き 亀甲

- き 三十 六郷亀甲
- き 三一 結ひ亀甲
- き 三二 三亀甲崩し
- き 三三 亀甲崩し
- き 三四 崩し亀甲花ひし
- き 三五 六方亀甲形
- き 三六 一重亀甲花ひし
- き 三七 三ツもり亀甲剣花ひし
- き 三八 三ツもり亀甲三ツ星
- き 三九 二重輪三ツもり亀甲ニ花菱
- き 四十 丸ニ三ツもり亀甲花角
- き 四一 反り亀甲ニかたばみ
- き 四二 亀甲ニ違鷹羽
- き 四三 亀甲ニ梅鉢
- き 四四 亀甲ニ並ひ矢
- き 四五 一重亀甲三ツ巴
- き 四六 一重亀甲ニ星梅鉢
- き 四七 ろふ巳亀甲
- き 四八 ふた亀甲
- き 四九 浅井亀甲

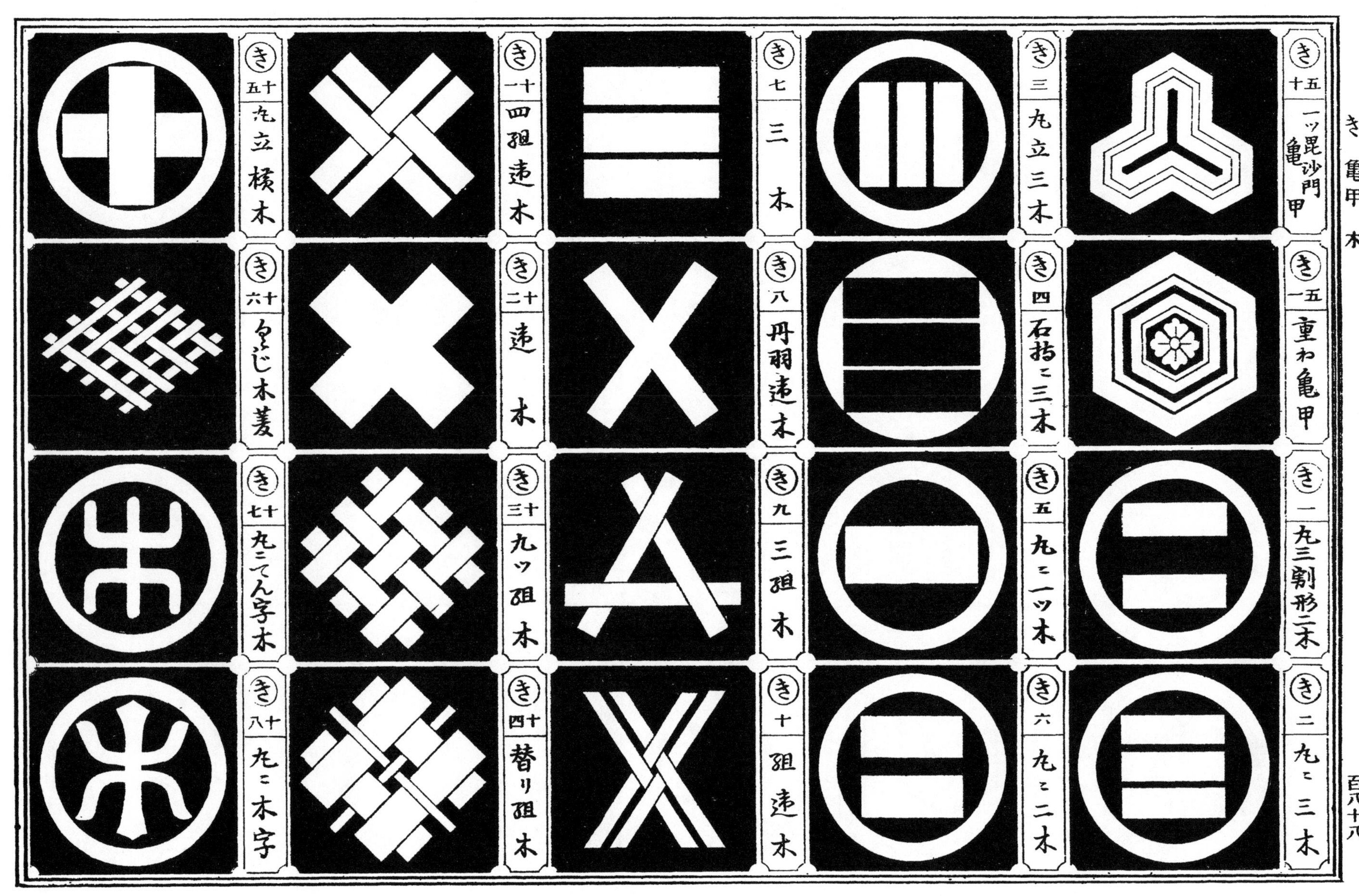
き
亀甲
木
き 十五 一ツ毘沙門亀甲
き 一五 重ね亀甲
き 一 丸三割形二木
き 二 丸ニ三木
き 三 丸立三木
き 四 石持ニ三木
き 五 丸ニ一ツ木
き 六 丸ニ二木
き 七 三木
き 八 丹羽違木
き 九 三組木
き 十 組違木
き 一十 四組違木
き 二十 違木
き 三十 九ツ組木
き 四十 替り組木
き 五十 丸立横木
き 六十 ねじ木菱
き 七十 丸ニてん字木
き 八十 丸ニ木字
百八十八

き　杵　行用

き 九十 丸に九割木字

き 一 丸に一ツ杵

き 二 違杵

き 三 糸輪十字杵

き 四 縦横に杵

き 五 丸に双ひ杵

き 六 丸に三ツ杵

き 一 行用

き 二 石持地抜行用

き 三 丸に一ツ花行用

き 四 糸輪に三ツ割行用

き 五 太輪に違ひ花行用

き 六 小蜂行用

き 七 やぶ行用

き 八 鍋島行用

き 九 鍋島花行用

き 十 二重輪に行用

き 一十 花行用

き 二十 丸に花行用

き 三十 頭合三ツ行用

百八十九

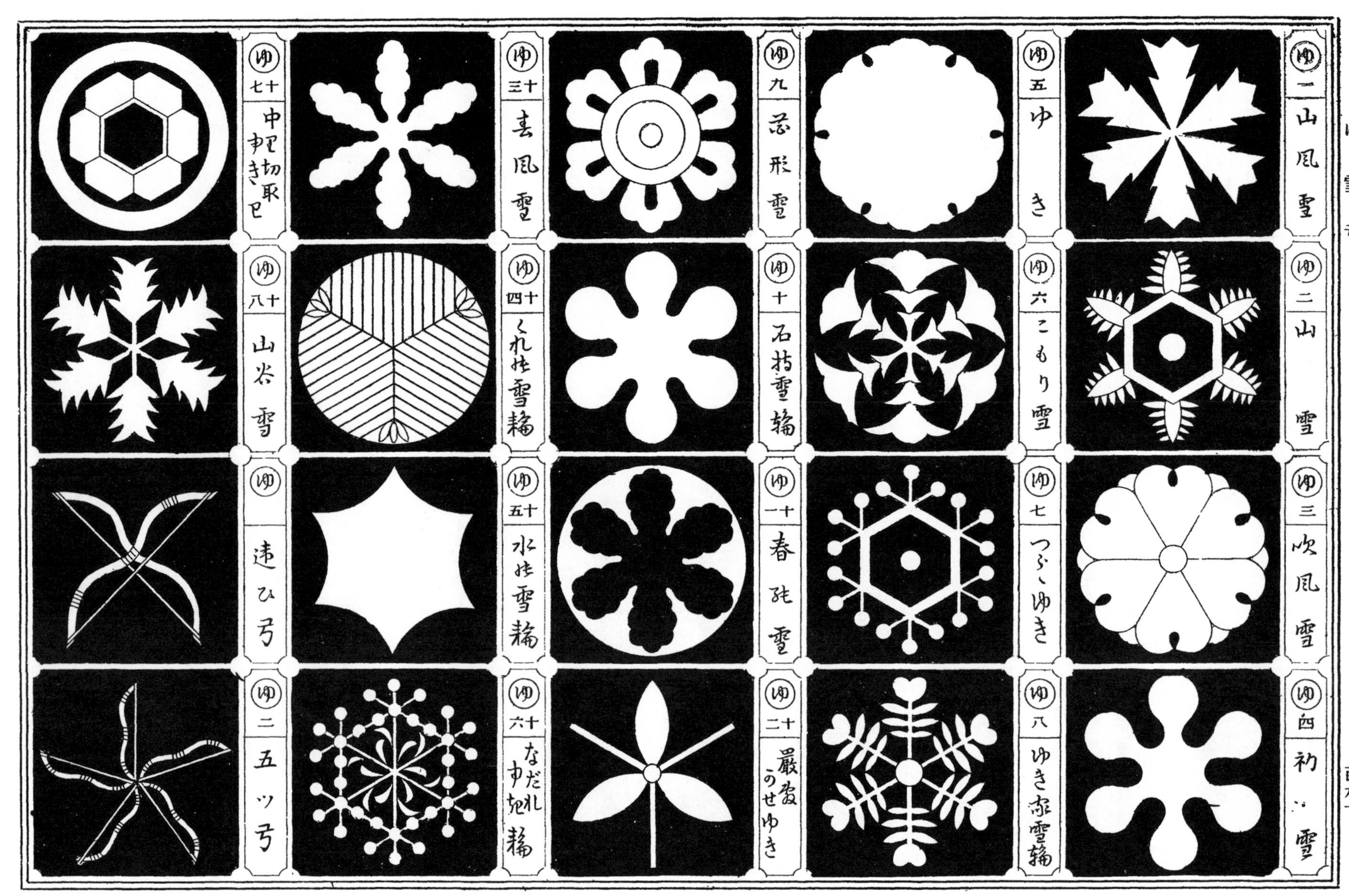
一 山風雪
二 山雪
三 吹風雪
四 初雪
五 ゆき
六 こもり雪
七 つぶゆき
十 石持雪輪
十四 くれ竹雪輪
十五 水仙雪輪
十八 山谷雪
違ひ弓
二 五ツ弓

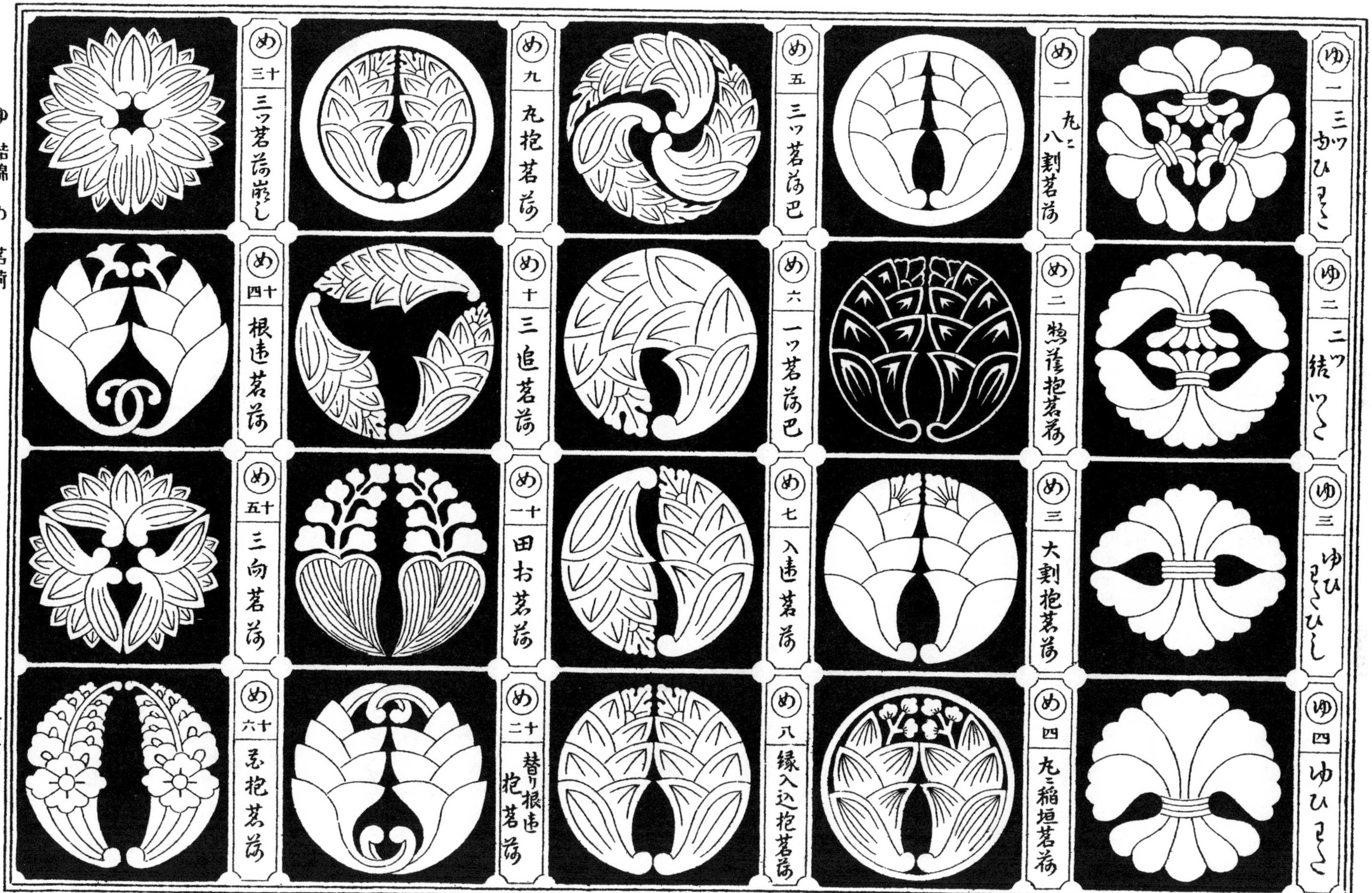

ゆ 結綿 め 茗荷

ゆ一 三ツゆひわた

ゆ二 二ツ結わた

ゆ三 ゆひわたひし

ゆ四 ゆひわた

め一 丸に八割茗荷

め二 [illegible]抱茗荷

め三 大割抱茗荷

め四 丸に稲垣茗荷

め五 三ツ茗荷巴

め六 一ツ茗荷巴

め七 入違茗荷

め八 縁入込抱茗荷

め九 丸抱茗荷

め十 三追茗荷

め十一 田お茗荷

め十二 替り根違抱茗荷

め十三 三ツ茗荷崩し

め十四 根違茗荷

め十五 三向茗荷

め十六 花抱茗荷

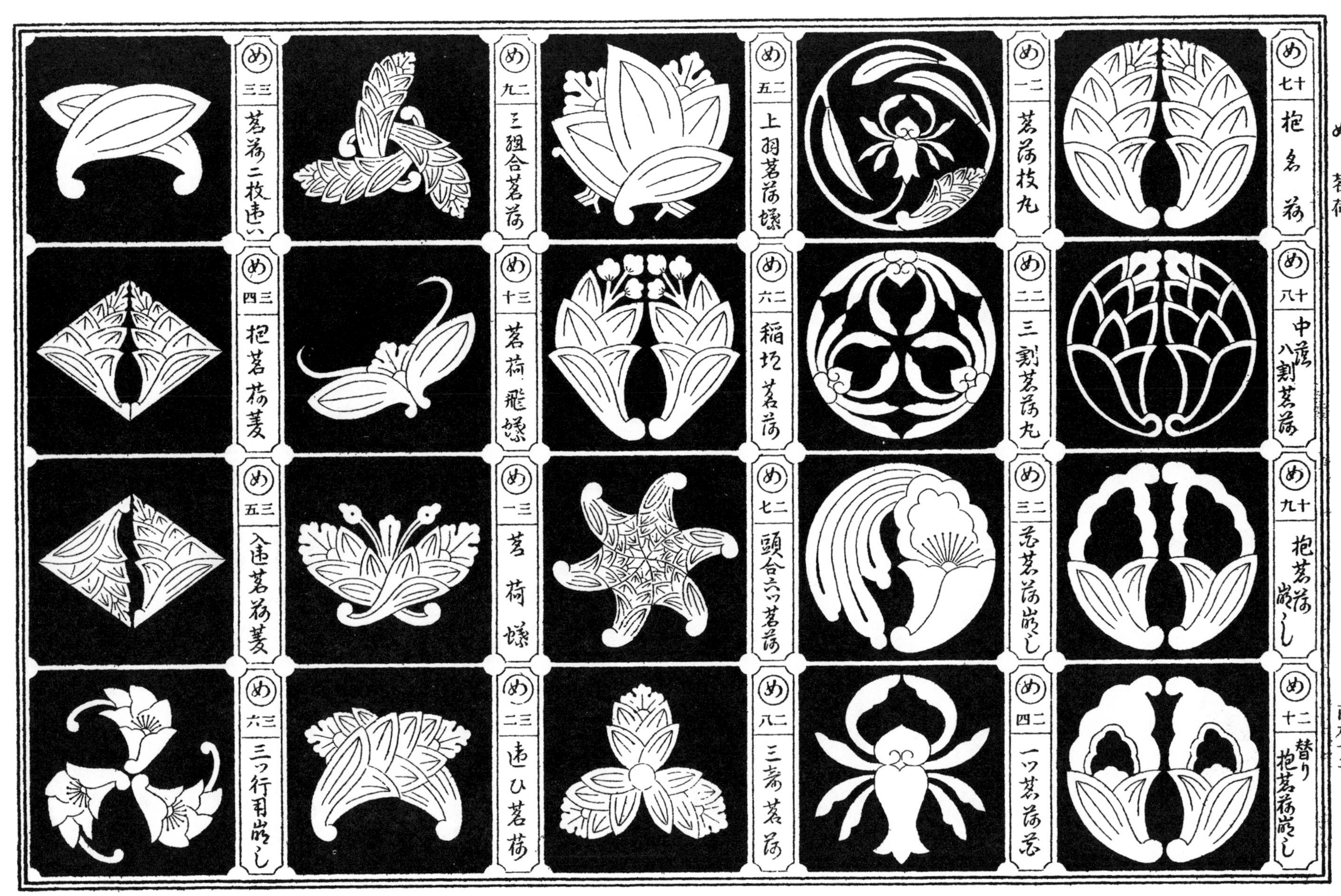

め 十七 抱茗荷
め 十八 中陰八割茗荷
め 十九 抱茗荷崩し
め 二十 替り抱茗荷崩し
め 二一 茗荷枝丸
め 二二 三割茗荷丸
め 二三 花茗荷崩し
め 二四 一ツ茗荷花
め 二五 上羽茗荷蝶
め 二六 稲垣茗荷
め 二七 頭合六ツ茗荷
め 二八 三寿茗荷
め 二九 三組合茗荷
め 三十 茗荷飛蝶
め 三一 茗荷蝶
め 三二 違ひ茗荷
め 三三 茗荷二枚違ひ
め 三四 抱茗荷菱
め 三五 入違茗荷菱
め 三六 三ツ行羽崩し

め 三十七 一の関茗荷

め 三十八 茗荷蝶

め 三十九 抱茗荷内に鷹羽

め 四十 丸に一の字抱き茗荷

志 一 蛇の目

志 二 丸に蛇のめ

志 三 糸輪三割蛇のめ

志 四 糸輪蛇のめ崩し

志 五 蔭蛇乃め

志 六 糸輪除き蛇のめ

志 七 三ツ蛇乃目

志 八 三ツ捻じ蛇の目

志 九 四ツ捻じ蛇の目

志 十 捻じ蛇乃目

志 十一 七ツ蛇のめびし

志 十二 九曜蛇の目

志 十三 三ツ剣蛇の目

志 十四 蔭陽重蛇のめ

志 十五 剣梅蛇の目

志 十六 四ツ蛇の目

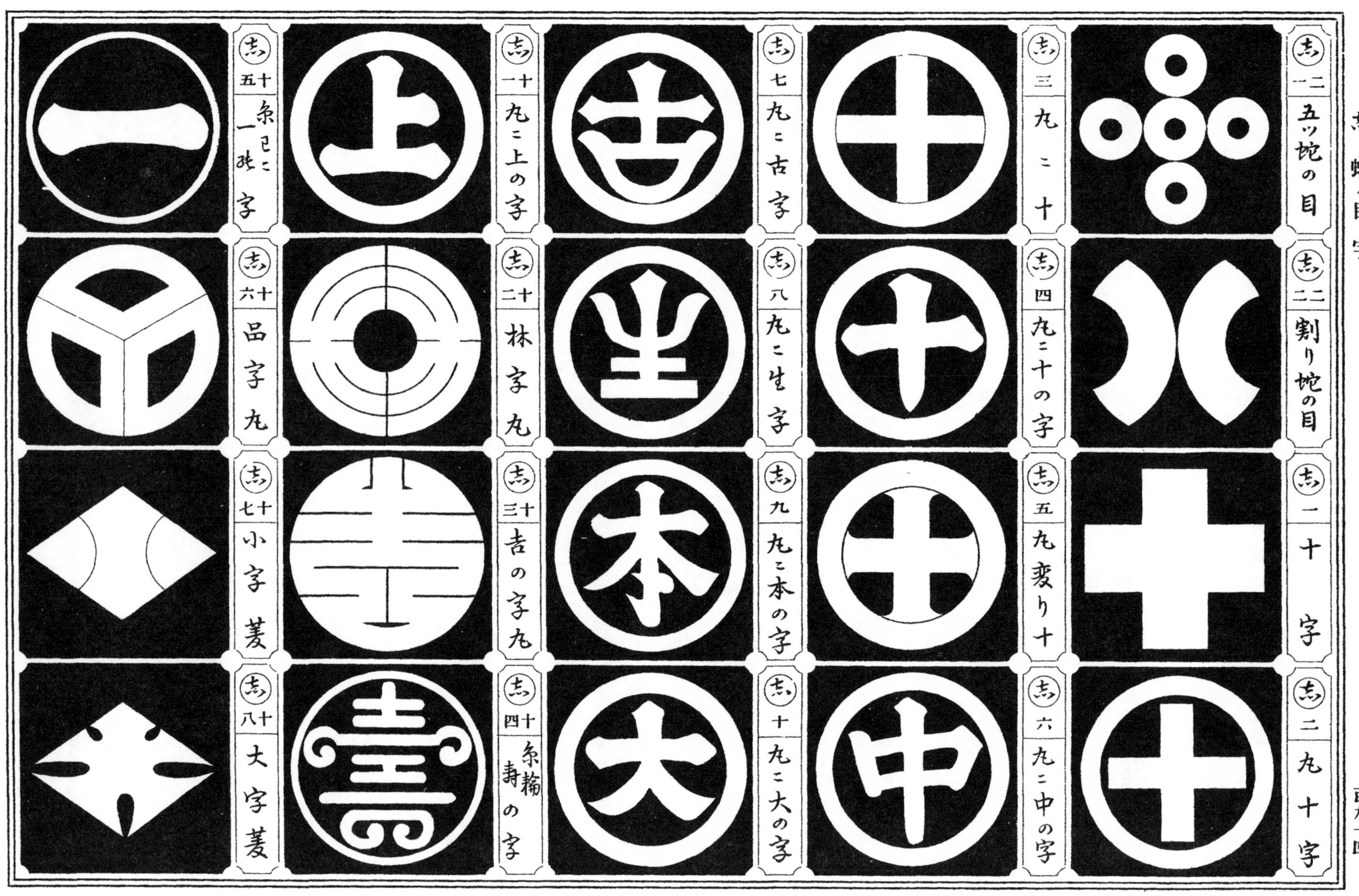
志 一二 五ツ蛇の目
志 二二 割り蛇の目
志 一 十字
志 二 丸十字
志 三 丸に十
志 四 丸に十の字
志 五 丸変り十
志 六 丸に中の字
志 七 丸に古字
志 八 丸に生字
志 九 丸に本の字
志 十 丸に大の字
志 一十 丸に上の字
志 二十 林字丸
志 三十 吉の字丸
志 四十 糸輪寿の字
志 五十 糸輪に一字
志 六十 品字丸
志 七十 小字菱
志 八十 大字菱

志字

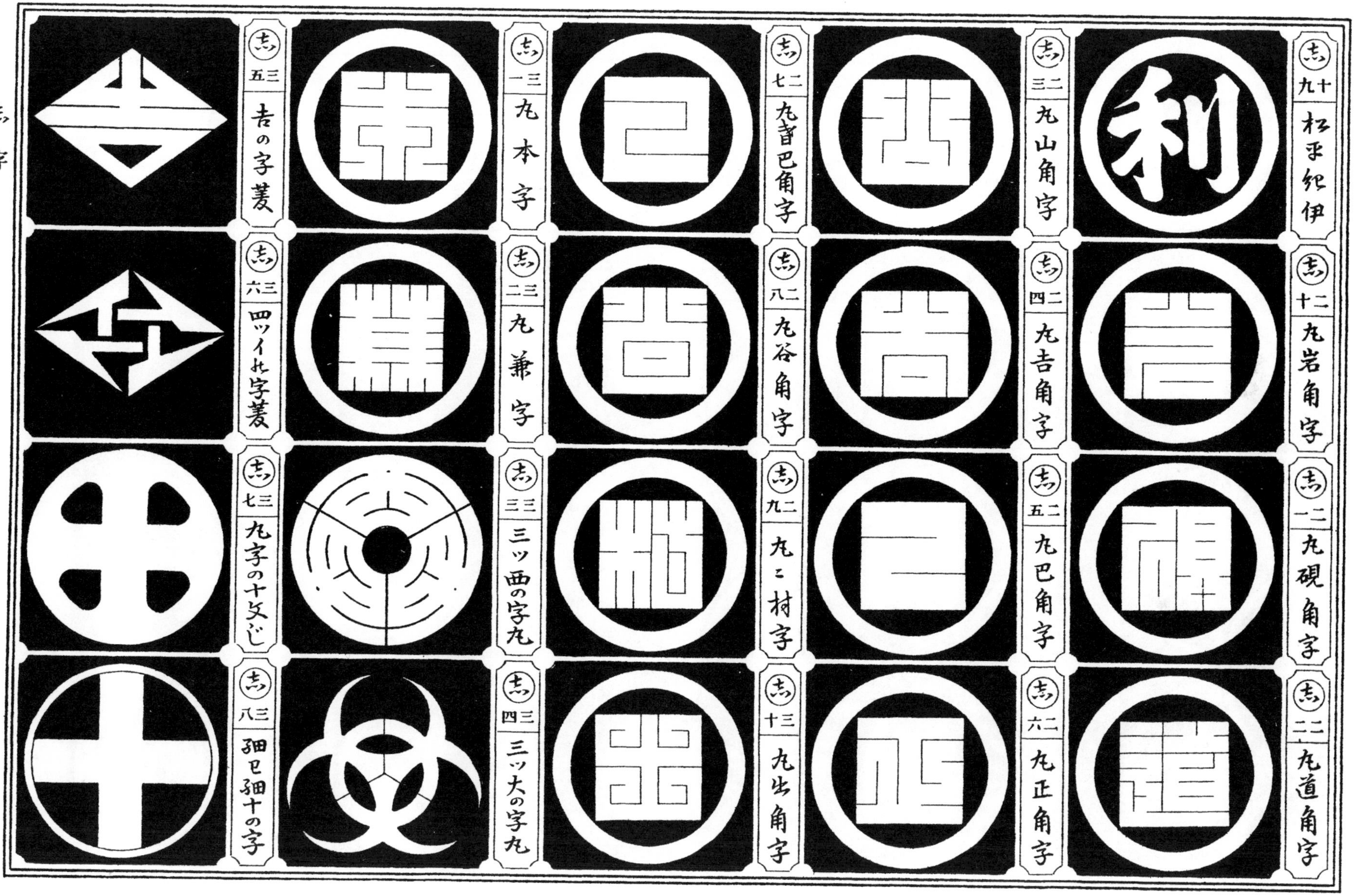

志 九十 松平紀伊

志 十二 丸岩角字

志 一二 丸硯角字

志 二二 丸道角字

志 三二 丸山角字

志 四二 丸吉角字

志 五二 丸巴角字

志 六二 丸正角字

志 七二 丸旹巴角字

志 八二 丸谷角字

志 九二 丸ニ村字

志 十三 丸出角字

志 一三 丸本字

志 二三 丸兼字

志 三三 三ツ西の字丸

志 四三 三ツ大の字丸

志 五三 吉の字菱

志 六三 四ツイれ字菱

志 七三 丸字の十文じ

志 八三 細巴細十の字

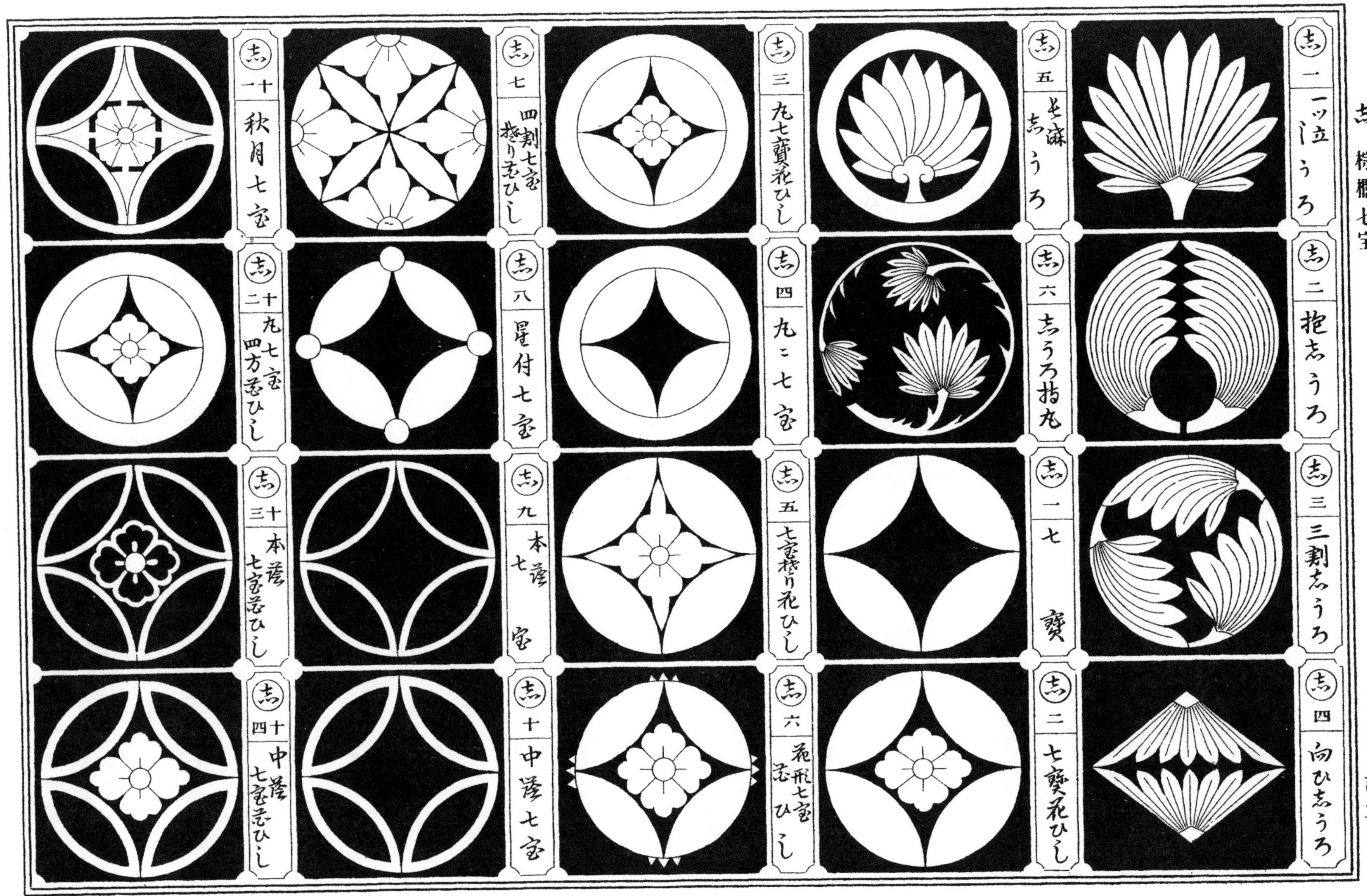

志 七宝　烏 烏帽子　海老

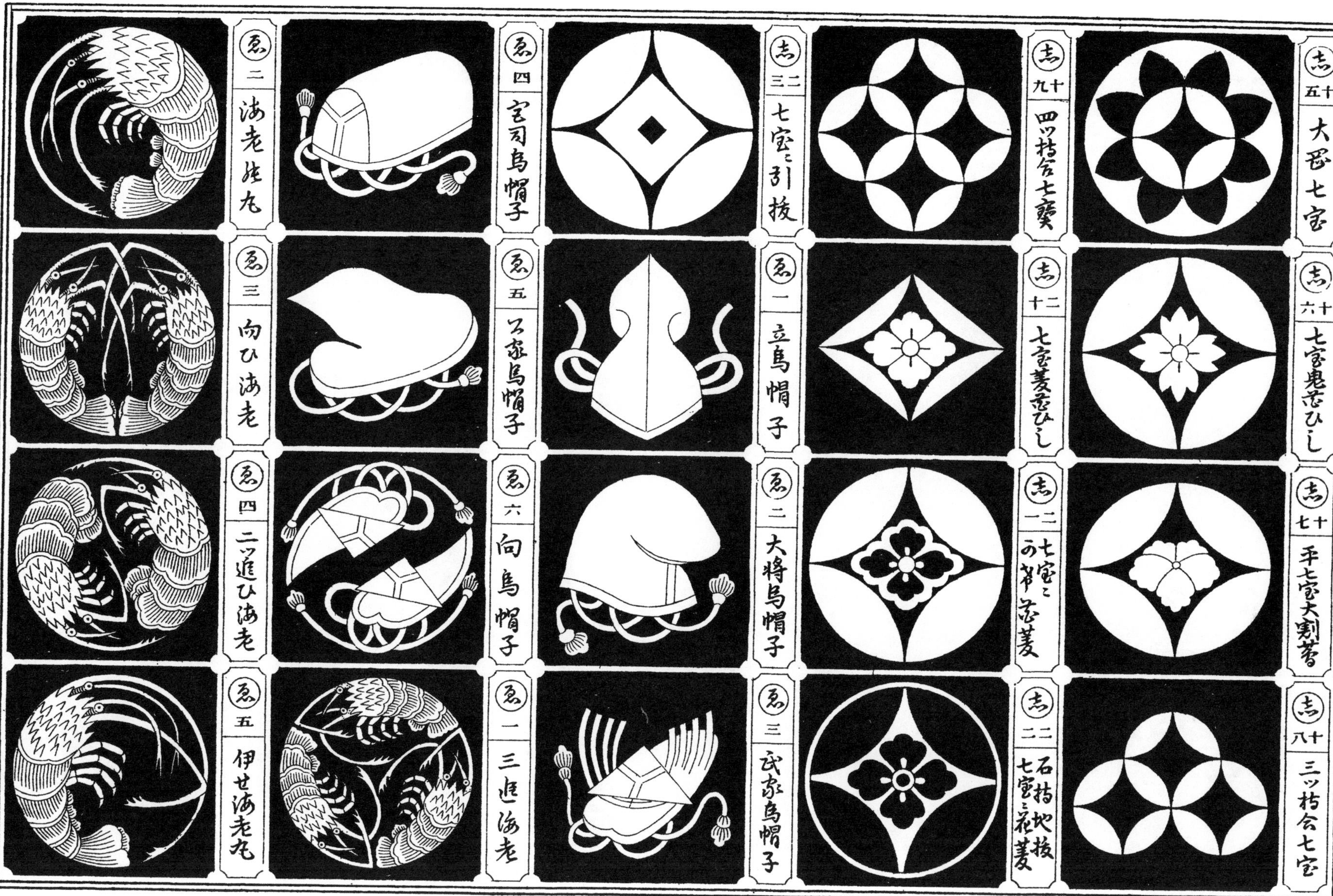

百九十七

志 十五 大晋七宝

志 十六 七宝鬼花びし

志 十七 平七宝大割菊

志 十八 三ツ打合七宝

志 十九 四ツ打合七寳

志 二十 七宝菱花びし

志 二十一 七宝ニ剣花菱

志 二十二 石持地抜七宝ニ花菱

志 二十三 七宝ニ引抜

烏 一 立烏帽子

烏 二 大将烏帽子

烏 三 武家烏帽子

烏 四 宮司烏帽子

烏 五 公家烏帽子

烏 六 向烏帽子

烏 一 三追海老

烏 二 海老丸

烏 三 向ひ海老

烏 四 二ツ追ひ海老

烏 五 伊せ海老丸

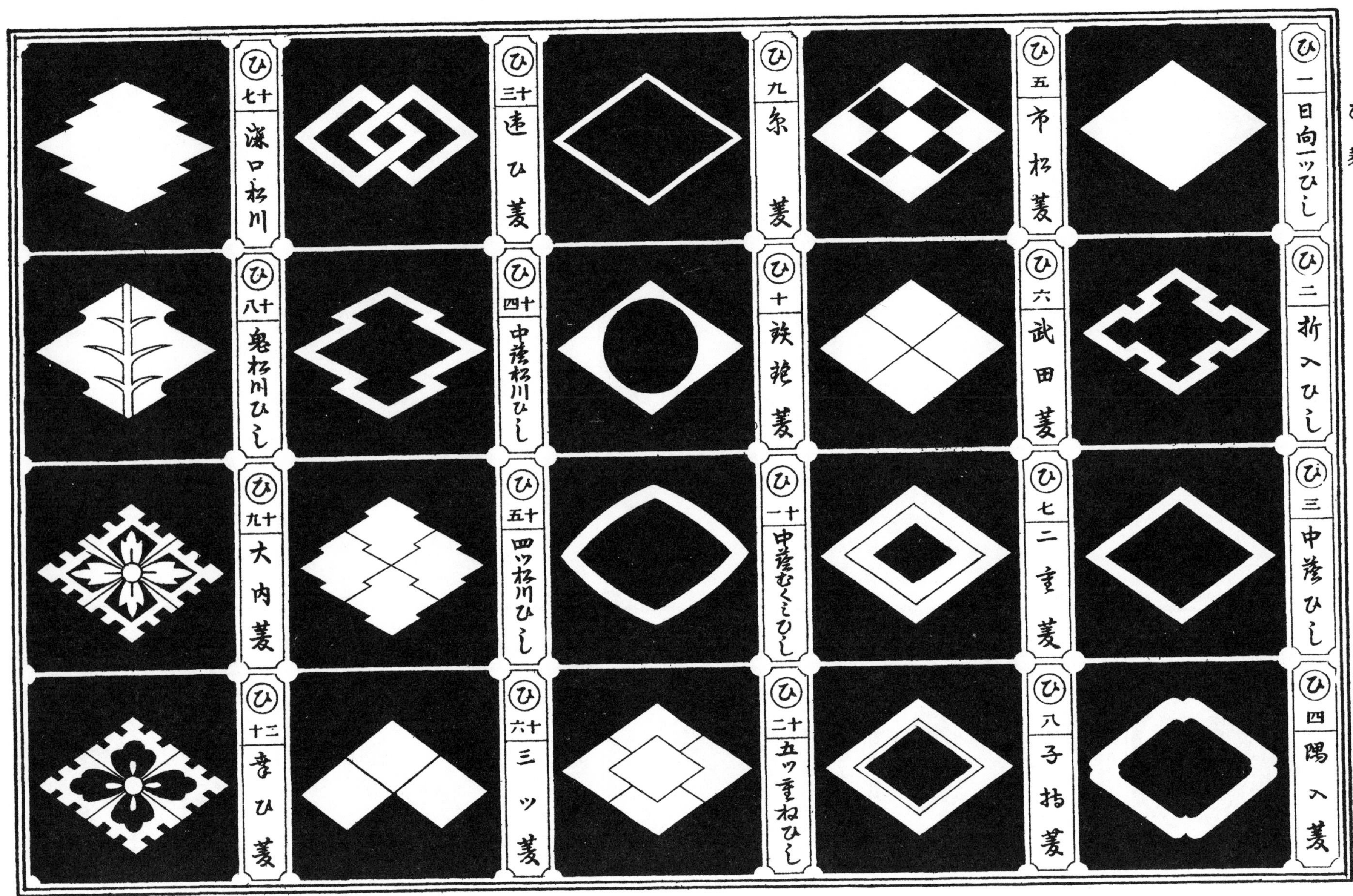

ひ 一 日向一ツひし
ひ 二 折入ひし
ひ 三 中陰ひし
ひ 四 隅入菱
ひ 五 市松菱
ひ 六 武田菱
ひ 七 二重菱
ひ 八 子持菱
ひ 九 糸菱
ひ 十 鉄砲菱
ひ 十一 中陰むくゑひし
ひ 十二 五ツ重ねひし
ひ 十三 違ひ菱
ひ 十四 中陰松川ひし
ひ 十五 四ツ松川ひし
ひ 十六 三ツ菱
ひ 十七 滝口松川
ひ 十八 鬼松川ひし
ひ 十九 大内菱
ひ 二十 幸ひ菱

ひ 菱

ひ 一二 丙字違ひ菱

ひ 二二 米倉ひし

ひ 三二 頭合六角形三階ひし

ひ 四二 三ツ尾合三階ひし

ひ 五二 三ツ松川菱

ひ 六二 三階菱

ひ 七二 かきとり三かわひし

ひ 八二 重ねひし

ひ 九二 二階菱

ひ 十三 四ツ重ひし

ひ 一三 上下組合ひし

ひ 二三 中陰三階ひし

ひ 三三 松川菱

ひ 四三 五ツ松川菱

ひ 五三 三盛三階菱

ひ 六三 丸ニ三階菱

ひ 七三 石持落松川菱

ひ 八三 丸三菱形ひし

ひ 九三 五ツ菱

ひ 十四 石持落し菱

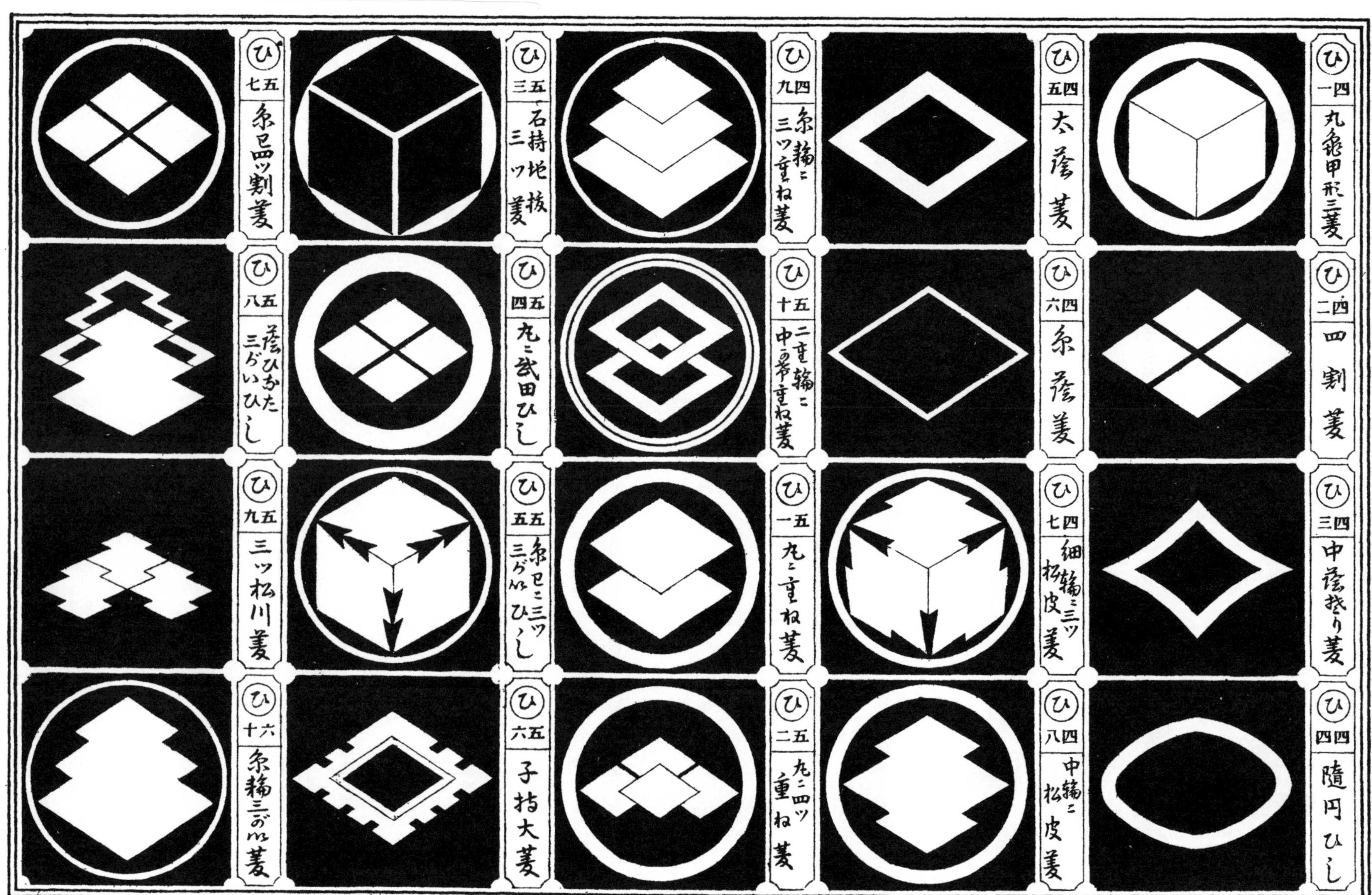
ひ 四一 丸龜甲形三菱
ひ 四二 四割菱
ひ 四三 中蔭捻り菱
ひ 四四 隨円ひし
ひ 四五 太蔭菱
ひ 四六 糸蔭菱
ひ 四七 細輪ニ三ツ松皮菱
ひ 四八 中輪ニ松皮菱
ひ 四九 糸輪ニ三ツ重ね菱
ひ 五十 二重輪ニ中の蔭重ね菱
ひ 五一 丸ニ重ね菱
ひ 五二 丸ニ四ツ重ね菱
ひ 五三 石持地抜三ツ菱
ひ 五四 丸ニ武田ひし
ひ 五五
ひ 五六 子持大菱
ひ 五七 糸巴四ツ割菱
ひ 五八 蔭ひなた三がいひし
ひ 五九 三ツ松川菱
ひ 六十 糸輪三がい菱

ひ　菱、引物、

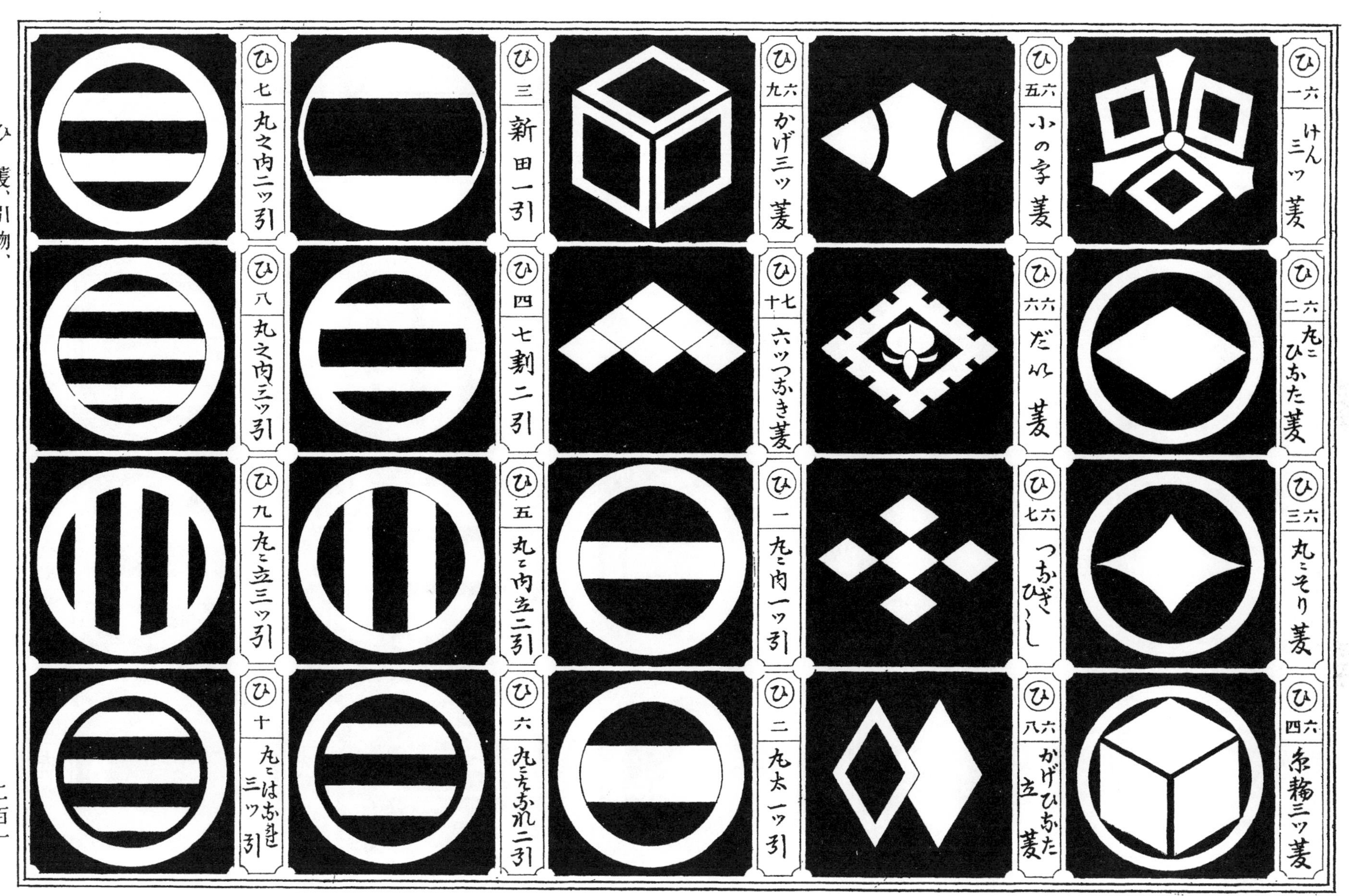

ひ 六一 けん三ツ菱
ひ 六二 丸にひしかた菱
ひ 六三 丸にそり菱
ひ 六四 糸輪三ツ菱
ひ 六五 小の字菱
ひ 六六 だん菱
ひ 六七 つなぎひし
ひ 六八 かげひしかた立菱
ひ 六九 かげ三ツ菱
ひ 七十 六ツつなぎ菱
ひ 一 丸に内一ツ引
ひ 二 丸太一ツ引
ひ 三 新田一引
ひ 四 七割二引
ひ 五 丸に内立二引
ひ 六 丸に立あれ二引
ひ 七 丸之内二ツ引
ひ 八 丸之内三ツ引
ひ 九 丸に立三ツ引
ひ 十 丸にはなれ三ツ引

二百一

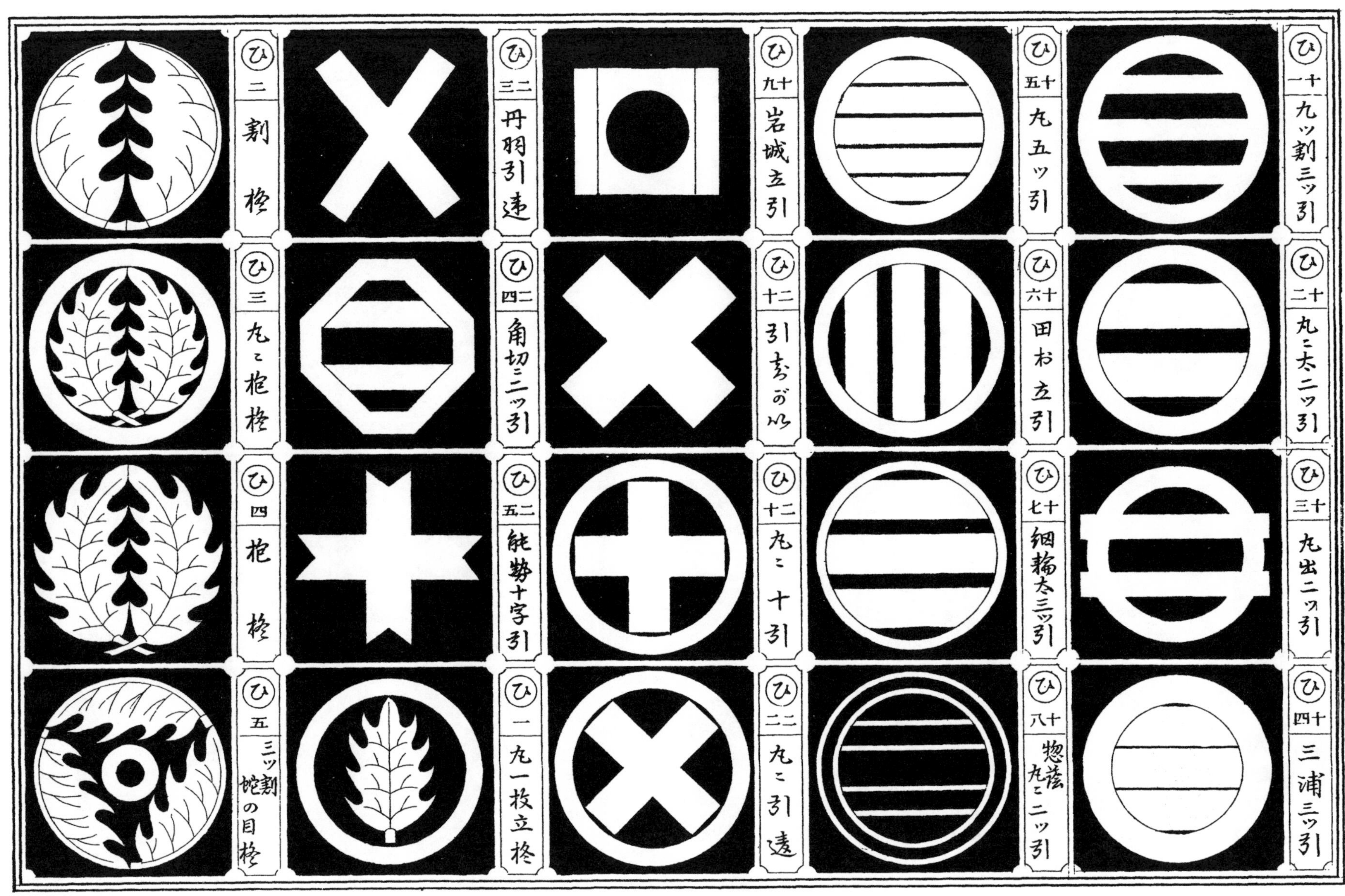
九ツ割三ツ引
丸に太二ツ引
丸出二ツ引
三浦三ツ引
丸五ツ引
細輪太三ツ引
岩城立引
丸に十引
丹羽引違
角切に二ツ引
能勢十字引
丸一枚立柊
割柊
丸に抱柊
抱柊
三ツ割蛇の目柊

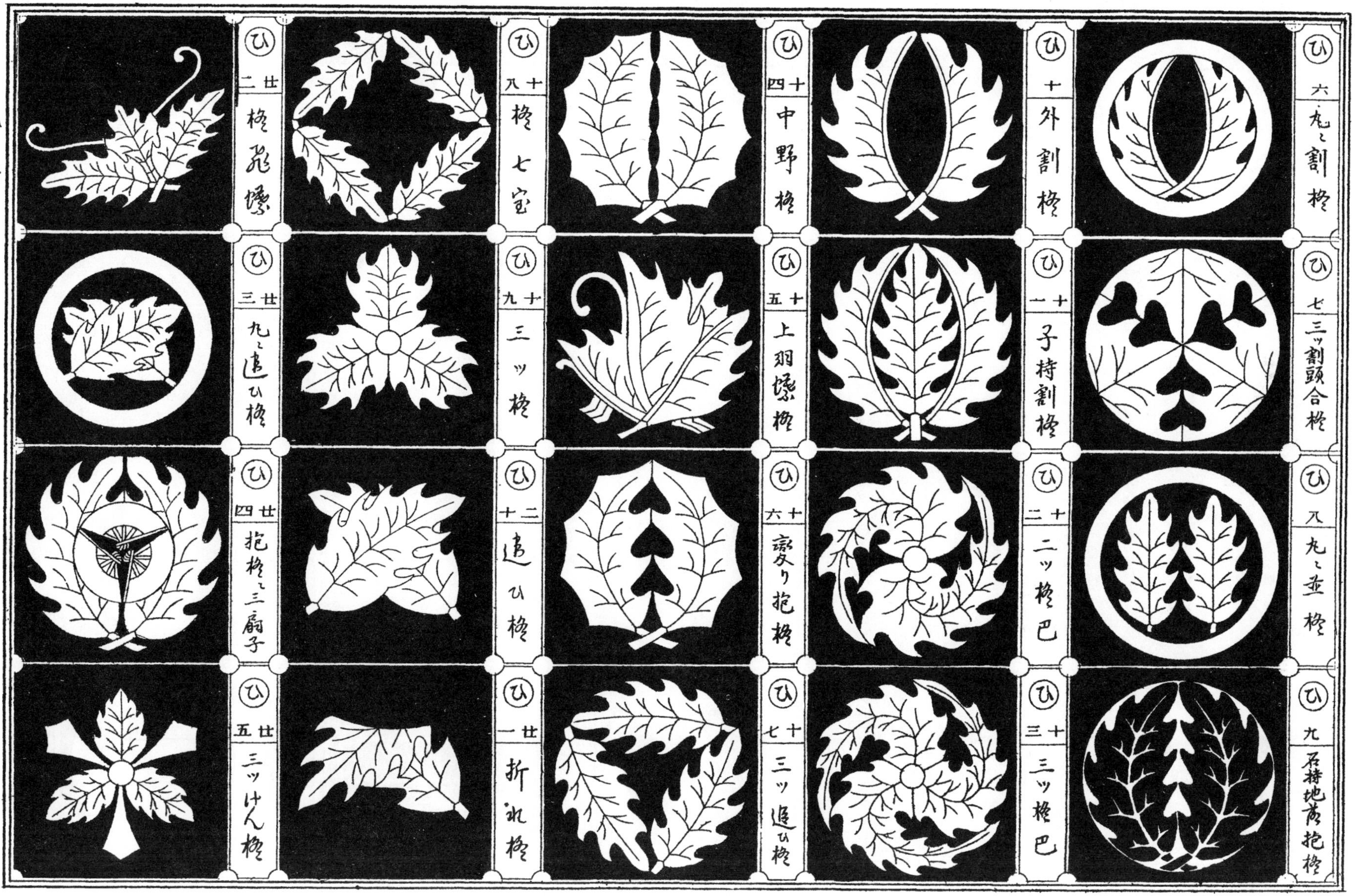

(ひ) 六 丸に割柊

(ひ) 七 三ッ割頭合柊

(ひ) 八 丸に並柊

(ひ) 九 石持地落抱柊

(ひ) 十 外割柊

(ひ) 十一 子持割柊

(ひ) 十二 二ッ柊巴

(ひ) 十三 三ッ柊巴

(ひ) 十四 中野柊

(ひ) 十五 上羽蝶柊

(ひ) 十六 変り抱柊

(ひ) 十七 三ッ追ひ柊

(ひ) 十八 柊七宝

(ひ) 十九 三ッ柊

(ひ) 二十 違ひ柊

(ひ) 廿一 折れ柊

(ひ) 廿二 柊花蝶

(ひ) 廿三 丸に違ひ柊

(ひ) 廿四 抱柊に三扇子

(ひ) 廿五 三ッけん柊

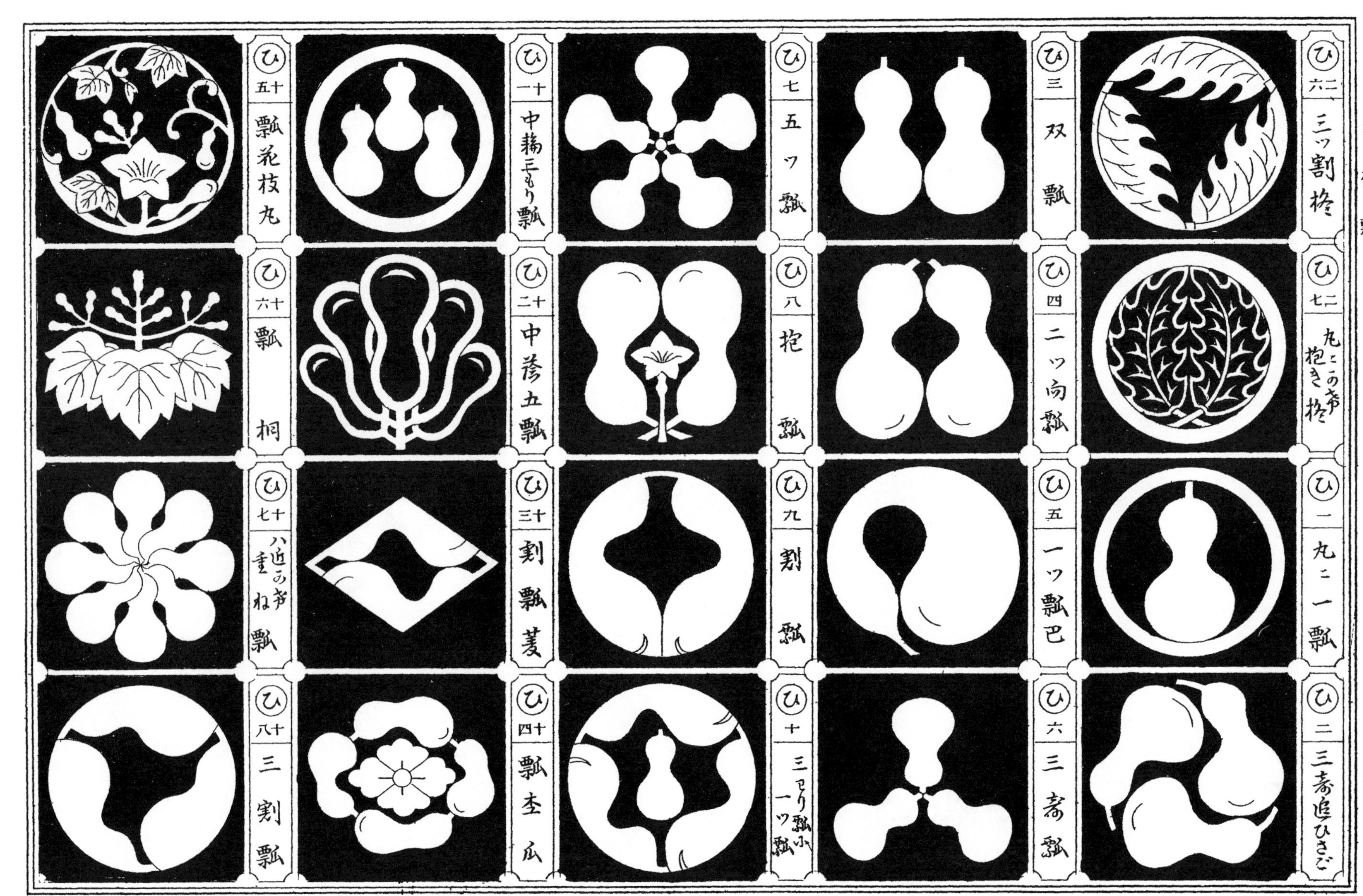

ひ 六二 三ツ割柊
ひ 三 双瓢
ひ 七 五ツ瓢
ひ 十一 中輪三ツもり瓢
ひ 十五 瓢花枝丸
ひ 七二 丸に二の字抱き柊
ひ 四 二ツ向瓢
ひ 八 抱瓢
ひ 十二 中巻五瓢
ひ 十六 瓢桐
ひ 一 丸に一瓢
ひ 五 一ツ瓢巴
ひ 九 割瓢
ひ 十三 割瓢菱
ひ 十七 八追ひ重ね瓢
ひ 二 三寿追ひさご
ひ 六 三寿瓢
ひ 十 三ツもり瓢に一ツ瓢
ひ 十四 瓢杢瓜
ひ 十八 三割瓢

ひ 瓢 も 木瓜

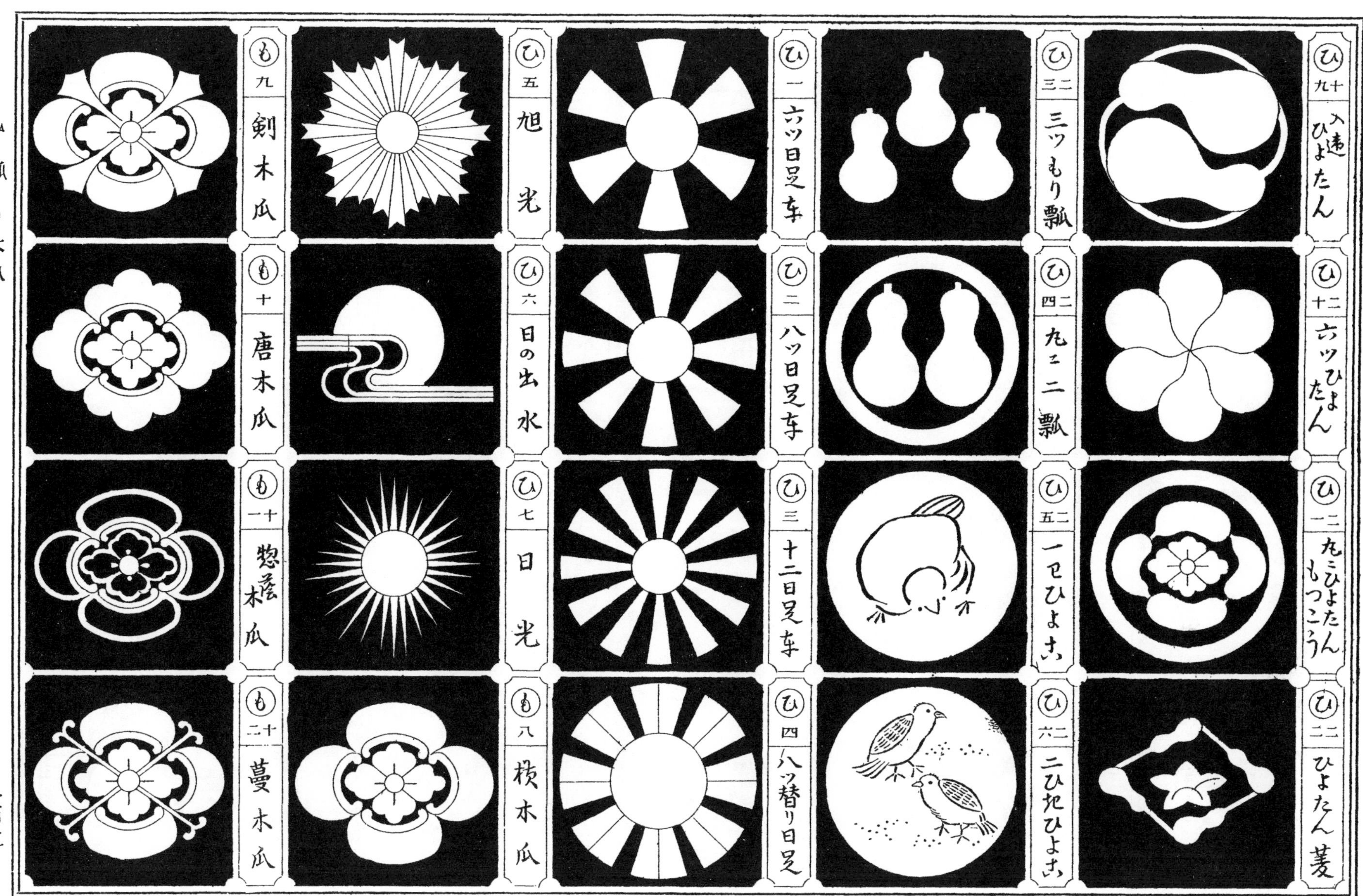

ひ 十九 入違ひよたん
ひ 二十 六ツひよたん
ひ 二十一 丸にひよたんもつこう
ひ 二十二 ひよたん菱
ひ 二十三 三ツもり瓢
ひ 二十四 丸に二瓢
ひ 二十五 一羽ひよこ
ひ 二十六 二羽ひよこ
ひ 一 六ツ日足車
ひ 二 八ツ日足車
ひ 三 十二日足車
ひ 四 八ツ替り日足
ひ 五 旭光
ひ 六 日の出水
ひ 七 日光
も 八 横木瓜
も 九 剣木瓜
も 十 唐木瓜
も 十一 惣陰木瓜
も 十二 蔓木瓜

二百五

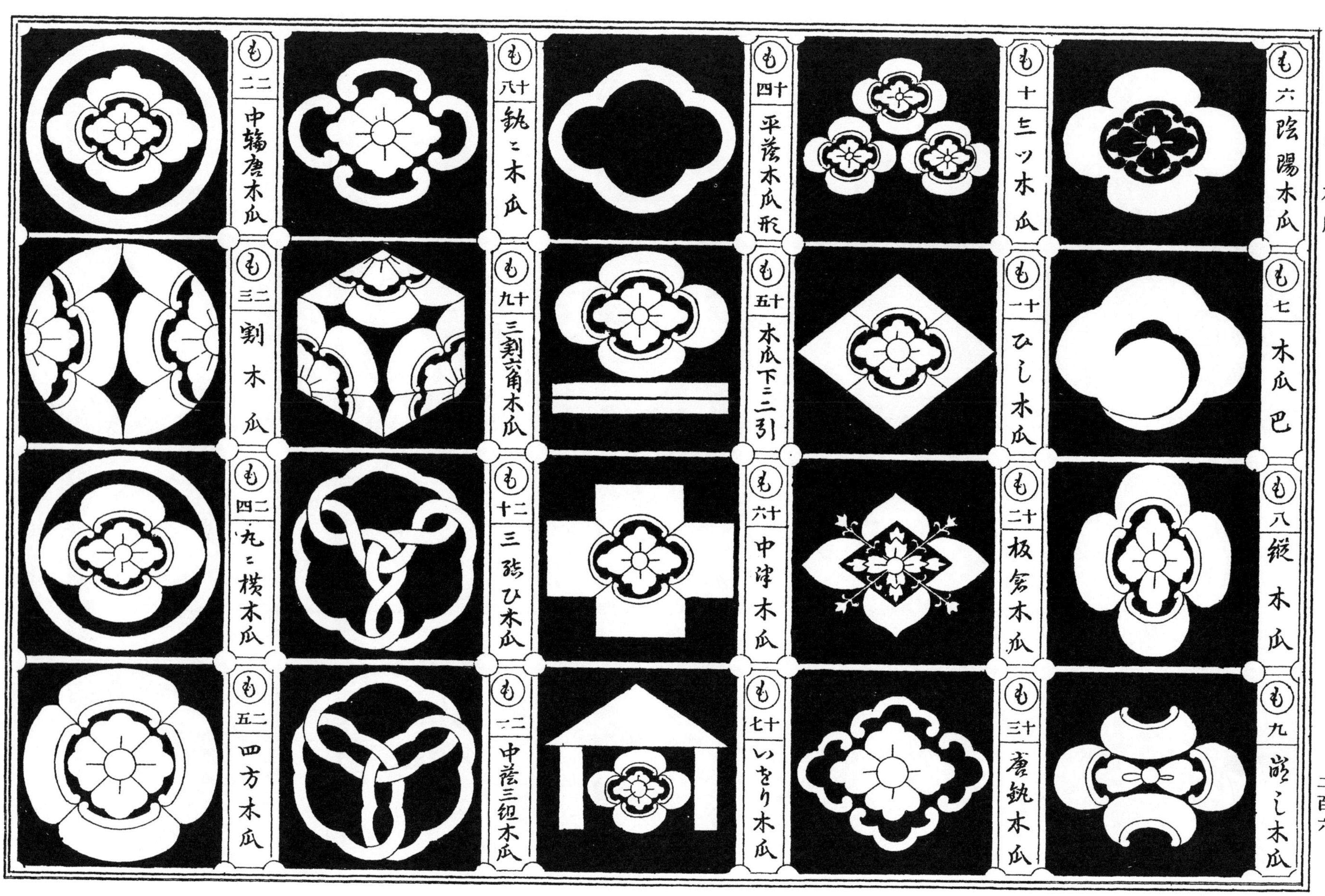

も 六 陰陽木瓜
も 七 木瓜巴
も 八 縦木瓜
も 九 崩し木瓜
も 十 三ツ木瓜
も 十一 ひし木瓜
も 十二 板倉木瓜
も 十三 唐銑木瓜
も 十四 平陰木瓜形
も 十五 木瓜下三引
も 十六 中津木瓜
も 十七 いかり木瓜
も 十八 銑ニ木瓜
も 十九 三剣六角木瓜
も 二十 三違ひ木瓜
も 二一 中陰三紐木瓜
も 二二 中輪唐木瓜
も 二三 剣木瓜
も 二四 丸ニ横木瓜
も 二五 四方木瓜

も　木瓜　楓

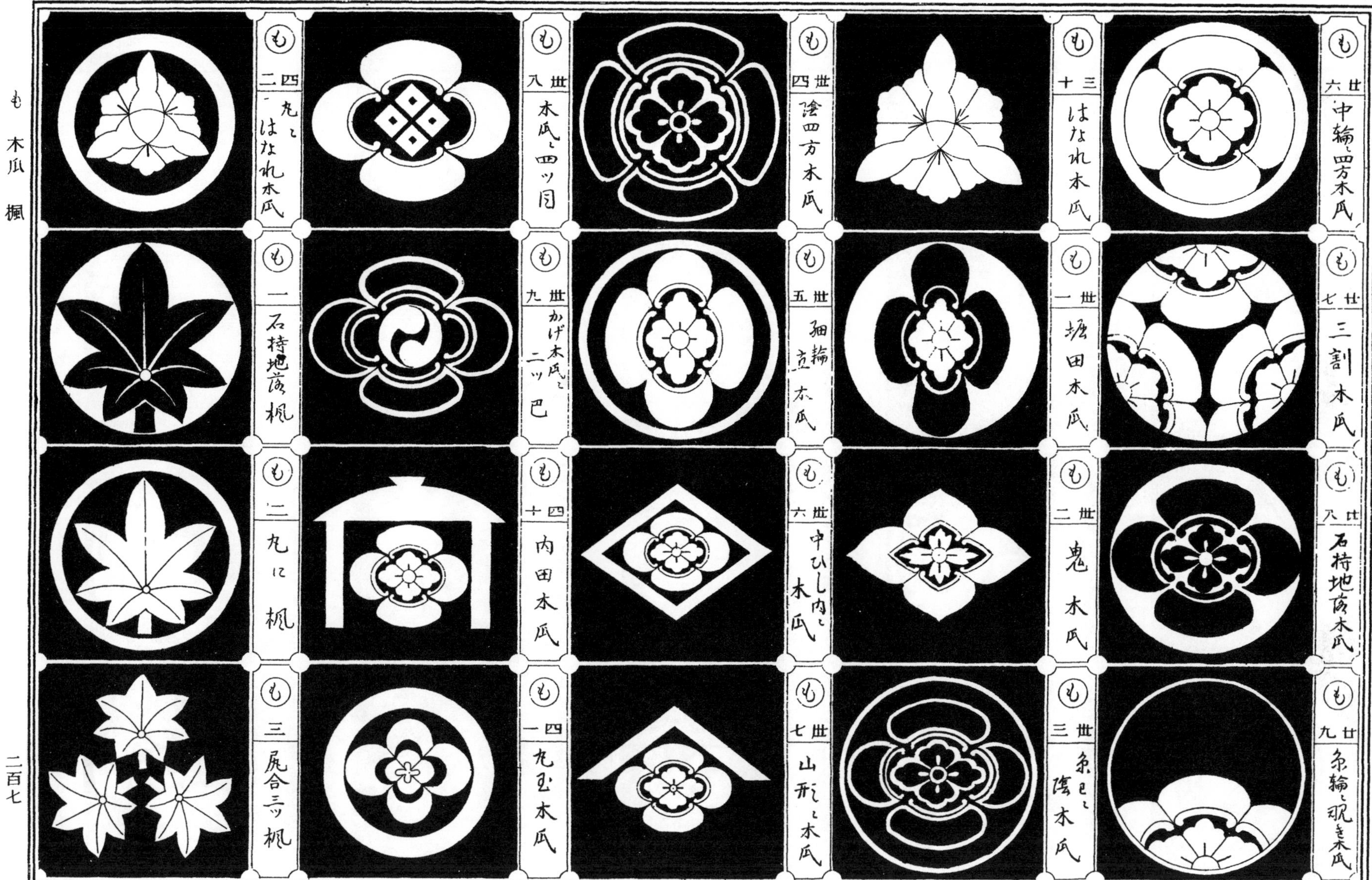

も 廿六 中輪に四方木瓜
も 廿七 三割木瓜
も 廿八 石持地落木瓜
も 廿九 糸輪に覗き木瓜
も 三十 はなれ木瓜
も 卅一 堀田木瓜
も 卅二 鬼木瓜
も 卅三 糸巴に陰木瓜
も 卅四 陰四方木瓜
も 卅五 細輪に立木瓜
も 卅六 中ひし内に木瓜
も 卅七 山形に木瓜
も 卅八 木瓜に四ツ目
も 卅九 かげ木瓜に二ツ巴
も 四十 内田木瓜
も 四一 丸玉木瓜
も 四二 丸にはなれ木瓜
も 一 石持地落楓
も 二 丸に楓
も 三 尻合三ツ楓

二百七

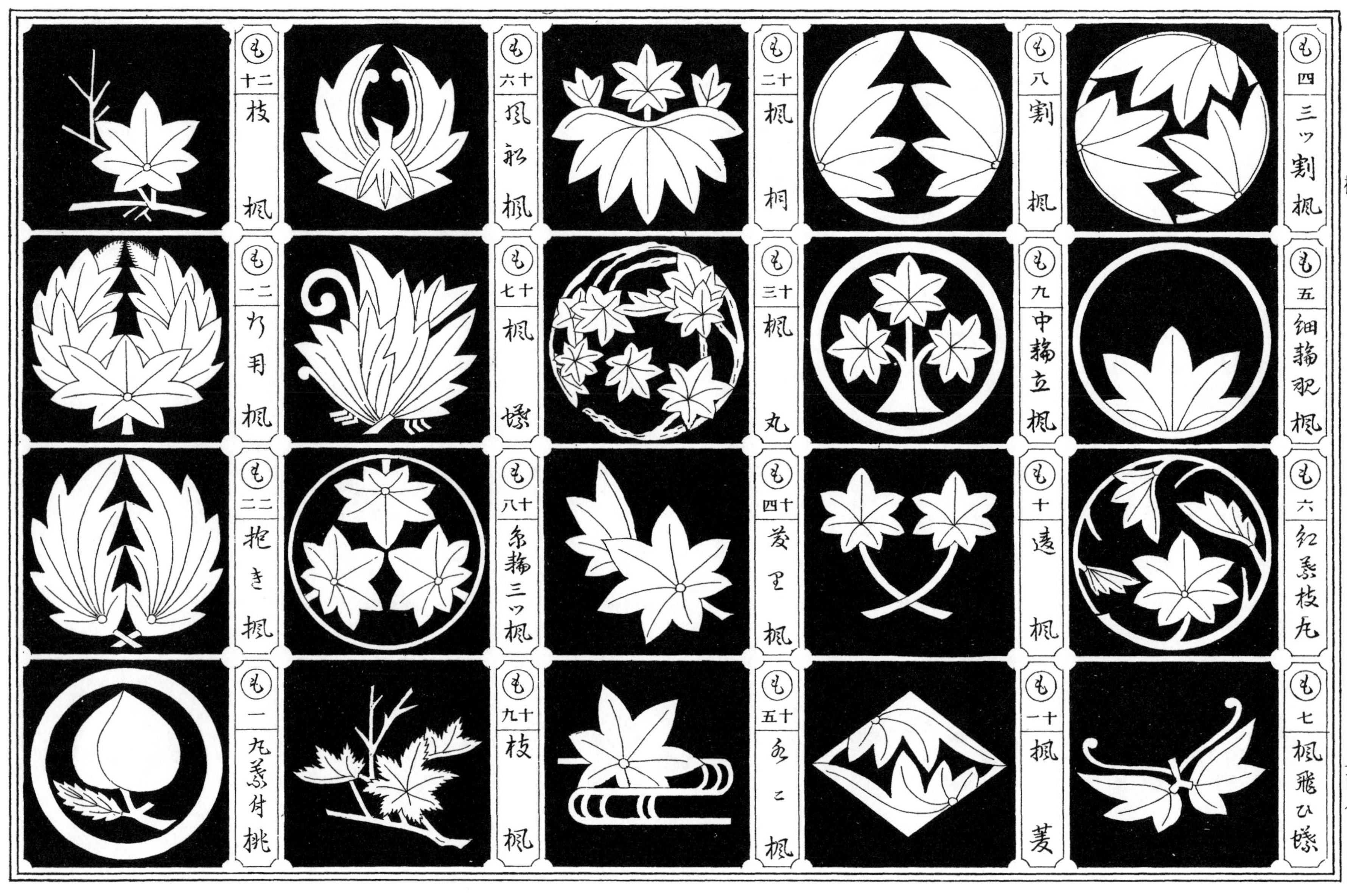

も 楓
も 四 三ツ割楓
も 八 割楓
も 二十 楓桐
も 六十 鳳凰楓
も 十二 枝楓
も 五 細輪配楓
も 九 中輪立楓
も 三十 楓丸
も 七十 楓蝶
も 一二 杉形楓
も 六 紅葉枝丸
も 十 違楓
も 四十 菱里楓
も 八十 糸輪三ツ楓
も 二二 抱き楓
も 七 楓飛び蝶
も 一十 楓菱
も 五十 本こ楓
も 九十 枝楓
も 一 丸葉付桃

も 二 丸三盛桃

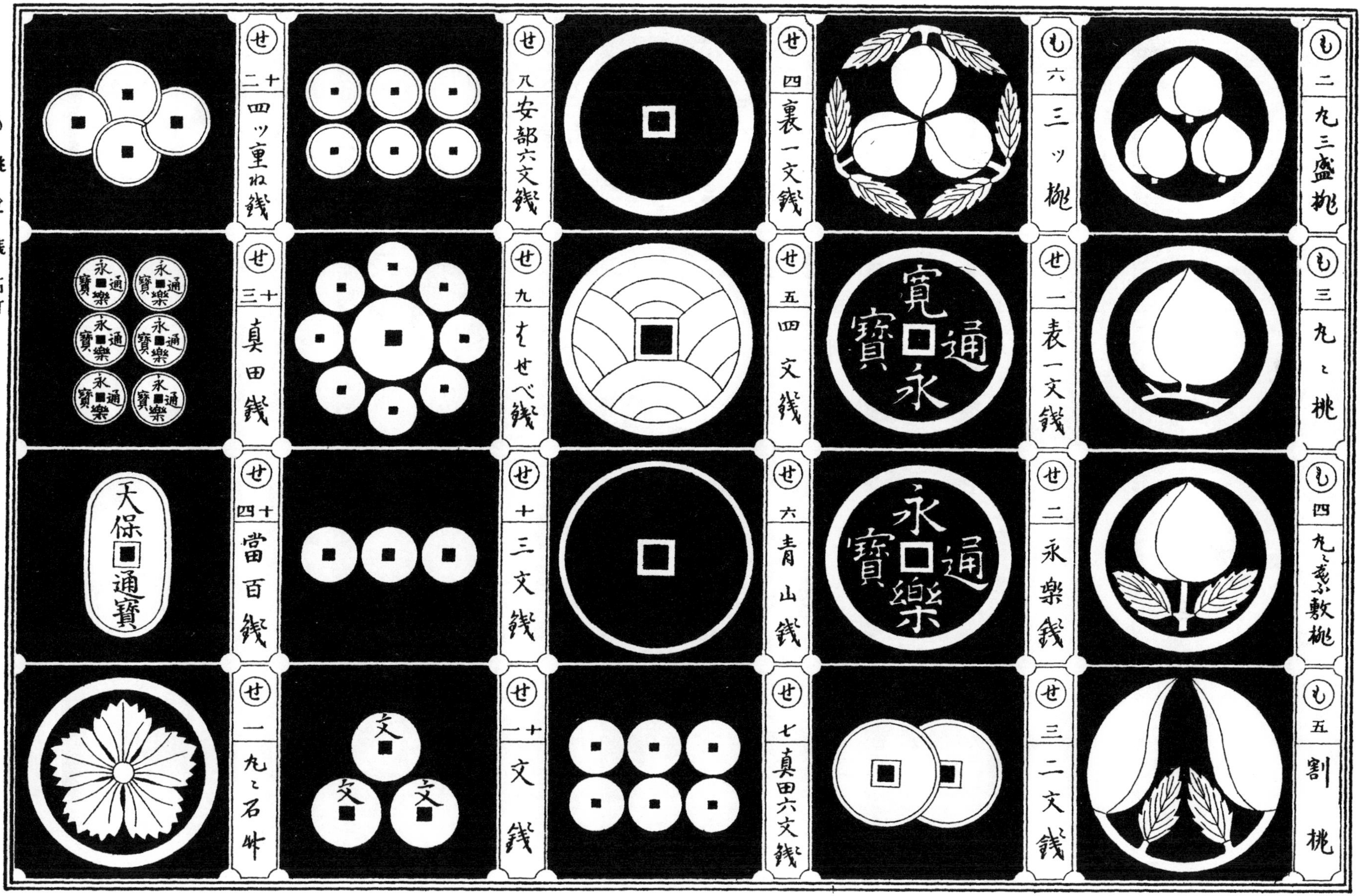

も 三 丸に桃

も 四 丸に葉敷桃

も 五 割桃

も 六 三ツ桃

せ 一 表一文銭

せ 二 永楽銭

せ 三 二文銭

せ 四 裏一文銭

せ 五 四文銭

せ 六 青山銭

せ 七 真田六文銭

せ 八 安部六文銭

せ 九 なせべ銭

せ 十 三文銭

せ 十一 文銭

せ 十二 四ツ重ね銭

せ 十三 真田銭

せ 十四 當百銭

せ 一 丸に石竹

寛永通寶

永樂通寶

天保通寶

も 桃 せ 銭 石竹

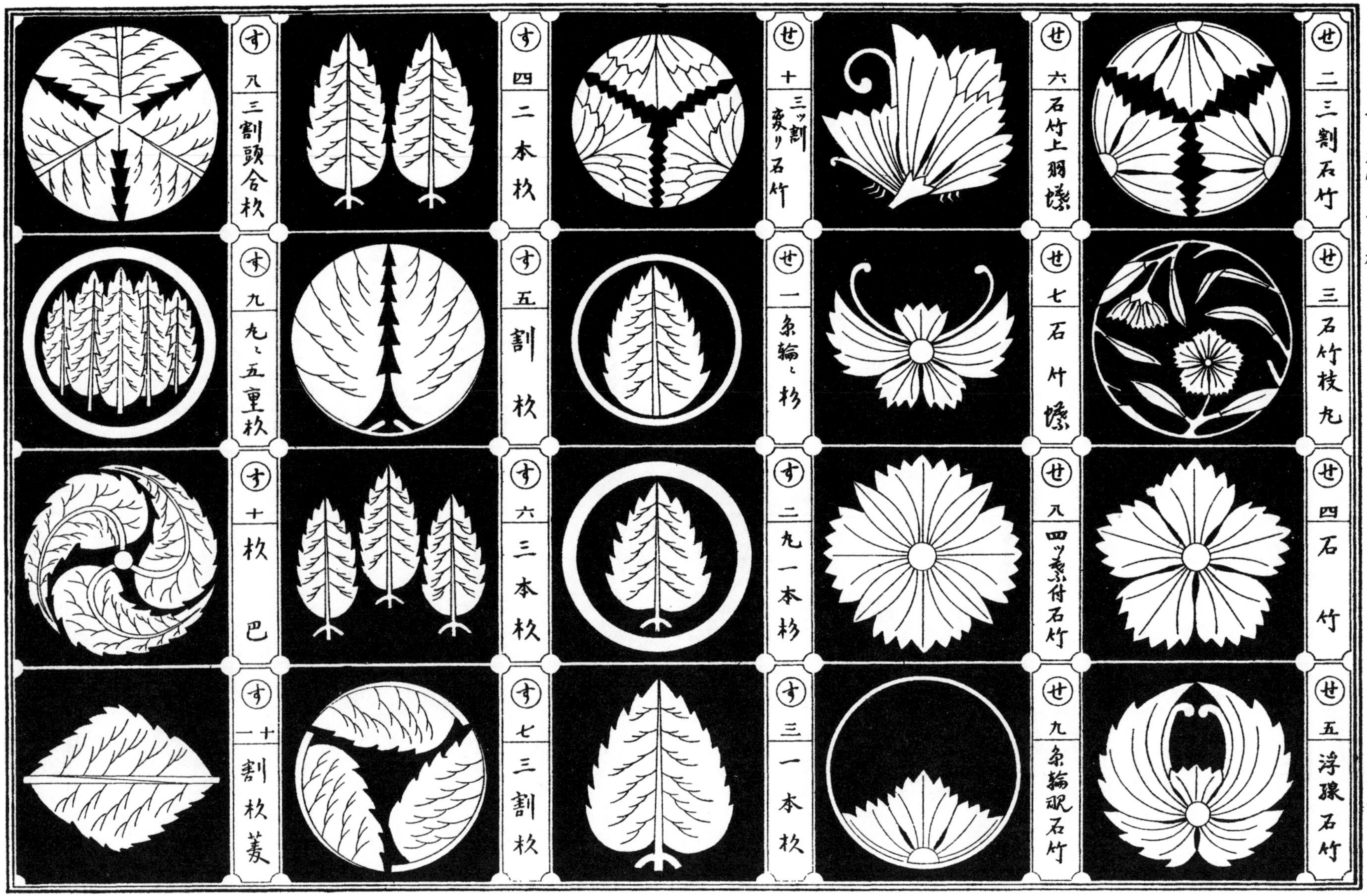

せ 石竹 す 杉

せ 二 三割石竹

せ 三 石竹枝丸

せ 四 石竹

せ 五 浮線石竹

せ 六 石竹上羽蝶

せ 七 石竹蝶

せ 八 四ッ葉付石竹

せ 九 糸輪覗石竹

せ 十 三ッ割変り石竹

せ 一 糸輪ニ杉

す 二 丸ニ一本杉

す 三 一本杉

す 四 二本杉

す 五 割杉

す 六 三本杉

す 七 三割杉

す 八 三割頭合杉

す 九 丸ニ五重杉

す 十 杉巴

す 十一 割杉菱

す　杉　雀　すゞき　鈴

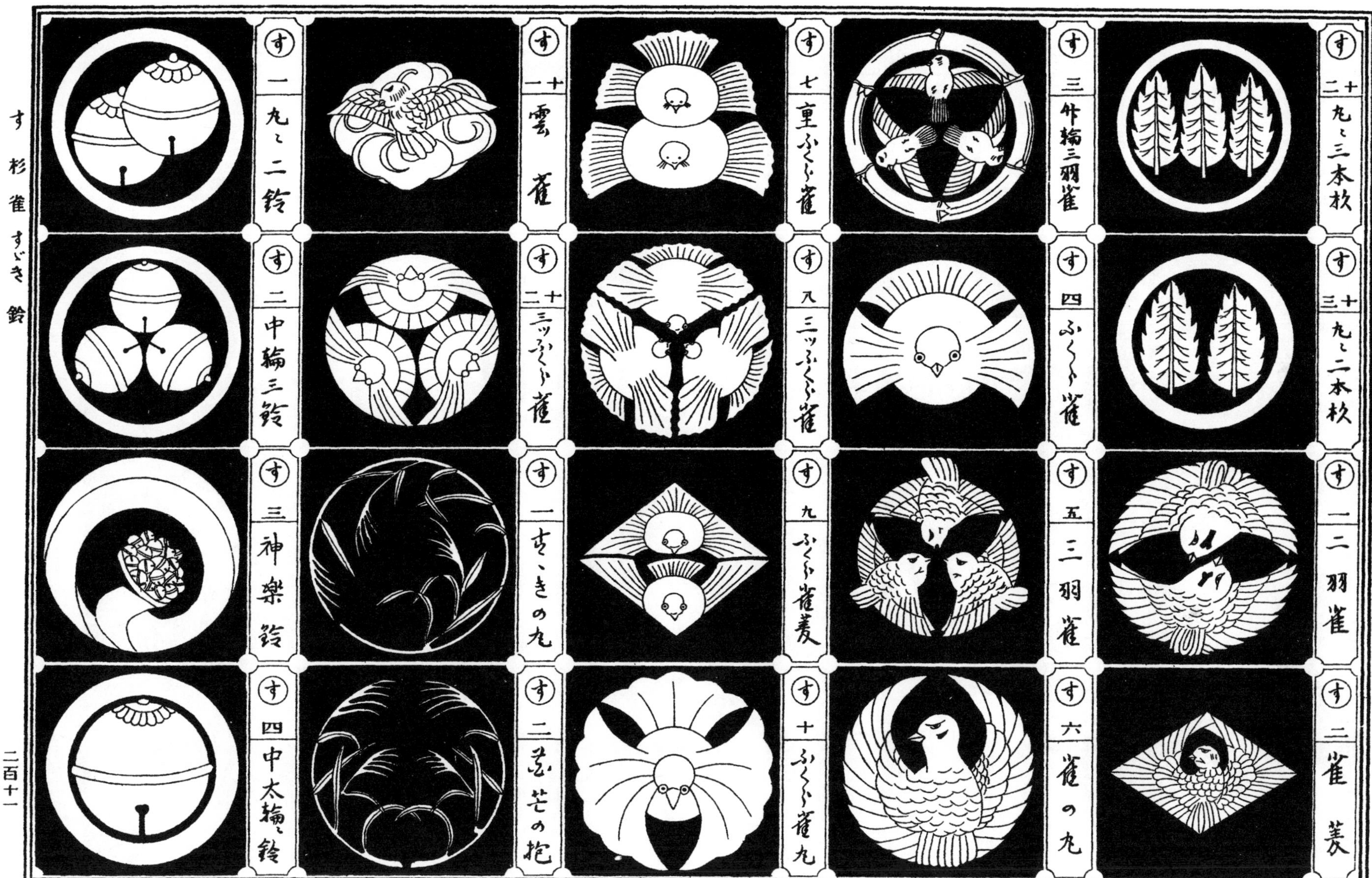

二百十一

す　すみれ　水仙　炭　須濱

す 一 抱すみれ

す 二 一ッすみれ

す 三 三葉ふすみれ

す 四 すみれ環

す 一 水仙

す 二 水仙の丸

す 三 横見水仙と三ツ鱗

す 四 抱き水仙

す 五 抱水仙と三ツ銀杏

す 一 炭切口

す 二 三盛炭切口

す 一 中太輪須はま

す 二 糸輪陰すはま

す 三 石持陰すはま

す 四 九頭合三ッすはま

す 五 須濱

す 六 中陰須濱

す 七 珖琳須濱

す 八 違ひすはま

す 九 三ッ重すはま

す 須濱 角切

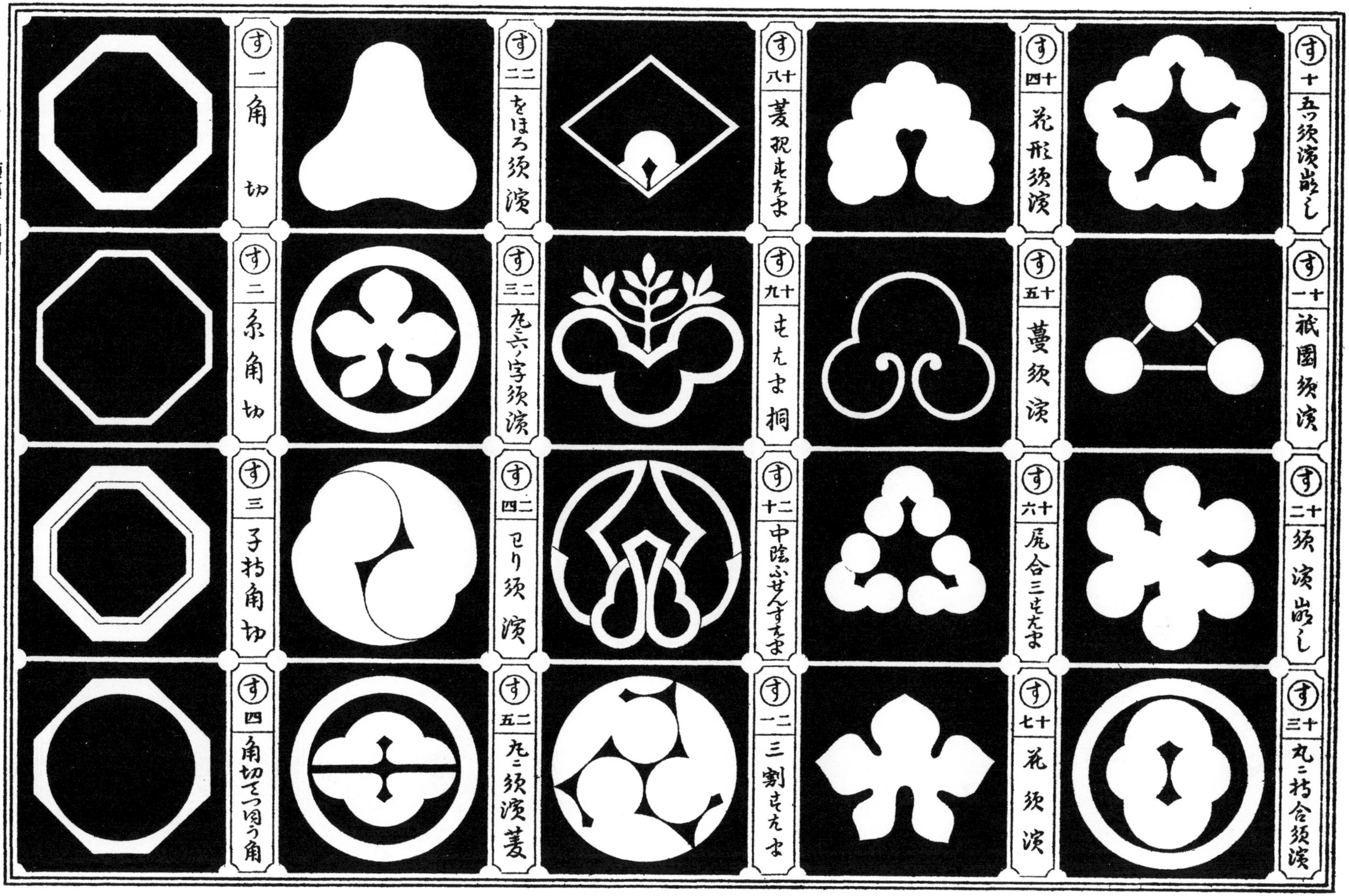

す十 五つ須濱崩し

す十一 祇園須濱

す十二 須濱崩し

す十三 丸に持合須濱

す十四 花形須濱

す十五 蔓須濱

す十六 尻合三すはま

す十七 花須濱

す十八 菱祝すはま

す十九 すはま桐

す二十 中陰ふせんすはま

す二十一 三割すはま

す二十二 をほろ須濱

す二十三 丸に六ツ字須濱

す二十四 巴り須濱

す二十五 丸に須濱菱

す一 角切

す二 糸角切

す三 子持角切

す四 角切そつ目う角

二百十三

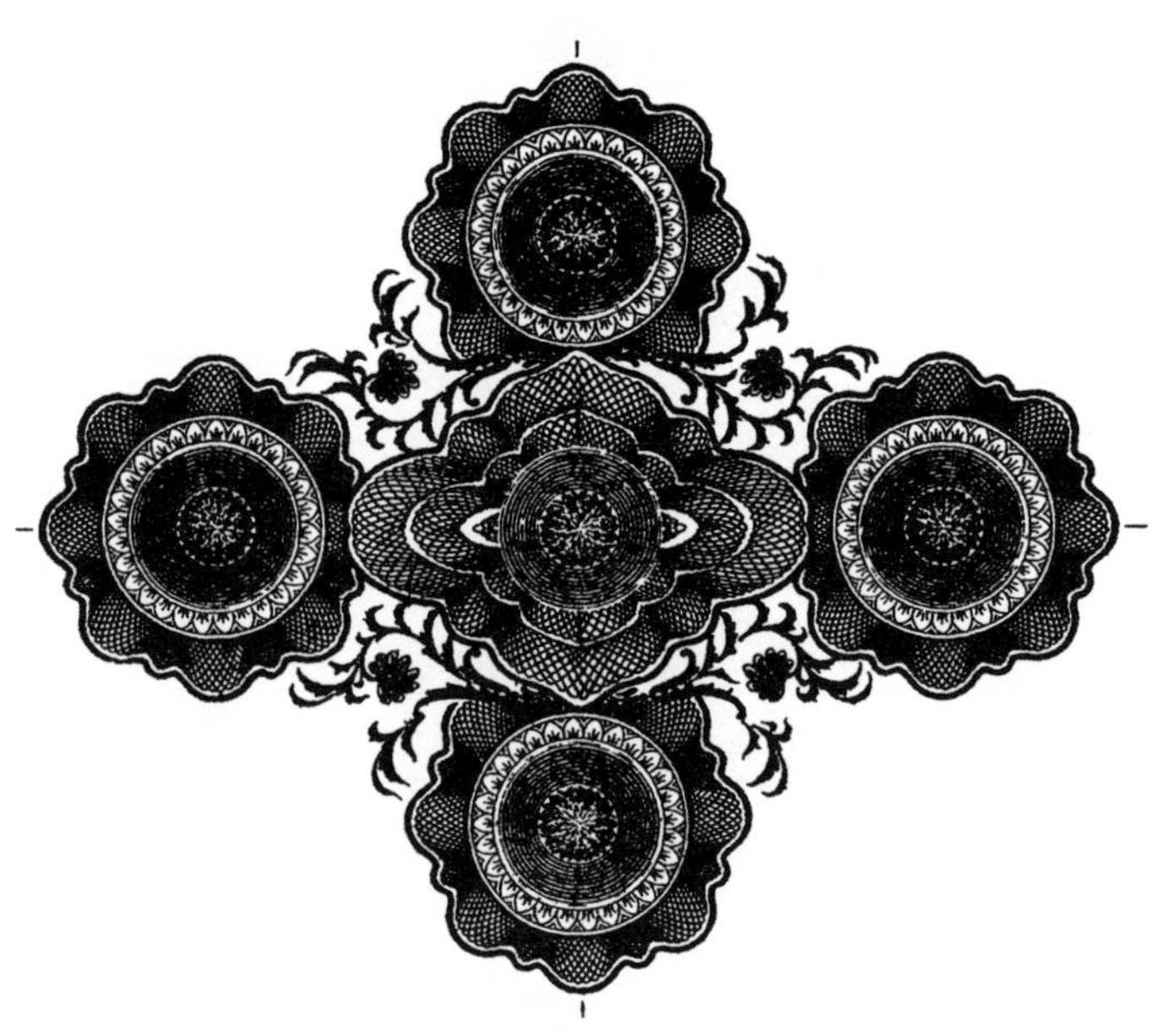

ENGLISH INDEX OF MOTIFS

The numbers shown are the page numbers. The specific location on the page of the first example of each motif is indicated in the Table of Contents.

Abacus beads 97
Alarm bell 19, 20
Anchor 13, 14
Angular figures 80–83
Antlers 100, 101
Arrow 129–131
Arrowhead 128, 129
Arrowroot 123
Autumn bellflower 45–47
Axe 133

Balance weight 145–147
Ball 132, 133
Ball-clasp 132
Balloon-dragon 145
Balloonflower 181–185
Bamboo leaf 168–172
Battledore 16
Bells 19, 20, 211
Bit 118, 119
Board (gong) 40
Board game piece 149
Bobbin 39, 40
Bolt (gate) 119, 120
Bow (archer's) 190
Box 137, 138
Brush, feather 17
Buddhist cross 131, 132
Buddhist prayer wheel 47, 48
Butterfly 153–156

Cake, Japanese 212
Candle 15
Candock 147, 148
Cape jasmine 122
Cayenne pepper 96
Cedar, Japan 210, 211
Centipede 109
Charcoal 212
Cherry blossom 166–168
Chick 205
China pink 209, 210
Chinese characters 194, 195;
  square-shaped 63, 64
Chinese fan 113, 114
Chinese flower 77–79
Chrysanthemum 176–181
Circle 56–58
Clam 16, 17
Clematis 156
Cloud 120, 121
Clover, Japan 24
Cloves 40–43
Clown 133
Coin 209
Commas 35–39
Crab 80
Crane 97–99
Cross 123

Dragon 49, 50
Drawer-handle 121, 122
Drum, hand 99

Eggplant 108

Fan, Chinese 113, 114
Fan, folding 158–162
Feather brush 17
Fence 83
Fern 32
Fernbrake 55, 56
Fish net 158
Flag 18
Flax leaf 157
Flower, Chinese 77–79
Flower, diamond-shaped 20–23
Folding fan 158–162
Four-eye pattern 86–88

Game card designs 150–153
Gentian 45–47
Gingko 2–4
Goose, wild 75–77
Gourd 123–125, 204, 205
Grapes 144

Hairpin 149, 150
Hat 65, 66
Hawk feathers 91–94
Headgear of nobles 197
Hearth-rim 15, 16
Helmet 85, 86
Hemp palm 196
Herbs 189, 191–193
Hermitage 15
Hexagons 185–188
Holly 202–204
Hollyhock 163–165
Hood 101, 102
Horns 100, 101
Horse 115

Iris 72, 73
Ivy 102–105

Japan cedar 210, 211
Japan clover 24
Japanese cake 212
Japanese monkshood 35
Japanese pampas grass 211
Jewel 95, 96
Juggling object 48, 49

Kettle trivet 79
Key 72
Koto plectra and bridges 148

Lespedeza 24
Letter 144, 145
Lightning 8–11
Lotus 24
Lotus root 96, 97
Lozenges 198–201

Mallet 99, 100
Mandarin-orange flower 88–91
Maple leaf 207, 208
Measure 137, 138
Millet 157
Mistletoe 31
Monkshood, Japanese 35
Moon 100
Morning glory 166
Mountain 126, 127
Mountain-shape 125, 126

Nail-extractor 119
Nandin 106
Narcissus 212

Oak leaf 67–72
Oar 64
Octagons 213
Orchid 108, 109

Pampas grass, Japanese 211
Papaya (cross section) 123–125,
  205–207
Paper mulberry 73–75
Paulownia 172–176
Peach 208, 209
Pear blossom 107
Peony 24–28
Pestle 189
Phoenix 31, 32
Pigeon 19
Pine 133–137

Pink, China 209, 210
Pink, wild 107, 108
Plantain 18, 19
Plow-shape 123
Plum blossom 109–113
Plume 17, 18
Plume-fan 114, 115
Pouch 144
Prawn 197

Rabbit 113
Radish 91
Raft 15
Reed 162
Reel 64, 65
Rice plant 1, 2
Rings, iron 66, 67
Rings, joined 53–55
Rose, yellow 127, 128
Rudder 64

Sacred staff 35
Sail 32–34
Sake bottle 34, 35
Scale (fish) 115, 116
Scallop 11, 12
Scissors 24
Sea-ear 116–118
"Seven-treasure shape" 196, 197
Shamisen bridges 150
Shell 64
Shinto shrine gateway 39
Ship 145
Sickle 80
Six (Chinese character) 16
Snowflakes 190
Sparrow 211
Spool 14, 15
Squares 80–83
Star 28–31
Stone 12, 13
Sun 205
Sword 139

Tablet 83
Talisman 138, 139
Target 133
Tea-plant fruit 43–45
Top (spinning) 32, 149
Tortoise; turtle 84
Tortoise shell 185–188
"Treasure knot" 95
"Tree" character 188, 189
Trivet 148, 149
Tufts of raw silk fibers 56, 191
Turnip 73

Violet 219

Walnut 122
Water chestnut 198–201
Water plantain 50–53
Wave 105, 106
Well-crib 7, 8
Well-curb 4–7
Wheel 120
Wisteria 139–144
Wood sorrel 58–63